2016

福建国税年鉴

福建省国家税务局　编

中国税务出版社

图书在版编目（CIP）数据

福建国税年鉴 . 2016 / 福建省国家税务局编 .
-- 北京 : 中国税务出版社，2016.10
ISBN 978-7-5678-0458-6

Ⅰ . ①福… Ⅱ . ①福… Ⅲ . ①国家税收—税收管理—
福建 -2016- 年鉴 Ⅳ . ① F812.757.042-54

中国版本图书馆 CIP 数据核字（2016）第 209804 号

书　　名：福建国税年鉴（2016）
作　　者：福建省国家税务局　编
责任编辑：陈金艳　王　玥
责任校对：于　玲
技术设计：刘冬珂
出版发行：中国税务出版社
北京市丰台区广安路 9 号国投财富广场 1 号楼 11 层
邮政编码：100055
http: //www.taxation.cn
E-mail: swcb@taxation.cn
发行中心电话：(010) 83362093/86/89
传真：(010) 83362046/47/48/49
经　　销：各地新华书店
印　　刷：北京联兴盛业印刷股份有限公司
规　　格：889 毫米 ×1194 毫米　1/16
印　　张：25.75
字　　数：608000 字
版　　次：2016 年 10 月第 1 版　2016 年 10 月第 1 次印刷
书　　号：ISBN 978-7-5678-0458-6
定　　价：280.00 元

《福建国税年鉴（2016）》编纂委员会

主　　任：林京华

副 主 任：邱大南　雷致青　陈慕斌　何大状　林茂椿　林国镜
郑元芳　陈　艳

委　　员：（按姓氏笔画排序）
王合作　王良辉　王敏奇　朱文翀　刘隆贵　阮诗雄　吴纯寿
吴桀云　邱鹏亮　沈家骏　张　健　张梦桂　张道金　张森强
陈　荣　陈　霖　陈义端　陈文雄　陈国新　林　娟　林　滇
林太桂　林知国　林孟奇　林锡明　周元福　顾志珊　翁　浩
黄亮明　黄培强　魏润水

《福建国税年鉴（2016）》编辑部

主　　编：包逸生

副 主 编：顾志珊　黄　翎

供稿人员：（按姓氏笔画排序）
王双和　王丽华　兰延灼　刘　琨　刘伟杰　江俊强　李　斌
李叶华　严安琪　李香美　李煌雁　吴　强　张云江　张明焕
陈　佳　陈　泓　陈文裕　陈佳佳　林　琳　林小鹈　林雨乐
林建立　林恩兰　周　芸　郑　静　郑少玲　郑晶亮　侯树仁
倪适雨　翁　菁　黄小丽　黄德兴　曹　翔　程晓君　傅林清
谢小雄　谢正伟　蓝淑聪　蔡青青　廖海敢

编 辑 说 明

一、《福建国税年鉴》是福建省国家税务局组织编纂，反映福建国税系统年度工作的综合资料性工具书，《福建国税年鉴（2016）》全面系统地记载2015年福建国税系统的基本情况，所载资料翔实、准确，是国内外各界人士了解福建国税情况的权威工具书。

二、本卷年鉴采用分类编辑法，共设六个类目：图辑、大事记、专文、全省国税工作概要，及设区市国税局、平潭综合试验区国税局工作概要和统计资料。类目下设子目、条目，并根据正文需要穿插相应的图表或照片。

三、本卷年鉴稿件由福建省国税局机关各单位、设区市国税局、平潭综合试验区国税局提供，并经各单位负责人和《福建国税年鉴（2016）》编纂委员会审定。

四、《福建国税年鉴（2016）》编辑部坚持以“存史资政、服务社会”为办鉴宗旨，以全面展现福建国税系统基本工作为办鉴目标，以规范年鉴写作、提高年鉴质量为要求，努力做到篇目设计科学、文体文字规范、排版设计美观，以增强年鉴的可读性。

五、本卷年鉴的编辑、出版承蒙各有关部门、单位的大力支持和帮助，在此表示诚挚谢意。疏漏与不足之处，请广大读者批评指正。

编　者

2016年7月

目　录

统计资料 …………………………………………………………… (349)

图辑

2016

福建国税年鉴

领导关怀

▲2015年3月31日，福建省委书记尤权（前排右三）等领导参观视察设在福州市行政服务中心的福州市国税局中心办税服务厅。

◀2015年4月21日，福建省委书记尤权（左一）在福建自贸区福州片区行政服务大厅为福建利嘉物流有限公司等企业颁发全省首批“三证合一”执照。

▲2015年1月15日，全省国税工作会议在福建左海大厦召开，福建省副省长陈冬（正排左六）出席并讲话。

▲2015年2月25日，福建省副省长郑晓松（左二）到福建省国税局看望慰问国税干部，在福建省国税局局长臧耀民（左三）陪同下，参观省国税局廉政教育基地。

▲2015年5月15日，国家税务总局副局长丘小雄（*右一*）视察福建省国税局国税文化基地。

▲2015年11月30日，国家税务总局副局长丘小雄一行到福州市国税局、平潭综合实验区国税局调研指导工作。图为税务总局副局长丘小雄（*前排右二*）在福州市国税局调研。

▲2015年5月15日，国家税务总局副局长丘小雄（*左四*）主持召开福建省国税局主要领导干部调整大会，税务总局人事司司长杨江龙（*右二*）宣布税务总局党组关于福建省国税局主要领导同志职务任免的决定。林京华（*右一*）任福建省国税局党组书记、局长，臧耀民（*左二*）不再担任福建省国税局党组书记、局长。丘小雄作了重要讲话，福建省副省长郑晓松（*左三*）出席会议并致词，省委组织部副部长林承通（*左一*）参加了会议。

▲2015年7月7日，国家税务总局纪检组长冯惠敏（*左*）和福建省纪委副书记黄德安（*右*）共同为“全国税务系统廉政教育基地”揭牌。

▶2015年8月24日，国家税务总局副局长张志勇（*左三*）在福建省国税局局长林京华（*左四*）的陪同下到闽侯国税局办税服务厅参观指导。

◀2015年8月24日，国家税务总局副局长张志勇（*左四*）来福建省国税局指导工作，期间参观福建国税文化基地，并与福建省国税局领导班子成员合影。

▶2015年9月16日，中国国际税收研究会主办的“自由贸易区建设税收发展战略的国际借鉴研究”结题研讨会在福建省国税局召开。全国人大财经委员会委员、中国国际税收研究会会长王力（*左五*），中国国际税收研究会顾问卢仁法（*左四*）、郝昭成（*左六*），中国国际税收研究会、部分省市国税局、地税局、国际税收研究会、学术委员等70余名代表参加了会议。

金税三期工程

▲2015年11月24日，福建省国税局召开全省国税系统金税三期工程推广工作动员视频会议。福建省国税局局长林京华（正排左四）作动员，总会计师林国镜（正排右一）作具体工作部署。

▲2015年12月15日，福建省国税局局长林京华（*前排左一*）带领领导班子全体成员到省局金税三期工程集中办公现场，看望慰问集中办公推广工作人员。

▲2015年11月25日—26日，福建省国税局总会计师林国镜（*左四*）在赴税务总局（南海）数据中心参加全国金税三期工程优化版推广工作动员会议期间，先后两次抽空看望慰问福建省金税三期南海工作团队成员。

▲2015年11月2日—20日，福建省国税局抽调全省业务骨干集中办公开展差异分析，对福建省在用系统软件与金税三期系统的差异进行分析，主要包括业务、应用、用户体验、代码和本地软件分析。

◀2015年11月25日，福建省国税局信息中心与相关技术运维人员在南海会议中心，与中软等公司探讨本地特色软件对接金税三期工程系统事宜。

▲2015年12月2日，福建省国税局抽调部分基层业务骨干就福建省金税三期工程数据迁移方案中的管户迁移范围、数据迁移年度、数据表迁移范围和数据迁移模式进行研究。

▲2015年12月9日，福建省国税局举办金税三期工程推广工作数据清理培训暨交流会。截至12月12日，已处理静态数据26万余条、动态数据40万余条，各地市平均清理进度为49.74%。

税收宣传月活动

▲2015年4月10日，福建省国税局、地税局联合召开纳税百强暨民营企业纳税百强发布会，表彰了100家“福建省纳税百强”企业和100家“福建省民营企业纳税百强”企业。

◀福建省副省长郑晓松（左）为全省纳税双百强代表授匾。

▲税收宣传月期间，福建省国税局开展“小微企业税收优惠政策宣传周”活动。2015年4月3日，福建省国税局副局长邱大南（右二）在“福建国税微访谈”回应纳税人，特别是小微企业最为关心的话题。

▼2015年4月9日，南平市延平区国税局开展小型微利企业税收优惠政策宣传活动。

▲宁德市蕉城区国税局手机办税APP于2015年4月7日投入运行，手机办税在全省国税系统尚属首创。该系统为税收宣传月增添了亮点，为纳税人提供了一条便捷的移动电子服务通道，使纳税人办理主要涉税业务更简便、明确。

◀2015年4月，税收宣传月期间，龙岩市国税局联合地税局召开“新常态、新税风”新闻发布会。

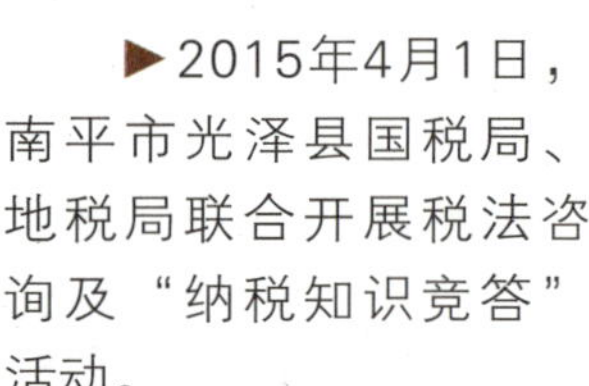
▶2015年4月1日，南平市光泽县国税局、地税局联合开展税法咨询及“纳税知识竞答”活动。

▲2015年4月24日，宁德市国税局开展税法宣传进校园活动。

▲2015年4月，建瓯市国税局税法宣传走进“三月三”畲族乌饭节。

▲2015年4月29日，福建省国税局、福建省地税局和平潭综合实验区管委会联合举办“把握千年一遇建设自贸试验区”税法政策解读会。100多位税务专家、地方各部门代表、重点企业和台商企业代表相聚一堂，解读实验区与自贸区叠加带来的双重政策红利，共同探讨新常态下如何驱动自贸区更好更快发展。

◀2015年4月，税收宣传月期间，漳州市漳浦县国税局组织走访辖区小微企业。

▲2015年税收宣传月期间，三明市三元区国税局与地税局联合开展骑自行车环城宣传税法活动。

▲2015年税收宣传月期间，泉州市安溪县国税局在龙津公园开展税收宣传活动。

基层风貌

◀建瓯市国税局办税服务厅网站是全省国税系统第一个办税服务厅专业网站。网站正式运行以来，成为大厅工作人员的好帮手，为纳税人提供更加方便快捷的服务。

▶2015年，福州开发区国税局设立专岗为小微企业提供税收咨询服务。

◀2015年2月，福州市福清市国税局开展“我的税风你来评”活动。

▶2015年3月，漳州市平和县国税局纳税服务科被中华全国妇女联合会授予“全国巾帼文明岗”荣誉称号。

◀2015年4月17日，龙岩市国税局举办“扬正气，树新风”主题演讲比赛。

▶2015年4月25日，全省国税系统纳税服务规范技能大比拼上机操作考试在漳州市国税局举行。

►2015年5月，福州市国税局拍摄郭爱莲（右一）电视片《映日莲花别样红》，该片当年荣获中组部全国党员教育电视片观摩交流活动二等奖。

▲2015年6月3日，莆田市涵江区国税局、地税局联合与企业代表举行税收遵从合作协议书签订仪式。

▲泉州市国税局推进征管规范。图为2015年9月21日，泉州市税收征管规范推进会在安溪召开。

◄2015年9月24日，宁德市国税系统举办税收知识竞赛。

◀2015年10月15日，莆田市国税系统组织参观莆田市荔城区廉政教育基地。

▲2015年10月28日，三明市国税局以“税收在我身边”为主题，举办首个“国税开放日”，列东中学50余名中学生走进办税服务厅体验日常税收工作，参观国税文化展厅了解税收历史，参加了一堂别开生面的“税收班会课”。

▲2015年11月13日，三明市国税局、地税局联合召开建立税、企、涉税中介机构三方沟通机制座谈会。

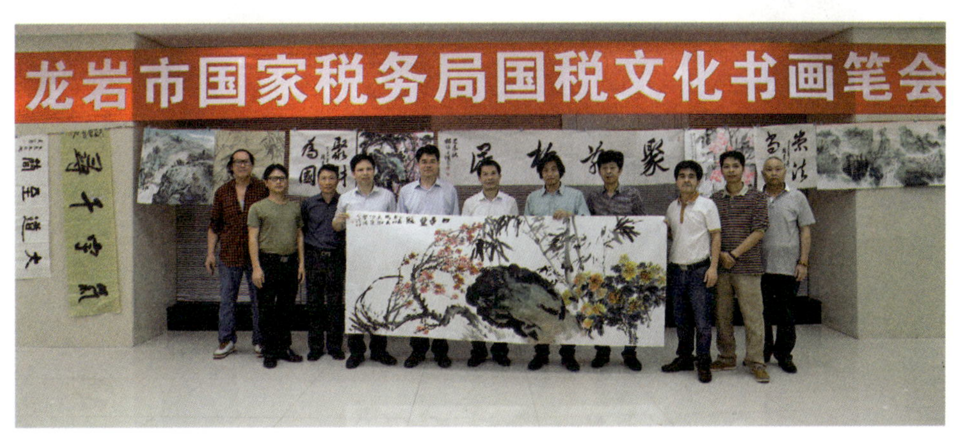

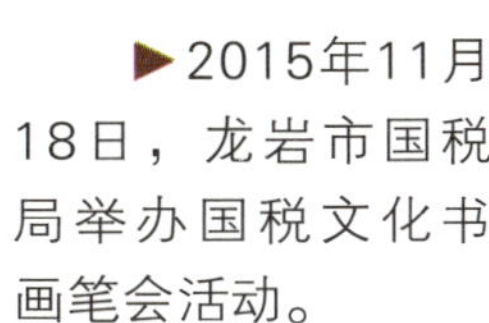

▶2015年11月18日，龙岩市国税局举办国税文化书画笔会活动。

▲2015年11月30日，泉州市国税局召开全市国税系统金税三期工程优化版推广工作组动员部署会议。

►2015年，为实施“互联网+”战略，福建省国税局决定委托莆田市国税局开发电子税务局。图为2015年12月4日，福建省电子税务局莆田开发中心成立时技术骨干合影留念。

◄2015年宁德市国税系统运动会开幕式

大事记

2016

福建国税年鉴

1月

1月

全省国税系统网上审批系统上线推广，首批33个涉税申请审批（报备）事项，涵盖税务登记、发票管理、税收优惠、资格认定4大类涉税事项。

国家税务总局在2014年非居民税收专题检查工作通报中，对福建国税提出表扬，本次专题检查中，福建省国税系统共进行税源分析7710户，风险核实6829户，共查补税款1.73亿元、征收滞纳金406.74万元，位居全国前列。

1月1日

对新认定的一般纳税人和新办的小规模纳税人推行“增值税发票系统升级版”。1日，上午9点24分58秒，宁德市嘉容园林工程有限公司通过发行的新金税盘开出第一张增值税专用发票，这是福建省国税系统成功开出的第一张增值税发票升级版系统发票。

1月15日

全省国税工作会议在福州左海大厦召开。福建省政府副省长陈冬出席并讲话。

1月19日

福建省国家税务局税务干部学校被国家税务总局命名为“全国税务系统廉政教育基地”。

1月20日

福建省委办公厅发来感谢函表扬省国家税务局信息工作，福建省国家税务局向省委办公厅信息处报送信息986条，被采用91条，获得省领导批示4条次。

1月26日

福建省国家税务局局长臧耀民主持召开省国家税务局班子民主生活会。国家税务总局第三督导组、省国家税务局党办、人事处、监察室主要负责人列席会议。省纪委、省委组织部、省直机关工会领导到会指导。

2月

2月1日

对电池、涂料征收消费税。同日，执行国家税务总局令第33号发布的《车辆购置税征收管理办法》。

2月23日

国家税务总局稽查局发来函件祝贺福建省“8·22”特大虚开增值税专用发票骗取出口退税案查处取得重大成效。

2月25日

福建省副省长郑晓松、副秘书长王永礼莅临省国家税务局，在省国家税务局局长臧耀民的陪同下慰问国税干部职工，向大家送去新春

的祝福和美好的祝愿并参观省国家税务局廉政教育基地。

同日，在国家税务总局关于2014年全国反避税工作情况通报中，福建省国家税务局两项工作受到国家税务总局通报表扬。一是在反避税调查环节，福建省国家税务局以结案8户企业，补税20764万元，位列各省、自治区、直辖市和计划单列市国家税务局、地方税务局第七名。二是福建省国家税务局配合国家税务总局，派员参加反避税重大案件会审工作，共对全国22例反避税重大案件组织专家会审，有效降低了执法风险，促进全国反避税工作质量的提升。

3月

3月

平和县国家税务局、仙游县国家税务局、石狮市国家税务局、漳平市国家税务局和东侨经济开发区国家税务局的办税服务厅被中华全国妇女联合会授予“全国巾帼文明岗”称号。

同月，平潭综合实验区商事主体登记由区行政服务中心牵头，工商、质监、国税、地税、商务、公安等六部门配合，实行“一表填报、一书申请、一次提交、一口受理、证照合一、立等可取”运行方式，3小时办结。

3月10日—17日

福建省国家税务局开展“小微企业税收优惠政策宣传周”活动，一是在新浪微博举办以“服务小微　便民办税”为主题的在线访谈，回应广大纳税人，特别是小微企业最为关心的话题。二是在福建国税门户网站开辟“小微企业税收优惠”专栏，长期编制和发布小微企业税收优惠政策目录，自动链接相关信息并及时维护，为小微企业提供最新、最全的政策资讯。三是联合地税局编印、发放《小微企业优惠政策宣传手册》，为小微企业提供方便、实用的优惠政策指南。四是组织全省范围内的“新常态、新税风”采风活动，与各地小微企业代表展开交流。五是召开媒体协作会，通报福建省国税系统小微企业税收政策落实情况。

3月12日

福建省副省长郑晓松在省国家税务局报送的《关于“8·22”虚开骗税案件结案情况的报告》上批示：“‘8·22’案件结案是国税和公安部门通力合作、共同努力的结果，有关同志做了大量工作，应予以充分肯定和表扬。”副省长王惠敏、省主要领导先后圈阅。

3月13日

《福建日报》以“福建国税落实‘马上就办、办就办好’送春风”为题，报道了福建省国家税务局推出“便民办税春风行动”实施方案33条措施的具体情况。

3月31日

福建省委书记尤权等领导参观视察设在福州市行政服务中心的福州市国家税务局中心办税服务厅。

4月

4月

晋江市国家税务局在其官方微信平台推出了小规模纳税人增值税“微信纳税申报”专栏，成为全省首个实现实时办税的政务微信平台。

福建省国家税务局以便民办税、服务小微、纳税百强、税银互动、马上就办、自贸区发展、联合惩戒等七大关键词为核心，推出“新常态　新税风”税收宣传月系列活动。

4月1日

增值税一般纳税人资格由审批认定制改为登记制。

4月7日

福建省国家税务局办公室、福州市国家税务局、泉州市国家税务局、宁德市国家税务局联合撰写《福建分析推进“三证合一、一照一号”需破除的障碍及相关建议》的信息，由省政府办公厅《福建信息》（第60期）综合采用后上报国务院办公厅，被国办《专报信息》综合采用，并呈送国务院领导参阅。

4月11日

福建省国税系统纳税服务规范技能大比拼笔试考试在省国家税务局和各设区市国家税务局视频会议室进行。全省国税系统330名干部参加考试。

4月21日

福建省委书记尤权在福建自贸区福州片区行政服务大厅为福建利嘉物流有限公司等企业颁发全省首批“三证合一”执照。

同日，福建省副省长郑栅洁在《省国家税务局创新自贸区税收服务工作》（省政府办公厅《政讯专报》第263期）作出批示：“感谢省国税系统为自贸区所做的工作！望进一步细化落实。”

4月22日

国家税务总局党组决定，曾光辉不再担任福建省国家税务局党组成员、纪检组组长职务，另有任用。

4月25日

福建省国家税务局与省建行签订税银互动合作协议，在全国率先推出针对小微企业的“税易贷”业务。

4月29日

由福建省国家税务局、省地方税务局和平潭综合实验区管委会联合举办的“把握千年一遇　建设自贸试验区”税法政策解读会在平潭举行。

4月30日

由福建省发改委、省国家税务局、省地方税务局等主办的福建省贯彻落实联合惩戒重大税收违法案件当事人工作会议在福州召开，省发改委、省国家税务局、省地方税务局、省文明办、省高级法院、省公安厅、省财政厅、省国土厅、省交通厅、省商务厅、人行福州中心支行、福州海关、厦门海关、省工商局、省质监局、省检验检疫局、省食药监局、省互联网信息办、省银监局、省证监局、省保监局、省民航局、省总工会、南昌铁路局福州办事处等24个部门参加会议，省发改委副主任张福寿、省国家税务局副局长雷致青、省地方税务局副局长郑孝真出席会议并分别发表讲话。

5月

5月

在全省国税系统处级以上领导干部中开展“三严三实”专题教育。福建省国家税务局党组成立党的建设工作领导小组，根据《关于在福建国税系统处级以上领导干部中开展“三严三实”专题教育方案》的要求，坚持以上率下，强化责任落实，完成专题教育的各项关键动作。

财政部、国家税务总局联合下发《关于2014年全国税收调查工作的通报》（财税〔2015〕48号），省国家税务局连续九年被评为“全国税收调查工作先进单位”。

同月，举办为期4天的第14届“国税杯”省直机关老年人门球邀请赛，邀请省直机关72支老年门球队参赛。

5月1日

福建省国家税务局在福建自贸区范围内试点出口退税无纸化管理。自贸区内试点企业不受出口企业类别等级管理限制，出口货物后即可凭借出口货物报关单、增值税专用发票等电子信息通过网络向主管税务机关申报退税，主管税务机关审核审批以及国库办理退税退库将全流程各环节实行无纸化的高效“网上办理”。

5月4日

福建自贸实验区开出第一张“一照一码”证照。

5月12日

福建省国家税务局办公室、福州市国家税务局、平潭综合实验区国家税务局联合撰写《福建自贸实验区试点实施“一照一码”登记制度改革一周情况》的信息，由省政府办公厅《福建信息》综合采用后上报国务院办公厅，被国办《专报信息》刊物采用，并呈送国务院领导参阅。

5月15日

国家税务总局副局长丘小雄主持召开福建省国家税务局主要领导干部调整大会，税务总局人事司司长杨江龙宣布税务总局党组关于福建省国家税务局主要领导同志职务任免的决定，林京华任福建省国家税务局党组书记、局长，臧耀民不再担任福建省国家税务局党组书记、局长。丘小雄作了重要讲话，福建省副省长郑晓松出席会议并致词，省委组织部副部长林承通参加了会议。

5月18日

福建省国家税务局与省地方税务局在泉州联合召开“服务海丝核心区，一带一路税收行”主题新闻通报会及税收政策宣讲会，全省30家重点“走出去”企业代表、省国家税务局、省地方税务局领导和相关处室负责人及20余家媒体记者参加会议。

5月28日

全国税务系统绩效管理工作视频会议召开，福建省三明市国家税务局在会上作绩效工作经验发言。三明市局局长林锡明以《依托信息化支撑，提升绩效管理质效》为题，介绍三明市国家税务局在省国家税务局绩效管理系统基础上，依托信息技术提升绩效管理工作质效的主要做法和经验。

6月

6月

福建省国家税务局开发的“税收风险管理信息系统”于6月正式上线运行。

6月1日

“一照一码”覆盖全省。同日，福建省国家税务局开发的“内控信息化监控评价系统”在全省正式运行。

7月

7月7日

驻国家税务总局纪检组组长冯惠敏和福建省纪委副书记黄德安共同为“全国税务系统廉政教育基地”揭牌，并就具体落实内控机制信息化升级版建设工作开展调研。

7月13日

福建省国家税务局、省地方税务局共同梳理近年来国地税合作工作情况，并研究提出进一步深化国地税合作意见，向省政府报送《关于国地税合作工作情况的报告》（闽国税发〔2015〕78号），获得省领导的高度肯定。7月24日，副省长郑晓松批示：“省国地税局在加强合作方面取得了良好成效，十五项合作事项有针对性和操作性，望抓好落实。”7月27日，省委书记尤权圈阅。

7月14日

福建省副省长郑栅洁在福建国家税务局报送的《福建省国家税务局关于优化出口退税服务相关措施的报告》上作出批示：“省国家税务局反应快，行动快！很好！感谢你们的支持！”

7月24日

福建省副省长郑晓松在福建省国家税务局关于《部分企业反映当前纳税服务有“三难”》的反馈件（闽国税便函〔2015〕124号）上作出批示：“省国家税务局认真落实省领导批示，每次都能及时反馈，应予表扬。”

7月25日

福建省副省长郑晓松在《从明溪三年财税倍增透析山区县域经济赶超路径》（《三明国税调研》第5期）上作出批示：“三明市国家税务局从财税视角研究分析了山区县经济发

展的路径，并对三明市经济建设提出了很好建议。明溪县的一些经验对其他省级贫困县也有一定的借鉴意义。”

7月27日

福建省国家税务局、省地方税务局召开2015年国地税合作第一次联席会议，正式启动福建省国地税合作工作机制。会议原则通过《福建省国家税务局　福建省地方税务局关于转发合作工作规范系列文件的通知》及《国地税合作规范分解落实意见表》，并就“营改增”第三次扩围的前期准备工作进行集中探讨。

7月28日

福建省副省长郑晓松在福建省国家税务局报送的《福建国税系统以绩效管理为抓手　全面推动税收政策落地　服务地方经济发展效果明显》上作出批示：“今年上半年省国税以绩效管理为抓手，促进工作落实，取得了良好成效，三明国税的做法有借鉴意义，可以在全省国税系统推广。”

7月30日

国家税务总局、公安部打击涉税犯罪“两个专项行动”重点地区督导推进会在福建召开，国家税务总局稽查局、公安部经济犯罪侦查局、中国人民银行反洗钱中心负责人、相关工作人员及12个省、市国税稽查局负责人参加了会议。国家税务总局总会计师孙瑞标到会指导并作讲话。福建省国家税务局党组书记、局长林京华到会致辞。

8月

8月4日

国家税务总局总会计师孙瑞标在福建省国家税务局呈报的《关于公布重大税收违法案件及落实联合惩戒有关情况的报告》上批示：“请稽查局阅。福建国家税务局在落实税收‘黑名单’制度方面做了扎实的、卓有成效的工作，值得肯定。请稽查局注意了解、总结、交流各地好的做法和经验，进一步推动‘黑名单’制度的落实。”

8月24日

国家税务总局副局长张志勇一行到福建省国家税务局调研指导工作。在听取省国家税务局局长林京华工作汇报后，张志勇对福建国税工作取得的成效给予充分肯定，对福建国税干部的辛勤奉献予以高度评价，对下阶段工作提出要求。调研期间，还参观了福建国税文化建设基地，到闽侯县国家税务局进行指导。

8月31日

福建省国家税务局局长林京华在国家税务总局《税收经济调研》（第二十八期）上发表专题文章《践行“马上就办”精神　服务税收现代化建设》。

9月

9月

福建省国税系统公职律师办公室正式挂牌，国家税务总局政策法规司司长李三江、副司长罗天舒、省国家税务局局长林京华、副局长陈慕斌和福建省司法厅相关领导为福建省国家税务局公职律师办公室授牌并为首批公职律师团队成员颁发证书，10名国税干部成为首批公职律师团队成员。

9月14日

国家税务总局副局长张志勇在福建省国家税务局参与报送素材、税务总局国际司撰写的《关于非居民企业间接转让财产税收管理工作的报告》上批示："福建、深圳国税在非居民税收风险管理的探索很有成效，应认真总结推广。"

9月16日

由中国国际税收研究会主办的"自由贸易区建设税收发展战略的国际借鉴研究"结题研讨会在福建省国家税务局召开。全国人大财经委员会委员、中国国际税收研究会会长王力，中国国际税收研究会顾问卢仁法、郝昭成，中国国际税收研究会、部分省市国家税务局、地方税务局、国际税收研究会、学术委员等70余名代表参加了会议。福建省国家税务局局长林京华参加会议并致辞。福建省国际税收研究会"自贸实验区建设税收发展战略的国际借鉴研究"的论文在会上发言。

9月21日

由中共国家税务总局党校主办、福建省国家税务局协办的"让历史照进未来——学习《习近平用典》中国画专题展"在扬州开幕。国家税务总局总审计师、税务总局党校第一副校长顾炬、税务总局教育中心主任王兰、国家税务总局党校常务副校长解爱国、福建省国家税务局局长林京华共同为画展揭幕。

9月23日

福建省副省长郑晓松在福建省国家税务局报送的《福建省税务机关"一照一码"工作走在前运行稳》（《国税信息》第3期）上作出批示："省国税、地税局认真落实省委省政府工作部署，'一照一码'工作稳步推进，效果良好。望继续努力，不断扩大推广面，争取更多的纳税人使用'一照一码'。"

9月25日

福建省国家税务局发布"闽税通"手机APP客户端安卓版，标志着福建国税管征纳税人正式步入"指尖办税"时代。

同日，福建省国税系统金税三期优化版推行工作正式启动。

9月28日

福建省副省长郑晓松在《省国家税务局注重从纳税人体验入手提升自贸区企业管理与服务质效》（省政府办公厅《政讯专报》第744期）上作出批示："四个方面措施很有特点，也很务实。一些做法过去也实行过，要不断完善探索，并适时在全省推广应用。"

10月

10月

福建省国家税务局在南平市松溪县举办全省国税系统第十届老干部门球赛，全省各设区市国家税务局和省国家税务局机关9个代表队共100多位运动员参加比赛。

10月14日—15日

中国税务学会在福州市召开“纳税服务和队伍建设及其他问题研究”课题研讨会，福建税务学会课题组论文《纳税服务评价模型的构建及实证分析》（林菁宇执笔）被评为优秀论文并排名第一。

10月26日

完成“增值税发票管理系统”升级版发票网上申领功能所有项目的测试，参与生产环境实测的4家企业通过系统在网上实现发票申领的业务办理。《国家税务总局电子税务管理中心关于表扬2015年度增值税发票系统升级版技术保障工作成绩突出单位的函》中，表扬了福建国税。

11月

11月1日—3日

福建省国家税务局局长林京华、副局长陈慕斌、总会计师林国镜及地级市（区）国家税务局主要负责人和机关部分处长一行赴广东省国家税务局，主要围绕电子税务局建设、自贸区创新、纳税服务、国税文化建设等四大主题与广东省国税系统开展学习交流。考察学习后，林京华组织召开交流总结会，展开下一阶段工作创新讨论。

11月6日

《中国税务报》以《福建国税：三项大比拼　服务大提升》为题对福建国税工作做了专题报道。

11月8日

国家税务总局局长王军在福建省国家税务局撰写的《马来西亚消费税研究报告》上作出批示：“这份材料整理得不错。请改革办、货劳司阅。我在想，马来西亚的消费税改革一次步子迈得这么大，又行得这么稳，确实不易。我国的增值税改革相对而言就显得步骤多了些。请国际司持续关注其全年实施情况。”

11月18日

福建省国家税务局召开党组会，宣读国家税务总局关于福建省国家税务局领导班子调整及补充人员的任命文件，何大状任福建省国家税务局党组成员、纪检组组长（列陈慕斌之后）；林茂椿任福建省国家税务局副局长（列何大状之后），不再担任福建省国家税务局总经济师职务；郑元芳任福建省国家税务局党组成员、总经济师。

同日，驻国家税务总局纪检组组长冯惠敏在福建省国家税务局报送的《关于挖掘传统文化　打造廉政教育新风尚的报告》上作出批示："福建省国家税务局将廉政文化与地域文化相结合，创新了廉政教育的新格局。内容丰富、内涵深刻，既弘扬八闽民族的、历史的文化精髓，又注入新时期的新要求、新内容，教育意义深远，值得系统学习、借鉴。"

11月30日

国家税务总局副局长丘小雄一行到福州、平潭综合实验区调研指导工作。

12月

12月

福建省国家税务局制定并向国家税务总局提交《福建省国家税务局2016—2018三年工作规划》，提出重点打造"一局两翼三平台"，2018年初步实现福建国税现代化，为2020年实现税收现代化奠定坚实基础。国家税务总局王军作出批示："好！请人事司印发各位新上任省局领导及司局领导参考。"

同月，省国家税务局联合福州市国家税务局制作拍摄的反映"践行群众路线的好干部"郭爱莲先进事迹的宣传片《映日莲花别样红》在中组部2015年全国党员教育电视片观摩交流活动中被评为二等奖。

12月1日

全国国地税合作工作交流推进会在福州召开，国家税务总局副局长丘小雄出席并讲话，副省长郑晓松出席会议并致辞。

12月2日

福建省政府召开财税工作汇报会议。省委副书记、省政府代省长于伟国在听取省国家税务局局长林京华、省地方税务局局长陈青文关于今年国税工作汇报及明年工作思路规划后，充分肯定省税务部门的工作。

12月14日

福建省国家税务局党组书记、局长林京华主持召开党组会，宣读国家税务总局关于福建省国家税务局领导班子人员的任命文件，陈艳任福建省国家税务局党组成员、总审计师。

同日，《中国税务报》要闻版发表福建省国家税务局局长林京华署名文章《深化国地税合作助推征管体制改革》，提出要以"互联网+"为驱动，实现服务深度融合；以执法协作为抓手，推动执法适度整合；以"金税三期"为契机，促进信息高度聚合。

12月18日

福建省国家税务局局长林京华主持召开纳税人座谈会，征求纳税人对国税部门开展"三严三实"专题教育及税收工作的意见建议。林京华强调，福建国税要认真践行"三严三实"要求，充分发挥税收职能作用，全力支持大众创业万众创新。

12月21日

经中国税务报社组织的专家评审委员会评选，福建省国家税务局报送的图文作品《两岸一家亲　税企心连心》获得全国"便民办税春风行动图片故事大赛"第一名。

12月23日

在腾讯大闽网主办的2015福建互联网大会上，福建国税官方微信作为“微政务”的佼佼者，获得2015年度“智慧发布奖”。

同日，福建省国家税务局举行全省办税厅“服务管理监控系统”开通仪式，“服务管理监控系统”实现了县（市、区）国家税务局办税服务厅的全覆盖和省、市、县三级集中监控管理，标志着福建省国税系统办税服务厅的管理迈上新的水平，也为福建省国税系统下一步“互联网+纳税服务”打下数据支持基础。

（供稿：廖海敢　严安琪）

专文

福建国税年鉴

在全省国税工作会议上的讲话

福建省副省长 陈 冬

（2015年1月15日）

同志们：

2014年，全省国税系统认真贯彻落实国家税务总局和省委省政府的决策部署，围绕“提升站位、依法治税、深化改革、倾情带队”的主线，圆满完成组织征收工作，国税总收入完成2300亿元，比上年增收193.7亿元，增长9.2%，国税部门组织税收收入1795亿元，增长9.6%，在全国31个省市中居第10位，比2013年提高了2个位次，增幅比全国平均水平高0.8个百分点，为全面完成全省财政收入做出了重要贡献。“营改增”扩围工作深入推进，试点纳税人实现减税37.1亿元，减税面达97.9%；非试点纳税人增加进项抵扣29.2亿元，合计减税66.3亿元；全年共为6.15万户小微企业减免企业所得税1.81亿元，为23.3万户小微企业免征增值税1.2亿元，受惠面接近100%；改进出口退税流程，全年办理出口退（免）税727亿元，增长11.6%。助力平潭综合实验区开放开发，促成《企业所得税优惠目录》《增值税和消费税退税管理办法》和对台小额贸易市场相关税收优惠政策的落地。进一步优化纳税服务，开展“便民办税春风行动”，受到了广大纳税人的欢迎，也得到了尤权书记、省长的充分肯定。1月13日，省长专门批示“2014年，国税系统服务发展成效好、作风建设措施实，特别是在落实出口退税政策、帮扶小微企业发展、推进平潭综合实验区开放开发等方面做出了重要贡献。感谢大家的辛勤努力！望继续深化落实抓改革、优服务、转职能的各项措施任务，进一步推动福建经济社会加快发展。”

2015年是我省贯彻落实中央支持福建进一步加快经济社会发展的开局之年，是全面深化改革的关键之年，也是完成“十二五”规划的收官之年。希望全省国税系统再接再厉，改革创新，优化服务，主动作为，为建设机制活、产业优、百姓富、生态美的新福建做出新的贡献。关于今年的工作，臧耀民局长将作具体部署。这里，我讲四点意见。

一、适应新常态要有新作为

中央经济工作会议深刻阐述了我国经济发展新常态的特征，对今年经济工作做了全面部署。全省经济工作会议科学研判我省经济发展的新形势，提出今年经济发展的主要预期目标，希望全省国税系统的认真学习贯彻习近平总书记系列重要讲话和来闽考察重要讲话精神，认真落实中央支持福建进一步加快经济社会发展的一系列政策措施，主动适应新常态，攻坚克难，履职尽责，更好地服务福建经济社会发展大局。

一要着力组织收入。在新常态下，税收增长面临着新的压力，要关注经济发展和税收增长相关性的变化，严格遵守组织收入原则，紧盯收入目标不松劲，依法依规，应收尽收，不收过头税，加强税收风险管理，进一步改进税收分析，更加注重税收质量的提升，更加关注经济风险的积累和释放，以及产业转型对组织收入工作的影响，不断提高组织收入工作的主动性和科学性。

二要着力转型升级。要认真贯彻落实省委、省政府《关于进一步加快福建科学发展跨越发展的行动计划》，加大对重大项目、重点项目涉及税收政策的跟踪和支持力度。转方式、促改革、调结构，配合推进税收优惠政策清理工作，科学把握政策界限，落实好鼓励科技研发、强化创新驱动、扶持小微企业发展、促进生态文明建设等税收优惠政策，优化出口退税管理，牢固树立“不落实税收优惠政策也是收过头税的观念”，发挥政策效应，释放改革红利。做好“营改增”全覆盖、消费税和资源税改革，促进大众创业、万众创新，促进经济提质、增效、升级，有效激发市场主体活力。

三要着力提升水平。税收工作变化快、波动大、接触面广，新的因素、新的知识层出不穷，要树立新理念，学习新知识、拓宽新思路，适应新常态。要持续抓好队伍建设，落实党风廉政建设责任制，继续推行“制度加科技”内控信息化建设，构建制度限权，流程控权、文化警权的“三位一体”长效机制。建设一支政治坚定、业务精湛、作风优良、勤政廉洁、团结和谐的队伍。

二、服务发展要有新办法

近期，中央从战略全局考虑，相继出台三项直接关系福建发展的重大政策，一是国务院下发的《意见》，二是确定支持福建建设自贸试验区，三是把福建作为21世纪海上丝绸之路的核心区。税收作为国家宏观调控的重要杠杆，国税系统要主动围绕大局，融入大局。

一要落实好现有政策。要积极融入“一带一路”战略和自贸试验区等前期工作，要组织专门力量学习文件、研究政策，把政策吃透、用准、用足，并结合实际转化为具体的工作举措，将政策优势转变成实实在在的发展优势。

二要加强前沿性政策研究。要进一步解放思想，紧密配合中央战略部署，立足于体制机制创新，加强前沿性税收政策研究，确定拟创新税收管理服务措施和拟争取税收政策，并提高税收政策的针对性、有效性，从国内税收政策、税收协定、支持“走出去”等方面提出税收服务的具体措施。

三要做好沟通交流工作。要及时与国家税务总局沟通对接，确保《福建自贸区总体方案》中涉及税务部门的投资便利化项目、服务贸易扩大开放项目和贸易便利化项目中的重点试验项目早日落地。要以项目为抓手，积极探索创新服务管理模式，加快推进上海自贸区“办税一网通”十项创新税收服务措施的复制推广步伐，使涉税事项网上审批备案、税务登记号码网上自动赋码、网上自主办税等创新经验在全省推广，实现税收管理模式的转变。

三、依法治税要有新思路

一要转变观念。税务干部的工作要接触广大企业和群众，要进一步转变观念，增强法治意识，加强税法、行政法学习，把握实体规定，遵守法定程序，遵从法律约束，用公正、文明、规范的收税、管税工作，取信于纳税人，取信于群众。

二要依法行政。要加速简政放权，认真落实权力清单制度，健全服务流程。要规范行政处罚，健全税务系统行政处罚裁量权行使基准，完善行政复议与诉讼相衔接的行政争议化解机制。要继续加大对偷逃骗税、虚开发票等重大税收违法案件的依法查处力度，充分发挥税收违法“黑名单”的警示作用，联合其他部门共同惩戒税收违法失信行为。

三要强化督查。进一步完善执法监督工作机制，综合运用监察、巡视和督查等多部门力量，不断推进内控机制信息化建设，开展执法跟踪监督回访，健全意见快速处理机制，实现税收执法全流程监控。

四、优化服务要有新突破

一是持续推进便民办税春风行动。要继续开展“六提速、三减负、三公开、一首问”便民活动，全面落实《全国县级单位纳税服务规范》，加快推进全省办税服务厅服务内容规范化、服务项目统一化、服务过程痕迹化，打通服务纳税人“最后一公里”，确保“便民办税春风行动”长期化、制度化。

二是办税服务要便捷优质高效。进一步扩大网上办税项目，提高办税服务厅服务质效，拓展12366热线服务功能，加快推进纳税人学堂建设步伐，以业务流程规范、服务措施规范、服务管理规范促进纳税人满意度、税法遵从度、基层满意度的提高。要及时了解纳税人的需求，做好纳税服务软硬件建设，在转职能、转作风、转方式中再上新台阶。

适应新常态　开创新局面　持续推进税收现代化

——在全省国税工作会议上的讲话

福建省国家税务局局长　臧耀民

（2015年1月15日）

同志们：

这次会议的主要任务是，学习贯彻党的十八届四中全会和省委九届十二次全会精神，全面落实全国税务工作会议和全省经济工作会议的各项要求，总结2014年全省国税工作，分析经济发展新常态下的税收形势，部署2015年工作任务。在全国税务工作会议上，王军局长传达了李克强总理、张高丽副总理对税务工作的重要批示，我们要认真学习领会，贯彻落实。在这次会前，省主要领导对我省国税工作作了专门批示：“2014年，国税系统服务发展成效好、作风建设措施实，特别是在落实出口退税政策、帮扶小微企业发展、推动平潭综合实验区开放开发等方面作出了重要贡献。感谢大家的辛勤努力！望继续深化落实抓改革、优服务、转职能的各项措施任务，进一步推动福建经济社会加快发展。”陈冬副省长代表省委、省政府专门到会看望大家，并作了重要讲话，对此各级国税机关都要认真组织学习领会，及时向当地党委、政府汇报，切实加以贯彻落实。下面，我讲三点意见。

一、砥砺前行，攻坚克难取得新成绩

2014年，面对经济下行的严峻形势，全省国税系统认真贯彻落实党的十八届三中、四中全会精神、习近平总书记系列重要讲话精神和对福建工作的新要求，牢记“为国聚财、为民收税”的神圣使命，紧紧围绕实现税收现代化主题，把握提升站位、依法治税、深化改革、倾情带队的主线，深入开展党的群众路线教育实践活动，打好“三个服务”“三个实在”“三个禁止”主动仗，凝聚改革共识，激发创新活力，全面开展“便民办税春风行动”，圆满完成了各项税收工作任务，取得了显著成绩。总局和省委、省政府领导先后11次对我省国税工作作出重要批示。8月7日，省委书记尤权专程到省局调研时对国税工作给予充分肯定：“国税部门这些年为福建经济社会发展做了大量工作，既保证税收收入按计划完成，同时又为推进改革和支持企业发展加大服务力度，落实执行好国家的各项税收优惠政策。”11月10日，省主要领导在省政府务虚会上专题听取福建国税工作汇报时高度评价：“全省国税系统对福建的经济建设贡献很大，付出很多，在此对国税系统的同志们表示感谢。省国税局工作站位高，服务意识强，善于改革创新，注重队伍建设，得到了纳税人的广泛好评，取得良好社会效果。”

一年来，我们的工作成绩主要体现在以下几个方面：

（一）组织税收收入平稳增长

2014年全省国税总收入完成2300亿元，比上年增收193.7亿元，增长9.2%。扣除海关代征后国税部门组织的税收收入完成1795亿元，收入规模居全国第10位，比2013年提高2个位次；完成年度计划的101.3%，增收156.8亿元，增长9.6%，增幅比全国同口径平均水平高出0.8个百分点。其中，厦门入库449.62亿元，增收35.66亿元，增长8.6%；八市及平潭综合实验区入库1345.39亿元，增收121.16亿元，增长9.9%。其中，地方级税收完成475.5亿元，增长15.4%。全省办理出口退（免）税727亿元，比上年增退75.3亿元，增长11.6%，其中，八市一区办理出口退（免）税375.4亿元，比上年增退37.9亿元，增长11.2%。在经济下行压力加大的情况下，取得这样的成绩非常不容易，这主要得益于我们充分发挥主观能动性，采取了以下措施：一是强化税源分析。坚持每月召开省局机关税收收入分析会和每季度召开全省税收收入形势分析会，实施收入目标动态管理，省局领导和处室分片挂钩基层抓收入，牢牢把握了组织收入工作的主动权。二是依托科技管理。不断依靠创新驱动，提高信息管税能力。比如莆田市局开发的“营改增”管理信息系统、三明市局开发的企业所得税电子台账系统等，在加强税收管理方面都发挥了乘数效应。三是堵塞征管漏洞。加强源头管理和户籍巡查，以工商登记信息交换为切入点，依托第三方涉税信息挖掘漏征漏管户信息，全年清理11741户。强化税种管理，规范农产品加工企业增值税管理、加强成品油消费税税源监控、开展所得税重点行业专项评估等，都取得了良好成效。四是打击涉税违法。继续在全省开展增值税发票专项评估和集中打击骗取出口退税、虚开增值税专用发票等专项行动，集中力量重点突破“8·22”“1·20”“8·26”等大要案。实行税收“黑名单”制度，公布重大税收违法案件信息56件。纳税评估、稽查查补、非居民企业税收管理以及反避税工作都富有成效，四项收入合计59.73亿元，比上年增长12.9%。

（二）重大政策措施落实到位

全面贯彻落实国务院出台的“稳增长促改革调结构惠民生”一系列重大决策部署，不折不扣落实好税收优惠政策。国务院和总局督导或检查组在对我省的督导检查中均给予高度评价。一是认真执行小微企业税收优惠政策。加强政策宣传和后续管理，延长备案时间，简化程序，最大限度方便纳税人。全年共为6.15万户小微企业减免企业所得税1.81

亿元，受惠面达100%；为23.3万户享受小微企业优惠政策的纳税人（含零申报）免征增值税1.2亿元，受惠面超过99%。我省落实小微企业税收优惠政策成绩显著，省局报送的《福建省小微企业暂免征收两税政策落实情况》得到国务院领导批示，王军局长在全国税务工作会议上对我局进行了表扬。二是有力落实出口退（免）税政策。推出了“方便出口退税 促进外贸出口”十大措施，5月在福州召开100家大型出口企业法人代表参加的出口退（免）税政策规定宣讲会，得到广大出口企业的好评。陈冬、郑晓松等省领导先后批示予以肯定。三是扎实推进“营改增”试点工作。铁路运输、邮政和电信行业先后纳入试点，“营改增”范围扩大到“3+7”个行业。政策效应日益凸显，试点以来减税66.3亿元，减税面达97.9%。我省“营改增”试点情况分析报告被国务院办公厅信息刊物采用，呈送国务院领导参阅。四是积极融入平潭综合实验区建设。认真落实《平潭综合实验区企业所得税优惠目录》，用好用活用足税收优惠政策，促成平潭对台小额贸易市场相关税收优惠政策的落地。平潭区局推出“四证一章”合一服务，为台商开辟办税绿色通道，打造良好税收软环境，得到省长充分肯定。

（三）税收核心业务持续推进

着力抓好纳税服务和税收征管两大核心业务，双轮驱动，提质增效。一是持续优化纳税服务。全面开展“便民办税春风行动”，制定并实施31条便民办税措施；减少23项审批事项，取消29项进户执法项目和26种涉税文书报表，对64项涉税业务实行“免填单”服务。在部分地区推行车购税委托代办试点，有效缓解办税大厅的拥挤压力。全面推行《全国县级税务机关纳税服务规范》，修订下发2014版涉税业务工作规程，审批环节减少23.4%，审批时限缩短36.2%。11月拓展网上办税功能，推行网上审批系统，36项涉税项目实现了网上报备审批。12月起全面推广由莆田市局开发的纳税服务规范管理系统，把纳税服务规范纳入信息化管理。评选表彰纳税“双百强”企业，并为“双百强”企业和龙头企业制定个性化服务方案，提高大企业税收个性化服务质效，快速响应涉税诉求，增强税企互信。建立注册税务师行业党委，加强了对注册税务师行业的监管。二是持续强化税收征管。夯实征管基础，在全系统推广“任务管理和服务回访”系统，加强纳税人基础信息的采集，夯实税源基础信息；建立CTAIS运维专家团队，着力化解系统业务管理创新引发的软件频繁升级问题；加强国地税协作，推进“营改增”信息准确完整迁移。加强风险管理，坚持以税收风险为导向，在税源分类分级管理的基础上，突出强化省市两级统一风险分析识别功能，实施以县级局应对为主、省市县局专业分工、分级应对的管理模式。省市两级税收风险分析监控中心实现税收风险归口闭环管理。省局开发的税收风险管理信息系统于6月正式上线运行，全省累计推送“三无”企业、农产品进项税额抵扣异常、商品混凝土、企业电耗产能异常、涉嫌虚开增值税普通发票等风险任务1.52万户次，评估入库税款14.4亿元。

（四）干部队伍建设全面加强

深化干部人事制度改革，创新工作机制，有效激发干部队伍活力。一是全面加强各级领导班子建设。认真落实新修订的《党政领导干部选拔任用工作条例》，进一步配齐配强各级领导班子。在龙岩、宁德市局探索设立党组副书记职位制度，补充选配了漳州、龙岩、三明、宁德市局的班子副职和龙岩、三明市局稽查局长6人，选拔23名优秀干部担任县（市、区）局纪检组长。二是不断加大干部交流轮岗力度。实施县（市、区）局“一把手”任期8年以上必须轮岗和任期满5年交流面不得低于

50%的交流轮岗办法，先后对65位县（市、区）局“一把手”进行了轮岗。通过外派挂职、下派挂职、上挂锻炼、内部交流等多种方式培养交流干部，其中省局机关交流干部16人。三是积极创新人才培养使用机制。加强领军人才的推荐选拔和培养使用，2名干部新入选第二批全国税务领军人才。加强专业人才库建设，18人入选税务总局各类专业人才库，建立健全了省局政策法规、国际税收、综合文秘、督察内审等一批人才库。着力培养兼职师资队伍，开发运行福建省国税系统在线教育培训平台，着力加强“营改增”、增值税发票管理系统升级版、纳税评估、税务稽查、风险管理等业务培训。加大人才引进力度，新招录公务员176人、事业编制人员12人。积极探索基层干部培养选拔机制，遴选了10名优秀年轻干部充实到省局。四是稳步推行绩效管理工作。按照税务总局统一部署，积极探索具有福建特色的绩效管理思路，坚持价值导向、责任导向、问题导向和激励导向，充分发挥绩效管理的“指挥棒”作用。《中国税务报》在要闻版专门介绍了省局做法。

（五）党风廉政建设成效显著

以推动“两个责任”落实和强化内控机制信息化建设为重点，切实推进党风廉政建设。一是“两个责任”制度化。认真落实党组主体责任，不断完善党风廉政建设责任制执行情况专题报告、党风廉政形势定期分析和主要负责人述职述廉制度。举办全省县级局“一把手”廉政专题培训班。突出纪检监察部门监督责任，加强监督执纪问责。中纪委、税务总局、省纪委分别以专期简报形式介绍省局党组履行主体责任的经验做法。二是内控机制信息化。完成内控促廉系统第三次研发，打造内控机制信息化升级版。同步推进网络廉政文化教育平台和实体廉政教育展厅建设，举办“自律与他律”主题辩论赛等活动，通过了全国税务系统廉政教育基地验收。我局内控机制信息化建设和网络廉政文化教育平台建设经验先后在税务总局党风廉政建设工作会议和内控机制信息化升级版建设推进会上作交流演示。三是监督检查常态化。加强对领导干部尤其是“一把手”的监督，落实“一把手”不直接分管人事、财务、基建的工作制度，坚持实行廉政谈话提醒。进一步优化监督资源，提升效率，注重成果应用分析。统筹开展巡视、督察内审和执法监察工作，共对9个单位开展巡视、对5个单位开展巡视回访，发现问题273项；完成执法督察项目128个，开展审计项目56个，其中领导干部经济责任审计47个；对4个单位开展执法监察。四是作风建设长效化。扎实开展第二批党的群众路线教育实践活动，实现圆满收官。在群众满意度测评中总体评价为“好”的占97.61%，得到税务总局督导组的高度评价。严格执行中央八项规定和国务院“约法三章”，深入开展“三清三察三审三治”和“六项集中整治”，共调整清理办公用房24002.06平方米，停止新建项目62个，压缩“三公”经费34.3%，减少因公临时出国（境）5批19人次，减少会议数量15%，减少简报数量21%。郭爱莲同志被中央确定为税务系统唯一的践行群众路线好干部的先进典型，在中央媒体进行了集中报道和广泛宣传。五是信访案件处理规范化。落实信访排查制度，严格按照信访处理五类处置标准做好信访件处理，全年信访件初核率提高到62.77%。着力查处发生在税收执法和行政管理重点领域、关键环节和侵害纳税人利益的腐败案件，做好税务总局部署的“一案双查”工作。全年全系统共立案查处18起，刑事处理5人，政纪处分23人。

与此同时，我们还统筹推进了其他工作。稳妥推进三级以下单位规范津补贴工作，积极做好舆情监控和维稳工作，特别是莆田市局黄亮明局长耐心细致做好干部思想工作，获王军局长专门批示表扬；认真开展培训中心清理整顿，进一步严肃财经纪律，加强政府采购管理；开通了福建国税官方微信微博，不断扩大《海西税务》刊物影响力，全面提升宣传质效。此外，机关后勤保障、服务老干部、税收科研、注册税务师管理、机关党建和工、青、妇等工作都取得新成绩，特别是精神文明建设又有新成果，闽侯县局、晋江市局入围第四届全国文明单位，省局机关被评为我省第十二届省级文明单位。莆田市局国际科、上杭县局古田分局、建宁县局被评为全国税务系统先进集体。

光阴荏苒，春华秋实。今年是“十二五”规划的收官之年，“十二五”规划意见已实施了四年。2010年秋天，全省国税系统开展大调研、大走访，组织编制福建国税“十二五”规划的情景历历在目。回首过去的四年，省局党组的新老同志同心协力、同甘共苦，和全省国税系统广大同仁风雨同舟、和衷共济，攻克了重重难关，取得了累累硕果。我们的组织收入保持年均14.3%的快速增长，收入规模较2009年实现了翻番；我们完成了税收征管改革“三年三步走”的宏伟战略，形成了具有福建特色的税收征管运行模式；我们打造了12366纳税服务热线优质品牌，建立健全了“三位一体”的纳税服务平台；我们不断深化干部人事制度改革，培养选拔了一大批优秀年轻干部走上领导岗位；我们持续推进党风廉政建设机制创新，确保了队伍总体平安。这些成绩的取得，离不开总局和省委、省政府的正确领导，离不开社会各界和广大纳税人的大力支持，离不开离退休老同志的关心厚爱，离不开全省国税系统广大干部职工的拼搏奉献！在此，我谨向离退休老同志，向在座的会议代表和同志们，向奋斗在基层一线的全体干部职工以及你们的家属表示衷心的感谢！向一直关心支持税收改革发展的各级领导、社会各界以及新闻界的朋友们致以崇高的敬意！

当然，在肯定成绩的同时，我们必须清醒地看到税收工作中存在的问题，归纳起来主要有三个方面：一是有些工作没有取得预期效果。比如，税收数据质量不高，信息获取渠道不够通畅，信息数据的利用不够充分；部分应用系统整合力度不够，有的系统功能重复、同步升级慢，有的系统运行不够顺畅。二是长期困扰我们的一些老问题没有解决到位。比如，人才资源依然匮乏，人员年龄结构、知识结构不尽合理，激发队伍活力、促进干部成长方面与大家的期盼还有不小差距；服务纳税人和服务基层工作还有所欠缺，纳税人满意度和基层满意度仍然不尽理想；省局一些处室之间工作统筹协调不够，效率不高，基层疲于应付的现象仍然存在；一些单位特别是基层单位税收法治意识不强、个别干部甚至领导干部的法律意识仍较为淡薄，税收执法行为还有待进一步规范。三是有些新问题应对能力不足。比如，在经济新常态下创新意识还不够，服务大局的能力还有待加强；新的媒体时代一些领导干部的舆情意识不够强，应对能力有待提高。上述问题和不足的存在，既有主观原因，也有客观原因，我们必须以实事求是的态度和开拓创新的思路来努力解决和改进。

二、审时度势，奋发有为应对新常态

去年底召开的中央经济工作会议对做好经济发展新常态下的工作进行了科学诠释、作出了全面部署。习近平总书记在分析我国经济发展新常态下速度变化、结构优化、动力转换三大特点的基础上，分别阐述了经济发展新常态的九个趋势性变化，并强调指出，认识新常态、适应新常态、引领新常态是当前和今后一个时期我国经济发展的大逻辑。中央关于经济发展新常态的理论，是对我国经济发展阶段性、趋势性特征作出的科学精准的判断，对我国经济发展具有重要指导意义，为我们做好新时期税收工作指明了方向。不久前召开的全省经济工作会议，科学分析了福建产能过剩相对较少，区位优势、环境优势、政策优势相对突出，调整结构潜力和空间较大的经济发展新常态。经济决定税收，税收影响经济，经济发展新常态必然对税收发展产生重大而深远的影响，税收工作也必将呈现新常态。我们一定要深入学习领会，深刻认识税收新常态，主动适应税收新常态，积极引领税收新常态，统一思想行动，聚焦中心任务，服务发展大局。

（一）深刻认识税收新常态

一是税收职能作用发挥面临新机遇新挑战。十八届三中全会从推进国家治理体系和治理能力现代化的高度部署税制改革，使税收职能作用超越了经济层面，更加深刻地介入国家治理各方面。当前，中央支持福建开展自贸园区试点和建设21世纪海上丝绸之路核心区正式启动，习近平总书记来闽考察为福建谋划的发展蓝图逐步展开，省委、省政府《关于进一步加快福建科学发展跨越发展的行动计划》付诸实施，这些都对税收工作围绕中心、服务大局提出了新的更高要求。我们唯有积极适应新形势新要求，科学有效实施税收调控，发挥税制改革突破口作用，持续提升税收法治水平，才能牢牢把握时代赋予福建国税人的历史机遇，充分发挥税收职能作用，在推进国家治理现代化和服务福建经济发展大局中当好先锋。

二是组织收入工作面临新机遇新挑战。经济发展新常态下，组织税收收入工作面临的不利因素与有利因素并存。不利因素有：经济运行形势更加复杂，随着经济由高速增长转向中高速增长，经济减速时税收减速更快，组织收入将面临更大压力；税源结构发生深刻变化，跨国、跨地区经营的大企业集团不断涌现，税源的复杂性、隐蔽性和流动性越来越强，税收征管将面临更直接、更尖锐、更繁多的矛盾问题；部分企业生产经营困难也将给税收增长带来影响。有利因素是：随着税制改革步伐的加快，逐步提高直接税比重，经济存量对税收收入的贡献度将提升，税收增长过多依赖GDP特别是PPI增长的局面将改善，增长的可持续性增加；修订预算法和税收征管法为依法征税提供更强大的法律保障，国际税制改革将有效打击跨国逃避税行为，为税收收入提供更有质量、更稳定的税源；新的矛盾和问题将倒逼我们进一步加快提高管理的集约化水平，不断加快税收管理方式转变；中央支持福建进一步加快经济社会发展的一系列有力政策措施，给福建带来难得利好机遇，也为税收带来新增长点和增长潜力。我们既要正视不利因素，又要把握有利条件，发挥优势，挖掘潜力，在新常态下开展好组织收入工作。

三是干部队伍管理面临新机遇新挑战。当前，我省国税系统干部年龄结构老化的态势还没有根本扭转，一些干部的思想理念和精神状态与新常态还不相适应；同时，受新时期新形势社会环境影响，干部个体的价值观日趋多元化，旧的队伍管理理念已经无法再继续适用。经济发展新常态既对国税干部队伍的能力和素质提出了更高要求，与此同时也将倒逼我们与时俱进、推陈出新，不断创新机制、加强管理，更有效地管好干部、带好队伍。比如，依法治税的全面推进，将有效减少干部执法随意性，促进公正规范执法；从严治党的深入推进，将为从严管理干部提供制度和纪律保障，促进廉洁从税；纳税人法律意识和维权意识不断增强，将有效防止税务行业不正之风；舆论监督的无处不在，将促进干部强化言行举止的自我约束；干部人事和收入分配等方面制度改革的推进，公务员平时考核、职务与职级并行等制度的实施将有利于税务干部更好工作、更快成长。

（二）主动适应税收新常态

一是思想观念上要适应。税收新常态要求我们主动转变思想观念，跟上历史发展步伐。在新的历史时期，要用变革的思维看待变化、适应变化，打破传统观念束缚和惯性思维，形成与税收新常态相适应的思维方式、行为习惯。要保持昂扬向上的精神状态和工作激情，面对税收新常态要充满信心、勇往直前，对新出现的困难问题敢于担当、勇于破解。要有恒久之心，充分认识到在税收新常态下做好税收各项工作是一项系统工程，是一场持久战，要以钉钉子的精神狠抓落实，坚持不懈，锲而不舍，久久为功。

二是方式方法上要适应。税收新常态要求我们必须不断改进工作方式方法，完善各项制度机制，强化规范，探索创新。一方面，规范化、标准化是完成好各项工作任务的前提，是实现全省“一盘棋”工作格局的基础。另一方面，在逐步规范管理的同时，要研究探索在统一的规范内，结合自身实际不断创新。要坚持补缺与优化，运用好“发现问题—解决问题”的科学路径，在工作中发现和弥补短板与不足，根据新形势新变化及时改进完善，不断优化工作流程、方法和机制。

三是能力素质上要适应。税收新常态要求国税干部进一步提高能力素质。新形势下，各级领导干部要提高依法决策、科学决策能力，学习新知识、掌握新本领，增强综合素质；要加强自身修养、廉政建设和作风建设，提高严于管理、善于管理能力，率先垂范，勇于担当。广大干部要提高税收风险管理能力、岗位适应能力、综合协调能力、纳税服务能力和工作落实能力，要提升税务职业素养和业务技能水平。

（三）积极引领税收新常态

一要以改革为引领。改革是新常态下推进税收现代化的动力源泉，新常态要求我们全面审视不足，以问题为导向不断推进自身改革和税收改革，通过改革解决发展中的难题和瓶颈，逐步形成与税收新常态相适应的思想观念、治税理论、制度安排、技术手段、工作作风。要坚持开放，虚心学习借鉴兄弟单位、各行各业的先进经验做法，主动向社会和纳税人开放，树立国税部门良好形象。要加强科技创新，顺应新一代科技革命大趋势，充分运用好云计算、大数据、移动互联等新技术，让信息化的技术支持、信息保障、业务引领作用充分发挥，推动国税工作创新活力不断迸发。

二要以法治为引领。法治是新常态下推进税收现代化的规范保障。新常态要求我们要更加注重运用法治思维和法治方式来深化改革、推动发展。全省各级国税机关党组要强化对依法治税的统一领导，牢固树立税收法治理念，坚持依法征税、依法管理，真正落实在税法面前征纳双方的平等地位，坚持在法治框架内深化税收改革、推动税收发展。要大力加强普法宣传教育，建立党组中心组定期学法制度，增加各类读书班、培训班法律课时，形成学法知法用法风气，着力提高法治思维能力，培养崇法遵法守法习惯。

三要以文化为引领。税务文化是新常态下推进税收现代化的精神感召。新常态要求我们更进一步优化税务文化建设，汇聚人心、鼓舞干劲、形成正能量，营造健康向上的环境氛围。要结合税务工作特点，结合福建特色，全方位地大力推进福建国税文化建设，创造富有时代气息和福建国税特色的文化精品。以好的文化强化精神感召，积极弘扬社会主义核心价值观，铸就税收现代化建设精神高地，打造福建国税精神家园，增强干部的归属感和认同感。

三、顺势而为，开拓进取谋求新跨越

2015年是全面深化改革的关键之年，是全面推进依法治国的开局之年，也是全面完成“十二五”规划的收官之年。全国税务工作会议明确了“认识适应引领税收新常态，有效服务经济发展新常态，坚持税收改革、税收法治、税收开放三轮驱动，坚持弥补短板、创新机制、狠抓落实三措并举，坚持完成任务、推行规范、建设队伍三点着力，进一步丰富发展完善‘六大体系’”的总要求，强调做好今年工作最核心的是发扬励精图治、改革创新的精神和坚持稳中求进、统筹推进的基调。根据总局的工作部署，结合福建国税工作实际，省局提出2015年全省国税工作的总体要求是：全面贯彻党的十八大和十八届三中、四中全会以及中央和全省经济工作会议精神，认真学习贯彻习近平总书记系列重要讲话和来闽考察重要讲话精神，牢记“为国聚财、为民收税”的神圣使命，落实“三轮驱动”“三措并举”“三点着力”，积极适应税收新常态，全面完成各项税收工作任务，为实现税收现代化和建设“机制活、产业优、百姓富、生态美”的新福建做出更大贡献。

围绕总体要求，今年重点要坚持五个并重，抓好十项工作：

（一）坚持组织收入和依法治税并重，围绕中心抓收入

既要按照总局和省委、省政府的部署，完成好2015年的组织收入任务；又要扎实推进税收法治建设，坚持依法行政，严格依照法律规定征税，贯彻落实组织收入原则。

依法依规组织收入。各级国税机关要增强主观努力程度，牢牢把握税收工作主动权，重点抓好以下几方面：一是实事求是确定收入目标。按照总局收入目标安排，今年福建国税税收收入的预期增长目标为7.2%，低于往年，这是综合考虑新常态下我省经济、政策、征管和基数等方面因素确定的，也是实事求是的。省局经研究，在这次全省国税工作会议上向全系统提出税收增长与经济增长弹性系数努力实现1左右，增收额不低于2014年的奋斗目标。全系统要牢固树立科学的任务观，在分解和确定收入计划时应做到客观地“定”、科学地“分”，让收入计划预测、分配和执行更加科学合理和精准到位。二是紧抓组织收入工作。王军局长指出，组织收入是各级税务局长和广大税务干部的天职。今年的组织收入形势将更为严峻，收入目标一经确定，各级国税机关从年初开始就要紧抓组织收入工作，向管理要收入，向服务要收入，向改革要收入，向打击违法犯罪要收入，确保圆满完成税收收入目标。三是强化收入质量管理。认真落实李克强总理关于“坚持依法征税，不能收过头税，也不允许偷税漏税”的要求，实现真实、没有水分的增长。依托税收风险管理系统“税源分析模块”，对税收收入实行预测预警，不断提高税收征收率。四是深化税收分析工作。认真落实《关于进一步完善税收分析工作机制的意见》，完善横向分工协作、纵向紧密联动的分析制度，充分发挥税收数据的优势，打造税收分析系列“拳头产品”，扩大国税部门在经济形势分析中的影响，提高服务经济决策的能力。

全面推进依法治税。认真贯彻落实总局即将发布的《关于深入推进依法治税，加强税收现代化建设的指导意见》，亮出税收权力、负面和责任清单，在更高层次、更高水平上推进税收法治建设。一是实行税收执法权力清单制度。根据总局部署，全面厘清税收执法权力事项和权力依据，进一步健全行政权力运行制约和监督体系，推进权力公开透明运行，实现清单之外再无权力，做到“法无授权不可为”。对所承担的工作必须真正负起责任，对下放或委托的事项依法加强指导和监督，做到“法定责任必须为”。结合我省税收工作实际，进一步修订完善行政裁量权基准制度。二是持续推进税务行政审批制度改革。继续减少审批项目，严格行政审批目录化管理，严禁变相保留、恢复、新设税务行政审批。修订《重大税务案件审理办法》，探索建立公职律师和法律顾问制度。积极适应新修订的《行政诉讼法》，做好行政复议工作。加强与法院协作，积极探索建立行政复议与诉讼相衔接的行政争议化解机制。三是开展税收优惠政策专项清理。在全面、坚决落实各项税收优惠政策的基础上，要认真排查是否存在自行扩大税收优惠政策适用范围、提高优惠比例、延长优惠期限的问题，对违反国家法律法规的优惠一律停止执行。做好税收优惠政策效应分析工作，并建立相应工作机制和管理办法。四是加大力度打击税收违法。加大重特大税收违法案件查处力度，重点开展打击虚开增值税专用发票、骗取出口退（免）税等专项行动。继续开展行业性税收专项检查、区域专项整治、重点税源企业检查和发票打假工作。落实总局、省局重大税收违法案件信息公布办法，按季对外公布“黑名单”纳税人并将信息推送省级征信平台，对违法当事人实施联合惩戒，增强“黑名单”工作的社会影响力和威慑力，维护良好的税收法治环境。

（二）坚持深化改革和促进开放并重，服务大局助发展

既要深化改革，全面推进税制改革和征管改革，依托创新驱动，克服困难，排除障碍；又要坚持开放，落实走出去战略，积极适应经济全球化的发展趋势。

继续深化税收改革。结合我省实际，推进税收改革主要立足于“两个深化”：一是深化税制改革。今年“营改增”试点扩围将进入攻坚期，建筑安装业、房地产业、生活性服务业和金融保险业将纳入试点范围，预计将涉及我省11.28万户纳税人。这项工作较以往涉及面更广、情况更复杂、任务更繁重，各单位要在总结前期经验的基础上，切实做好组织、机制、政策、技术及相关数据测算等各方面准备，明确责任分工，加强部门协调配合，确保试点工作顺利进行。同时，进一步落实好小微企业税收优惠、研究开发费加计扣除等各项改革成果，各项政策落实面都要达到100%。二是深化征管改革。近年来，我省大胆探索先行先试，完成了“三年三步走”的征管改革战略部署。总体上看，我省的征管改革实践与总局的框架和思路高度契合。今年在总结经验和深入调研的基础上，我们提出“以征管现代化为引擎持续推进税收现代化”的深化征管改革思路，得到了总局征管科技司的高度赞同。下一步，我们要按照总局的统一部署，以试行税收征管规范为抓手，以风险管理为导向，以信息化为支撑，巩固和提升具有福建国税特色的税收征管改革模式，打造流程标准化、方式集约化、手段信息化和组织绩优化的现代化税收征管体系。今年重点要抓好三件事：第一是全面落实征管规范。做好试行《全国税收征管规范（1.0版）》的相关衔接和准备工作，积极争取申请试行《全国税收征管规范（2.0版）》，并以此为契机，加强税收征管基础建设，建立健全问题反馈机制，致力提升基层征管部门综合统筹协调能力。第二是切实加强风险管理，强化税收风险管理的导向作用，认真贯彻总局《关于加强税收风险管理工作的意见》，进行风控平台二期开发，完善系统建设，重点部署出口退税、股权转让、“营改增”、发票等重点风险事项的管理工作，提升税收风险应对质效。第三是大力推进信息管税，信息化是征管改革的重要支撑，各级国税机关要高度重视税收信息化工作，推进信息化基础设施建设，推动纳税服务平台基础建设与服务扩展，提高系统运行的可靠性、稳定性，强化网络与信息系统数据安全性，增强系统扩展能力；提升数据管理规范化水平，强化第三方信息采集长效运作机制，抓好各项数据的分析、共享和应用工作，充分挖掘和发挥海量数据的潜能和效益。跟踪全国试点情况，提前做好我省金税三期工程上线准备工作。

不断推进税收开放。在加大税收开放力度，助推外向型经济发展方面，我们要主动作为、发挥作用。一是主动融入福建自贸区建设。借鉴上海自贸区经验，探索推出具有福建特色的“8+2”创新举措，即增值税简并征期、网上E税通、下放审批权限、鼓励台湾中介机构成果应用、国地税联合办税、国地税信息共享、涉税服务全区通办、简化税务登记手续等八项服务措施，以及向总局争取部分现代服务业可选择简易计税办法和在福州保税港、厦门保税港开展启运港退税两项优惠政策。二是服务企业更好参与国际竞争。建立健全对外投资税收服务与管理体系，大力支持国家走出去战略。有效应对税基侵蚀和利润转移（BEPS），建立、健全反避税“管理、服务、调查、监控”四大工作机制，积极探索更适合我省反避税实际的调整方法。切实提升国际税收征管水平，积极拓展税源，维护国家税收主权和企业合法权益。三是着力服务扩大出口。贯彻落实《全国税务机关出口退（免）税管理工作规范》，全面推行《福建省出口货物退（免）税分类管理办法（试行）》。做好生产企业出口退税审批权限下放至所在县（区）局工作，完善出口货物退（免）税审核辅助和预警分析监控系统，不断提高函调工作质量。

（三）坚持强化管理和优化服务并重，突出规范提质效

既要以科技手段为支撑，加强对各税种的征收管理，提高纳税人的遵从度；又要以创新思路为指导，优化便民办税各项服务，提升纳税人的满意度。

全面加强税收管理。认真研究应对经济发展新常态下的税收征管新思路，切实加强税收管理，防止税收流失。一是加强货物和劳务税管理。做好增值税发票系统升级版全面推行工作，按照省局的分步实施方案，11月30日前全部推行到位，使升级版覆盖所有增值税纳税人和所有增值税发票。建立增值税发票的电子底账，自动采集发票全票面信息，为税源管理、数据分析、风险控制提供强有力支持，有效治理虚假发票和堵塞偷骗税。不断完善分行业增值税管理办法，健全配套风险管理机制；动态分析消费税政策调整带来的新情况和新问题；继续推进委托经销商代办车辆购置税工作，加强与交警部门协作，建立车辆注册登记和纳税申报信息定期交换机制。二是加强企业所得税管理。强化企业所得税后续管理和收入分析，依托企业所得税风险预警信息管理系统和企业所得税电子台账系统等信息平台，对重点企业、重点行业逐一加强风险分析和纳税评估。加强总分机构税收管理和特殊业务企业的管理和后续跟踪，防止税款流失。贯彻落实好固定资产加速折旧政策。三是加强大企业税收管理。健全大企业税收管理运行机制，逐步建立大企业税收风险管理团队化工作模式，实现总局省局统筹、上下联动。建立国地税联席会议协调机制，有效应对大企业涉税诉求。开展税收个性化服务，推进税收遵从合作协议签订，提高大企业税收遵从度。四是加强非居民企业管理。以非居民税源监管为重点，跟进核实非居民股息、红利专项检查中涉及的企业，强化非居民企业股权转让信息的搜集、分析、应对，并主动发挥情报交换的支持作用。

持续优化纳税服务。以满足纳税人合理需求为导向，以提高纳税人满意度为目的，打造优质服务品牌：一是继续深入开展“便民办税春风行动”。创新服务举措，因地制宜适时推广税务登记多证合一和一门式服务、国地税联合稽查办案、小规模纳税人简并征期、利用邮政网点代开发票、建立发票配送中心、网络发票向电子发票过渡等工作。尽早完成网上办税三期拓展工作，继续增加网上办税项目，最大限度方便纳税人。二是扎实推行《全国县级税务机关纳税服务规范》。认真做好纳税服务规范2.0版的推行工作，推广完善我省纳税服务规范管理系统，实现全省办税服务厅服务内容规范化、服务项目统一化、服务过程痕迹化、绩效考核科学化。三是优化纳税服务平台。以12366热线为基础，建立健全网线互通、知识库兼容、服务项目丰富的电子税务服务平台。强化12366热线质量监控和应急管理，完善与网上办税厅、实体办税厅的联动衔接，拓展纳税人需求分析功能。健全省局网上纳税人学堂，加快省以下国税机关实体纳税人学堂建设，实现年内建成20所以上的目标。强化注册税务师行业监管，做好纳税人信用等级评定管理和纳税人权益维护工作。

（四）坚持善待干部和严管队伍并重，立足根本带好队

既要倾情带队，营造团结、和谐、温暖的福建国税大家庭；又要从严管理，塑造素质过硬、纪律严明的福建国税铁军。

加强干部队伍建设。各级领导干部要充满感情，落实严管善待、倾情带队。着眼提能力、激活力、增动力，提升干部队伍的综合素质。一是加强党建和思想政治工作。认真贯彻总局党组修订的《全国税务系统思想政治工作办法》，积极探索新时期党建工作新路子。抓好精神文明建设，充分发挥机关党委和工、青、妇群团作用，开展丰富多彩的文体活动，加强人文关怀和心理疏导，增强各级党组织的凝聚力和向心力。二是选好干部配强班子。贯彻落实新修订的《党政领导干部选拔任用工作条例》，继续完善选人用人机制，充分发挥党组在选人用人上的领导和核心作用。贯彻总局党组《关于贯彻〈2014—2018年全国党政领导班子建设规划纲要〉的实施意见》，抓好各级领导班子建设。配强一把手，把理想信念坚定、综合素质好、能力过得硬、善于做群众工作的干部选配到一把手岗位上来。要充分考虑班子成员的知识、专业、能力、经历、地域结构，及时调整充实和优化班子结构。有计划地开展干部纵向、横向、内外等多种方式的岗位交流，增强干部实践锻炼。贯彻落实《国家税务总局党组关于加强和改进优秀年轻干部培养选拔工作的意见》，把一大批优秀年轻干部选拔到各级领导班子中来。下半年完成市以下各级领导班子后备干部选拔工作。三是加快人才培养。继续积极向总局争取公务员和事业单位人员增人指标，在招录指标的分配上重点向山区贫困县倾斜。扎实做好各级各类培训，用好福建省国税系统在线教育培训平台。大力推荐和培养全国税务系统领军人才，建立健全省局人才库，到年底入库人才数达到在职干部总数的5%，积极推荐优秀人才入选总局人才库。加大税收工作急需和紧缺的专业人才培养力度，针对房地产、出口退税、反避税等重点领域集中培养一批专业化团队。四是着力服务基层。各级领导干部要充分认识到基层苦、基层累，基层不容易，要深入基层一线，切实解决基层反映的困难和问题。不断提高基层经费保障水平，经费分配坚持向基层和困难地区倾斜，着力解决离退休经费、医疗保险、抚恤金问题。认真开展政府采购“服务基层年”活动，积极解决基层单位基础设施建设和办公条件落后的困难。重视基层干部队伍建设，在政策范围内积极为基层干部解决职数、待遇问题，积极落实离退休干部的政治待遇和生活待遇。

加强内部效能管理。工作任务确定了，关键在落实。要着力于建机制、抓效能，补短板、促改进，全面提升各级国税机关的执行力。一是抓好绩效管理考核。今年将正式推行绩效管理3.0版，全面实施个人绩效管理，实现组织和个人绩效管理全覆盖。要继续加大宣传力度，拓宽培训覆盖面，细化过程管理，优化绩效改进，强化结果运用。王军局长强调“无差异就无管理”，提出要强化绩效管理结果运用与单位评先、个人评优、干部提职、班子及非领导职务职数调配等相关联，真正做到考而有用。总局正在抓紧制定具体办法。待总局办法出台后，省局也将抓紧制定具体办法。二是抓好内部行政管理。强化政务管理，精简会议、文件简报，用好高清视频会议系统。加强各部门的统筹协调和沟通协作，确保政令畅通。强化财务管理，修订完善财务管理相关制度，加强预算和决算管理，规范专项经费管理和实有资金监管，继续稳妥推进三级以下单位规范津补贴工作。强化后勤管理，严格控制“三公”经费支出，稳步推进公务用车改革。三是抓好督查督办工作。认真贯彻总局领导对督办工作的批示，完善督办工作落实机制。认真执行即将出台的《国家税务总局系统督办管理办法（试行）》，不断增强督查工作的执行力。各级国税机关一定要突出重点抓落实，形成合力抓落实，完善机制抓落实，打通工作落实、政策兑现、责任到位、问题解决的“最后一公里”。

（五）坚持主体责任和监督责任并重，聚焦主业促廉政

既要落实好各级党组的党风廉政建设主体责任，全面推进党风廉政建设工作；又要落实好各级纪检监察部门的监督责任，不断完善权力运行制约和监督体系。

强化主体责任落实。全省各级国税机关党组要牢固树立不抓党风廉政建设就是严重失职的意识，认真履行好党风廉政建设主体责任。一是加强制度建设。尽快制定落实惩防体系工作规划以及党风廉政建设主体责任的实施办法，实行任务清单式管理。支持纪检监察部门聚焦主业主责，按照“三转”要求，加大监督执纪问责的力度，上半年配齐配强缺位的各级纪检组长。二是深化内控机制信息化建设。各级党组要高度重视内控机制信息化升级版建设工作，按照总局“两覆盖、两优化、两提升”的要求，完善内控促廉管理信息系统风险指标体系，将系统监控延伸到财务管理领域，持续推进内控机制建设向各责任主体落实风险防控职责转变。三是推进正风肃纪。各级党组要带头抓好作风建设，不断巩固党的群众路线教育实践活动成果，坚持不懈抓好整改落实和“回头看”。继续认真贯彻落实中央八项规定，坚决反对“四风”。发挥廉政文化教育基地示范点作用，进一步推进网络廉政文化教育平台升级完善，开展好廉政教育月等活动。举办市县区局纪检组长廉政专题培训班，打造一支忠诚、担当、干净的纪检监察队伍。

强化监督责任落实。各级纪检监察部门要聚焦党风廉政建设和反腐败工作主业，切实把监督责任落到实处。一是加强监督检查。认真落实税务系统领导班子和领导干部监督管理办法和实施细则，制定落实党风廉政建设监督责任的实施办法。继续整合监督资源，加强对税务审批、检查、处罚等重点环节和对领导干部选拔任用、政府采购、基建等重点领域的监督。提升经济责任审计、专项审计效力，做到“先审后离，先审后任”。强化税收执法督查，全面落实税收执法责任制。深化税检协作，推进预防职务犯罪工作。二是加大巡视工作力度和密度。创新方式方法，用好巡视成果，开展好常规巡视，适时开展专项巡视，更加侧重于发现问题线索、提出意见、督促改进，要巡视出威慑，巡视出影响，形成省局党组加强党风廉政建设的重要品牌。三是严肃查办案件。对信访举报加强管理，严格按照五类处置标准落实信访排查。严肃查处各类违法违纪行为，深入开展“一案双查”。及时做好案件剖析总结通报，有效发挥警示作用。

最后，再强调一下税收宣传和舆情应对工作。税收宣传工作是我们当前的一项重要工作，在经济发展新常态下，社会公众对税收的关注度将不断加大，对税收宣传工作的要求也将越来越高。全省各级国税机关要坚持“把握话语权、增强影响力、扩大覆盖面”的要求，主动发声，唱响主旋律，传播正能量，树立福建国税良好形象。要用大思路、大手笔着力打造税收宣传大格局，既要巩固报刊、电视、广播等传统宣传阵地，又要积极用好税务网站、微博、微信等新媒体。既要面向社会积极宣传福建国税新成绩，又要面向纳税人积极宣传税收新政策。特别要围绕社会关注的税收热点问题和税收工作重点，进行专题性、系列化、集群式的宣传报道，及时发出权威声音，主动回应社会关切。继续提高《海西税务》办刊质量，扩大税收宣传影响力，传播税收工作正能量。在自媒体时代，越来越多的人通过网络发表意见看法、表达利益诉求，在集聚和放大效应的作用下，很多意想不到的事情都有可能引发“现场直播”，造成“全民围观”。因此，各级国税部门领导干部特别是主要负责人要清醒认识“税感强烈”的税收新常态特征，加强请示汇报和调查研究，直面困难，敢于担当，想问题、做决策、干工作、带队伍都要有舆情意识，最大限度防止负面舆情的发生。要加强涉税舆情的监测分析，派专人时时监测；要不断完善应急预案，重大负面舆情要由主要负责人亲自研究应对；要加强与有关部门和主要媒体的沟通，确保出现舆情时应对工作有条不紊。要建立自己的网评员队伍，关键时刻要敢于发声、乐于发声、善于发声，主动引导舆论。

同志们，2015年，“十二五”规划收官在即，全面深化改革任重道远，税收工作任务光荣艰巨。让我们团结一心，振奋精神，汇聚起干事创业的强大正能量，全面推进依法治税，全力推动税收改革，以新状态适应新常态，以新作为创造新业绩，为实现税收现代化和福建经济建设再立新功！

在全省国税系统党风廉政建设工作会议上的讲话

福建省国家税务局局长　臧耀民

（2015年2月6日）

同志们：

1月12日至14日，中央纪委在北京召开了五次全会，紧接着1月26日和30日，省纪委九届六次全会和全国税务系统党风廉政建设工作会议分别召开，迅速贯彻落实，充分表明了全党全国上下和各地区、各部门对党风廉政建设的高度重视。刚才，光辉同志代表省局党组作了一个很好的工作报告，我完全赞成，请大家抓好贯彻落实。下面，我再讲三点意见。

一、进一步认清形势，提高认识

当前，中央坚定不移惩治腐败的态度越发鲜明，党风廉政建设和反腐败斗争不断深入，取得了明显成效。与此同时，党风廉政建设和反腐败斗争形势依然严峻复杂，党风廉政建设工作依然艰巨繁重、充满挑战。我们国税部门作为国家机关和行政执法部门，一定要认清形势，进一步提高认识，把思想和行动统一到中央、总局和省委的部署上来。

首先要认真学习领会中央和上级精神。正确认识形势，关键在于学习好、领会好习近平总书记等领导同志关于党风廉政建设和反腐败斗争的一系列重要讲话精神。在不久前召开的十八届中央纪委五次全会上，习近平总书记作了重要讲话，深刻分析了党风廉政建设和反腐败斗争形势，展示了全面从严治党的坚强意志，阐明了守纪律讲规矩的根本要求，明确了反腐倡廉制度建设的努力方向，为我们做好新形势下党风廉政建设和反腐败工作指明了前进方向、提供了重要遵循。在上周召开的全国税务系统党风廉政建设工作会议上，王军局长的重要讲话紧扣当前形势，对税务系统党风廉政建设和反腐败工作提出了新的要求，实事求是，深入浅出，振聋发聩，具有很强的思想性、针对性和指导性。冯惠敏纪检组长代表总局党组作的工作报告，科学总结了去年税务系统党风廉政建设和反腐败工作经验，全面部署了今年的工作任务，特别提出要紧紧抓住“四个不放松”与正确把握好“四个关系”的要求，具有重要指导意义。省纪委九届六次全会上，省委尤权书记对我省反腐败斗争形势进行了科学深入分析，着重强调要切实把从严治党落到实处，并对守纪律讲规矩和从严落实党委主体责任提出具体要求。省纪委倪岳峰书记作了工作报告，回顾总结2014年全省党风廉政建设和反腐败工作，全面部署2015年任务，特别强调要坚持全面从严治党、依法依规治党。中央、总局和省纪委有关会议精神，我们一定要认真学习领会，密切联系实际，坚决贯彻落实。

其次要清醒认识当前反腐败斗争形势。过去一年，中央坚持无禁区、全覆盖、零容忍，严肃查处腐败，狠抓惩治“四风”问题，切实将从严治党、捍卫党纪落到实处，惩治腐败始终保持高压态势。关于对当前党风廉政建设和反腐败斗争的重要性、紧迫性、艰巨性、持久性的清醒认识，王军局长在全国税务系统党风廉政建设工作会议上有一个精辟的概括，择要来讲就是五个“越来越”：一要清醒认识管党治党越来越严。党的十八大以来，中央反复强调党要管党、从严治党。真管真严、敢管敢严、长管长严已成为管党治党的鲜明特点。二要清醒认识反腐之剑越磨越利。中央坚持有腐必反、有贪必肃，反腐败斗争没有禁区，没有特区，也没有盲区，严厉惩治腐败的利剑将时刻高悬，长期高悬，力度只会加大不会减弱。三要清醒认识作风之弦越绷越紧。中央以八项规定为切入点和突破口，解决“四风”问题没有休止符，只有进行时，没有完成时，作风建设永远在路上。四要清醒认识制度之笼越扎越牢。各方面纪律规矩会越来越严而且成为“带电”的高压线，各方面制度规定会越来越完备，绝不会留“暗门”、开“天窗”。五要清醒认识监督之网越织越密。监督将全方位、全覆盖、无死角，任何腐败和违规违纪行为都无处藏身。从省纪委通报的情况看，2014年我省纪检监察机关立案5779件，其中涉及厅级干部的17件、涉及处级干部的191件，给予党纪政纪处分5665人，移送司法机关810人；全省查处违纪违规问题1919起，处理2405人，给予党纪政纪处分666人，省纪委实名通报16批78起典型案例。在这样的形势下，如何确保干部既想干事、干成事，又少出事或不出事，把队伍带好、带出活力和战斗力，是各级党组的重要议题，也是各级一把手的首要责任。在当前经济发展新常态下，形势更为复杂，改革任务更为艰巨，各级党组特别是“一把手”要深刻领会王军局长的讲话精神，把加强党风廉政建设和反腐败工作摆在更加重要的位置、列入更加重要的议事日程，采取更加有力的措施，确保收好税、带好队。

最后要深刻分析我省国税系统廉政建设存在的问题。2014年，我省国税系统党风廉政建设和反腐败工作扎实推进，总体上保证了全省国税干部队伍的廉洁、平安。在看到成绩的同时，我们也要清醒地看到，我们的干部队伍中还存在这样那样的问题，需要引起警醒。比如，去年我省国税系统信访举报件依然呈增长态势，根据纪检监察部门的统计，全年收到191件，比上年增加10件，特别是上级交办的信访举报件增长较多，达到127件，比去年增加41件，增幅47.67%。又如，违法违纪案件仍时有发生，2014年全系统立案查处18起，政纪处分23人，刑事处理5人，总体上呈减少趋势，但是从查处的情况看，个别干部以权谋私、受贿等违反廉洁自律的问题仍比较突出。这些都说明我们的党风廉政建设工作依然存在着薄弱环节，归结起来，主要表现在：落实党风廉政建设主体责任方面，有些基层局党组对主体责任认识不清、执行落实不到位，仍存在抓业务和党风廉政建设“一手硬一手软”的情况；在税收执法工作中，有些干部甚至领导干部法律观念较为淡薄，防范税收执法风险的意识不强；在监督管理上，一些制度机制还不够完善，不敢抓、不敢管的问题仍然比较突出等，这些都需要我们予以高度重视，加以改进。

二、进一步明确任务，突出重点

党风廉政建设和反腐败斗争是一场攻坚战、持久战，我们必须坚守阵地、巩固成果、深化拓展，不断引向深入。对今年的工作，光辉同志已做了具体部署，这里我再重点强调五个方面。

一是狠抓主体责任。党风廉政建设责任能不能担起来，关键在主体责任这个“牛鼻子”抓没抓住。去年省局党组认真履行主体责任的做法得到总局和省纪委的充分肯定，中纪委还在信息简报中作了专期介绍。可以说，省局党组在这方面高度重视、带了好头，希望各级党组也要强化主体责任意识，把责任牢牢扛在肩上。总局党组已经制定下发《税务系统各级党组落实党风廉政建设主体责任实施办法》，全省各级国税机关要结合实际细化责任清单，逐级明确党组、党组书记、党组成员以及内设机构领导班子和班子成员担负的主体责任事项，层层落实责任，把担负的责任变成具体的清单。特别是要明确协助落实主体责任的具体部门，使主体责任各项任务明晰、要求具体、有人承办、能够落地。同时，要建立起严格的责任追究机制，“动员千遍不如问责一次”，今年省局将加大对“两个责任”履行情况的问责力度，对执行不到位、落实不彻底的严肃追究责任，对出现问题的坚决实行“一票否决”，防止虚化空转，确保责任落地。

二是严厉惩治腐败。当前，反腐败的形势依然严峻，全省国税系统必须坚持“零容忍”的态度，对系统内发现的腐败现象和腐败分子坚决查处，绝不手软。要紧紧盯住征管、基建、财务、采购、人事等重点领域，盯牢重要领导岗位和关键权力环节，坚决查处各级国税机关领导班子成员违规插手工程建设、买官卖官、腐化堕落案件，坚决查处与中介机构勾肩搭背、搞利益输送案件，坚决查处税收

执法中以税谋私、失职渎职等损害国家税收权益案件，坚决查处违规向纳税人推销办税软硬件、收取高额费用案件。继续落实好“一案双查”制度，外查偷逃骗税，内查为税不廉，既追究具体责任人员的责任，也追究领导责任，特别对于有案不查、瞒案不报的，要严肃查处追责。在惩治腐败的同时，也要注重预防。要把反腐败工作做在平常之处，做在细微之间，抓早抓小，关口前移，把问题消灭在萌芽阶段。要运用好我们的网络廉政文化教育平台和廉政教育基地，深化检税协作，继续开展好廉政教育月等活动，着力加强对全省系统干部的廉政警示教育。这次会上，省局专门印发了一本党风廉政建设学习资料的小册子，希望大家好好地看一看，学一学，从中吸取教训、得到警示。

三是坚守纪律规矩。人无规矩则废，党无纪律则乱。习近平总书记在十八届中央纪委五次全会上强调要加强纪律建设，把守纪律讲规矩摆在更加重要的位置。党章党纪、国家法律和党在长期实践中形成的优良传统和工作惯例，都是我们必须自觉遵守的纪律规矩。我们福建国税是拥有一万多名干部职工的行政执法队伍，唯有严明纪律严守规矩，才能凝聚强大的战斗力，做好税收各项工作。从近年的情况看，我省系统中不守纪律、不讲规矩的现象多多少少也都存在。比如，一些单位发生了按规定应该上报的重大事项，有的没有及时报告，有的藏着掖着不报，结果带来更大麻烦，造成不良影响；有的干部为了解决个人待遇问题，越级上访，缠访闹访，为达个人目的借机生事；有些干部自由散漫，缺乏政治意识，对党组议定事项口无遮拦，乱评妄议；也有领导干部我行我素，个人重大事项不请示不报告，等等。凡此种种，都与党的纪律大相径庭，与党的规矩背道而驰。我再次强调，全省系统党员干部特别是领导干部，务必牢固树立纪律和规矩意识，把纪律作为立身行事的刚性约束，模范执行党纪国法，特别是要按照习近平总书记提出的“五个必须、五个决不”要求，严格遵守政治纪律和政治规矩，即必须维护党中央权威，决不允许背离党中央要求另搞一套；必须维护党的团结，决不允许在党内培植私人势力；必须遵循组织程序，决不允许擅作主张、我行我素；必须服从组织决定，决不允许搞非组织活动；必须管好亲属和身边工作人员，决不允许他们擅权干政、谋取私利。各级国税机关党组和纪检监察部门要加强监督检查，严肃追查违反纪律规矩的行为，让纪律成为带电的“高压线”。

四是持续改进作风。通过先后两批开展党的群众路线教育实践活动和全面推进“便民办税春风行动”，我们全省国税系统的作风建设取得了显著的成绩，赢得了干部群众和广大纳税人的认可和表扬。去年我省系统落实中央八项规定监督情况连续十二个月实现零报告，在总局和各级纪委查处通报的违反中央八项规定问题中，均没有我省系统的典型。这是我们全体干部职工共同努力的结果，更得益于我们常抓不懈、持之以恒的方法和态度。“行百里者半九十”，尤其是在作风建设取得了一定成效的时候，我们必须更加小心翼翼，严防“四风”反弹。全省各级国税机关要认真总结经验教训，在坚持中见常态，向制度建设要长效，继续以严的态度、严的措施狠抓“四风”问题整治，警惕“四风”问题的新形式、新动向和变异变种。对党的群众路线教育实践活动中制定的整改任务书，要一项一项对照，一件一件落实，不完成不销号。要以扎实开展税务系统作风建设“巩固深化拓展”活动为载体，对作风整治来一次“回头看”、杀一个“回马枪”，坚决防止“四风”问题反弹、回潮。要继续严格执行作风建设各项规定，加大对顶风违纪行为的查处和曝光力度。此外，今年总局将在全国税务系统开展税务精神大讨论，我们要以此为契机，结合社会主义核心价值观教育活动，强化福建国税文化建设，大力弘扬“四下基层”“马上就办”优良作风，将便民办税的“春风”变成“四季风”，努力提升服务效能，提高纳税人满意度和基层满意度。

五是强化制度建设。扬汤止沸，不如釜底抽薪。反腐败归根结底要靠制度建设，只有坚持用制度管权管事管人，才能从根本上清除腐败滋生的土壤。习近平总书记强调指出，在新形势下反腐倡廉建章立制要做好“破”和“立”两篇文章。一方面要及时修订完善过时落后的旧制度，另一方面要抓紧制定适应时代要求的新制度。全省国税系统要立足深化改革的大局，以发展眼光和创新思路抓好反腐倡廉制度建设，依靠严密完备、高效运行的制度体系，扎牢制度之笼，让权力无法“任性”。要建立科学的内控机制，坚持制度加科技的要求，按照时间节点，全面推进内控机制信息化升级版建设，实现“要我防”到“我要防”的转变，自觉让人监督、习惯被人监督，这方面省局职能处室要主动提出内控需求，“三重一大”可防可控，确保权力运行不出轨。要健全选人用人管人机制，贯彻落实新修订的《党政领导干部选拔任用工作条例》和总局党组《关于贯彻〈2014—2018年全国党政领导班子建设规划纲要〉的实施意见》，推进选人用人的公开公正，加强对领导干部选拔任用的监督管理。要建立健全严格的监督巡视机制，进一步整合监督资源，形成工作合力，加大督查内审和巡视工作力度，提升税收执法督查、经济责任审计和专项审计的效力及成果的运用。创新巡视方式方法，规范常规巡视、抓好专项巡视，增加巡视频率、加大巡视力度，要认真研究如何用好巡视这把反腐的利剑，巡视出威慑、巡视出影响，形成税务系统加强党风廉政建设的一个重要品牌。

三、进一步正心修身，以上率下

建设一支清正廉洁、纪律严明的税务铁军，既靠严抓严管，更靠自觉自律，关键取决于各级领导干部是否能够正心修身，以上率下。从近年来查办的案件看，一些领导干部就是由于放松了党性锻炼和修养，公私观、是非观、义利观出现偏差，不能正确处理与家人亲情、职位金钱的关系，才一步步滑入犯罪的深渊，最终沦为腐败分子，受到党纪国法的严惩。尤权书记在省纪委九届六次全会上专门通报了一些典型案例，如原龙岩市委书记黄晓炎，对家人在自己任职的地方结交朋友没有提醒，甚至默许和纵容他们利用自己的职位影响，为企业主牵线搭桥，疏通关系，参与项目开发和收受贿赂。省经信委原副主任徐铁骏，在一步步党性蜕变、腐化堕落后，其欲望之贪婪、手段之疯狂、性质之恶劣超过一般人的想象。省广电集团原董事长舒展和原总经理陈文广，在权钱交易中从开始的担惊受怕到后来的不以为然、理所当然。这些都是深刻的教训，需要我们引以为鉴。我省国税系统去年因受贿被查处的建阳市国税局原局长吴波，就在悔过书中写道：“我的堕落、变质是一个渐进的过程，从收受他人送的第一台电视机开始，我的个人私欲就开始逐渐膨胀，慢慢到了变本加厉、肆无忌惮的程度，最终积重难返。”受贿的情形尽管是发生在前些年，但世上没有后悔药，早知如此，何必当初。党性修养，是党员领导干部的立身之本。广大党员干部特别是领导干部要自觉加强党性修养，补足精神之钙，养成浩然之气。要按照王军局长提出的要求，领导给干部作表率，上级给下级作表率，正职给副职作表率，上行下效，形成清风正气。

一是“一把手”要身先士卒。“一把手”是机关的首脑，是领导班子的核心，“一把手”的作风做派，决定了一个领导班子、一个机关单位的风气风貌，“一把手”一旦出了问题，将给整个机关单位的工作带来严重影响。“一把手”要善于以人格魅力带班子，以正派赢得人心，以廉洁树立形象，以情操获得敬重，时时处处发挥表率作用。各级“一把手”要时刻牢记组织的信任托付，按照“三严三实”的要求，切实加强党性锤炼，努力提高个人修养，培育高尚情操；要从我做起，存正念、干正事、走正道，带头严格遵守党内各项纪律规定和个人事项报告制度，正确处理好与企业家、与家人亲情、与职位和金钱的关系，坚持原则，守住底线；要履行好党风廉政建设第一责任，重要工作亲自部署、重大问题亲自过问、重要环节亲自协调、重要案件亲自督办，切实管好班子，带好队伍。

二是上级机关要做好表率。俗话说，上梁不正下梁歪。我们这么大的系统，从省局到市局、县局、分局，必须一级带着一级干，一级做给一级看，这样才能成为一个生机勃勃的整体。所谓上行下效，上级的一举一动下级是看在眼里的，要求下级做到的上级就得先做到，而且要做得更好一些；要求下级不做的上级就得坚决不做，而且要求要更严一些。去年在总局组织的基层对省局的满意度测评中，对省局机关的作风建设满意度还有扣分，虽然有一些偶然的因素，但是也从一个侧面说明省局机关作风的改变还不明显，某些方面还没有起到表率作用，今年一定要改进。下级看上级，看什么？一是看是不是风清气正，要有一种团结向上、奋力开拓的精神风貌；二是看是不是为民务实，上级机关要真心实意为基层服务、想方设法为下级排忧解难。做到这两点，上级做出表率，下级就会跟着做，就会创造性地去做，就会上下同心，我们这支队伍的磅礴力量就会奔涌而出，无往而不胜。

三是纪检监察部门要敢于担当。纪检监察干部是党的忠诚卫士，是党风廉政建设和反腐败斗争的主力军。去年以来，全省国税系统纪检监察部门围绕总局和省纪委的部署和要求，积极转变职能，聚焦中心任务，扎实开展工作，取得了显著成效，为福建国税事业科学发展跨越发展提供了坚强的政治和纪律保证。在此，我也代表省局党组向在全省国税系统纪检监察岗位上辛勤工作、无私奉献的同志们表示衷心感谢。新的一年，希望大家继续担负好监督执纪的重要责任，按照“三转”要求，回归主业，切实把监督责任细化、实化、深化。各级纪检监察部门要将加强自身建设作为重大政治任务，敢于担当、敢于监督、敢于负责，用铁的纪律造就一支忠诚、干净、担当的纪检监察干部队伍。各级纪检组长既要自身正、过得硬，又要管好门户、带好队伍。广大纪检监察干部要正人先正己，积极涵养责任意识和担当精神，做到无须扬鞭自奋蹄。各级党组对尸位素餐、碌碌无为的干部坚决撤换调整，对不敢抓、不敢管、监督责任缺位的干部坚决问责。对纪检监察干部发生以案谋私、串通包庇、跑风漏气问题的要严肃查处，坚决防止“灯下黑”。

同志们，新形势下做好党风廉政建设和反腐败工作是党心民心所向，责任艰巨、使命光荣。我们一定要按照中央和总局的部署要求，坚定信心、扎实工作、积极进取，不断取得党风廉政建设和反腐败工作新的胜利，为实现税收现代化和福建国税事业发展提供更加有力保障！

春节即将临近，“廉不廉，看过年；洁不洁，看过节”，在此特别提醒各级领导干部，要严格执行厉行节约、廉洁自律各项规定，不该吃的饭不吃，不该去的地方不去，不能做的事不做，过一个欢乐祥和、风清气正的春节。

持续改进不止步 攻坚克难再出发

——在全省国税系统绩效管理工作会议上的讲话

福建省国家税务局局长 臧耀民

（2015年3月13日）

同志们：

今天，我们在这里召开全省国税系统绩效管理工作会议，目的就是确保总局绩效工作会议的各项要求落到实处，推动省局今年部署的各项重点工作任务取得实效。刚才，慕斌同志对去年我省国税系统绩效管理工作进行了总结，对今年的绩效工作进行了部署和安排，讲得很好，我完全赞成，希望大家抓好落实。下面，我就深入推进绩效管理再强调四点意见。

一、坚持价值导向，培育绩效文化

价值认同是实施绩效管理的基础。绩效管理能否取得成功，首先取决于价值认同是否形成。只有心往一处想，劲才会往一处使。税务管理文化是一种软环境，必须把绩效管理上升为一种税务管理文化来对待，才能更好地促进各层级形成共同的价值取向，树立正确的绩效观，这是决定绩效管理成效的深层因素和内在因子。

从目前的情况看，我省国税系统在试行过程中，可以说冷热不均、喜忧参半。一个突出的现象就是“四热四冷”：上层热、基层冷；领导热、干部冷；口头热、行动冷；绩效办热、其他部门冷。对绩效管理这个新生事物，“组织者有热情、执行者有压力、承接者有怨言”，为什么不同的人会出现不同的感受？究其原因，与没有营造一个浓厚的绩效文化氛围有很大的关系。同时也说明我们各级国税机关对绩效管理的认识还不够到位，思想也不够统一。因此，在开展绩效管理过程中，首先要大力培育绩效文化，思想上要形成共识。应当看到，去年试行一年来，实践证明，绩效管理是有成效的，在推动工作、激发活力方面是一个非常好的机制和抓手。今年年初，中央书记处书记、国务委员、国务院秘书长杨晶同志对我们税务部门推行绩效管理工作给予了充分肯定，他认为“税务系统创新工作机制、推行绩效管理的做法很好，成效明显，值得肯定”。推进政府绩效管理工作，是党中央、国务院的战略部署，是中央要求的“规定动作”。税务部门作为国家的经济管理和行政执法部门，在全面深化改革、推进国家治理过程中，创新管理方式，实施绩效管理，既是分内之责，也是必由之路，方向是正确的，是毋庸置疑的。就其意义，我再强调两点：

一是绩效管理是税收工作的“指挥棒”。绩效管理不是突击任务、临时工作，而是一项关乎税收事业现代化发展的大工程，是提升税收治理能力、推进税收现代化的重要抓手。绩效管理将最终构筑一个有目标、有监控、有考评、有反馈、有运用的管理闭环，形成一个纵向到底、横向到边的责任格局，建立起一套快速响应、持续改进、催生动力的增效机制，将为税收事业的长远发展提供原动力。

二是绩效管理是干部活力的“催化剂”。在当前社会转型期，如何带出一支有素质、能胜任现代社会发展需要的队伍，确保税收中心任务圆满完成、核心业务有创新发展，确实很难，也是一个很现实的问题。每次开会讨论的时候，大家感慨最多的就是，“年龄老了，队伍不好带了”“手段少了，干部不好管了”。怎么带好队？关键看绩效管理，绩效管理将给干部队伍注入生机和活力。

绩效管理必须实现价值认同的转化。只有实现认同，绩效管理才能在广大干部中达成共识，吸引大家积极参与。只有达成了共识，才能使绩效管理真正发挥好“持续沟通、持续改进”的作用，才能更好地促进各方形成共同的价值取向，形成共识，从而积极融入、激发潜能，才能充分激发税务干部为实现税收现代化而奋斗的荣誉感、责任感和使命感。

二、坚持问题导向，强化持续改进

提高税收管理的质量和效率，激发干部队伍的活力和动力是推行绩效管理的目的。注重动态管理、过程监控和持续改进，是绩效管理有别于以往目标管理的一大特点。必须把第一时间发现问题和解决问题作为绩效管理工作的核心要义，通过痕迹管理、实时监控，及时纠偏、持续改进，达到工作成效的持续提升和整体工作目标的最终实现。

从总体上看，去年全省国税系统开展绩效管理工作，踏实努力，稳扎稳打，能够实现横向到边、纵向到底全面推进，全省国税系统绩效办的同志做了大量工作，付出了很多心血，应该充分肯定。但是，试行中也存在不少问题，去年省局绩效成绩在全国国税系统排名第20位，还有很大的提升空间。虽然有一些偶然因素，但主要是主观原因。刚才慕斌同志也提到了，归纳起来，主要有以下三个方面：

一是思想认识方面的问题。有的同志，包括一些领导干部还停留在观望期，对开展绩效管理的意义、作用和根本目的认识不足，甚至还相当模糊，行动上只做个“传声筒”，唱个“和声”应应景；有的单位不是为了从根本上改善管理和服务，而是为了应付上级部署和要求，精力集中放在“填表格”“算数字”“报材料”上。思想不到位，在绩效管理推行中就会产生“随意性”和“被动性”。还有些人对绩效管理有偏见，认为绩效管理无非是换个新名词，没有什么实际作用，有的甚至不知道什么是绩效管理；有的觉得这是办公室一部分人的工作，跟自己不相干，认为绩效管理是考勤考绩的另外一种称谓，换汤不换药。由于对绩效管理不了解、不理解，导致一些干部出现不主动、不配合的现象。

认识不到位，行动就难以一致。思想有偏差，工作就容易走歪。推行绩效管理是一项艰巨复杂的系统工程，探索试行的部门不少，但成熟定型可复制的不多，在思想认识上，有些担心和顾虑是可以理解的。比如，担心会不会给干部带来较大压力，是不是搞形式主义，考核结果能不能真正挂钩，这些都要经过实践来检验和回答。现在当务之急就是要下大力气在全省国税系统开展全员培训，让大家深入了解什么是绩效管理、为什么要开展绩效管理以及绩效管理与大家的利益关系，让每个干部清楚地知道自己在绩效管理中所处的位置和所承担的责任，让看台上的“观众”变成舞台上的“舞者”。

二是指标设计方面的问题。绩效管理的难点就在于绩效指标设计的科学性和适应性问题。我们省在绩效指标设计方面还不够完善。比如，有些基层局只是机械沿用上级局的考核指标进行考核，缺乏根据自身实际情况做绩效指标设计的意识，“指标层层加码，热情层层递减”的现象比较突出。有基层的同志反映，省局绩效工作“千条线”，基层只有“一根针”，特别是税政、人事等科室，对口部门较多，人少事多责任大，经办同志有怨言，具体指标难落实。此外，对工作的质量考核不够，“多做多错，少做少错，不做不错”的难题还没有有效破解，考核的结果与初衷背道而驰。另外，考核手段“乏力”，考核人员“不专”，考核方式“落伍”“表面化、形式化、程序化”的现象依然存在。这些问题在今年的工作中都亟待解决。

建立一套科学合理的考评指标体系要走的路很长，不可能在一时，或一个阶段一挥而就，这是一个不断完善补充的过程，是需要众人参与修正的工程。对此，一是要不断求实。在尽可能实行定量考核的基础上，也不要片面追求各种精致的量化数据，甚至将一些很难量化的问题也转化成数据指标，这样的量化考核并不能真实准确地反映现实状况。二是要不断求新。要坚持从实际出发，修正一些“虚拟”的指标，使绩效指标体现不同层次、不同地区、不同部门的差异和特点，做到科学合理、真实管用。三是要不断求同。要在考核者与被考核者之间建立起完备的沟通渠道，使大家在制定指标前做好心理上和知识上的准备，在制定指标过程中积极参与和达成共识，在制定指标后提出合理化建议和意见，消除心理障碍，增强对绩效管理工作的认同感。省局绩效办要对各地市上报的考评指标开展分析评估，有针对性的指导各地加以改进和规范。

三是工作落实方面的问题。有些单位绩效管理比较粗放，在一些工作环节上缺乏具体措施；有些单位绩效指标的承接和分解落实不够科学，存在“上下一般粗”、责任主体与绩效指标不相匹配的问题；有些单位绩效管理与税收工作的深度融合不够，存在“两张皮”的现象。从去年绩效管理试运行的情况来看，我们省国税系统位居全国中游水平，最大的问题就出在两个满意度调查上，一个是纳税人满意度，另一个是基层满意度，一方面说明我们在服务方面确实还有不足，另一方面也说明我们相关部门抓工作的主动性不够，在工作落实上不够扎实有力，等待观望的多，主动沟通的少。

在推行工作存在这样那样的问题很正常，也不可怕，关键在于我们要想办法去改进或解决它。要坚决克服抵触情绪、畏难情绪以及等待观望的情绪，及时分析问题原因，主动整改纠偏，促进工作持续改进，这也正是绩效管理的核心要义。因此，越是短板和难点的工作，我们今年越要加大力度、重点考评，倒逼工作改进和提升。这个星期，总局派出了5个督导组到各地调研督导，其中一个重要内容就是绩效管理的推进情况。虽然这次我们省没有被列入督导对象，但是工作仍要按照总局的进度和要求，一丝不苟地落实好。总局的督导组迟早是要来的，明察暗访今后也将是常态，希望同志们不要掉以轻心。各单位务必合理安排工作进度，及早编制指标，扎实有序地抓好绩效管理各项工作。

三、坚持激励导向，营造干事氛围

在去年绩效管理试行当中，有同志反映，绩效管理好像没啥用，干好干坏对个人评先评优没有影响，挫伤了不少干部的积极性。结果运用是推动绩效管理的关键。因此，绩效管理的结果运用一定要“看得见、摸得着”，一定要实实在在，绝不能“雾里看花”“隔靴搔痒”。必须强化考评结果应用，把正向激励与问责惩戒结合起来，出实招、动真格，抓两头、带中间，做到奖罚分明、考而有用，切实改变干与不干、干多干少、干好干坏一个样的状况，增强干部职工自我评价、自我改进、自我提升的内生动力。

总局今年强调指出，绩效管理要“奖惩并举，动真碰硬，激励先进，鞭策落后”。基于这一思路，总局下发的绩效管理3.0版明确了具体考评结果运用措施，将考评结果与单位评先、个人评优、干部晋升、领导职务职数调配等相关联。个人绩效考评没进“优秀”等次的，当年的评优、提职恐怕不行了。组织绩效考评排在后面的单位，“优秀”公务员名额、干部提拔名额都要受一定限制，排在前面的则会相应增加名额。

同时，总局也特别强调了“无差异无管理”的理念。比如，总局3.0版对考评方法作了改进，在全部69个项目中有38个指标采取差异化的考评办法，在这些指标中，总局各司局对下考核，硬性规定按3∶6∶1来区分好、中、差。不区分档次的，就要扣司局的分。总局领导的批示中要有15%是批评性的，如果没有，表扬性批示也都不加分。这就要求绩效管理工作在执行中要敢于动真碰硬。这些要求，省局也会相应参考，根据我省实际执行。之所以这么做，就是要发挥绩效管理的正负双向激励作用，既要为那些攻坚克难、勇为人先的人鼓干劲、搭舞台，又要让那些无所作为、不思进取的人不好混、没位置，从而在全省国税系统形成崇尚先进、鞭策落后的良好干事创业氛围。

四、坚持责任导向，推动工作落实

责任明晰是做好绩效管理的前提。要牢固树立“指标就是指向，岗位就是责任”的意识，建立横向到边、纵向到底的绩效管理工作格局，按照职责分工，将指标和责任分解到岗、落实到人，形成“人人有事干、事事有人担”的全员覆盖的责任体系。

3月4日，总局王军局长在《关于全国税务系统绩效管理工作推进情况的报告》上作出重要批示：“3月20日前，各省对处室、市的考评事宜要办妥，否则要通报批评。从现在起要及时抓市对科室、县的考评落实情况。4月20日前完不成的要通报批评。县级考评要5月底前彻底落实到位，也要从现在就开始抓。省里要通报，要抓好正反两方面典型和模板借鉴事宜。要解决各层级落实时间太长问题，我想强调的是，上述时间是底线，明年这样就不行了！请一家一家抓落实。”王军局长一连用了四个“抓落实”来强调当前的绩效管理工作，我们要认真领会和坚决贯彻落实王军局长重要批示精神，加大力度，加快进度，也要用四个“抓”来确保绩效管理扎实推进。

一是各级“一把手”要亲自抓。绩效管理是“一把手”工程，各单位“一把手”都要把绩效管理时时搁在心上、牢牢抓在手里，做到领导先行。领导的态度、行动和方法，将直接影响着绩效管理推进的力度和深度。各级领导首先在认识上不能糊涂，要敢担当、善担当。要认识高一层、学习深一步、掌握先一着、办法好一筹，带头了解绩效管理理论，深入掌握绩效管理方法，积极创新绩效管理实践，在领导、指导、推动绩效管理工作上做出表率，真正做一个绩效管理的内行、精通者。“教者，效也，上为之，下效之”。领导成了内行，说话才不“跑调”，干部才会心里服气；领导做了榜样，身子才不“摇晃”，干部才会自觉跟上。其次在行动上别空喊，要接好棒、拿稳棒、传好棒。绩效管理工作的格局是向下延伸、下管一级、分级实施，就像运动场上的接力赛，各位参赛选手要找准自己的位置，尽好自己的责任。

二是各级分管领导要主动抓。要以高度负责、主动负责、认真负责、持续负责的态度，密切支持和配合主要领导切实抓好绩效管理工作，成为推进绩效管理工作的坚强保障。

三是各单位、各职能部门要具体抓。要加强和总局的沟通联系，吃透指标精神，了解最新动态信息，下好先手棋，打好主动仗；同时加强对下的工作指导，对重点工作要积极跟踪问效，分析掌握全面情况。要按照任务清单分头落实，把工作分解到岗、督办到事、考核到人，使每一名国税干部都成为绩效管理的参与者、践行者、推动者，确保绩效管理3.0版顺利实施、落地生效。

四是各级绩效办要严格抓。要敢于打破情面，敢于坚持制度，敢于坚守原则，克服平均主义，不能怕得罪人，绝不允许随意开口子，更不能徇私舞弊。要再认真一点、再具体一点、再创新一点、再辛苦一点，严格考核，考出工作高低，考出实情真绩，考出前进动力。

同志们，今年是正式实施绩效管理的第一年，也是见成效之年，重担都在各位肩上。各级国税机关办公室是抓绩效管理的重要力量，责任重大，使命光荣。干好办公室工作难，干好绩效工作更难，干好办公室主任兼绩效办主任，更是难上加难。办公室工作做好了，抓绩效管理就有了坚实的基础；绩效管理做好了，反过来可以促进办公室各项工作更好地开展。正如王军局长讲的，或许大家的工作是“修行无人见”，但一定是“存心有天知”。习近平总书记去年视察中办时，提出了中办工作必须“五个坚持”的要求，就是要坚持绝对忠诚的政治品格，坚持高度自觉的大局意识，坚持极端负责的工作作风，坚持无怨无悔的奉献精神，坚持廉洁自律的道德操守。虽然是对中办的同志讲的，但是对做好各级国税机关办公室工作，同样具有重要的指导意义。希望同志们带头践行“五个坚持”，真正把总书记的要求体现到日常每项具体工作中，争当讲政治、讲大局、讲责任、讲奉献、讲纪律的表率。

绩效管理这项工作需要创新，更需要担当，需要用心，更需要奉献。总局和省局党组对推行绩效管理决心坚定、义无反顾，开弓没有回头箭。全省国税机关要切实把思想和行动统一到总局和省局党组的决策部署上来，坚定信心，克难奋进，以更全面的视角谋划、以更有效的方式组织、以更严格的考核督促、以更完善的制度保障、以更过硬的作风推进绩效管理，矢志不渝、扎扎实实把绩效管理干好、干出成效，不断提高“三个服务”的能力和水平，为实现税收现代化做出更大贡献！

在福建省国税局主要领导干部调整大会上的讲话

福建省国家税务局局长　臧耀民

（2015年5月15日）

尊敬的丘小雄副局长，郑晓松副省长、各位领导、同志们：

时间过得很快，转眼间，我来福建国税工作，已快届满5年了。这5年来，福建国税事业蓬勃发展，各项工作均取得了较好成绩，为党和人民交上了一份满意的答卷，也为我的人生历程增添了一笔难忘而美好的回忆。这一切，应归功于总局和省委省政府的正确领导，归功于各兄弟单位的大力支持配合，归功于省局党组新老成员的鼎力支持，更归功于全省国税系统广大干部职工的共同拼搏奋斗和努力辛勤奉献！

记得2010年7月16日，我来到福建国税报到，也是在这个会场与大家见的面。回首往事，八闽大地的山山水水，国税工作的点点滴滴，始终萦绕在我心头，不时浮现在我眼前，仿佛一切就在昨天，使我心情不能平静。有幸来到福建这块美丽富饶而充满改革激情的土地，能够为近万名国税系统干部职工服务，为福建的经济社会发展奉献一己绵薄之力，我倍感难得和珍惜。5年来，我始终牢记总局党组的嘱托，牢记肩负的重任和使命，怀着对福建国税事业的赤诚之心和对历史负责的敬畏之心，夙夜在公，勤于政事，鞠躬尽瘁，不敢懈怠；始终一心一意谋发展，扎扎实实促和谐，认认真真抓党建，唯恐因自己工作不努力而错过了福建国税事业发展的大好机遇期，唯恐因税收职能作用发挥不到位影响了福建经济社会的改革与发展，唯恐因各项工作没做好影响了福建国税的形象和威信。

回想在福建工作生活的岁月，我与大家从素昧平生到相勉相知，同心同德，攻坚克难，砥砺前行；我和同志们一起分析形势、调查研究、谋划推动国税事业发展；一起经受考验、化解风险、应对突发事件；我们共同见证了税收规模的翻番和收入质量的提升，共同描绘了依法治税和依法行政的瑰丽画卷，共同完成了推进征管改革“三步走”战略目标和信息化建设阶段性任务，共同书写了优质服务、促进遵从的春风故事，共同攻下了防虚打骗、堵塞漏洞的层层堡垒，共同破解了反腐倡廉、队伍建设的种种难题，共同营造了风清气正、干事创业的良好局面并精心呵护着福建国税精神的滋长……我们既分担了工作的艰辛，也分享了成功的喜悦。对此，我始终感到心里很踏实、很欣慰，心情很愉悦、很舒坦！

特别是省局领导班子新老成员齐心协力，各部门和各级国税机关的密切配合，许多老前辈、老领导、老同志的关爱帮助，记得我来福建工作的第一年，我在总局工作时总局领导班子的所有老领导，还包括项怀诚部长，都来了福建国税检查指导工作、看望我们，此情此景，历历在目、难以忘怀。在人生的旅途中，与同志们风雨同舟、团结奋斗的工作历程，与大家结下的共事缘分和深厚情谊，我将终生难忘，永远铭记心间。作为一名永远的福建国税人，福建国税事业的发展和进步，我会一直惦念、关心；作为一名老党员，在福建这片改革热土上孕育形成的福建国税精神，我将一生坚守、弘扬。

时光荏苒，时不我待。在福建国税工作期间，我和党组新老同志尽管做了大量工作，各项工作均取得了一些成绩，省局机关和系统面貌也有了很大变化，但仍有一些遗憾。还是那句话，“人在做，天在看”，今天我可以说，虽然有遗憾，但我无愧于心，为了福建国税事业，我尽到了职责，做到了全心投入、全部付出。我也知道，由于受体制、机制及职数方面的限制，在激发队伍活力、搭建干部成长平台等方面，与干部职工的期盼还有不小的差距；在干部提拔使用上，还存在坚持制度公平、公正有余，发现和使用特殊优秀人才不足的情况，在省局、在基层还有未被我关注到的优秀同志；在指导促进工作时，也有主观主义、急躁情绪和批评错了的时候。对批评错了的同志，在此，我表示歉意；对我近5年来做得不够、考虑不周全的地方，还请同志们谅解和包容。

青山不老，岁月静好。在这个我将卸任局长担子的特殊时刻，我对八闽大地的山山水水无比眷恋，对全省国税系统的干部职工依依难舍。感谢总局党组和各位领导一直以来对我的信任，感谢省委、省政府以及各兄弟部门领导对我的帮助，感谢各位老领导、老同志对我的厚爱，感谢省局机关全体干部职工和全系统同志们多年来对我的信赖、理解和支持，在此，我向大家鞠躬致意，向全系统干部职工鞠躬致谢！祝同志们身体健康，家庭幸福，事业有成！

今年是全面深化改革的关键一年，也是全面推进依法治国、依法治税的开局之年，党中央提出了支持福建加快发展的战略，“一带一路”和福建自贸区建设也正在启动，这为国税事业的发展带来了巨大的机遇和挑战，同志们肩上的担子将更加重了。我相信，在以林京华同志为班长的新一届省局党组的强有力领导下，广大国税干部职工一定会迸发出更加炽烈的工作热情，福建国税各项事业一定会更上一层楼，福建国税部门一定会为福建的经济社会发展做出新的更大贡献，福建国税的明天也一定会更加美好！

践行“三严三实”
打造一支高素质的国税干部队伍

——在机关领导干部“三严三实”专题党课上的讲话

福建省国家税务局局长　林京华

（2015年5月29日）

同志们：

为贯彻落实全面从严治党要求，巩固和拓展党的群众路线教育实践活动成果，持续深入推进党的思想政治建设和作风建设，中央决定2015年在县处级以上领导干部中开展“三严三实”专题教育。国家税务总局党组今年4月30日下发《关于税务系统处级以上领导干部开展“三严三实”专题教育方案》，对税务系统专题教育活动作出全面部署。5月19日下午，总局王军局长为全国税务系统处级以上领导干部上了一堂《践行“三严三实” 打造税务铁军》的专题党课。我们要认真学习王军局长专题党课的内容，准确把握总体要求和关键动作，把我省国税系统“三严三实”专题教育扎扎实实开展好。

我刚来到福建，对情况还不熟悉。今天，我在这里讲一次专题党课，与其说是一次党课，不如说是和大家一起学习。这次党课是对中央精神和王军局长讲党课精神的再一次学习和再一次理解，也是对我省国税系统“三严三实”专题教育的动员和部署。希望同志们高度重视，主动践行“三严三实”，确保专题教育见实效。下面，我结合学习习总书记系列重要讲话精神、中央“三严三实”专题教育工作座谈会精神和王军局长的党课内容，谈谈对“三严三实”的认识和体会，跟大家交流、共勉。

一、深刻领会“三严三实”专题教育的重要意义

2014年3月9日，习近平总书记在参加十二届全国人大二次会议安徽代表团审议时首次提出“三严三实”具体要求，要求“各级领导干部都要树立和发扬好的作风，既严以修身、严以用权、严以律己，又谋事要实、创业要实、做人要实”。这短短6句话24字，言简意赅，却内涵深刻，既体现了对我党优良传统的坚守，又顺应了改革现实的新要求，是对党的建设理论的丰富和发展，贯穿着马克思主义政党建设的基本原则和内在要求，阐明了党员干部的修身之本、为政之道、成事之要。为加强新形势下党的思想政治建设和作风建设提供了重要遵循。认真贯彻落实好“三严三实”专题教育，是对党的群众路线教育实践活动的延展和深化，对进一步巩固党的执政基础和执政地位，协调推进“四个全面”战略部署，实现“两个一百年”奋斗目标和中华民族伟大复兴的中国梦，具有重大而深远的意义。

（一）“三严三实”是持续深入推进党的思想政治建设和作风建设的迫切要求

经过党的群众路线教育实践活动，我省国税系统紧紧围绕为民、务实、清廉的主题，坚决扫除作风之弊、行为之垢，“四风”的蔓延势头得到有效遏制，党风政风税风呈现许多新变化新气象，在服务国家经济社会发展中发挥了积极作用。但冰冻三尺非一日之寒，我们也要清醒地认识到，“四风”问题没有根本革除，党员干部队伍管理和一些党员干部身上仍然存在不严不实的问题。正如总局王军局长所提到，党风廉政建设解决“不敢”的问题，群众路线教育实践活动解决“不能”的问题，但是“不想”的自觉尚未形成。我们正处于税收现代化建设的转型期，系统上下转作风、改作风的节骨眼上，不但要有强大的“真理力量”，还要依靠强大的“人格力量”。开展“三严三实”专题教育，就是在作风建设已有成果的基础上，再添把火，再加把力，巩固拓展深化教育实践活动成果，防止思想反弹，防止故态重萌，把作风建设良好态势保持发展下去，让“三严三实”成为党员干部自觉践行的行为准则。

（二）“三严三实”是严肃党内政治生活，营造良好政治生态的重要举措

严肃党内政治生活是提高党的战斗力的保证，是解决党的自身问题的重要途径，是营造良好政治生态的关键环节。习总书记指出，党内政治生活和组织生活都要讲政治、讲原则、讲规矩，不能搞假大空，不能随意化、平淡化，更不能娱乐化、庸俗化。目前党内存在言行失规失矩，管理上过宽过软的现象，如对党不忠、自行其是，有令不行、有禁不止，结党营私、阳奉阴违等问题，严重影响到国家民族的进步，税收事业的发展。开展“三严三实”专题教育，就是要严肃党内生活，进一步明规矩、严纪律、强约束，在思想上行动上与上级精神保持高度一致，增强党的凝聚力和协调力。以严的精神管党治党，以实的作风干事创业，在我省国税系统形成从严从实的浓厚氛围，营造风清气正的政治生态。

（三）“三严三实”是锤炼国税干部队伍，推进税收现代化的重要契机

“三严三实”从精神支柱、价值追求、行为规范等方面，全方位阐述了新时期党员干部应有的精神特质，为加强税务干部队伍建设提供了指导。王军局长讲要“倾情带队、严管善待”。严是爱，宽是害，只有以负责任的态度加强对干部的教育、管理、监督，才能打造出一支忠诚干净担当的队伍。要把“三严三实”作为教育培养干部的基本内容，教育引导

干部认识领会“三严三实”的重大意义和内涵实质，弘扬从严从实的思想和精神。把“三严三实”作为选拔任用干部的重要标准，为真正有进取心、事业心的党员干部明确干事创业的行为准则和纪律规范。把“三严三实”作为监督管理干部的主要要求，强化日常监督，及时发现查处苗头倾向性的问题，抓早警示教育。要坚持以身作则，以上率下，充分发挥领导干部的带头示范作用，有效提振国税队伍的精气神，汇聚起实现税收现代化的磅礴力量。

二、深刻理解“三严三实”的基本内涵

为了更好地开展“三严三实”专题教育，首先要回答“是什么”这一问题。“三严三实”是一个有机的整体，相互联系，相辅相成，体现了世界观和方法论的有机统一，内在自律和外在约束的有机统一。“三严”讲的是党员干部修身正心的“思想守则”，只有思想认识上严起来，行动和实践才有科学的认识基础。“三实”讲的是党员干部干事创业的“行为准则”，只有行动方式的求真务实，“三严”的要求才能得到实践的体现。全面正确把握这些内涵，是正确贯彻落实“三严三实”，推动作风建设的重要前提。

严于修身，旨在价值观的净化。就是要加强党性修养，坚定理想信念，提升道德境界，追求高尚情操，自觉远离低级趣味，自觉抵制歪风邪气。修身修的是思想内功，就是对党和人民的忠诚不二，坚定共产主义信念，坚守共产党人的精神家园。在军阀混战的民国时期，孙中山先生为革命事业鞠躬尽瘁，一生奔走。最终“倾覆满洲专制政府，巩固中华民国，图谋民生幸福”。在解任临时大总统时，他誓言于国民，“以忠于国，为民服务”。在腥风血雨的战争年代，无数革命先烈抛头颅，洒热血，只要主义真，换来了人民当家作主的新中国；在民族复兴、改革开放的建设年代，焦裕禄、孔繁森、谷文昌、杨善洲等无数英模用一生践行了对党和国家的忠诚，舍己为国，即使身患重病，却仍然心系岗位，在平凡的岗位上做了不平凡的功绩。没有坚定的理想信念支持，是做不到这一点的。他们的伟大功勋和先进事迹都值得我们永远铭记与学习。

严于用权，旨在权力观的净化。就是要坚持用权为民，按规则、按制度行使权力，把权力关进制度的笼子里，任何时候都不搞特权，不以权谋私。古往今来，权力具有极大的魅力，让世人趋之若鹜。但权力从来是一把双刃剑，为民则利，为己则害。严于用权，就是要求党员领导干部贯彻大小决策时，能牢记党的纪律，保持公正、廉洁、清正的政府机关形象，公权不私用，公权不家用，公权不他用。

严于律己，旨在义利观的净化。就是要心存敬畏、手握戒尺，慎独慎微、勤于自省，遵守党纪国法，做到为政清廉。“一个人能否廉洁自律，最大的诱惑是自己，最难战胜的敌人也是自己。”严于律己就是严格要求自己，不搞特殊化，不以自己的某种身份而放松要求。面对现实工作生活中错综复杂的考验和形形色色的诱惑，能不能经受住考验，除了“他律”的规范和监督，更关键是看自律能力强不强。只有秉承自律，才能使灰尘难上身，毛病缠不住。

谋事要实，就是要从实际出发谋划事业和工作，出点子、定方案、制政策要符合实际情况、符合客观规律、符合科学精神、符合最广大人民群众的根本利益，不好高骛远，不脱离实际。陈云同志曾说过，“不唯上，不唯书，只唯实，比较、反复、交换。”为党员领导干部践行谋事要实指明了行动方向。要创造性地开展工作，就是从实际中找线索，在实践中找灵感，发挥地区、行业的特色。

创业要实，就是要脚踏实地、真抓实干，

敢于担当责任，勇于直面矛盾，善于解决问题，努力创造经得起实践、人民、历史检验的实绩。小平同志曾说过，不干，半点马克思主义都没有。以习总书记为首的党中央也反复强调，要一分部署，九分落实。只有插上实干的翅膀，才能通往梦想的彼岸。

做人要实，就是要对党、对组织、对人民、对同志忠诚老实，做老实人、说老实话、干老实事，襟怀坦白，公道正派。这是一个共产党员政治上是否合格的重要标准，是共产党员必备的政治品质。在时下里，人们常会用“老实”一词来评价某些人不懂变通，不够灵活。渐渐地，原本是褒义的“老实”在许多语境下，带上了贬义的色彩。“做人不能太老实”成为了社会上悄然奉行的信条，真正的老实人也因看似好欺负，常受到不公正的对待。习总书记提出“做人要实”就是要让“老实”回归本真之义。规矩老实不代表木讷守旧。相反的，讲政治、守规矩，依法依规办事，才是社会发展进步的基石。

“三严三实”要求，从党性修养、秉公用权、遵纪守法、求真务实、对党忠诚和清正廉洁六个角度，阐明了领导干部修身做人、从政为官、谋事创业的核心要义，具有很强的针对性和指导性。全省国税系统领导干部要认真领会“三严三实”的基本内涵，在税收实际工作过程中，时刻牢记“为国聚财，为民收税”的神圣使命，以严的态度要求自己，以实的标准省察自己，做到内化于心，外化于行，完成好每一项税收工作任务，创造一流的工作业绩。

三、深入查摆税务干部队伍中“不严不实”的现象

“三严三实”专题教育的基本原则就要求我们认识领会“三严三实”的基本内涵，对照查摆实际工作中是否存在“不严不实”的现象。突出问题导向，聚焦问题查，对照问题改，持续向问题“叫板”并加以解决，使专题教育的过程成为校正“不严不实”问题的过程。中央文件中用“三个着力解决”对专题教育要解决的“不严不实”问题进行概括，一是着力解决理想信念动摇、信仰迷茫、精神迷失，宗旨意识淡薄、忽视群众利益、漠视群众疾苦，党性修养缺失、不讲党的原则等问题；二是着力解决滥用权力、设租寻租，官商勾结、利益输送，不直面问题、不负责任、不敢担当，顶风违纪还在搞“四风”、不收敛不收手等问题；三是着力解决无视党的政治纪律和政治规矩，对党不忠诚、做人不老实，阳奉阴违、自行其是，心中无党纪、眼里无国法等问题。“三个着力解决”涉及了信仰信念、党性修养、权力行使、纪律规矩、做人做事等多个方面内容，具有一定的代表性。党的十八大以来，我省国税系统在党中央和总局的领导下，深入贯彻从严治党的部署要求，执法严明，求真务实，这是我省国税干部队伍的主流风气。但是“四风”问题积弊未尽，“三严三实”就像一面镜子，一把尺子，要求我们在国税工作实践中照一照，量一量。习近平总书记、尤权书记和王军局长在谈到“三严三实”专题教育时，都提出了当前“不严不实”的具体表现。对我省国税系统干部队伍中存在的“不严不实”方面的问题，我们也要认真对照检查和梳理。

（一）境界不高，党性淡薄

习总书记指出，理想信念坚定，骨头就硬，没有理想信念，或者理想信念不坚定，精神上就会缺钙，就会得“软骨病”。有的领导干部平日里不学理论，不读经典，只领书，不看书，对很多事物只知其一不知其二，空喊概念。有的领导干部政治立场不坚定，是非观念不清晰，被错误的观念所侵蚀，不思进取，贪图享乐。有的领导干部重实务轻理论，导致党性修养有所放松，理想信念有所淡化，组织纪

律有所松弛。

（二）调研不够，用权随意

没有调研就没有发言权。目前，下基层调研还存在蜻蜓点水、走马观花的现象，在一些重大问题的决策上了解基层工作实际、倾听干部群众呼声做得不够，制定出的政策规定和措施办法具有一定的随意性，没有解决深层次的问题，没有给基层带去实实在在的帮助。有的领导干部摆不正位置，搞不清身份，不从全局工作的角度综合考虑，不讲部门配合、地区协作，造成部门间各自为政，重复多头下达任务，给企业和基层造成一定的负担。有的领导顶不住人情关系，碍于情面，替人走关系，充当说情者。用权不严，办事不公，给纳税人开后门，无视税法的权威和刚性。

（三）自律不严，不讲规矩

知人者智，自知者明，自律者强。然而有的领导干部对党组议定的事情，不该对外讲的到处乱讲，应当执行的却不去执行。对上级制定出来的决策，讨价还价，打折扣地执行。对于法规规定的执行时限，也会提出种种理由拖延不办，能缓则缓。有的干部热衷于拉帮结派，搞小团体。以老乡、同学、战友等划界，互相开后门，提供方便。有的干部没有抵制名利的诱惑，将权力看成了利己的工具，将为民服务的观念抛之脑后，擅权谋私，触犯了党纪国法。

（四）作风不实，好大喜功

华而不实，花虚空大的工作现象在系统依然存在。系统上下文件照抄照搬、照转照发的现象还比较普遍。有的领导喜欢搞“家长制”“一言堂”，爱摆官架子，空话、套话习惯说，抓落实却不下功夫。有的领导干部办事为人，不以干部群众和纳税人满意为前提，热衷于搭“花架子”，搞形式主义。

（五）为官不为，庸懒散拖

为官一任，造福一方是真正的政绩。然而有的领导干部甘当“太平官”，满足于已有成绩，在现有的工作思路面前循规蹈矩，安于现状，奉行“宁可不干事，也要不出事”的哲学，在推进改革面前求稳怕乱。落实上级部署敷衍塞责，懒散消极。有的领导干部甘当“逍遥官”，遇到难题绕着走。该了解的情况不去了解，该接触企业不去接触，对属于自己分内的行政审批，服务事项，不去落实，不敢担责。有的领导干部甘当“滑头官”，拈轻怕重、挑肥拣瘦，只想揽权不想担责，只想出彩不愿出力，抢着做易出政绩的事情。不愿做艰苦细致的工作，削弱了队伍的战斗力。

（六）表里不一，老于世故

做个老实人，不做老好人，才是对党对国家对税收事业真正负责任的态度。但在实际工作中，有的领导干部阳奉阴违，见风使舵，当面一套，背后一套，讲空话，干虚活。有的领导干部在民主生活会上自我剖析信誓旦旦，会下我行我素。也有的领导干部只珍惜个人羽毛，怕引火烧身，看重推荐投票，只做老好人，不敢得罪人。

产生以上这些问题的原因，有外界因素，也有内在因素，既是体制机制漏洞的产物，更是自身思想观念所导致的。但深究其根源，关键还是一个人世界观、人生观、政绩观的问题。如果不引起高度的重视，放任“不严不实”的现象在我省国税系统不断滋生蔓延，四风问题势必回潮反弹。请同志们务必提高警醒，反躬自省，知错能改，引以为戒。

四、准确把握践行“三严三实”的基本要求

认真分析诊断上述六个“不严不实”的问题后，对症下药，开出良方是“三严三实”专题教育的出发点和落脚点。我省国税系统各级领导干部要切实将自己摆进去，找出来，真正“严”字当头，落到实处，践行“三严三实”

的基本要求。在这里，我重点讲六个方面的意见。

（一）勤于修身明智，补足精神之“钙”

打铁还需自身硬。修身可平心中郁气，学习可增智广才，是大家所熟知的朴素的真理。伴随着知识的积累，人的眼界将不断开拓，党性修养也将随之净化升华，是防治理想信念上的“软骨病”的良方。一是牢记税收使命。税收是国民经济的命脉，承担重要的经济职能。每一位税务干部都是国家财政收入的征收员，是宏观经济运行的监督员，是地区协调发展的参谋官，是和谐征纳关系的急先锋。我们肩上的使命神圣而光荣。领导干部要自觉把个人理想和追求融入伟大的税收事业之中，怀着对税收事业的无比热爱，尽忠履职，敬业奉献。二是坚持职业操守。领导干部是国税干部队伍的带头人，职业活动、职业态度、职业作风都代表着国税系统的形象。要以党的先进性、纯洁性的标准和税务职业操守严格要求自己，遵守税务职业道德，自觉地把纳税人对我们的满意程度作为检验工作成效的最高标准。三是勤于学习增智。虽然，平日里确实存在时间少，任务重的现实情况，但希望大家能发扬“螺丝钉”的精神，懂得开卷有益的道理，善用时间，养成良好的读书习惯。以习近平总书记系列重要讲话精神、党纪国法，中华优秀传统文化等作为学习的重要内容，坚持读原著、学原文、悟原理，做到精读深读，学深悟透，全面把握精神实质，拧紧思想上的总开关，做到学而信，学而用，学而行。用科学理论武装头脑，胸怀坚定信念，强化政治定力，熏陶人格品位，明白荣辱之理，拒绝耻辱之行。

（二）自觉秉公用权，修炼为官之德

权力的领域不是自己的“一亩三分地”，权力姓“公”，不姓“私”。国税部门是重要的经济执法部门，也是各方经济利益矛盾的焦点。在税收现代化的道路上，将要直面更大的税收压力、更复杂的执法风险和更多的利益诱惑。只有坚持严字当头，公字为先，秉承服务与法治观念，才能坚决防治履职用权上的“擅权病”。秉承服务观念。党员领导干部要牢固树立“立党为公，执政为民”的马克思主义权力观，坚持权为民所用，情为民所系，利为民所谋。向焦裕禄、杨善洲、谷文昌等先进模范学习，“做官先做人，万事民为先”。将全心全意为人民服务的宗旨深深根植于每位国税干部的心中，争做纳税人满意的好税官。积极回应纳税人诉求，针对群众提出的问题建议，一抓到底。为纳税人排忧解难，为基层出谋出力。积极落实税收优惠政策，开展税收政策辅导，加强税收舆论宣传，帮助纳税人交好税用好税，提高企业竞争力，推动地区经济发展。践行法治观念。权力不可任性，要有节有度。各级领导干部要善于运用法律解决税收征管中的实际问题，不该批的文坚决不批，不能做的事坚决不做。切忌因私忘公，谋求私利，坚决打击出现有税不收或执法不严造成税收流失的现象，做到有法必依，执法必严。

（三）时常省察己身，保持廉洁之身

人的一生其实是和不完美的自己作斗争。作为领导干部更应当以身作则，严格自律，做人不妄为，有权不任性，坚持以廉洁奉公的作风、夙夜在公的勤勉，坚决防治廉洁自律上的“腐化病”。怀敬畏心。作为党员领导干部应充分意识到“举头三尺有纲纪”，要敬畏人民的力量，敬畏权力的神圣，敬畏法纪的权威，严格按照税收法律法规的要求，开展各项税收业务工作，自觉接受组织、法律、群众的监督检查，做到言有所规，行有所止，真正地筑牢拒腐防变的思想防线，增强“不敢腐、不能腐、不想腐”的思想自觉。怀自省心。常思常想，常照镜子，做到慎独慎微慎初，防微杜渐。不以善小而不为，不以恶小而为之。不为人情破例，不存侥幸之心。由于税务部门的特殊性，税务干部容易随时随地被各种抱着不同目的和动机的人所包围，搞不好就会中招。只有始终如一地保持清正廉洁的工作作风，才能出淤泥而不染，守住大节防好小节。

（四）坚持求真务实，筑牢实践之基

空谈误国，实干兴邦。群众拥不拥护，支不支持，不是看开了多少会，讲了多少话，而是看干了多少事，又干成了哪些事。追求短期利益的“形象工程”“政绩工程”看着热热闹闹，实际上潦潦草草，不得人心。只有脚踏实地，求真务实，才能防治工作实践中的“飘浮病”。首先，尊重事实，坚持实践。实践才能出真知。领导干部要深入基层，深入税户，体民情，察民意，知实况，接地气，根据靠得住的资料和数据，研究处理税收问题，切忌纸上谈兵，不切实际。要讲实话，出实策，鼓实劲，办实事，谋实效，以认真的态度，一步一个脚印地把每一环节的工作做实、做深、做细。其次，狠抓落实，切忌慵懒。对新政策不知所措，对改革望而却步，不作为、乱作为的现象是严重的渎职失职。一些利好的税收政策在草率敷衍中成为“空中楼阁”，错失发展的机遇期，让改革蓝图变形走样。尽管这些庸政懒政不像贪污腐败那样“明火执仗”，但“无功就是过”。贯彻执行国务院、总局下发的政策措施，是各级国税部门的职责所在。领导干部要以税务总局提出的“执法禁贪、服务禁懒、管理禁散”的三个禁止为标准，强化依法行政，要破除本位主义，大力整治庸政懒政。积极推进绩效管理，努力实现纵向到底、横向到边、指标到人、职责到位的岗责体系，改进提升机关工作效能。与时俱进，目光长远。王军局长谈到未来七年要实现税收现代化，从六个方面描绘了税收现代化的宏伟蓝图。党员领导干部要积极适应税收新常态，理解民之所需，民之所盼，创造性开展工作。注重长远利益和眼前利益的关系，树立功成不必在我的思想，落实好各项税收政策，不收过头税，不过分强调税收数量的增长，注重优化税收质量和结构，推动我省国税事业朝正确的方向前进。

（五）树立担当意识，把握为政之要

“位卑未敢忘忧国”。党员领导干部要在其位，谋其政。甩开膀子，干出样子。习近平总书记曾说，“干部就是要有担当，有多大担当才能干多大事业，尽多大责任才能有多大成就。”党员领导干部要敢于担当，能够担当，坚决防治干事创业中的“慵懒病”。党员领导干部要树立三种精神：一是愚公移山，积少成多的实干精神。万丈高楼平地起，美好的愿望和宏伟的蓝图不会自动实现，是需要年复一年的埋头苦干和点点滴滴的积累，“不积跬步无以至千里，不积小流无以成江海”。党员领导干部把高昂的工作热情和严谨的科学态度结合起来，带头卷起袖口，投身实践中。对待工作任务，不挑三拣四，不讨价还价，更不能三心二意。要一张蓝图绘到底，一任接着一任干。从细微处入手，潜心研究征管模式，减少审批流程；注重日常教育培训，建筑税收人才沣地；及时汇报税收情况，为地方政府出谋献策。二是逢山开路，遇河架桥的开创精神。狭路相逢勇者胜，面对不断变化的新形势、新问题，要拿出舍我其谁的魄力和时不我待的锐意，舍得吃苦，舍得奉献，敢于冲锋。今年4月21日，福建自由贸易试验区挂牌成立，许多企业看到了自贸区的政策优势，纷纷进驻。经营范围涵盖商贸、金融、服务外包、电子商务等诸多领域，为福建产业结构升级，区域经济发展注入了新的活力，也给福建国税带来了新的课题和挑战。我们国税部门就要发挥行业优势，执行国家战略，出台创新服务方式支持自贸区的发展，增强税收服务功能，使贸易投资更加便捷化。这没有现成经验饭可吃，更不能坐等靠。三是“苟利国家生死以，岂因祸福避趋之”的担当精神。当前税务工作确实存在许多难关需要攻克。比如地方政府对财政收入的要求与宏观经济下行的现实情况不相适应的矛盾，税收征收管理方式与社会组织技术变革不相适应的矛盾，税务机关服务理念、机制与纳税人对纳税服务日益增长的需求不相适应的矛盾，税务工作日益繁重和干部队伍老化经费不足的矛盾等。作为党员领导干部要拿出“为官避事平生耻”的骨气，不回避，不推诿。面对大是大非敢于亮剑，面对矛盾问题敢于迎难而上，坚持原则，敢作敢为，主动将责任扛在肩上，印在税上。

（六）做到公道正派，奉行处事之道

周恩来同志说过，“世界上最聪明的人是最老实的人，因为只有老实人才能经得起事实和历史的考验”。党员领导干部不仅要带头做老实人，讲老实话，干老实事，还要相信老实人，选用老实人，在单位营造出崇尚忠诚老实的良好风气。这是防治为人处世“世故病”的独门良方。要遵规守矩。把严守纪律，严明规矩放在重要位置，不走歪路，不抄近道，老老实实地依法收税，依律办事。要忠心不二。党员领导干部要对党、对组织、对同志、对纳税人忠诚老实，讲真话，讲实话，不忽悠。在党和人民的利益面前，要说老实话，说肺腑话。不要总是顾及个人的情面，自身的升迁，把责任和问题都推给组织。同时，领导干部还应言行一致，要言必行，行必果，以行动验证表态，以实践兑现承诺，做群众信任的好官，做纳税人满意的税官，让税务行业成为一个更有尊严的行业。

五、扎扎实实组织开展福建国税系统“三严三实”专题教育

在党的群众路线教育实践活动结束后不久，紧接着开展“三严三实”专题教育，充分表明了党中央对深化思想政治建设和作风建设的高度重视，体现了党中央推进全面从严治党的态度和决心。全省国税系统各级领导干部要吃透上级精神，把握基本遵循，扎实开展“三严三实”专题教育。

（一）强化组织领导，坚持领导带头

学习贯彻“三严三实”要求是当前和今后一段时期重要的政治任务。省局已成立福建省国税局党建领导小组，下设领导小组办公室，由机关党委作为牵头部门开展工作。制定并下发了省局专题教育方案。全省国税系统处级以上党组要全面负责本单位的专题教育。由党组书记担当“第一责任人”的责任，学习在第一线，以上率下，时时处处带好头，自觉参加和接受专题教育，一级做给一级看，一级带着一级干；指挥在第一线，投入足够的时间和精力，对专题教育进行具体指导，用心抓好重点工作，细致谋划，不当“甩手掌柜”。认真履行党建主体责任的重要任务，把开展专题教育的有关情况纳入党建工作述职评议考核和绩效管理的重要内容。牵头部门要精心组织筹划，及时了解情况，有效传导压力。相关部门要密切配合、形成工作合力。各党支部要对党员干部，尤其是处级以上领导干部严格教育，严格管理，严格监督，推动专题教育取得更好落实。

（二）抓好学习教育，领会精神实质

开展“三严三实”专题教育，首要的是抓好学习教育，打牢思想根基，各级党组织应在学习教育上下足功夫，花足气力，切实把“严”和“实”的要求立起来，以思想自觉引领行动自觉。把深入学习习近平总书记系列重要讲话精神作为学习教育的重中之重，学习党章党纪，重点研读《习近平治国理政》等原著，结合福建地域特点，大力弘扬习近平总书记在福建工作期间倡导的好传统好作风，落实王军局长批示要求，组织学习讨论《实干才

能梦想成真——习近平同志在福州工作期间倡导践行“马上就办”纪实》，把总书记对福建工作的一系列重要指示、《摆脱贫困》等重要著作纳入专题学习，重点强调总书记提出的“水滴穿石”“功成不必在我”的思想。各级领导班子成员，尤其是一把手，要带头把自己摆进去，主动学、深入查、认真改、带头搞好教育。

（三）突出问题导向，贯彻从严要求

把问题意识、问题导向贯穿专题教育全过程，把发现问题、解决问题作为出发点和落脚点。围绕“三个着力点”，坚持边学边查边改，列出“不严不实”问题清单，逐条梳理，建章立制，不留问题“死角”。此次专题教育不分批次，不划阶段，不设环节，并不意味着可以放权，降格以求。要求党员领导干部对自己高标准，严要求，要求下级不做的，自己首先不做，发挥示范带头作用。同样要发扬认真精神和钉钉子精神，力戒各种形式主义，把专题教育各项工作做扎实、做细致、做到位，确保专题教育不走过场，取得实效。

（四）做实关键动作，力求教育实效

通过完成四个关键动作，理论联系实际，确保专题教育取得实实在在的效果。一是上好专题党课。全省国税系统处级单位党组以及各党支部要围绕“三个讲清楚”，上好一堂党课，作为专题教育的启动开局，引导广大党员干部领会“三严三实”的题中之义，践行“三严三实”的基本要求。二是开展好专题学习研讨。不要以搞活动的方法来搞专题教育，要把握常态化教育的特点，将专题教育与“三会一课”结合起来，与中心组学习结合起来，对“三严三实”的三个专题制定完善的学习计划，每两个月安排一个专题，紧扣问题，解决思想困惑，养成良好的机关学风，在潜移默化中，提高党性认识，取得教育效果。三是开好专题民主生活会和组织生活会。全省国税系统处级单位党组和省局机关内设机构党组织以践行“三严三实”为主题，围绕党性分析，深入查摆“不严不实”问题，广泛开展批评与自我批评，召开专题民主生活会和组织生活会。四是抓好整改落实和立规执纪。根据实地调研、民主生活会上查摆出的问题，提出整改措施，深化专项整改。建章立制，强化刚性执行，推动践行“三严三实”要求制度化、常态化、长效化。

（五）加强统筹兼顾，重视宣传引导

坚持党要管党、从严治党，最终目的是推动党和国家事业发展，推动经济社会进步。同样道理，开展“三严三实”专题教育，要始终围绕中心，服务大局，与完成税收业务工作相结合，与地区经济发展相结合，与本单位工作实际相结合，与改进干部作风相结合，积极探索经常性思想政治建设的有效办法，通过践行“三严三实”，加强作风建设，激发出党员干部进取精神，转化为做好工作的强大动力。做到专题教育与日常工作有机融合，两手抓，两促进。各单位要把握好舆论导向，推介活动中涌现的先进典型，随时报送专题教育中的好做法，好经验，扎实做好专题教育宣传工作，营造良好的舆论氛围。

同志们，实践证明，作风建设永远在路上。习近平总书记提出的“三严三实”的要求，是对党员领导干部作风建设发出的新号令。让我们按照中央和总局的要求，认真开展“三严三实”专题教育，贯穿严的标准、严的措施、严的纪律，以严促深入，以严求实效，打造出一支忠诚干净担当的高素质国税干部队伍，为推进税收现代化做出新的更大的贡献。

在全省国税系统绩效管理工作推进会上的讲话

福建省国家税务局局长　林京华

（2015年6月5日）

同志们：

我们这次会议的主要任务是贯彻落实全国绩效管理工作视频会议的精神，总结今年前5个月全省国税系统绩效管理工作运行情况，部署下一步的重点工作。下面，我就进一步深化认识，凝聚力量，坚定信心，持续推进绩效管理工作，讲四点意见。

一、稳扎稳打，有效推进绩效管理工作开展

按照总局绩效管理“三步走”的战略，今年是“绩效推进年”，也是要求见成效的一年。从目前来看，全省系统绩效管理工作整体进展良好，各项工作稳步推进、运行有序，呈现出重绩效、强管理、抓落实、促发展的良好态势。值得一提的是，三明市局依靠自己的绩效管理团队，在总局绩效管理系统的基础上，打造了具有三明国税特色的绩效管理辅助平台，有力提升了绩效管理工作质效，得到总局的关注和表扬。前不久，林锡明同志还在全国税务系统绩效管理工作视频会议上作了经验交流。

（一）制度体系更趋完善

全省各级国税机关在遵循总局制度规范框架的前提下，积极探索、勇于创新，结合实际制定了适合本系统、本单位的绩效管理3.0版相关制度办法，通过详尽的实施细则、考评规则对绩效管理进行规范，避免考评的“平均化”“随意化”问题，为绩效管理工作有序运转提供了制度保障。各级国税机关参照总局，相继成立了绩效考评委员会，负责对绩效管理重大问题进行审议和裁定，组织体系更加完善。

（二）绩效管理全面覆盖

年初开始，全省各级国税机关按照总局部署和王军局长批示的时限要求，倒逼工作进度，采取切实有效措施推进工作开展，组织绩效与个人绩效实现全覆盖。截止到4月中旬，省、市、县三级组织绩效的制度建设、指标编制、考评运行落实到位。5月底，个人绩效全面推开，“纵向到底、横向到边、全面覆盖、全员参与”的运行格局如期构成。

（三）过程管理落到实处

各级国税机关注重日常管理，加强指标监控，通过绩效专题会、工作监控台账、预警提醒、督查督办等多种渠道，掌握工作开展情况。定期展开绩效评估分析，针对工作中存在的短板和薄弱环节，深入分析问题成因，制定改进措施，促进工作提升。5月中旬，省局派出3个督导组分赴龙岩、泉州、宁德等单位，就绩效工作推进和小微企业优惠政策落实、纳税服务等重点工作落实情况开展实地督查，实

行督考联动。一些单位创新方式方法，如莆田市局按月在市局主页晾晒指标得分和进展，福州市局通过“月提醒”“月自评”“月考评”，化被动考核为主动管理，都取得了良好成效。

（四）考评工作有序进行

今年以来，按照3.0版绩效管理工作要求，绩效考评力度加大，打分逐步体现“差异化”。各考评单位注重用指标强化责任链条，用考评驱动过程管理，严格按照考评时间节点，及时通过绩效信息系统开展审核评分，指标考评数量与时间进度基本同步。指标和单位被扣分范围逐步扩大，分档考评稳步运行。1—5月，省局考评设区市局指标37个，9个单位共有5个指标被扣分，3个分档考评指标评出“好、中、差”。截至目前，全省系统个人绩效一季度考评已经全部完成，二季度考评正在进行，考评打分也体现了“差异管理”。宁德市局编制《绩效速递》通报考评情况，让被考评部门了解存在的问题，及时纠偏，持续改进。

（五）“杠杆效应”成效显现

绩效管理“指挥棒”和“催化剂”的作用逐渐发挥，杠杆撬动作用逐步显现。一是促进工作落实。将总局的工作部署与省局年度的重点工作任务纳入到绩效管理，保证了小微企业优惠政策、规范津补贴工作、实施税收“黑名单”制度、推行纳税服务规范2.0版和推行增值税发票管理系统升级版等一系列工作的贯彻落实。二是提升管理效能。前5个月，省局机关督办件按时办结率为100%，办文运转按时完成，来信办理和接待来访符合规定。各地公文质量、信息安全、信息系统管理、涉税信息安全、税收数据质量等各项工作的规范程度和工作质效不断提高。三是激发队伍活力。绩效管理使全省广大干部职工感受到压力，同时也增添了动力，工作效率质量明显提高，工作作风明显转变，责任意识、团队意识、赶超意识明显增强，积极性和主动性得到明显调动。龙岩市局组织“绩效交流团”开展巡回交流，三明市局开展“最美绩效人”评选，通过典型示范，队伍活力不断增强。

二、正视差距，深刻认识当前存在的问题不足

前期绩效管理工作取得的成绩，值得肯定。但是在肯定成绩的同时，我们也应清醒地认识到，我们的工作中还存在不少的问题和不足，有些问题甚至是普遍性的。归纳起来，主要有以下几点。

（一）绩效意识有待加强

绩效管理实行一年多来，全省各级国税机关都高度重视这项工作，都把绩效管理作为“一把手”工程认真抓好抓实。但是，在一些基层单位也仍然存在认识不够、重视不够的现象：有的干部不关心，也不主动去了解绩效工作，认为绩效管理是领导的事，是绩效办的事，事不关己高高挂起；有的干部认为绩效管理和以往的目标管理一样，只是在年底做做考评，算算总账，因此更多地关注任务完成的数量和结果，或者寄希望于年底突击，忽视了过程管理以及绩效管理的改进作用；有的干部片面地认为绩效管理就是一种约束，把它当作一种负担，因而产生了抵触情绪。

（二）工作推进不够平衡

一是组织绩效与个人绩效“双轮驱动”推进不平衡。组织绩效经过去年一年的试运行，大家心里基本上有了底，有了一定的工作思路和经验。个人绩效今年刚起步，没有现成的经验可学，大家难免会感觉一头雾水，无从下手。有些干部不知道怎样设置个人工作任务；有的部门负责人在考评打分的时候还习惯于做“老好人”，多打满分、高分，少给或不给“差评”，一定程度上有“干与不干、干多

干少、干好干坏一个样”的倾向。二是各地区工作进展不平衡。在绩效管理工作的力度、进度、深度和效果上，各地还存在一定的差异，而且越是基层单位，这种情况越明显。有些单位主动性较强，能够自我加压，工作措施扎实有效，工作走在全省甚至是全国税务系统的前列，成为先进典型。与此同时，也有个别单位工作不主动、措施不得力，对上级部署的工作应付了事、效率低下，经常都要靠上级的督促和检查来推动工作开展，给全省系统的绩效工作拖了后腿。

（三）指标设置仍需优化

与前两个版本的指标相比，3.0版指标体系有所改善，更加注重围绕重点工作和税收核心业务设置指标，但是也仍然存在一些问题，主要表现在以下两方面：一是照搬照抄。为确保总局指标落地，形成从总局到省、市、县局“一竿子插到底”的考评格局，我省各级国税机关在设置指标时，多沿用上级指标对下考核。但有些单位没有根据基层工作实际对指标进行调整和再造，而是简单地把上级指标移植用于对下级和机关考核，导致部分指标与基层工作实际结合不够紧密，难以有效促进基层工作开展。比如，在省局绩效办调研时，有基层局的同志反映，他们辖区没有总局和省局定点的大企业，但是市局也对他们设置了多个考核大企业的指标。二是层层加码。有的考评部门设置指标时，在上级考评指标的基础上提出更高、更严的要求，这对指标落实和工作完成有一定的促进作用。但同时，也有些指标的设置没有经过科学考量，草率地拔高任务难度，增加了基层负担，甚至超出了被考评单位的能力，“怎么跳都够不着”，影响了基层工作积极性，容易产生“压力层层传导，热情层层递减”的现象。而且，我省系统现有的组织机构设置仍存在上面“千条线”，下面“一根针”的情况，特别是税政、人事等科室，对口上级部门较多，人少事多责任大，个别干部身上甚至承担了二十多个指标，经办同志工作压力较大，不仅任务难以完成，具体指标也不易落实。

（四）考评运行略欠科学

我们在前期开展的督查工作中发现，有些部门在考评打分的时候，没有按要求进行分档考评，违背了“无差异无管理”的要求，损害了考评的公正性和严肃性。而有些部门虽然进行了分档考评，但是评判标准还不够明确，使得被考评单位不明了扣分的原因和问题所在，工作改进没有方向，绩效考评推动工作的效果也无从实现。同时，由于考评打分没有完全拉开得分差距，使得加减分项目可能成为影响考评结果的决定性因素。到目前为止，设区市局平均加分2.8分，其中最高7分，最低0分。考评指标得分差异较小，加减分影响过大，不利于绩效考评“聚焦主业”。

（五）基础工作还不扎实

目前，总局考评省局的3个分档指标中，我局一个被评为中档，两个被评为差档。这说明我们的工作还不够扎实，工作质量与上级要求还有很大差距，在全国同类工作中，还达不到前30%的水平。同时，也折射出我们的被考评部门工作主动性和前瞻性不强，与上级部门的沟通联系不够，没有充分掌握绩效指标的考评点和考评要求。

三、真抓实干，着力促进绩效管理工作提质增效

5月22日，总局王军局长专门对绩效管理工作作出重要批示，要求各级税务机关在税收现代化目标引领下，坚持创新驱动、久久为功。他强调，“全体税务干部特别是各级领导干部，要把责任担当好、把措施落实好、把制度完善好、把氛围营造好，凝聚全员正能量，不断谱写绩效管理发展的新篇章，持续推进税

收事业跨越发展”。为了更好地贯彻落实王军局长批示和总局会议精神，我结合福建国税系统的实际，提几点要求。

（一）进一步提高思想认识，把责任担当好

福建是著名的革命老区，改革开放的先行区。习近平总书记在福建工作了17年多的时间，对这片土地感情深厚，对福建发展始终关注并寄予厚望。他去年来闽考察时，专门对建设“机制活、产业优、百姓富、生态美”的新福建提出了一系列工作思路和重大举措，为福建加快发展打下了坚实基础。当前，在中央的大力支持下，福建加快发展迎来了难得的历史机遇，特别是随着平潭综合实验区获批成立、福建自由贸易试验区挂牌和建设21世纪海上丝绸之路核心区的正式启动，独特的区位优势日趋明显。今年，我们福建省国税局也被列为王军局长的挂钩联系单位，这充分体现了总局领导对福建国税工作的重视、关心和厚爱。作为福建国税人，我们深感荣幸，倍受鼓舞，大家一定要珍惜大好机遇，主动提升站位，勇于担当，积极适应新形势新要求，确保中央、总局和省委省政府的重大决策部署落到实处、取得成效，为福建经济社会发展贡献力量。

税务系统推行绩效管理是贯彻落实党中央、国务院工作要求的“规定动作”，既是一项重要的政治任务，也是开展“三严三实”专题教育活动的重要举措，更是落实“马上就办、办就办好”工作作风，推进税收现代化建设的重要抓手。今年以来，王军局长等总局领导累计对绩效管理工作作出批示27次。由此可见，总局推进绩效管理工作的决心是坚定不移、毋庸置疑的。去年，我们虽然在绩效管理上做了许多富有成效的工作，但绩效考评结果却不够理想，全国排名仅列第20位，处于中游水平。这既与我省的经济和税收总量在全国的排名不相匹配，也与福建加快科学发展跨越发展的形势不相符合。

对福建国税的定位和当前的形势，我们一定要有清醒认识，要以高度的使命感、责任感，以知耻后勇的精神，自我加压、奋发图强、力争上游，在绩效管理工作的总体排名上必须比去年有进步、有提升。这里我特别强调，绩效管理是“一把手工程”，各单位的“一把手”一定要讲大局、识大体，把绩效管理工作时时搁在心上、牢牢抓在手里，既要“挂帅”又要“出征”，真正做到重要工作亲自部署、重大问题亲自过问、重要环节亲自协调，扎扎实实地推进绩效管理工作的开展，力求取得实效。

（二）围绕指标和考评运转，把措施落实好

绩效管理工作能不能出成效，关键在平时，在过程。在推进的过程中，各单位要始终坚持问题导向，及时查短板、找差距，促进绩效管理工作持续改进和不断提升。

一是优化完善考评指标。目前，总局正在进行3.0版指标优化和指标模板建设工作。我省系统也要主动作为，抓紧对不符合实际工作，可操作性不强的指标进行完善和优化。各单位在设置考评指标时，一定要将指标设置与实际工作紧密结合，把握关键点和着力点，杜绝照搬照抄和层层加码现象。县区局要将上级指标的工作任务细化、实化、量化，突出指标的操作性，把指标转化为具体的工作措施，真正推动各项工作的开展落实。二是分析工作查找差距。被考评单位要有主动性和前瞻性，不能被动接受考评，要加强与考评部门沟通联系，了解最新考评动态。对承接总局的每一项指标都要重新进行分析、评估和研判，吃透指标精神，把握关键节点和重点难点，查找工作存在的短板和薄弱环节，确保所有指标都不扣分。今年总局68个指标中，有38个（占比56%）采取分档考评，这就要求我们不但要按时完成任务，还要在完成的时限和质量上力争全国领先。三是科学实施绩效考评。考评部门要坚持公平、公正、公开的原则，认真履行职责，严格遵守规则，实事求是实施考评。对定性指标要求进行分档考核的，绝不能“和稀泥”，该分档的必须分档，工作完成好的就要“点赞”给高分，工作完成不好的就要“差评”扣分，确保考评结果如实反映工作实际。要严格按照时间节点审核打分，不得拖拉延误，只有及时通报情况，才能帮助被考评单位发现问题、纠正改进。要充分依托信息化手段，实现绩效考评工作的自动化和现代化，大幅提升工作质效。目前，省局正以现有绩效管理辅助系统为基础，以莆田市局技术骨干团队为主要力量，组织开发推广全省使用的系统软件。这项工作要加快进度，尽早完成。四是围绕加减分“下功夫”。加减分项目是绩效管理的有机组成部分，也是衡量工作水平的重要标尺。今年总局对于省局考核的加减分成绩实行标杆比例法，年终要以排名第一的单位为标杆，进行得分换算，可以预见，加减分项目将成为影响年终考评结果的重要因素。因此，全省各级国税机关一定要群策群力，广开门路，在完成规定工作的基础上，高度重视加分工作，争取多加分、不扣分。税收宣传与信息调研是绩效工作的主要加分点，仅今年就为我省系统绩效加了15分。各单位对这项工作一定要高度重视，重点围绕福建自贸区、“一带一路”建设、“互联网+”新兴产业发展、总部经济优势等热点，深度挖掘、精心创作，加强税收经济调研和新闻宣传工作，既为各级领导决策提供科学依据，也为绩效管理工作成绩添砖加瓦。另外，去年我省系统因被总局通报批评，扣了10分。我们一定要吸取教训，绝不能再发生类似问题。今年开始，如果再发生因单位和个人问题导致全省绩效考核扣分较多的情况，将调整主要领导职务和干部岗位。各级国税机关要认真对照总局规定的6大类减分项目，排查隐患，抓好风险预警，制订应急预案，完善防范措施，严格防控减分事项发生。

（三）着眼重点任务和关键环节，把制度完善好

开展任何工作都需要制度先行，只有建立起科学完备的制度体系，我们的绩效管理工作才能事半功倍，创先争优。

一是完善个人绩效考评体系。今年是全面推行个人绩效的第一年，我们要扎实做好基础性工作，保障组织绩效和个人绩效有机融合、相辅相成、相互促进。目前，个人绩效工作在全省乃至全国都是刚刚起步，缺乏可借鉴的现成经验，各单位要在遵循总局顶层设计的基本框架下，充分发挥主动性和能动性，大胆创新，在设计个人指标、考评程序等方面，根据实际情况从简从优，建立易于操作、减轻负担、运转高效的个人绩效考评体系。各级绩效办要注意总结推广先进经验，指导各地完善制度和方法。个人绩效考评关系到每个干部的切身利益，也直接影响着干部的工作积极性，负责考评的同志一定要根据个人真实工作表现，要实施差异化考评，公平、公正地考核，不打“马虎分”和“人情分”，防止工作表现和考评打分“两张皮”的现象。二是完善考评结果运用办法。考评结果运用既体现绩效工作的成果，也倒逼绩效工作的运行。总局已制定下发绩效结果运用试行办法，将年度考评结果与干部任用、评优评先、年度考核相关联，通过这些实质性措施，将正向激励与问责约束结合起来，让抓绩效者尝到甜头，不抓绩效者吃到苦头。省局也正在组织起草绩效结果运用办法，在总局办法的基础上，在我们的权限范围内，探索管用的措施和手段。比如，前几年我们实行目标管理，对年终获得优秀的单位给予一定的经费奖励，就起到了推动工作的作用。省局绩效办要会同相关部门认真研究，将这类好的经验措施继续沿用下去。各级国税机关也要在本级权限范围内，制定激励约束措施，做到奖罚分明、考而有用。三是完善督促检查制度。去年来，国务院、总局和省委省政府组织开展了多次督查，以督查推动工作落实。我们在推进绩效管理工作中，也要敢于亮督查之“剑”，将督查督办与绩效管理紧密结合，形成上下联动抓督查、围绕绩效抓落实的新常态。下阶段，省局要加大督查力度和频率，对绩效管理推进情况和纳入绩效指标的重点工作，每隔一段时间开展一次“回头看”，促进工作落实，对工作进度落后的单位予以通报。

（四）发挥绩效文化引领作用，把氛围营造好

绩效管理工作的推进，离不开绩效文化的培育。全省各级国税机关要大力培育绩效文化，营造良好氛围，促进各层级形成共同的价值取向，树立正确的绩效观。

一要加大培训的广度。要进一步加强绩效理论和业务培训，注重绩效管理专业人才的培养和绩效管理知识的普及。要充实丰富绩效培训的内容，不但要讲理论、讲指标，还要讲操作、讲运用，使广大干部职工对绩效管理有全面准确深刻的认识。二要注重宣传的深度。要通过税务网站、新闻媒介、微信微博等各种载体，大力加强对绩效管理的宣传，营造良好的绩效管理舆论氛围。重点宣传绩效工作推行的意义、目标、绩效工作的基本原理，使干部充分认识绩效管理对推动工作、降低自身执法风险的重要性，消除畏难和抵触情绪，为绩效工作打造良好的舆论环境，潜移默化地将绩效观念融入干部的日常工作中。三要丰富活动的形式。要通过喜闻乐见、丰富多彩的活动，在全省系统营造“人人学绩效，人人懂绩效，人人用绩效”的良好氛围。下阶段，省局计划在全省系统开展绩效主题系列活动，吸引更多的干部职工了解绩效工作，同时深入挖掘绩效管理先进人物和典型事例，以点带面，发挥示范带头和激励促进作用。

四、围绕重点，努力实现绩效管理与核心业务齐头并进

绩效管理是推动各项业务工作落实的重要抓手，业务工作的落实是绩效管理成效的重要保障。绝不能把二者分割开来，更不能搞绩效管理和业务工作“两张皮”。下一阶段，全省系统各单位要紧紧围绕今年的税收重点任务和绩效重点工作，统筹兼顾，齐推并进。

（一）认真贯彻落实省长对国税工作提出的要求

6月1日，省长到省局调研指导工作，高度肯定了全省国税系统的工作成绩，表扬我们的工作出色、队伍优秀，为福建经济社会发展作了突出贡献。同时也对国税工作提出了四点要求：一是做好组织收入工作，坚持依法征税、应收尽收、不收过头税；二是落实税收优惠政策，既要继续落实执行好既有的政策，又要积极研究、争取更多的优惠政策；三是深化改革、转变职能、优化服务，进一步减轻企业负担；四是加强队伍建设，不断提升党风廉政建设水平。省长的讲话，既是鼓励，也是鞭策。各单位要及时传达学习苏省长的重要讲话精神，认真贯彻落实苏省长对国税工作提出的四点要求，扎实有效地谋划好、完成好下半年的各项工作任务。

（二）扎实开展“三严三实”专题教育活动

按照党中央和总局党组的部署，今年在全国税务系统处级以上领导干部开展“三严三实”专题教育活动，这是当前和今后一段时期重要的政治任务。目前我省系统的活动已经启动开局，上周省局机关按照要求举办了专题党

课，一些设区市局也举办了或正在筹备专题党课。各单位要认真按照省局方案要求，学深吃透上级精神，扎扎实实地开展好我省系统专题教育活动。一要强化组织领导。各设区市局和平潭区局党组要全面负责本单位的专题教育，由党组书记担当“第一责任人”的责任，做到学习在第一线、指挥在第一线，不允许当“甩手掌柜”。要把开展专题教育的有关情况纳入党建工作述职评议考核和绩效管理的重要内容，精心组织筹划、有效协调配合、严格管理监督，推动专题教育活动落实。二要抓好学习教育。各级党组织应在学习教育上下足功夫，花足气力，切实把“严”和“实”的要求立起来，以思想自觉引领行动自觉。各级领导班子成员，要自觉把自己摆进去，主动学、深入查、认真改，带头搞好教育。三要突出问题导向。把发现问题、解决问题作为出发点和落脚点，坚持边学边查边改，列出“不严不实”问题清单，逐条梳理，建章立制，不留问题“死角”。确保专题教育不走过场，取得实效。四要做实关键动作。要上好专题党课，开展好专题学习研讨，将专题教育与“三会一课”、中心组学习结合起来，制订完善的学习计划，养成良好的机关学风，取得教育效果。开好专题民主生活会和组织生活会，围绕党性分析，广泛开展批评与自我批评。抓好整改落实和立规执纪，根据查摆出的问题，提出整改措施，深化专项整改。五要加强统筹兼顾。开展“三严三实”专题教育，要与推动地区经济发展相结合，与完成税收业务工作相结合，与改进干部作风相结合，两手抓，两促进。

（三）圆满完成组织收入核心任务

组织收入工作是我们国税部门的核心任务，一定要统筹协调、抓实抓细，确保实现今年的税收收入预期目标。一要坚持依法征税的组织收入原则。严禁违规和越权多征、提前征收或者减征、免征、缓征应征税款，坚决防止和严肃查处收“过头税”、空转、转引税款、突击征税等行为，实现税收收入真实、没有水分的增长。二要加强税收收入预测。加强对重点税源、新增税源、萎缩税源等经济税源的调查，科学研判收入发展趋势，强化对收入进度管理和税源状况的动态监控分析，有效提高对税收收入的掌控能力。三要创新开展税收分析。深入进行重点税源专题分析和综合分析，及时发现和指出税源发展以及税收收入中存在的问题，提出建设性意见，形成一批有价值、有分量的分析成果。

（四）不折不扣落实税收优惠政策

更加全面、更加到位地落实好国家各项税收优惠政策，不留遗漏，杜绝盲区。一是执行好小微企业税收优惠政策。上周，省局已派出三个督查组奔赴部分地市局督查小微企业税收优惠政策落实情况，督查的成效很好，下阶段还要继续开展全省性的督查工作。切实保障对小微企业在增值税、企业所得税方面的优惠政策实现百分百全覆盖。二是执行好出口退税政策。贯彻落实全国出口退税规范1.0，全面下放生产企业出口退（免）税审批权限到县级国税局，做好岗位设置与人员配备。稳妥开展好试点实施出口退税无纸化管理工作，各试点单位要按月将试点运行情况报送省局，省局要适时组织开展督查。三是推进“营改增”试点工作。近期建筑安装业、金融保险业及生活服务业“营改增”全国性的方案即将出台，相关部门要抓紧总结研究、及时制定我省的实施方案。目前，省局针对今年“营改增”扩围举办的两期培训班均已圆满举办，各单位要运用好培训成果，加快培养一批专业团队，有效应对今年“营改增”试点工作。此外，还要积极与地方党政部门沟通协调，围绕福建自贸区建设与“海上丝绸之路”核心区建设，有效开展调研，努力向上争取更多的税收优惠政策落地。

（五）不断提升税收征管与纳税服务水平

继续发挥好征管与服务的“双轮驱动”作用，进一步转变职能，简政放权。一是深化征管改革创新。经省政府研究，决定自2015年6月1日起在全省复制推广“一照一码”登记制度改革试点，相关部门要认真总结自贸区税务登记管理“一照一码”工作经验，协同推进，抓紧做好内部审批、报税系统的改造升级，以及业务培训、宣传辅导等工作，确保在全省顺利复制推广。全面试行《全国税收征管规范（1.0版）》，结合我省原有的涉税业务规程，细化形成我省税收征管规范。加强征管相关系统软件业务运维，强化税收征管基础风险管理，扎实做好推行金税三期的工作准备。继续探索完善税收征管模式，巩固成果、梳理问题，进一步促进基础事项管理集约化、税源管理专业化和风险管理精细化。二是推进纳税服务提质增效。认真执行好全省系统《纳税服务规范（2.0版）》的推行工作，下阶段省局将加大对各单位的督促检查力度；抓好“便民办税春风行动”各项工作和福建自贸区“办税一网通10+10”服务创新举措的落地，确保工作出实效；推进纳税服务的咨询与维权体系建设，完善12366咨询、网上咨询和大厅咨询工作机制，优化纳税人投诉处理工作流程，进一步提升维权服务水平；在完成信用等级评价的基础上，做好分类和动态管理工作；要加强办税服务厅规范化管理，着力提高纳税服务人员的工作技能和综合素质，推动提升纳税服务质效，争取在今年的纳税人满意度与基层满意度两项调查中取得优秀成绩。

（六）精心抓好各税种管理工作

一是抓好货物和劳务税管理。做好增值税发票系统升级版推行工作，确保按期完成对月销售额超过3万元的存量小规模纳税人推行任务；推进扩大农产品核定扣除试点工作，力争形成具有福建特色、管用有效的农产品税收管理模式；加强消费税管理，做好卷烟批发环节消费税政策调整后的预测和监控工作；完善车购税管理工作，推广车购税委托车辆经销企业代办工作，加强和交警部门的涉车信息交换；加强税收风险管理，制定《交通物流行业风险管理指南》，针对我省商业增值税持续下降的情况，组织开展专项评估，查找薄弱环节，提高管理水平。二是抓好企业所得税管理。建立涵盖电子台账、申报表疑点审核和风险预警管理三个子系统的企业所得税管理系统，提高企业所得税管理现代化水平；建立股权转让所得税管理台账，实现对股权转让所得税的全方位、多环节管控；做好企业所得税汇算清缴工作，切实提高质量效果；开展重点税源和高风险事项团队管理试点工作。三是抓好出口退税管理。结合纳税信用等级的评定结果，做好出口退（免）税企业管理类别的评定和结果告知，着重落实不同类别企业的管理措施；做好出口货物税收函调工作，着力提高出口货物税收函调的质量和效率。四是抓好大企业管理工作。根据税务总局工作安排，对中海油等6户企业集团2010—2014年度纳税情况开展全流程和分事项税收风险管理工作。针对本地区的大企业集团，实行全流程、分事项的税收风险管理，强化大企业税收风险防控，制定有针对性的风险管理策略。五是抓好国际税收管理工作。推进反避税调查和管理，按照规定进度建立反避税经费绩效评价指标；优化非居民税收管理，有针对性地监控和应对国际税收工作风险；做好对“走出去”企业的服务和管理，落实已推出的十项服务措施；巩固国际税收救济和保障体系，积极开展税收情报交换，打击跨国避税逃税行为。

（七）大力推进税收法治建设

按照税务总局关于税收法治建设的总体要求，继续大力推进依法治税。一是持续提高依法行政水平。加强规范性文件管理，按期完成好今年的规范性文件清理工作；组建公职律师队伍，下阶段将在每个地市局筛选1～2名符合条件的公职律师；推进行政审批制度改革，取消非行政许可审批类别，继续减少审批项目，规范审批行为；进一步加强行政审判与行政执法良性互动机制，各市、县、区国税机关要尽快建立与法院之间的良性互动机制；全省系统要认真执行好新修订的行政裁量权基准制度，做到权力公开透明运行，“法无授权不可为”。二是从严打击涉税违法犯罪行为。继续联合公安、海关等部门深入开展打击骗取出口退（免）税和虚开增值税专用发票专项行动，有力遏制骗税违法犯罪势头；认真落实重大案件查处责任制，严厉查处税务总局督办的重大涉税违法案件，提升办案质效；会同相关部门扎实做好税收违法联合惩戒工作，按季发布符合标准的重大税收违法案件，确保公布的案件经得起法律、纳税人和社会舆论检验。

同志们，2015年是绩效管理“实战年”，也是推行工作动真碰硬的一年，容不得我们有丝毫松懈、停步和自满。我们要按照税务总局和省局党组的工作部署，以更加坚决的态度、更加坚定的信心、更加有力的措施，扎实推动绩效管理工作，确保“绩效推进年”结出丰硕果实，为税收现代化建设提供坚强保障。

践行“马上就办”精神
服务税收现代化建设

福建省国家税务局局长　林京华

（2015年8月31日）

习近平总书记在闽工作期间大力倡导“马上就办”的工作理念，成为福建国税系统办实事、讲效率、抓落实的行动准则。新形势下，大力弘扬“马上就办”精神，对于税务系统全面推进“四个全面”战略布局，党员干部带头践行“三严三实”，实现税收现代化宏伟蓝图，具有重要的意义。

一、把握“马上就办”的深刻内涵和时代新意

“马上就办”是践行群众路线的生动实践。“马上就办”体现的不仅是便捷高效的工作作风，更是“群众至上”的执政理念，事为“人民”办，办“人民”的事。在税务系统践行“马上就办”精神，就是要始终坚守党的根本宗旨和价值追求，以税务总局提出的“三个三”为着力点，围绕“六提速、三减负、一首问”的主要内容开展“便民办税春风行动”，加大对办事效率低下、推诿扯皮、不作为、慢作为等“懒政”的问责力度，切实解决群众特别是纳税人反映强烈的突出问题，努力让纳税人有更多的获得感、幸福感。

“马上就办”是深化税收改革的助推利器。改革是新常态下推进税收现代化的动力源

泉，通过改革解决发展中的难题和瓶颈，逐步形成与税收新常态相适应的思想观念、治税理论、制度安排、技术手段、工作作风。全面深化改革的任务异常艰巨，唯有“马上就办”才能抢抓机遇，真抓实干，积极作为，主动作为，不断把改革事业推向前进。

“马上就办”是每个税务人员应有的价值追求。树立“马上就办”的价值追求就是要用紧抓快办的服务观感召税务人、感动纳税人，使其成为每个税务干部发自内心的真诚信仰和永恒追求。每个干部都要努力提升“马上就办”的能力素质，勇于担当，牢固树立征纳双方法律地位平等的理念，注重运用法治思想和法治方式来深化改革，急纳税人之所急，想纳税人之所想，以税务人的“辛苦指数”换取纳税人的“幸福指数”。

“马上就办”是提高行政效率的具体抓手。“马上”讲求的是工作效率，“就办”注重的是工作效果，这是一种实实在在的执行力和落实力。在税务系统中，要以“马上就办”为“抓手”，将“马上就办、真抓实干”贯穿于推动税收工作的具体实践中，雷厉风行、狠抓落实，抓住那些急需解决而又有能力解决的事情进行研究解决，创新工作方式，拓展服务功能，确保各项税收工作落到实处。

二、“马上就办”理念在福建国税实践中历久弥新

福建省国税局积极响应习近平同志的倡导，解放思想，真抓实干，将优化服务、放管结合、科技支撑、制度创新作为践行“马上就办”的主线，持续推进“马上就办”的税收实践，使“马上就办”成为纳税人解难题的指南针，成为福建国税人内在的价值追求。

优化服务旨在“为民办”。与时俱进推进“马上就办”便民举措，先后推出“便民办税春风行动”33条措施，支持出口退税企业的10项举措、国地税34项合作项目、助力小微企业发展的“银税互动——税易贷”等惠民便民服务措施，有力推动了福建实体经济发展。依托信息技术，进一步推进纳税服务体系实体化、电子化、移动化，在“一窗式”“一站式”和“同城通办”服务基础上，建成87个标准化办税服务厅，逐步构建起网上办税、大厅服务和12366线上咨询“三位一体”的现代化便民办税服务体系。

放管结合体现“高效办”。在征管改革上，实现由管户制向管事制转变，打破“一人进场，各税统管”的税收管理员模式，采用事项清单管理，风险专业分析，基层局统一应对的扁平化、团队化评估方式。在税收管理上，将所有税源管理事项纳入风险管理，建立了“省市局统一分析、风险管理归口、各级分类应对、县级局应对为主”具有福建国税特色的风险管理模式。在涉税流程上，出台《福建省国家税务局税务行政审批事项目录清单制度》，深化简政放权，打通税收服务“最后一公里”，目前已公布了87项税务行政审批清单，分两批取消20个进户执法项目，即办事项由94项增至125项。在出口退税管理上，下放生产企业出口退（免）税审批权限到县（区）国税局，生产企业由原来的14项审核内容缩减为3项，外贸企业由原来的21项缩减为5项，并在20个工作日内办结相关退（免）税手续。

科技支撑实现“马上办”。全力推进税收管理信息化建设，优化再造电子缴税流程，不断升级“互联网+服务”便利纳税人。历经十年八次突破创新，建成了“税库银一体化横向联网系统”，使税款划缴、上解、入库、销号全过程电子化覆盖，实现国税、国库、银行三方联网。在全国率先推出电子税单，取消纸质税收缴款书，做到税款征收无纸化。目前已实现网上申报、缴税除车购税外征管税种全覆

盖，增值税和企业所得税网上申报和缴税的纳税人比重超过9成；税务登记、一般纳税人资格登记、企业所得税优惠报备、发票业务等63项涉税申请和报备事项实现网上办理，纳税人足不出户办理涉税事项的范围进一步扩大。推广应用“任务管理与服务回访系统”，将所有下户行为纳入系统管理，通过全程监控、电话回访，以科技手段促进税务人员树立效率意识、廉洁意识。在全国率先推广应用纳税服务规范管理平台，将首问责任、一次性告知、缺件备忘、免填单和流程监控等纳入系统管理，办税服务再次大幅提质提速。

制度创新注重“快捷办”。以建设福建自贸区为契机，更加注重纳税人体验，在改革过程中更多地关注纳税人意见和需求，不断增强制度创新的应用性和普惠性。复制推广上海自贸试验区税收创新措施，对各项改革试点经验进行细化梳理，分类推进。将税收管理方式从事前监管，向事中、事后的分类监管、风险监管和信用监管转变，相继推进出口退税无纸化、发票领用网络化和审批备案网络化等十项便民措施，推进自贸区发展。加强与工商、商务等部门的配合，自6月1日起在全省推行“一照一码”商事登记改革，有力支持了“大众创业、万众创新”。加强政策效应分析，针对试点过程中遇到的“一照一码”与防伪税控系统的异常代码兼容、部门协调和资料存档等问题，积极向有关部门反映，国务院领导两次对调研报告作出批示，有力推动了“一照一码”商事登记改革在全国的推进。

三、弘扬“马上就办”服务税收现代化的思考

要把依法治税作为“马上就办”的灵魂。“马上就办”的最终归宿是“办就办好”，依法行政，有所为，有所不为。这就要求税务部门要依法治税，讲规矩、守纪律，运用法治思维和法治方式规范用权，保证所有简政放权事项都于法有据，“马上就办”过程都符合法律程序，审批结果都经得起纳税人评价和实践检验。在理念上，善于运用法律思维和法律手段解决复杂矛盾和问题，实现由重习惯的“马上”向重法治“办好”的转变。在机制上，对于重大事项通过集体研究、专家咨询、合法性论证等民主决策方式，有效进行分权制衡、过程控制和风险防控。在效能上，充分发挥绩效管理的双重作用，在保证工作紧抓快办的同时，确保流程按部就班，规范执行；把绩效考评与干部晋升、评先评优挂钩，奖罚分明、考而有用，形成能者上，平者让、庸者下的机制。

要把规范化建设作为“马上就办”的保障。加快推进税收管理规范化建设，落实好“服务更好地贴近纳税人、管理更多地便利纳税人、执法更少地干扰纳税人”要求，实现“服务一把尺子、办税一个标准、执法一条杠杠”。在业务流程上，严格按照《全国税收征管规范（1.0版）》要求的资料、流程执行，减少执法“弹性”，实现自由裁量有“刻度”，前后台衔接更顺畅。在纳税服务上，以税务总局《纳税服务规范（2.2版）》要求最大限度简政放权，转变职能，规范职责，为纳税人提供优质高效服务。在出口退税上，抓好《出口退税规范》落实，进一步简化审批流程和时限，加快退税速度，优化退税服务，促进外贸稳中提质。在国地税合作上，积极拓展《国地税合作规范》的涵盖范围，纵深推进国地税在网上办税、纳税信用评价、税收分析调查、国际税收管理等方面的“同频共振”。

要把“互联网+”作为“马上就办”的依托。以全面建设金税三期工程为契机，主动融入“互联网+”，积极谋求与互联网、云计算、大数据的广泛对接、深度融合，积极打造

"互联网+税务"靓丽品牌，为税收现代化增添新动力。"互联网+税务"，构建网上电子税务局，所有涉税事项实现网上办理；"互联网+发票"，实现发票电子化，电子发票普及化；"互联网+风控"，利用大数据进行实时分析和统计，实现税收风险控制数据化；"互联网+诚信制度"，多部门共享信用数据，促进征纳遵从习惯化；"互联网+税法"，实现税法宣传实时化、个性化、互动化。

在全省国税系统巡视工作视频会议上的讲话

福建省国家税务局局长　林京华

（2015年9月22日）

同志们：

刚才，邱大南副局长代表省局党组作的主题报告，我完全同意，希望大家认真抓好落实。下面，我讲三点意见：

一、深刻认识巡视工作的重要性

巡视工作是我们党从严治党、维护党纪的重要手段，是强化党内监督的利剑。党的十八大以来，中央高度重视巡视工作，习近平总书记先后10次就巡视工作作出重要指示，中纪委王岐山书记先后几十次召开会议专题研究部署巡视工作。税务总局党组对税务系统巡视工作寄予厚望，王军局长多次对巡视工作作出具体指示，还结合《中国共产党巡视条例》颁布实施专门发表了署名文章，在前不久召开的国税巡视工作会议上又着重强调了巡视工作的重要性。全省国税系统务必统一思想，提高认识，切实增强做好巡视工作的使命感和责任感。

一要充分认识当前做好巡视工作的重大意义。首先，巡视工作是各级党组履行政治责任和主体责任的重要体现。我省各级国税局党组必须切实担起责任，不仅要抓好抓实巡视工作，还要有创新、出成效。其次，巡视工作是税务系统从严治队的需要。我们国税部门作为中央垂直管理的单位，从外部来看，地方的监督不便；从内部来看，上级党组对下级党组由于距离较远监督不够。同时，我们又是经济管理和行政执法部门，是和钱"打交道"的部门，这么大的队伍，监督和防范廉政风险的任务十分艰巨。巡视工作是我们做好防腐和反腐的有效抓手。最后，巡视工作已被实践证明行之有效。近年来，巡视工作不断取得新成效，用实践证明了它对加强干部队伍管理、推进党风廉政建设的重要作用。从我省系统的情况来看，开展巡视工作以来，巡视压力传导明显加大，巡视威慑作用明显增强，被巡视单位重视程度明显提高，巡视效果明显提升，得到广大干部的肯定和欢迎。

二要深刻领会税务总局会议精神。税务总局高度重视此次会议精神的贯彻落实工作，明确要求各省国税系统要召开视频会议贯彻落实，会议开到县级局，传达到每名党员干部，税务总局巡视办还将组建督导组对各地贯彻落实情况进行抽查。税务总局会议后，省局党组在9月初第一时间召开党组会组织学习，研究贯彻措施。今天召开全省系统视频会议，进一步传达学习、贯彻落实。会后，各单位要认真按照税务总局和省局会议要求，对部署的任务逐项细化分解，落实到岗到人，并按时将贯彻落实情况报送省局。省局将参照税务总局做法，成立督导组在全省系统内抽查贯彻落实情况，对落实不到位、成效不明显的单位要进行问责。

三要贯彻落实好中央《条例》。新颁布的《中国共产党巡视工作条例》是加强党内法规制度建设的具体成果，是全面从严治党的制度利器。此次税务总局会议上，王军局长和冯惠敏纪检组长都着重强调：学习领会和贯彻落实好《条例》是当前和今后一个时期税务系统的一项重要政治任务，必须抓严抓实抓出成效。福建省委也下发通知对深入学习贯彻《条例》提出明确要求。关于我省系统学习宣传和贯彻落实《条例》的具体方案，刚才邱大南副局长已经作了详细安排，各单位务必高度重视，迅速行动，将学习贯彻《条例》与开展“三严三实”专题教育活动结合起来，认真完成好省局布置的规定动作，同时因地制宜开展好形式多样的自选动作，不断推进学习贯彻活动向纵深发展。

二、不断提高巡视工作的规范化科学化水平

近年来，我省系统的巡视工作取得了显著成效，得到了税务总局的充分肯定；但我们也要清醒地认识到，我们的工作还存在一些问题与不足，与税务总局党组的要求还有差距，这都需要我们认真加以改进。此次税务总局会议上，王军局长强调指出：巡视工作是惩治腐败的利剑，是加强班子管理的利器，税务系统的巡视工作要充分发挥好利剑和利器的作用。如何让利剑利器更锐利，更有效地发挥作用，就我省系统而言，我认为重在从以下方面着手：

一是明确巡视工作的重点。此次中央新修订的《条例》，明确规定对巡视对象执行党章党纪党规和落实党风廉政建设“两个责任”进行监督，紧扣党的政治、组织、廉洁、群众、工作和生活“六大纪律”，进一步延伸了巡视监督“四个着力”的内涵。“两个责任”“六大纪律”和“四个着力”就是我们开展巡视工作的着重点，务必要认识到位。巡视工作要落到实处，就是要抓住重点，突出检查全省各单位对总局重大部署和省局重要任务的贯彻执行情况，比如增值税发票系统升级版的推行、“三证合一”改革试点、千户集团税收风险分析、税务“红顶”中介清理、绩效管理、金税三期工程推行等工作的落实情况；同时还要突出检查对外部审计和上级巡视发现问题的改进情况，如今年审计署来闽开展审计检查时涉及我省系统问题的整改情况等。这些都是我们当前开展巡视工作的重要内容。只有坚持问题导向，聚焦重点，瞄准靶心，才能有的放矢地开展好巡视工作。

二是改进巡视工作的方法。第一，要做到常规巡视与专项巡视并举。按照税务总局规定，从今年开始，省局将加大常规巡视的密度和力度，在五年内组织省局、市局巡视组，通过交叉巡视等方式对全省所有市、县两级国税局巡视一遍，对巡视发现的典型案例进行通报。这是个硬任务，不能变通。同时，要继续突出专项巡视。今年来，省局在对5个单位巡视中已针对民政福利企业税收管理、税收优惠政策落实、所得税、车购税、出口退税等重点内容开展专项检查。下阶段，省局将在已有巡视重点的基础上，增加税务“红顶”中介、

资金管理、资产处置、工程项目等内容，在省内开展专项巡视。第二，要做到巡视监督与干部监督并重。巡视工作要聚焦重点人，重点人就是各级国税局的党组领导班子及其成员，特别是“一把手”。省局要管好市局级、处级干部，设区市局要管好县局级、科级干部，巡视监督是一个重要的手段，一定要和班子监督、干部监督结合好，形成合力。第三，要做到巡视工作与其他监督并行。要进一步加强巡视工作和纪检监察、财务监督、审计监督、执法督察、人事、信访等工作的协作配合，这方面工作我们已经取得了一些成绩，但还有改善提升的空间。下阶段，省局将研究制定《巡视协作配合工作制度》，进一步健全协作机制，理顺工作关系，提高监督效率。

三是加强巡视问题的整改。我们开展巡视工作是以问题为导向，这要求我们必须格外重视问题整改。具体来说，就是要落实好税务总局提出的过程整改机制。巡前即知即改。在巡视之前，被巡视单位要先根据别的单位检查出的问题进行自我检查、自我整改。特别是对我省系统存在的一些普遍性问题、相似性问题要提前自查自改。巡中立行立改。在巡视过程中，针对巡视发现的问题，只要巡视组提出，被巡视单位要立即整改，这与巡视反馈意见后、党组审议后再整改的效果是不同的。巡后全面整改。巡视结束后，被巡视单位要根据反馈意见进行全面的整改，严格对照问题清单逐项整治、逐条落实。同时，巡视问题的整改情况不能光听汇报、看材料，还要通过“回头看”、再巡视来检查是否真的整改到位，真正解决问题。

三、切实加大对巡视工作的领导和支持力度

当前，税务总局党组对巡视工作非常重视，王军局长亲自挂帅任税务总局党组巡视工作领导小组组长，省局党组也参照税务总局做法成立了巡视工作领导小组。今天的视频会议，我们把范围开至县级局，参会人员扩大到全体党员干部。应当说，我们税务系统上下对于开展好巡视工作是旗帜鲜明、不遗余力的。全省各级国税局党组要紧紧围绕税务总局、省局的部署，将巡视工作有效融入党风廉政建设的总体布局中，切实加强对巡视工作的领导。

一是强化领导责任。王军局长指出，加强对巡视工作的领导主要是抓好党组书记、纪检组长、巡视办主任和巡视组组长四个责任人，这四个人责任意识强了，责任担当起来了，巡视工作就能开展好。我作为省局党组书记，和各设区市局、平潭区局和各县区局的党组书记，都是巡视工作的第一责任人，我们一定要压实责任，端正态度，敢于担当，主动作为。既要带头自觉主动地接受上级巡视，又要积极认真地谋划开展好对下级的巡视，对巡视中出现的困难敢于动真碰硬，力争切实解决。按照税务总局要求，各级党组每年至少要研究两次巡视工作，对重大问题随时进行研究，请各级党组书记抓好贯彻落实。各级纪检组和巡视办（巡视组）是组织实施巡视工作的主要责任人，要科学规划、统筹协调好具体工作；各级国税局都要全力支持他们的工作，各级领导班子都要自觉接受他们的监督。按照总局关于规范巡视工作领导小组的要求，各设区市局的党组书记都是领导小组的组长，具体的工作你们可以和分管人事工作的副局长、纪检组长共同分担，但对重点工作、重大问题必须亲自过问、负起总责。各巡视组组长是开展巡视工作的具体责任人，承载着党组的权威和信任，一定要细致入微、力求实效，真正把巡视工作落到实处。

二是完善工作机制。要推进巡视工作的常态化，实现“全覆盖，一盘棋”，进一步完善工作机制是基础。首先，要推进巡视工作规

范化。今年，税务总局将对照《条例》修订巡视工作现有的制度规定，并研究制定巡视工作规范。我省系统要密切关注有关动态，适时做好税务总局规范在我省的贯彻落实。我们推广税收征管、纳税服务和国地税合作三大规范都取得了出色的成绩，在推广巡视工作规范上也要继续保持领先。其次，要推进巡视工作信息化。当前，全国税务系统正在大力探索“互联网+税务”的管理和服务模式，省局下一步将提出“互联网+”的创新举措。我们的巡视工作也不能落后，要通过加强信息化建设来提质增效。明年金税三期工程将在我省试点推行，其中的一些功能接口可能对巡视资料的收集存档、巡视信息的查询交换有所帮助，达到事半功倍的效果。有关业务部门一定要认真研究攻关，抓好信息化的成果运用。最后，要推进巡视工作绩效考核。用好绩效管理“指挥棒”，加强和完善对巡视工作的绩效考核。“问题意识”是巡视工作的生命线，巡视的目的、巡视组的职责就是发现问题。如果巡视停留在走马观花、蜻蜓点水，不能发现存在的问题，导致问题爆发甚至产生严重后果，就是失职，就必须承担责任，绩效考核上要扣分。同样，巡视工作做得好、发现问题及时到位的，要表扬鼓励。请绩效办和巡视办认真研究完善考核办法，实现考核常态化、日常化，保障巡视工作效果。

三是抓好队伍建设。加强巡视队伍建设，打造巡视铁军，是税务总局部署的重点工作，也是开展好巡视工作的关键。第一，要配强巡视干部。要按照德才兼备、精兵强将的原则，优化人员结构，选配一批年富力强、素质过硬的巡视干部；要把巡视工作作为锻炼、培养干部的重要岗位，鼓励后备干部参加巡视工作。各设区市局和平潭区局，要按照省局文件的要求，规范巡视工作机构，配齐配强科级巡视专员。第二，要配强巡视工作组。组建巡视工作组，要注重专业性、针对性，严把“进口”关，抽调政治素质高、专业能力强、综合素质佳的干部进入巡视组。第三，要严管善待巡视干部。巡视工作出差次数多、时间长，巡视干部很辛苦，家庭的付出也很大。各级单位一定要重视爱护我们的巡视队伍，在政治、工作和生活上给予充分的关心支持，尽量营造良好的工作环境和发展空间。要加强对巡视干部的培养锻炼和使用，对那些坚持原则、实干有为的同志要优先选拔任用，增强他们干事创业的积极性。同时，要高标准严要求管好队伍，巡视期间工作、生活各方面都必须严格执行好中央八项规定和各项巡视纪律。

总之，通过这次会议，希望同志们统一思想和行动，认真贯彻落实税务总局和省局会议精神，不负厚望，不畏艰难，齐心协力开展好巡视工作，巡出威风，亮出品牌，不断取得新成效。中秋节、国庆节即将到来，请大家落实好中央八项规定精神和党风廉政各项规定，过一个平安、祥和、文明的节日！

乘"互联网+"之势　攀税收现代化之峰 努力开创福建国税信息化建设新局面

——在全省税收信息化工作会议上的讲话

福建省国家税务局局长　林京华

（2015年9月25日）

同志们：

今天召开全省国税系统税收信息化工作会议，主要任务是贯彻落实全国税收信息化工作会议精神，回顾总结我省国税系统税收信息化工作成效，分析当前税收信息化建设面临的新形势，研究部署税收信息化工作新任务。下面我讲三点意见：

一、税收信息化建设取得新成效

去年来，全省国税系统税收信息化工作按照税务总局的统一部署，紧紧围绕建设稳固强大的信息体系的目标，坚持建设与应用并举，创新与管理并重，为推进我省税收现代化建设提供了强有力的支撑，工作成绩很大，亮点也很多，概括起来，集中体现在以下几个方面：

一是金税三期工程推行前期准备工作得力。我省被税务总局列入2016年第一批推广金税三期的省份，为确保金税三期按时上线，省局相关职能部门提前进入角色，在业务准备上，实现税收征管规范与纳税服务规范、出口退税规范1.0的无缝对接，全省征管工作流、文书流和办税服务标准规范统一，具有福建创新特色；在技术准备上，组织到广东等省市考察学习金税三期建设经验，形成了我省推广金税三期工程基础环境建设需求方案，并已着手进行金税三期信息安全系统的规划建设，各类方案形成和技术准备为金税三期顺利推行奠定了良好基础。

二是增值税发票系统升级版稳健推行。根据总局统一部署，我省按照"积极稳妥，先易后难，先一般纳税人后小规模纳税人"的原则开展推行工作。今年1月1日我省增值税发票系统升级版正式上线运行，截至目前，全省已累计推行升级版纳税人16.5万户，其中：存量一般纳税人9万户，存量小规模纳税人4.1万户；增量一般纳税人1.1万户，增量小规模纳税人2.3万户。升级版的成功推行，不仅能够有效解决利用发票偷骗税的顽疾，也为我们今后一系列改革特别是加强数据分析、开发"金山银库"提供了重要保障。

三是网上办税功能积极拓展。适应"互联网+"的新形势，将信息化的理念、技术和方法贯穿于纳税服务全过程。对纳税服务平台进行升级改造，完成了网上办税功能二期拓展，实现网上申报缴税、涉税信息查询、涉税事项办理。2014年以来，全省网上申报683.4万户次，网上办税比例达到84.2%。同时，依托省

级12366纳税服务热线和专家坐席，解决纳税咨询、投诉举报等各类涉税问题，2014年至今热线服务量达93.4万个，接通率78.5%，满意率99.9%。

四是风险管控水平持续提升。省、市两级相继成立“税收风险分析监控中心”，实现税收风险的归口闭环管理。依托自行研发的税收风险管理信息系统，成功应用大数据实现对涉税风险的精准防控。2014年至今全省共推送风险任务2.76万户（次），评估补税33.4亿元，风险分析识别命中率达62%，风险应对率达95%。在第三方数据的采集和应用上，积极落实《福建省税收保障办法》，推动福建省涉税信息交换平台建设，实现与11家省级部门涉税信息的交换。2014年以来全省应用第三方信息，共查补税款10.18亿元。我省运用“互联网+风险管理”思维精准防控涉税风险的做法，《中国税务报》在头版做了专门报道，相关信息被国办采用。

五是技术支撑和运维能力不断强化。加强信息系统的运行维护工作，确保各应用系统的安全平稳运行。及时回应基层和纳税人的需求，2014年以来综合征管软件累计完成补丁升级41次，门户网站软件修改升级30多次。特别是在网络与信息安全管理方面，今年初成功举办省局中心机房停电应急演练，得到税务总局范坚总经济师的批示肯定。

六是业务创新工作成果丰硕。省局成功开发并推广“闽税通”移动办税APP软件，实现网上办税三期涉税服务在手机终端上的有效延伸；开发运行“内控促廉管理信息系统”“绩效管理辅助系统”等走在全国前列。各地国税局在信息化建设和应用方面也积极创新，如泉州局开发的出口退税辅助系统、莆田局开发的纳税服务管理系统等，都显现良好的效应。

这些成绩的背后，是大家艰辛的付出和无私的奉献，浸透了广大信息技术人员的辛勤与汗水。每一个新系统的开发、推行和运维工作，都是一项系统性的艰巨任务，涉及面广、工作量大、时间要求紧、动用人力多、复杂程度高，在每一次困难和挑战面前，我们的信息技术和业务骨干都能发挥敢打硬仗的精神和连续作战的作风，舍小家为大家，加班加点，任劳任怨，呕心沥血，付出了艰辛的努力。在此，我代表省局党组向同志们并通过你们向全系统广大信息技术人员，以及在我们信息化建设工作中默默奉献的同志们，致以亲切的问候和衷心的感谢！

二、深刻认识税收信息化建设的新形势

纵观税务信息化20多年的发展，已充分展现出“科技引领、创新驱动”的积极作用。当前，税务总局对信息化建设的重视程度越来越高，王军局长等税务总局领导多次就税收信息化作出批示，提出指导意见。本月上旬，我参加了税务总局举办的全国税务系统司局级主要领导干部“互联网+税务”专题研讨班，王军局长在研讨班的讲话中特别强调：“税务系统要想拥有光辉灿烂的明天，根本要靠改革，关键要靠信息化。”近期，税务总局即将制发“互联网+税务”行动方案。这都充分说明税收信息化建设已经上升到了战略高度，我们必须抢抓发展时机，紧跟“互联网+”的浪潮，充分发挥科技创新的突破作用和聚变效应，引领税收管理变革和业务模式转变。就我省国税系统而言，可概括为三句话：抓住机遇，迎接挑战，发挥优势。

（一）抓住机遇

在这次“互联网+”专题研讨班上，王军局长着重指出：“‘互联网+’这趟车，如果我们赶不上，就会失去时机、长期被动，如果我们赶好了，就会抢占先机，赢得未来。”目

前，我省系统信息化建设恰逢三大机遇，一定要牢牢把握。

一是税务总局领导的高度重视。金税三期工程即将于明年全面推开，按照税务总局安排，我省被列为推广省份。在今年全国税收信息化会议上，王军局长提出要2年打赢金税三期工程建设总攻之战，4年建立稳固强大信息体系。“互联网+”专题研讨班上，王军局长再次对金税三期推广作出具体要求，并且特别强调推进过程中，他将亲自帮助各地一起做工作，解决困难。税务总局领导的高度重视和坚决支持，为我们的信息化建设工作鼓舞了士气，指明了方向。二是改革创新的有利契机。当前，中央明确提出了“大众创业，万众创新”和“互联网+”行动计划，税务总局“互联网+税务”行动计划即将出台；“营改增”等税制改革需要更强大的系统来接受、处理海量数据；国、地税深化合作需要更有效的手段实现资源整合、管理协同、征管互助和信息共享。这都给我们的信息化建设提出了新要求，也带来了发展的重要契机。三是福建发展的难得机遇。前不久，国务院批准成立福州新区，加上原有的福建自由贸易试验区、21世纪海上丝绸之路核心区、平潭综合实验区和海峡西岸经济区，福建已成为多功能叠加区域政策的最大受益者，迎来了千载难逢的发展机遇。我们一定要抓牢这个历史机遇，充分发挥税收信息化建设在改革创新中的支撑作用，力争打造全国税务系统的创新高地。

（二）迎接挑战

在信息时代发展的大潮下，我们面临的机遇多，挑战也多。要想赶上发展潮流，我们必须直面挑战，正视不足，力争上游。从当前情况来看，我省系统信息化建设主要面临着三大挑战。

一是思想观念亟需转变。目前我省系统的领导干部特别是“一把手”大多是“50岁+”，在计算机和互联网方面比较不熟悉、不擅长，运用“互联网+”思维和信息技术手段实施决策和管理的能力相对欠缺；有些干部对推进税收信息现代化认识不到位，缺乏深入学习和理解；有的干部对信息化建设缺乏热情，主动性不够，存在畏难甚至抗拒的情绪。二是能力素质有待提升。一些干部计算机的应用能力和操作水平不高，干部队伍整体的信息化能力素质偏弱；信息化建设团队的技术骨干力量不足，对人才的挖掘和培养不够。这些“瓶颈”制约着信息化建设发展。三是统筹规划不够科学。如省市县三级多头重复开发部分软件，缺乏有效整合；税收征管数据管理机制不够健全，数据标准、格式、接口不够统一规范；外部涉税信息共享协作机制还不健全，数据质量参差不齐，信息的分析利用不足。

上述问题，各级局领导班子、业务部门负责人都要充分重视，以高度的责任感、紧迫感着手研究解决，努力排除障碍，不拖后腿，保障信息化建设顺利开展。

（三）发挥优势

在信息化建设方面，面对三大挑战，我们要牢牢把握三大机遇，充分发挥我们的二大优势，乘势而上，勇立潮头。

一是机制优势。我省税收信息化建设起步早、基础好，特别是近年来，我省信息化建设工作机制日渐成熟与规范。我们的团队在税务总局、省局组织的多次系统上线及运维工作中经受考验、获得表扬。我省自主研发的内控促廉、“营改增”效应分析、绩效管理辅助等软件系统在全国知名甚至领先，网上办税系统建设已初具电子税务局功能。我们要在原有的良好基础上稳扎稳打，有力推动“互联网+税务”行动开展。二是技术优势。近年来，全省系统信息化建设成果丰硕，技术创新层出不穷。如福州的任务管理与服务回访系统、三明的企业所得税电子台账管理系统、南平的信用等级评定系统、漳州的“税信通”手机应用等一批业务创新项目，都起到了积极的示范作用。下阶段，根据总局“互联网+税务”行动计划，我省系统将积极打造电子税务局，希望大家继续发挥技术优势，努力攻坚克难，圆满完成任务。三是作风优势。我省系统信息化建设成效显著的原因之一，就是拥有一支业务强、作风好的技术团队。比如我们的CTAIS专家团队，十多年来兢兢业业、默默耕耘，一次次地攻坚克难，出色完成了每一项重大任务；还有今年“闽税通”移动办税APP的开发团队，其中的主创人员据说还是一位刚刚参加工作不久的年轻人，为了开发软件，放弃了很多节假日时间，加班加点、任劳任怨，很好地挑起了重担，圆满完成了开发任务。这些精神都非常可嘉，值得褒扬，我们要继续弘扬这些优良作风，激发活力动力，推进税收信息化建设工作。

三、全面落实税收信息化建设的新任务

今年，税务总局税收信息化建设总体要求是：“紧紧围绕税收现代化目标，顺应信息技术革命的浪潮，抢抓机遇、迎接挑战，坚定不移地走科技兴税之路，按照高标准、严要求、讲包容、持续改的方针，坚持优化顶层设计与全面应用反馈并举、推动技术变革与规范流程表单并举、一事做好做优与事事相辅相成并举的原则，实现两年打赢金税三期工程建设总攻之战，使全国税收信息化上一个大台阶，再用四年时间建立起稳固强大的信息体系，发挥出信息技术的乘法效应和聚变效应，全方位、大力度、革命性地助推税收现代化。”王军局长提出了税收信息化建设的四大任务，即到2020年前，金税三期工程全面推开和平稳运行，“互联网+税务”行动广泛有序开展，涉税信息整合及共享全面解决，税收大数据深入应用。我们要认真贯彻落实税务总局的总体要求和部署，立足我省系统实际，以实施“互联网+税务”为目标，以推广金税三期工程为主线，重点完成好以下任务。

（一）实施“互联网+税务”行动

当前，省局正在研究“互联网+税务”工作思路，初步设想为互联网与移动办税、自助办税、网上支付、咨询辅导、电子发票、电子档案、纳税信用、税收规范、风险管理等方面的深度融合。待总局行动计划出台后，再进一步修正与完善。全省各级国税局，尤其是领导班子，要深刻认识“互联网+税务”行动的重要性，首先从思想上做好准备：一是增强使命感。“互联网+”是世界和时代的潮流，势不可挡，不可逆转。王军局长指出：“税务部门如果不去热情拥抱互联网，就会被时代所淘汰。”开展“互联网+税务”是税务事业发展的大势所趋，是税务人的历史使命。各级领导班子作为一个单位的带头人，必须首先担起使命和责任。二是树立紧迫感。“互联网+”带来了生产经营方式的变革，催生了很多新业态、新模式，给我们的思维习惯、管理制度、技术手段和服务方式都带来巨大冲击。如何做好新形势下的征管和服务已是迫在眉睫的问题。各级领导班子都要增强紧迫感和危机感，思考在前，未雨绸缪。三是提高责任感。“互联网+税务”是一把手工程，“一把手”们一定要把好方向掌好舵。要认清大局和形势，带头学习新概念、了解新技术，结合本地实际加强思考与研究，密切关注政策动态，做好宣传动员，带动全体干部职工统一思想认识，推进工作开展。各业务部门要根据职能分工，落实好责任。按照税务总局的部署，征管部门主要负责金税三期工程推广、征管规范落实和信息共享平台建设，信息中心主要负责“互联网+

税务”行动组织实施和各项技术应用的支撑保障，收规部门主要负责提出数据应用的需求，其他部门结合业务实际，利用互联网技术和思维完善创新工作举措。各部门相互支持配合，共同开展好工作。

（二）完成新系统的推行任务

一是金税三期优化版上线。依照税务总局安排，我省应于今年12月1日前正式启动、2016年5月1日起正式单轨上线运行新系统。省局党组已召开会议专题研究推行金税三期相关事项，并成立领导小组、组建推行团队、制定具体方案。今天的会议，也是推行金税三期的战前动员会，各级党组要高度重视，作为一项政治任务抓好落实，全系统要齐心协力打赢这场战役。具体的工作林国镜总会计师在小结时将作部署，请大家务必抓好落实。省局将对金税三期上线中表现突出的单位和个人予以表彰记功，对落实不力的单位和个人严肃追究责任。二是增值税发票升级版推行。在前期取得成绩的基础上，扎实做好对存量小规模纳税人的推行工作。按照“营改增”时间节点，做好“营改增”纳税人的覆盖工作。做好发票升级版与金税三期等软件系统的协调衔接；做好发票升级版运维保障，及时解决推行过程中的困难和问题。税务总局决定自今年8月1日起在北京、上海、浙江和深圳开展增值税发票系统升级版电子发票试点，我省相关业务部门要密切关注工作动态，做好推广准备工作。三是行政管理软件推广。做好税务总局部署的“数字人事”“内控机制信息化升级版”“财务信息化管理平台”等软件的推行上线工作；特别是“数字人事”系统，税务总局要求2016年1月1日前要完成推广上线工作，各单位务必抓紧抓好。

（三）做好现有系统的优化

一是全面落实税收征管规范。做好《全国税收征管规范（1.0）》与纳税服务2.2版、国地税合作规范、金税三期工程、税收征管规范升级2.0版、商事制度改革等规范的衔接，保障前后台业务操作无缝链接，管理和服务顺畅规范。二是加快电子税务局建设。完善自助办税终端，实现分流办税，着力实现征纳双方“减负”。拓展网上办税平台，加快推进手机APP移动办税平台的推广工作，并在实践中不断完善功能，为纳税人提供“如影随形”的服务。三是提升行政管理信息化水平。推进我省系统“内控机制信息化”“绩效考核辅助系统”等特色行政管理平台的拓展提升，力争出精品、创品牌。做好综合办公平台、门户网站等应用系统的优化和整合。

（四）抓好税收信息化队伍建设

一是优化管理。落实“一体化”管理要求，加强统筹规划的科学性，避免应用软件多头重复开发，有效推进系统整合和数据规范，全面解决涉税信息的整合和共享问题；做好应用系统的测试和升级，加强技术和业务运维体系建设，健全信息安全工作机制。二是人才培养。加快省、市两级专业人才库建设，着力培养一批适应税收信息化需要的业务骨干。盘活人才资源，采用轮流上挂、集中抽调等方式，将基层优秀的技术人员集中到省、市局工作。要理解、关心和支持信息技术和运维人员，完善激励机制，确保队伍稳定，营造成长空间。加大培训力度，创新内容方式，切实提升队伍的信息化意识和技能。三是风险防范。信息化建设工作是党风廉政建设的重要内容，要加强源头和过程防范，确保不出问题。要对信息化建设中的重点岗位、项目、环节建立完善的约束和监督机制，杜绝出现徇私舞弊、中饱私囊现象，确保把每一个项目都做成“干净工程”。

同志们，我们已经进入了互联网时代的历史阶段，在信息化的迅猛浪潮中，机遇和挑战并存，压力与希望同在。希望大家抢抓机遇，乘风破浪，共同努力推动福建国税信息化建设发展，推动税收现代化和福建国税事业的发展。中秋节、国庆节即将到来，请大家落实好中央八项规定精神和党风廉政各项规定，过一个平安、祥和、文明的节日！祝同志们工作顺利、平安健康、节日愉快！谢谢大家！

在全省国税系统推行金税三期工程动员会上的讲话

福建省国家税务局局长　林京华

（2015年11月24日）

同志们：

经过近一段时间的充分准备，我省的金税三期工程推行工作正式启动了。这项推行工作时间紧，任务急，使命光荣，责任重大，意义深远。今天，我们召开动员大会，一是部署推行工作的具体内容，二是给大家鼓劲加油。关于具体工作安排，林国镜总会计师刚才作了详细部署，大家要认真领会，抓好落实。在此，我想就此项工作，再提三点希望。

一、把握机遇，建功立业

此次我省被列为2016年金税三期推广省份，充分体现了税务总局对我们的信任，同时也给福建国税带来了极好的发展机遇。首先，金税三期推广工作极具历史意义。推广金税三期工程是我国深化税制改革的重要内容，是推进税收现代化建设的关键环节，必将在中国税收历史上留下浓墨重彩的一笔。大家能够参与其中，亲历并见证这一里程碑式的重大事件，是一种莫大的荣幸。其次，税务总局领导给予高度重视与支持。今年，税务总局王军局长提出了2年打赢金税三期工程建设总攻之战，4年建立稳固强大信息体系的总目标。他还对金税三期推广作出具体要求，并且特别强调推进过程中将亲自帮助各地协调工作，解决困难。有了税务总局领导的高度重视和坚定支持，我们的推行工作方向更加明确，步伐更加稳健，士气更加高昂，只要我们齐心协力、众志成城，就没有什么过不去的坎，没有什么解决不了的困难。第三，金税三期工程是改革创新的重要切入点。目前，税收工作正迎来“互联网+”、国地税征管体制改革、“营改增”等管理、制度层面的改革大潮。这些改革的推进，必须依靠税收信息化建设。金税三期工程的全面推开和平稳运行，正是现阶段税收信息化建设的一大主线。我们在圆满完成推广任务的同时，在各项税收改革创新上就会占据先机、快人一步。机遇难得，机不可失，当然机遇也与挑战并存，希望大家好好把握机遇，大胆迎接挑战，在推广工作中建功立业，创造辉煌。

二、紧密合作，打造精品

金税三期推广是一项浩大的工程，也是一项艰巨的任务。要在有限的人力、物力和时间条件下完成好任务，我想必须树立好两个意识。一是要树立合作意识。推广工作涉及多项业务，必须依靠各业务部门通力合作来完成。征管、收入规划、信息中心等业务部门要在推行工作领导小组的统一领导下，按照职责分工，各司其职，加强配合，共同开展好工作。同时，此次金税三期优化版是国、地税统一上线，因此推广工作也标志着国、地税进一步深化合作的开始。当前，我省国、地税局在许多领域的合作成效显著，这次联合成功举办金税三期培训，也给联手合作推广金税三期奠定了基础。接下来，全省各单位要继续加大与地税部门的合作力度，形成上下纵横的紧密合作体系，集中优势力量完成好任务。二是要树立精品意识。金税三期工程已经在一些省份进行了试点，积累了不少现成的经验，我们在这样成熟的基础上开展推广工作，而且有税务总局的关注和大力支持，有巨大的人力物力投入，如果再做不成精品工程，我想实在是说不过去。大家都要树立起“做得一般就是落后”的观念，努力攻坚克难，扎扎实实地做好各项推行工作，用实际行动出精品，保障我省金税三期推广工作走在全国前列。

三、发扬风格，拼搏奉献

金税三期推广是一项系统性工程，涉及全省国税系统每一名干部职工。在推广工作中，我们务必要人人参与、步调一致、群策群力，切实保障金税三期顺利上线。各级领导作为推广工作的指挥者，要按照省局党组的部署，精心组织、周密安排、严格落实，要充分关心支持参加推行工作的同志，保障他们能够心无旁骛地开展工作。参加推行工作的同志是主力军，要尽职尽责、不辱使命、努力攻关，确保任务完成。我知道大家为了推广工作，牺牲了周末的休息时间，牺牲了与家人团聚的时间，不辞辛劳、夜以继日、加班加点。对此，我满怀敬意，更是寄予厚望。其他同志也都是推广工作的参与者，要树立全局意识，按照各自分工，全力配合好各项推广工作。近年来，我省国税系统在各项任务中都能取得显著成绩，就是得益于广大干部职工勇于拼搏、无私奉献的优良作风。在这次推广工作中，希望同志们继续发扬拼搏奉献精神，团结一心，不畏艰难，打赢金税三期推行工作这场攻坚战。对在此次推行工作中做出贡献和积极表现的人员，省局将给予立功授奖。要在全省国税系统让想干事、能干事、干成事的干部有更大的干事创业平台和成长发展平台，金税三期推广工作就是展示才华的大平台。

同志们，真抓才能攻坚克难，实干才能梦想成真。金税三期工程推广工作的集结号已经吹响，我相信有了大家的努力与奉献，我们一定能够圆满完成任务，给税务总局交出一份令人满意的答卷。

在设区市国税局党组书记抓基层党建工作述职评议会上的讲话

福建省国家税务局局长　林京华

（2015年12月14日）

同志们：

根据税务总局党组的要求和省局工作方案，今天召开各设区市和平潭综合实验区国税局党组书记抓基层党建工作述职评议大会。刚才，9位党组书记分别就履行党建主体责任，突出抓党建主业的思路、做法、成效、经验及存在的问题和下一步的打算作了介绍。等一下省局党组成员、系统内熟悉了解基层党建工作的党代表、人大代表、政协委员、基层党员干部和群众代表还要一起参加评议。这次的述职时间紧、内容多，总体效果很好，既展示了我省国税系统党建工作的成效，又各自分析了存在的问题，提出了改进工作的意见和建议，为我们今后党建工作的开展树立了规范、拓展了思路。

总的来看，这一年来，我省国税系统基层党建工作抓得比较扎实，大家的工作认识到位、定位准确，措施有力，亮点突出，成效明显。主要有以下特点：

一是履职尽责到位。各单位党组书记都能严格按照中央、税务总局和省委的要求，切实承担起党建工作“第一责任人”的职责，把基层党建工作摆上党组日常工作议程，形成党组书记亲自抓，层层抓落实的工作格局，取得了良好效果。南平市局持续完善党建工作责任机制，每月听取机关党建工作情况汇报，市局机关党委连续多年取得“南平市市直单位党建工作先进单位”称号。各级党组始终坚持将党建工作放在全局工作中去谋划，去落实，使党建工作与税收中心工作同频共振、互促共进。漳州市局的调研文章被税务总局《税收经济研究》、新华社福建分社《福建领导参考》等媒体采用，税收工作得到市委、市政府的肯定。各单位在开展“三严三实”专题教育中，持续巩固和拓展教育实践活动成效，把作风建设不断引向深入。每位党组书记都带头参加党支部活动，带头讲党课，取得了较好的成果。宁德局结合市委市政府“三转一加强”活动，加强服务型党组织建设，为经济社会发展贡献力量。

二是党建基础扎实。在开展党建工作的过程中，各设区市局、平潭局党组牢固树立“阵地”意识，不断加强基层党支部建设，福州市局深入开展整顿软弱涣散基层党组织工作，配齐配强支部委员，2015年全市系统共增补党支部委员4人，换届选举总支、支部委员99人。积极探索建立基层党建工作考核评价体系，三明市局将“三严三实”专题教育工作纳入绩效考核，将党员柔性服务与刚性管理进行优化、量化，实现定性考核向定量考核的逐步转变。做好基层党组织情况摸底调查，莆田市局成立了党建工作调研组，认真分析市局机关党员干部反映的突出问题，及时发现薄弱环节，做好整顿提升。抓好基层党组织领导班子建设，加大支部书记教育培训力度，泉州市局组织全市国税系统52名基层党组织书记到华侨大学进行培训，不断提升基层党组织书记履职能力。结合“三严三实”专题教育，加强政治理论学习，认真查摆分析、整改完善，龙岩市局制订了详细的学习计划和缺席补课制度，对未能参加学习的党员领导干部进行补课；平潭区局突出整改实效，针对党的群众路线教育实践活动和“三严三实”专题教育中存在的问题，及时列出清单，深入分析根源，明确整改责任，抓好整改落实。

三是工作亮点突出。在抓基层党建方面，各单位大胆创新，形成了许多好的经验做法，涌现出很多工作亮点。比如，福州市局反映郭爱莲先进事迹的电视专题片被税务总局选送参加中组部全国党员教育电视片观摩交流活动，福清市局被福州市直机关党工委评为党建工作示范点；漳州市局“便民办税春风行动”主题活动获市直机关工委“1263”机制建设竞赛优秀竞赛项目；泉州市局积极创建“五好”党支部，市局机关9个党支部获市直工委表彰；龙岩市局积极开展在职党员进社区活动，全局114名党员干部均已上网注册，每年参加2次以上的社区服务；三明市局依托官方微信公众号，积极打造指尖上的思想政治平台；南平市局构建“互联网+”微平台，积极开展“三严三实”专题教育，两项工作获市直机关党工委推荐在全市进行经验交流；宁德市局深入开展“党员转变作风年”活动，得到当地党委领导肯定；平潭区局深入开展“书香国税”“关爱工程”建设，不断提高党建工作水平。这些都是各单位结合国税工作和地方特色推出的党建工作新举措，在当地都得到了很好的反响，对我省系统基层党建工作的进一步推进起了很好的示范作用。这些经验和做法，希望大家可以继续加以推广。

总的来说，今年，全省系统各级党组织党建科学化水平不断提高，党员干部凝聚力不断增强，税收各项工作稳步推进，党建工作成效显著。但在看到成绩的同时，我们也要清楚地认识到，各地党组在从严管党治党方面仍存在不足，大家也结合各自的工作做了很好的分析。从整体上看，存在以下几个方面的问题：一是基层党组织建设发展还不够平衡，有的基层组织战斗堡垒作用发挥的不很明显，党员的先锋模范作用发挥得还不够；二是党建工作的主动性和自觉性还不够强，党员干部的活力和创新能力有待进一步激发，在我们的工作中，业务创新还是比较多的，而党建工作的创新相对比较薄弱，党建工作可以结合业务工作在之前提到的亮点的基础上，争取再有一些突破；三是我们的党组织负责人结合实际创造性开展工作的能力还不够强，“创新探索”活力不够，没有很好地发挥党组织负责人积极负责和主动管理的职能作用等等。这些问题都需要我们各级党组正确对待，积极应对。当然，大家也针对各自存在的问题提出了很好的整改建议，希望在明年的工作中，严格加以落实，扎扎实实地做好党的建设各项工作。

同志们，党的工作最坚实的力量支撑在基层，最突出的矛盾问题也在基层，党组书记作为党建工作第一责任人，要按照中央、税务总局和省委的要求，认真学习领会习近平总书记系列重要讲话精神和来闽调研时的讲话精神，找准定位、理清思路，改进工作，全面推进基层党的建设。

下面，我就进一步加强基层党建工作，谈几点意见。

第一，要聚焦党建主业，强化主角意识。从去年起，中央、税务总局部署开展党组书记抓基层党建工作述职，说明党中央、税务总局对此项工作是十分重视的，在座的党组书记、支部书记要认真履行好“一岗双责”，把抓好党建作为最大的政绩，强化“抓好党建是本职，抓不好党建是失职，不抓党建是渎职”的责任意识，坚持党建工作与税收中心工作共同谋划，共同部署，共同推动。要不断增强党的意识、忧患意识和责任意识，切实担负起从严管党治党的政治责任，真正把党建工作放在心上、抓在手上、落实在行动上，做到重大问题亲自研究、重点环节亲自协调、重大事项亲自督办，确保党建工作取得实效。要注重抓基层、打基础，把抓基层党建工作放在更加突出的位置，加大力度整顿软弱涣散党组织，不断增强基层党组织的创造力、凝聚力、战斗力。

第二，要明确目标任务，突出工作重点。基层党建工作千头万绪，作为基层党组书记，要及时理清思路，聚焦重点任务，抓住关键环节，做到有的放矢、有效作为。一是要加强思想建党，不断提高党组中心组学习的质量，把思想政治工作作为首要任务抓紧抓实。二是要严肃党内政治生活，在座的党组书记要严格执行民主集中制，以身作则、树好榜样，认真贯彻党的组织生活各项规定，紧密团结党员干部，构建团结和谐良好风气。三是要把党的群众路线教育实践活动的好经验好做法坚持下去，用好批评和自我批评这一有力武器，引导党员干部开展积极健康的思想交锋，营造良好政治生态。要加强自身建设，在民主生活会前广泛征集意见建议，为改进作风和推进工作汲取正能量。同时，希望大家可以对省局的工作提出自己的看法和建议，为全系统基层党建工作的开展献计献策。四是持续深入改进作风，结合“三严三实”专题教育，引导党员干部严格遵守党纪国法和各项规章制度，严肃党的政治规矩，真正把“三严三实”落到实处。

第三，要坚持问题导向，创新党建思路。各单位党组书记刚才都说了一年来抓党建工作的体会，分享了经验，也分析了问题。问题是客观存在的，对于存在的问题，我们的党组书记要紧抓不放，顺着问题挖掘下去，多问几个为什么，多想几个怎么办，做到因地制宜、对症下药。税收各项工作的开展同样也需要我们坚持问题导向，善于发现问题，敢于正视问题，不回避、不掩盖、不推脱，妥善解决好存在的问题。要以改革创新为动力抓基层党建，深入把握新形势下党建工作特点和规律，不断推进理念创新、思路创新、方法创新、载体创新，使党建工作贴近基层、贴近实际、贴近群众，更加符合群众的需求。要积极运用现代网络技术做好党建工作，结合线上线下活动讲好党建故事，强化宣传引导，增强党建工作活力。要严格执行党建制度，进一步深化基层党建制度改革，形成系统完备、科学规范、运行有效的基层党建工作制度体系。要善于总结培育党建工作亮点，积极推广成功经验和特色做法，打造出基层党建的工作品牌。

第四，要加强组织领导，逐级抓好落实。要把党建工作作为全局性重要工作内容，严格落实党建工作责任制，形成党组书记负总责、分管领导分工负责、机关党委组织落实、各部门主要负责人“一岗双责”、一级抓一级、层层抓落实的税务系统党建工作格局。党组要专题研究党建工作思路规划，定期听取党建工作情况汇报，及时督导党建工作开展进度。要坚持上下联动抓党建，加大党建工作经费保障力度，整合各级各方面力量和资源，综合协调，以上带下，帮助基层党组织提高党建工作水平。要把基层党建工作情况及成效作为领导班子和领导干部年度考核和绩效管理的重要依据，作为评价领导班子和领导干部实绩的重要指标，强化党建工作的过程管理和结果运用。

第五，要围绕税收中心，服务发展大局。围绕中心、服务大局是党建工作的出发点和落脚点，党建工作只有和本职工作有机结合，才会焕发出勃勃生机。一是要讲大局、识大体。十八届三中全会从推进国家治理体系和治理能力现代化的高度部署税制改革，将税收的作用从经济层面发展到经济、政治、社会、文化、生态，外交等诸多领域，更加深刻地介入国家治理的各个方面。于伟国代省长在前不久的省政府常务会议上强调，各级政府部门要牢固树立大局意识、全局观念，以强烈的使命意识和责任担当推动全省中心工作。国税作为政府经济执法部门，要始终围绕税收现代化“六大体系”建设目标，把握福建“五区叠加”的政策优势，主动承担，主动作为，服务福建发展大局，不断推动税收事业的发展。二是要抓好收入任务不放松，坚持组织收入原则，认真落实各项税收优惠政策，在保证税收收入按计划完成的同时，为推进改革和支持企业发展加大服务力度。三是要抓好内控机制和绩效管理工作，加强党风廉政建设，推进绩效管理，完成好今年的各项工作任务，做好年终的绩效考评工作。四是要认真回顾总结2015年的工作，围绕“一局两翼三平台”建设，积极谋划明年的工作和2016—2018年工作规划，为2018年初步实现福建国税现代化，2020年实现税收现代化奠定坚实基础。

全省国税工作概要

2016

福建国税年鉴

概　况

税收收入与税源结构

【组织税收收入】 全省国税总收入完成2326.7亿元，增收27.02亿元，同比增长1.2%。扣除海关代征后国税部门组织的税收收入完成1919.47亿元，增收124.45亿元，增长6.9%。其中：八市及平潭综合实验区完成1445.92亿元，增收100.52亿元，同比增长7.5%；计划单列市厦门完成473.55亿元，增收23.93亿元，同比增长5.3%。分级次看，中央级税收收入入库1424.52亿元，增收105.04亿元，同比增长8%；地方级税收收入入库494.94亿元，增收19.41亿元，同比增长4.1%。

【税收弹性系数】 全省实现地区生产总值（GDP）25980亿元，增长9.0%，福建国税系统组织收入增长6.9%，税收弹性系数为0.77，考虑结构性减税因素，税收与经济同步协调增长。

【分地区税收完成情况】 泉州税收收入规模居全省首位，全年入库485.04亿元，同比增长19.1%，增收77.89亿元。平潭、宁德、莆

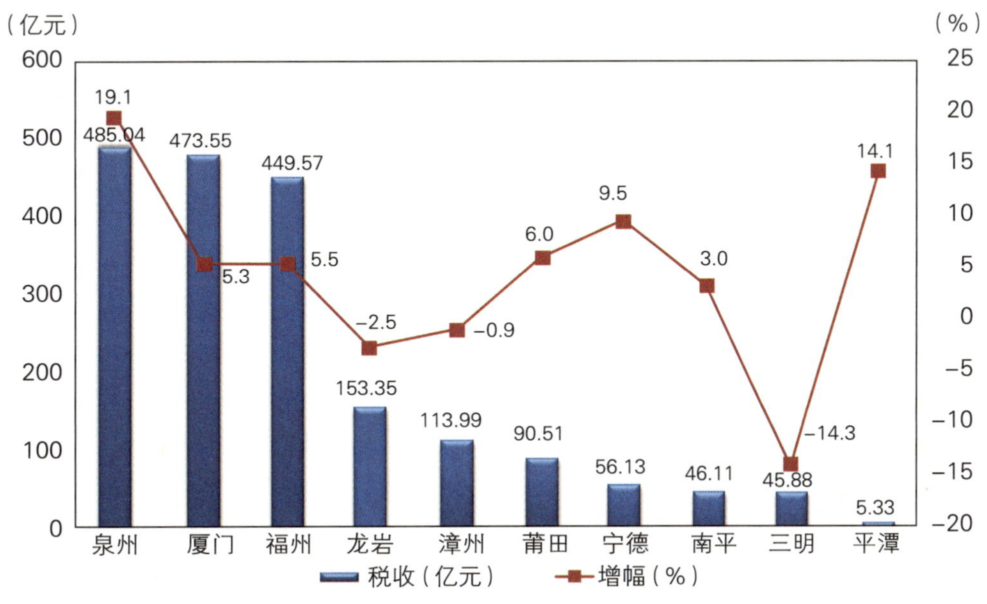

图1　全省国税税收收入分地区完成情况（2015年）

田、福州、厦门、南平税收收入分别入库5.33亿元、56.13亿元、90.51亿元、449.57亿元、473.55亿元、46.11亿元，增长14.1%、9.5%、6%、5.5%、5.3%、3%，合计增收59.26亿元；三明、龙岩、漳州税收收入分别入库45.88亿元、153.35亿元、113.99亿元，下降14.3%、2.5%、0.9%，合计减收12.69亿元。

【分税种税收收入】 国内增值税全年入库890.66亿元，增收14.52亿元，同比增长1.7%，其中"营改增"增值税入库68.59亿元，增收9.94亿元，同比增长17%。国内消费税全年入库331.98亿元，增收90.78亿元，同比增长37.6%。企业所得税全年入库616.36亿元，增收27.63亿元，同比增长4.7%。车辆购置税全年入库80.46亿元，减收8.48亿元，同比下降9.5%。

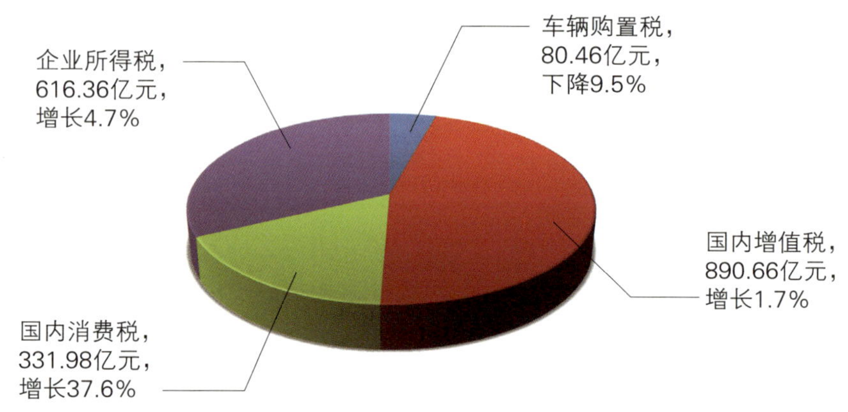

图2 全省国税税收收入分税种完成情况（2015年）

【分产业税收收入】 第二产业税收收入完成1185.28亿元，同比增长7.2%，增收79.15亿元，增收贡献率达63.6%，其中成品油行业入库税收收入187.35亿元，增收87.86亿元，同比增长88.3%。第三产业税收入库731.81亿元，增收44.27亿元，同比增长6.4%，增幅低于第二产业0.8个百分点。批发和零售业、金融业、房地产行业分别入库253.92亿元、210.29亿元、66.35亿元，分别增长6.7%、14.3%、9.1%，合计增收47.68亿元。

【重点税源税收情况】 全省1830户重点税源监控企业税收收入合计入库1181.87亿元，占全省税收收入比重为61.6%，同比增长10.6%，增收112.92亿元，占全省税收增收总额的90.7%。

（供稿：李煌雁）

税收业务

【深化征管体制改革】 贯彻中央深改组第17次会议精神，与地税部门联合部署对实施《深化国税、地税征管体制改革方案》的准备工作；落实《国税、地税合作工作规范（1.0）版》，细化32项合作事项，福建省国税、地税合作工作经验在全国推进会上作交流发言。

【推进"营改增"试点工作】 全省共有12.2万户纳税人经确认后纳入"营改增"范围。累计入库增值税40.8亿元，96.7%的试点纳税人税负下降，实现减税35.4亿元。

【纳税服务】 开展"便民办税春风行动"，深化33条便民办税措施。全面推行《全国税务机关纳税服务规范》，减少审批环节23.4%，缩短审批时限36.2%，开展三项纳税服务“大比拼”得到国家税务总局和省政府领导表扬。“三证合一、一照一码”工作实现全省覆盖，全年新登记6.9万户。3篇调研信息得到国务院领导批示。

【税收法制建设】 深化税务行政审批制度改革，清理行政审批事项58项，保留29项，同时继续加强改革后续管理。制定并公布第一批税务行政处罚权力清单与处罚权力运行流程图，会同省地税局修订税务行政处罚裁量基准并下发执行。建立法律顾问制度，组建福建国税第一批公职律师团队，开展法治税务示范基地创建活动。

【打击涉税违法】 开展打击出口骗税、虚开增值税专用发票、发票违法犯罪三个专项行动与行业性税收专项检查、重点税源企业检查和随机抽查三项检查，与地税部门联合查办“1·20”虚开发票案取得重大突破，全省累计查补入库收入18.7亿元。

税收服务经济

【促进产业转型升级】 出台《福建省国家税务局关于促进产业转型升级的意见》，落实九大类22条税收政策措施。全年办理各类减免税达193.8亿元。其中，鼓励高新技术企业自主创新落实税收优惠16.3亿元，节能环保类企业减免16.4亿元，小排量乘用车购置税减征3.4亿元。

【支持自贸区建设】 复制推广自贸区“办税一网通10+10”创新举措，推出绿色办税便捷化、涉税咨询专业化两项措施，推行税控发票网上申领系统并入选福建自贸区第二批可复制创新成果。

【网上办税】 开通全省办税厅“服务管理监控系统”，实现了办税服务厅的全覆盖和省、市、县三级集中监控管理。拓展网上办税功能，网上缴纳税款占全省直接征收税款近90%。开发推广“闽税通”移动办税APP软件，实现20多项办税业务“掌上”办理。

【落实小微企业税收优惠政策】 全省494万户（次）小微企业减免增值税10.5亿元；7.1万户小微企业减免所得税3.8亿元。

【落实出口退税政策】 全面下放生产企业出口退税审批权限，开展出口退税无纸化管理试点，落实境外旅客离境退税政策。加快退税进度，平均办结退税时间较上年减少5天以上。全省办理出口退（免）税428.2亿元，增长14%，其中直接出口退税318.9亿元，增长16.4%。

【助力企业发展】 推出10项“走出去”企业税收服务措施，参与国家税务总局国别税收信息中心建设工作。推动银税合作，与8家银行合作开展“银税互动”，为小微企业发放贷款11.6亿元，惠及企业3071家。

队伍建设

【注重人才培养】 全年共组织专门业务和知识更新培训厅（局）级领导7人次、处级干部60余人次、科级骨干100多人次。组建省市两级人才库，其中省级人才库21个、入库干部434名，同时推荐9名干部入选国家税务总局6个专业人才库。全省系统有5名干部入围第三批全国税务系统领军人才，入围人数全国排名第二位，现有6名第三批全国税务领军人才。

【充实队伍力量】 全年完成12名副厅级以上干部调研、推荐考察、转正考核等工作。指导各设区市选拔处级正职后备干部8名，处级副职后备干部48名，科级正职后备干部53

名，科级副职后备干部222名。遴选16名基层干部到省局机关。组织省局32名干部晋升副主任科员、主任科员。推荐、安排挂职干部7名，接受挂职干部6名。

【精神文明建设】 创建“全国税务系统廉政教育基地”。与税务总局党校联合成功举办“学习《习近平用典》中国画专题展”。省局两项举措入围省直机关“三学”活动十佳举措。全省系统有3个单位被评为“第四届全国文明单位”，3个部门荣获“全国青年文明号”和“全国巾帼文明岗”，80%的单位被评为“2012—2014年度省级文明单位”，8个单位入选新一届全国文明单位培育对象。

【强化监督检查】 全省完成执法督察项目133个，省国税局对5个单位开展执法监察，对22个单位开展巡视，对19个单位开展回访。廉政教育创新和内控机制信息化升级版建设两项工作得到税务总局领导肯定。

（供稿：严安琪）

税收业务工作

税收法治

【行政复议】 福建省国税系统共收到行政复议申请44件，上期结转2件。其中，依法受理26件，占本年全部申请的59.09%。26起新受理行政复议申请中，被申请人为设区市国税局、设区市国税市局稽查局的14件，占全部申请的53.85%；被申请人为县（区）国税局的12件，占全部申请的46.15%。从具体行政行为类型看，行政征收类10件，占新受理申请数的38.46%，行政处罚类4件，占新受理申请数的15.38%；信息公开1件，占新受理申请数的3.85%；行政不作为7件，占新受理申请数的26.92%；其他4件，占新受理申请数的15.39%。2015年，共审结案件24件，占全部受理案件（28件）的85.71%；其中维持9件，驳回4件，撤销2件，责令履行2件，自愿撤回申请7件。未审结4件，占全部受理案件的14.29%。

【行政诉讼】 共办理行政应诉案件20件，其中本期行政应诉案件18件，上期结转2件。本期18起行政应诉案件中，应诉机关为省级国税部门的1件，占全部申请的5.56%；应诉机关为地（市）级国税部门的15件，占全部申请的83.33%；应诉机关为县（区）级国税部门的2件，占全部申请的11.11%。应诉机关为原具体行政行为机关的17件，占全部申请的94.44%，共同应诉的1件，占全部申请的5.56%。是年，应诉案件审结16件，未审结4件。审结案件中，一审判决驳回诉讼请求4件，判决撤销2件；一审裁定驳回诉讼请求10件。

【重大税务案件审理】 出台《福建省国家税务局关于确定重大税务案件审理范围具体金额的通知》，按各设区市经济发展状况重新确定各设区市国税局的重大税务案件审理金额标准。是年，各级重大税务案件审理委员会共受理稽查案件209件，占本年稽查案件总数1022件的20.45%，上年未审结结转43件；全年审结案件234件，结转下年18件；审结案件中维持稽查局拟处理意见的191件，改变稽查局拟处理意见的41件，退回重新调查的1件，终止审理的1件；审结案件类型中重大行政处罚案件79件，督办案件20件，移送公安机关案件42件，其他案件93件。本年度无税务稽查案件以外的重大税务案件类型。省国税系统经审理的重大税务案件被提起复议6件（经复议后被纠错3件），占本年重大税务案件总数的2.88%；被提起行政诉讼2件（税务机关均胜诉），占本年重大税务案件总数的0.96%。

▲福建省国税系统公职律师团队成立仪式

【规范性文件清理】　对截至3月31日制定的税收规范性文件进行全面清理。经过清理，确定现行有效的税收规范性文件89件，全文失效废止的税收规范性文件196件，部分条款失效废止或修订的税收规范性文件19件。

【清理越权减免税】　按照国家税务总局要求对全省国税系统税收优惠政策执行情况进行全面清理，全省各级国税部门均能按照国家法定的税收优惠政策执行，未自行制定税收优惠政策。

【助推产业转型升级】　为贯彻省委九届十四次全会精神，全面落实《关于进一步加快产业转型升级的若干意见》和《福建省实施〈中国制造2025〉行动计划》，制定《福建省国家税务局关于促进产业转型升级的意见》，整合汇总鼓励企业自主创新、营造良好生态环境等五大类税收政策，进一步助力产业转型升级。

【公职律师和法律顾问】　省国税局与各设区市国税局均配备了法律顾问，部分县（区）国税局也已配齐。印发《福建省国税系统公职律师管理办法（试行）》，9月，福建省国税系统公职律师办公室正式挂牌，国家税务总局政策法规司司长李三江、副司长罗天舒、省国税局局长林京华、副局长陈慕斌和福建省司法厅相关领导为福建省国税局公职律师办公室授牌并为首批公职律师团队成员颁发证书，10名国税干部成为首批公职律师团队成员。

【推进简政放权】　根据《国务院关于取消非行政许可审批事项的决定》及《国家税务总局关于公布已取消的22项税务非行政许可审批事项的公告》等文件要求，对税务行政审批事项及目录清单进行清理，决定保留税务行政审批事项29项，其中行政许可7项，其他权力事项22项。

【税务行政处罚权力清单】　梳理和确认法律、行政法规和部门规章设定的三大类八项税务行政处罚权力事项，制定《第一批税务行政处罚权力清单》并绘制税务行政处罚权力运行流程图。

【行政处罚裁量】　继2012年公布《福建省税务行政处罚裁量权基准适用规则》和《福建省税务行政处罚裁量权基准》后，与省地税局协商修订做出新的行政处罚裁量基准，新《基准》包括7大类38项违法行为，明确了违法情形的分类和相应的罚款细化标准。

【执法资格考试】　根据《国家税务总局关于印发〈全国税务系统税务人员执法资格考

试与新录用公务员初任培训结合工作实施办法（试行）〉的通知》，省国税局成立执法资格考试工作领导小组，省国税局副局长雷致青任组长，办公室、政策法规处、人事处、教育处、监察室、税干校负责人为成员。全省国税系统参加2015年度下半年税务人员执法资格考试共计134人，另外，免试人员6人。平均分数75.13分，最高分92分，其中，90分以上6人；80~89分37人；70~79分56人；60~69分31人，参考人员及格率达97.01%。全省国税系统考试工作没有出现违纪现象。

【法治税务示范基地】 出台《福建省国家税务局法治税务示范基地建设工作方案》和《评价标准》，经过考评与验收，全省共19个申请单位全部达标。

【司法行政互动】 建立常态化的沟通协调机制，与法院共同开展调查、研讨，形成共识。健全与法院部门间的税源信息交换和共享制度，福州市国税局根据法院提供的某公司资产竞调情况，成功对该公司持有的海峡银行股份采取强制执行措施并依法拍卖，清缴该公司欠税6000余万元，并在对该公司的后续欠税追缴上也与法院进行信息沟通，通过强制执行该公司房产、车位等，直至目前已清缴该公司欠税达上亿元。加强与法院、公安经侦部门等司法机关的协作，提请司法机关受理税务稽查执行税款。日前，龙海市国税局在清理追缴一外资企业欠税期间，发现该企业因经营不善倒闭，法院将对其查封，并实施拍卖清算，该局取得法院的支持和配合，开展追缴欠税工作，追回税款40.74万元、滞纳金11.37万元。

（供稿：陈　泓）

征收管理

【税务登记】 2015年末，全省国税系统税务登记总户数829916户（口径为正常开业户期末户数+停业户期末户数+非正常户期末户数，下同）。按纳税人类型分：企业纳税人426357户，个体纳税人401285户，其他纳税人2274户；按税种类型分：增值税纳税人811443户，其中增值税一般纳税人131399户；企业所得税纳税人328525户，其中居民企业所得税纳税人328321户；消费税纳税人4511户。

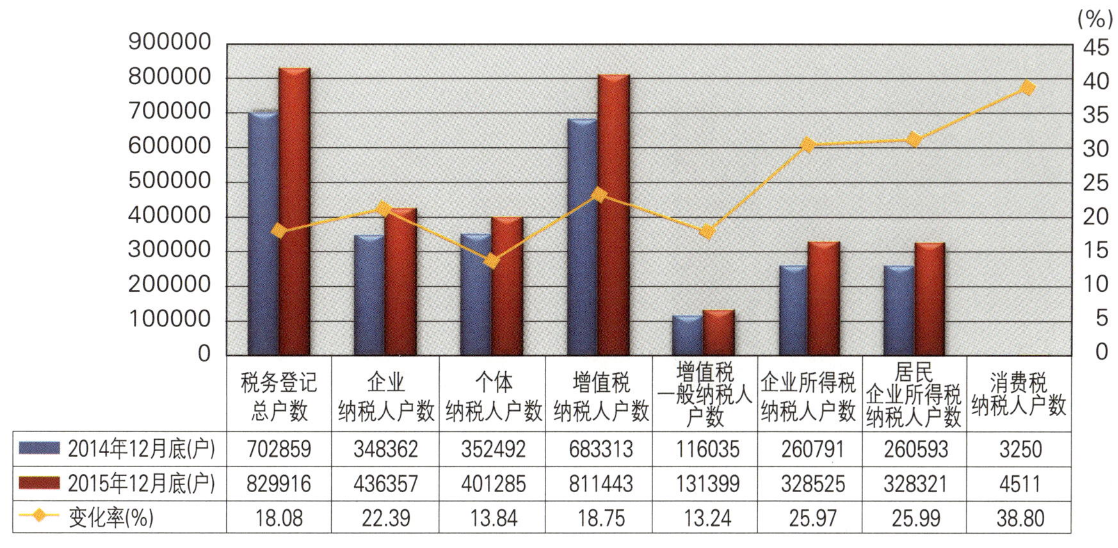

	税务登记总户数	企业纳税人户数	个体纳税人户数	增值税纳税人户数	增值税一般纳税人户数	企业所得税纳税人户数	居民企业所得税纳税人户数	消费税纳税人户数
2014年12月底(户)	702859	348362	352492	683313	116035	260791	260593	3250
2015年12月底(户)	829916	436357	401285	811443	131399	328525	328321	4511
变化率(%)	18.08	22.39	13.84	18.75	13.24	25.97	25.99	38.80

图3　各类型纳税人户数同比变化状况图（2015年）

按纳税人状态分：正常营业户数为775979户，非正常户数为53525户，停业户数为412户。

【税收征管规范】 5月1日，执行《全国税收征管规范（1.0版）》，对照新规范梳理《福建省涉税业务规程（2015版）》，并分片区多次集中进行会审和“CTAIS系统”省国税局专家组审核确认，在前期创新基础上，优化整合形成《全国税收征管规范（福建优化版）》，同步制作成电子书版挂在办公内网上（后改为税收综合规范平台），实现税收征管规范与纳税服务规范、出口退税规范、国税地税合作规范等无缝对接。先后分两批次20余名业务专家和组织60名项目组成员逐项学习研讨，提出11条建议，完善《全国税收征管规范（1.0版）》；建立矩阵式项目组，梳理征管流程、表证单书调整561项，涉及的征管业务事项9大类455个，细化业务处理流程384项，明确系统操作，其中，24个依申请业务事项工作时限从540个工作日优化到仅需177个工作日，节约纳税人办税时间66.7%。清理全文失效废止的税收规范性文

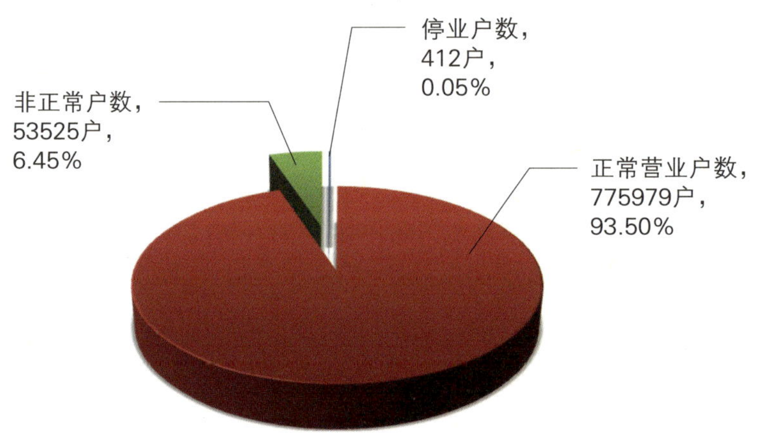

图4　全省国税税务登记分纳税人状态占比状况图（2015年）

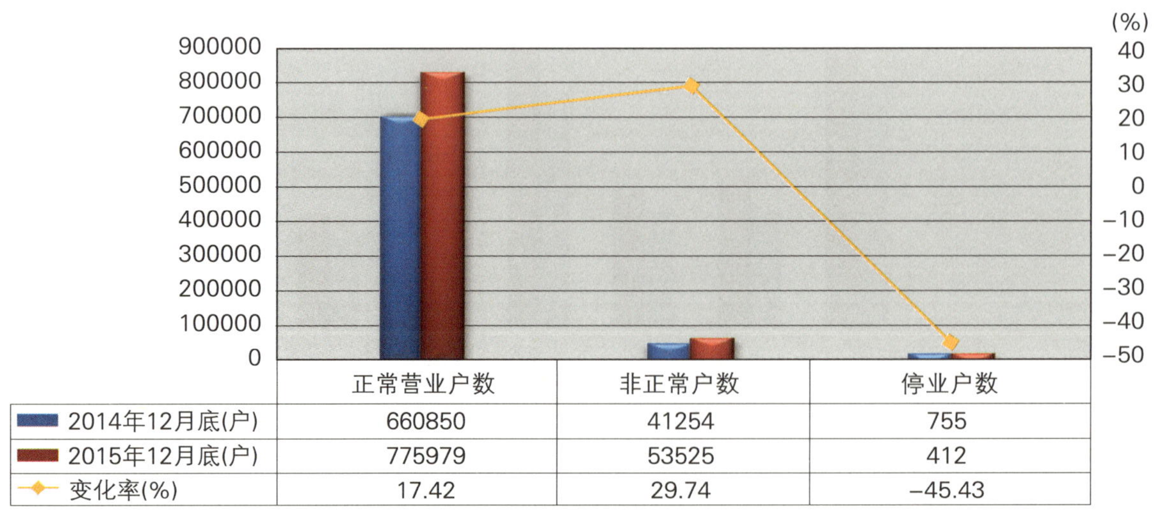

	正常营业户数	非正常户数	停业户数
2014年12月底(户)	660850	41254	755
2015年12月底(户)	775979	53525	412
变化率(%)	17.42	29.74	-45.43

图5　纳税人状态同比变化状况图（2015年）

件196份，部分条款失效废止或修订的税收规范性文件19份，保留现行有效的税收规范性文件89份。依托第24个税收宣传月“新常态·新税风”媒体座谈会暨税收新闻通报会平台，对福建省试行《全国税收征管规范（1.0版）》进行通报宣传。

▲2015年10月21日，福建省国税局局长林京华（右）在省局会见福建省邮政公司总经理周贤胜（左）一行，双方就进一步深化合作进行了交流。

【税收征管创新】 落实省政府加快推进科学发展、跨越发展的行动计划，围绕“海上丝绸之路”核心区和中国（福建）自由贸易实验区建设等战略部署，推进小规模纳税人简并征期、简化申报纳税工作，在总结泉州晋江市国税局试点工作的基础上，下发《关于推行小规模纳税人按季申报管理有关问题的通知》，泉州市国税局4月1日起，平潭综合实验区国税局7月1日起，漳州市国税局、三明国税局10月1日起推广小规模纳税人按月改为按季申报缴纳增值税管理模式，福州市国税局也对部分小规模纳税人实施按季申报缴纳增值税管理模式。据不完全统计，泉州市国税局小规模纳税人从年纳税申报约86万次降到年需申报22万次，减少比率达86%；平潭综合实验区国税局减少申报次数11506次，减少征纳双方工作量67%；三明市国税局、漳州市国税局纳入按季申报缴纳增值税管理模式的纳税人每季减少纳税申报10万户次。支持福州市国税局推行发票网上申领、快递配送，建立发票集中配送中心工作试点（即O2O模式）；支持泉州市持续探索利用邮政网点代开发票试点。

【“三证合一”制度】 年初，政府行政服务中心实行“三证联办”；4月，自贸区实行“一照三号”；5月，发布《福建省国税局关于在福建自贸试验区税务登记管理实施“一照一码”制度试点工作的通告》，5月4日，实行“一照一码”；6月，下发《福建省国税局关于全省复制推广“一照一码”登记制度改革有关问题的通知》，做好“一照一码”改革与税收征管制度、税务登记方式、税种登记管理、系统管理软件、异常代码处理、税收征管规范等“六个对接”；搭建省级“一照一码”信息平台，接收工商部门信息，做好清分下发和核实工作。6月1日，“一照一码”覆盖全省。10月，下发《福建省国税系统深化“三证合一、一照一码”登记制度改革工作方案》，规范“三证合一、一照一码”工作。同时，加强政策效应分析，向上级部门反映和报告工作情况，国务院领导两次对调研报告作出批示；《国家税务总局税收征管动态（9月6日）》全文刊发《福建省税务机关“一照一码”工作走在前运行稳》；9月23日，副省长郑晓松作批示；

表1　　福建省国税局“一照一码”

税务机关	累计登记情况					
	总户数	非正常户	注销户数	正常户数	税种核定	银税协议
全　省	52796	750	449	51597	36111	27234
福州国税局	16706	479	94	16133	12534	9676
莆田国税局	3803	84	92	3627	2771	2224
三明国税局	2197	47	15	2135	1561	1215
泉州国税局	15410	16	97	15297	8028	5732
漳州国税局	5292	41	51	5200	4675	3118
南平国税局	2432	24	35	2373	1319	1055
龙岩国税局	2190	9	28	2153	1458	1224
宁德国税局	3618	32	37	3549	2639	2070
平潭区国税局	1148	18	0	1130	1126	920

《开通企业登记快车道，全面推广“一照一码”登记制度》获2015年省直机关“学厦航·打造优质软环境”活动“十佳举措”。截至2015年12月31日，福建省工商部门“三证合一、一照一码”登记69192户，福建省国税局“CTAIS系统”登记52796户，其中：正常户数51597户、非正常户750户、注销户449户。正常户中有税种核定36111户、票种核定8463户、银税协议27234户、发票领购76户，申报户数25774户、零申报20941户、小微企业申报1986户，有税款入库户数3029户，入库税额7519.16万元。

【执行新代码标准】　落实《国务院关于批转发展改革委等部门法人和其他组织统一社会信用代码制度建设总体方案的通知》和国家税务总局《关于修订纳税人识别号代码标准的公告》，组织做好纳税人识别号代码标准工作。税务登记纳税人识别号统一使用由工商部门提供的18位“统一社会信用代码”；对未取得统一社会信用代码的个体工商户以及以居民身份证、回乡证、通行证、护照等有效身份证明办理税务登记的纳税人，其纳税人识别号由“身份证件号码”“2位顺序码”组成；以统一社会信用代码、居民身份证、回乡证、通行证、护照等为有效身份证明的临时纳税的纳税人，其纳税人识别号由“L”“统一社会信用代码”或“L”“身份证件号码”组成，作为系统识别；对已设立但未取得统一社会信用代码的法人和其他组织，以及自然人等其他各类纳税人，其纳税人识别号的编码规则仍执行原有规定。

【国地税合作】　落实《全国国税地税合作规范（1.0版）》和全国国税地税合作规范视频培训会议精神，在省国税局层面，多次与省地税局职能部门沟通，联合下发《关于在福建自贸实验区开展信息交换共享试点工作的通知》提出信息交换共享的工作目标，明确交换方式内容和工作要求以及协同后续风险管理等事项，提出国税、地税合作规范32项内容。支持基层开展国地税合作工作尝试，龙岩

纳税人税收征管状况统计分析表

单位：户、万元

正常户征管状态						
票种核定	发票领购	申报户数	零申报	小微申报	入库户数	入库税额
8463	76	25774	20941	1986	3029	7519.16
3849	24	10201	7978	948	1254	1912.59
336	4	2127	1816	149	206	457.86
391	3	981	795	64	117	208.16
1796	28	4862	4007	242	695	1419.78
816	2	2450	2107	144	224	2055.67
346	0	1046	753	129	183	871.55
350	6	1217	945	148	178	195.88
428	7	2183	1887	146	143	169.51
151	2	707	653	16	29	228.16

市国税局、莆田市国税局、平潭综合实验区国税局、福州市国税局、漳州市国税局、宁德市国税局先后与同级地税局联合下发国税地税合作意见，分别建立国地税联席会议制度、信息共享、税务登记、互设办税窗口、委托代征机制。同时，启动与地税部门磋商有关建筑安装业、房地产业、生活性服务业和金融保险业等“营改增”试点纳税人的信息接收、核实等准备工作。

▲2015年7月27日，福建省国税局、地税局召开2015年国地税合作第一次联席会议，正式启动福建省国地税合作工作机制。

【金税三期部署】 9月25日，召开全省国税系统税收信息化会议，启动福建省金税三期优化版推行工作，较国家税务总局启动时间安排提前2个月。省国税局局长林京华在会上作《乘“互联网+”之势，攀税收现代化之峰，努力开创福建国税信息化建设新局面》讲话，总会计师林国镜作《凝聚共识 只争朝夕 狠抓落实》动员报告。11月24日，召开全省国税系统金税三期工程优化版实施推广视频动员会，局长林京华在动员会上对全省提出“把握机遇，建功立业；紧密合作，打造精品；发扬风格，拼搏奉献”三点希望。总会计师林国镜在会上作《统一思想，齐心协力，打赢金税三期工程推广上线攻坚战》报告。6—12月，先后提请召开福建省国税局网络与信息安全领导小组会议1次，省国税局领导专题会议5次，专题研究全省金税三期推行工作。

【金税三期准备】 3月11日—13日，由省国税局总会计师林国镜带领专业人员一行7人赴广东省考察学习金税三期优化系统推行工作；7月22日—24日，组织专业人员赴河北省学习金税三期推行经验。制定金税三期推广方案，成立推广工作领导机构和组建推广工作团队，上报《福建省国税局金税三期工程推广工作方案的函》（闽国税函〔2015〕365号），下发《福建省国税局金税三期工程推广工作方案的通知》（闽国税发〔2015〕139号）和《福建省国税局关于建立金税三期工程优化版推广工作组织机构的通知》（闽国税函〔2015〕364号）等，细化目标任务，明确职责分工和领导责任、主体责任和各方责任。建立省、市两级国税局推进工作机制，落实金税三期集中办公使用的办公设备政府采购和集中办公场所，抽调专人负责金税三期经费管理，在省国税局内网增设“金税三期”专栏，同时做好与政府、财政、地税和人民银行等相关部门的横向沟通，完善工作协调机制。

【金税三期推进】 开展特色软件差异分析，先后对全省纳税人使用的各类涉税软件进行统计和集中会审，完成54个本地特色软件梳理工作，选定22个接入金税三期系统的本地特色软件，完成“CTAIS2.0系统”1000多张代码表和金税三期优化版800多张代码表的比对和整理工作，分析找出金税三期13个业务域954项底层业务对应综合征管软件的差异364条，代码差异2839条；做好系统初始化，先后完成全省各级税务机构、人员、岗位权限的采集和系统初始化设置工作，各类基础代码参数设置、制定出符合福建省实际的征管岗责体系、配置各类岗位权限和工作流程；做好数据清理，依托“金税三期上线辅助平台”对各类应用系统数据进行检测、清理垃圾和修正错误；做好数据迁移，包括代码对照、物理表对照，确定数据迁移范围和迁移规则；做好本地特色软件改造，包括金税三期新建系统、国家税务总局保留系统和本地特色软件三个大类。

【征管课题研究】 多次组织召开或集中办公《税收征管法》修订征求意见工作；组织完成《第三方涉税信息获取及应用研究》和《纳税主体变更或者消亡时的税款追征问题以及税收征管等时效问题研究》两大课题研究，按时上报国家税务总局，用理论和案例支持《税收征管法》修订；组织开展税收征管案例编写，每季度设区市国税局向省国税局报1篇调研报告、省国税局精选2篇报送国家税务总局，集中反映和展示福建省国税局税收征管做法，积累可复制推广的税收征管经验。

【清理漏征漏管户】 下发《关于开展漏征漏管户清理工作的通知》，4—6月，组织全省开展“拉网式”漏征漏管户清查，全省共清理漏征漏管户45014户，查补税款2625.49万元。同时，对全省开展清理工作情况进行总结和通报，对清理过程中发现的问题，提出加强后续管理措施。

【纳税评估】 全省税源管理部门实际开展纳税评估11865 户次，实际查补税款入库17.19亿元，同比减少16.82%，加收滞纳金6124.17万元，同时，冲减留抵税款26687.75万元、冲减应退税款3772.62万元、出口退税补回372.43万元、调整以前年度亏损67766.94万元，评估移送稽查180户，平潭综合实验区国税局、三明市国税局实现评估税款入库正增长。按照征管评估绩效考评标准口径，有7个地级市国税局（共9个）纳税评估绩效达到省国税局考核口径标准。

【税收风险管理】 推进行业管理规范，逐步构建综合性行业模型，整合增值税和所得税的指标，加强土地收储、股权交易、发票使用等项目风险管理，构建专项基础数据库，完善风险管理流程。全省运用税收风险管理信息系统等软件开展税收风险的风险识别和应对管理，共推送各类税收风险纳税人14853户，其中高风险1户，中风险4071户，低风险10781户。采取应对措施14853户，风险应对率100%，完成风险管理全流程12625户，共查出有问题纳税户5995户，入库税款21.33亿元，命中率47.49%。

【征管业务培训】 先后组织业务骨干参加两期国家税务总局“CTAIS（金税三期）”业务运维技能培训班；全省举办两期“CTAIS系统”新增业务暨金税三期业务和实施推广关键任务培训班，主要包括核心征管、个人税收管理、决策支持1包、决策支持2包、外部信息交换；开放金税三期优化版推广培训环境，落实全员学习了解金税三期系统行动计划；先后多次开展“CTAIS系统”各类功能升级业务运维、外挂软件升级业务测试、财税库银联网升级业务运维集中办公和业务培训；2015年8月，省国税局举办为期6天的税收征管法制培训班，地级市国税局征管部门负责人、业务骨干和基层征管部门70多人参加培训，培训内容为《税收征管法》修订进展情况和相关条款内容变化，税收征管规范解读和工作落实情况，国税地税合作规范解读和工作进展情况，当前福建省税源管理存在问题及措施，税收风险管理重点和要点等；同月，省国税局集中举办为期13天的纳税评估培训班，集中培训80名基层纳税评估专业人才，主要培训：税源管理新理念、纳税评估技巧、税收风险管理实务、税务约谈与调查核实、“营改增”相关税收问题、增值税及企业所得税政策在纳税评估中的应用、纳税评估后的调账处理、重点行业纳税模型建立、发票管理实务在纳税评估中的应用、纳税评估中的廉政建设、涉税资料的审核与分析等。

【省级征管专业人才库】 落实《全国税务系统中长期人才队伍建设规划（2011—2020年）》和《福建省国家税务局专业人才库管理办法（试行）》等规定，制定下发税收征管专业人才库选拔方案，推进新常态下税收征管人才储备，建立税收征管省级人才库，开展面向全省选拔考评活动，经地级市国税局推荐和省国税局考核认定，2015年，省国税局税收征管专业人才库入库人员55名（见表2），分4个类别，其中征管综合业务类10名，征管信息化业务运维类20名，纳税评估管理类15名，税收风险分析监控类10名。

表2　　福建省国家税务局税收征管专业人才库入库人员名单（2015年）

福建省国税局	杨　妹、林本强、李王伟
福州市国税局	姜　冰、郑　辉、许一文、刘　雯、李　颖、陈国智、康逢华
漳州市国税局	杨宝山、陈敬祝、阮伟忠、庄丽云、苏毅斌、黄少敏、陈阳元
泉州市国税局	黄锡联、林夏杨、施　琨、颜　鑫、蔡金旋、李　峥、庄东颖

续表

莆田市国税局	谢征宇、黄伟鑫、翁　毅、周建聪、苏　婧、彭少君
龙岩市国税局	沈开庆、沈金福保、周建华、陈建民、黄超敏
三明市国税局	董继涛、朱倩文、黄俊鹏、杨　旭、林　茵、方　濰
南平市国税局	曾　炜、陈玉宝、黄剑珍、陈东星、杨隆胜、王　嫔
宁德市国税局	罗来锋、王怀宽、林菁宇、吴昌健、叶雨杰
平潭综合实验区国税局	何依萍、林述云、陈　宁

【代征、代扣、代收】 截至2015年末（部分为2014年未结算），全省国税系统涉及增值税、消费税、企业所得税、车辆购置税等代征、代扣、代收税款单位961家，涉及代征、代扣、代收税款163787万元，应付代征、代扣、代收税款手续费4280.42万元；其中，2015年实现代征、代扣、代收税款50910.38万元，涉及368家代征、代扣、代收税款单位，应付代征、代扣、代收税款手续费3075.58万元，实际支付2105.33万元。

【延期缓缴税款】 经过省、市、县国税局三级初审、审核、审批程序，落实税收征管法以及实施细则赋予纳税人的合法权利。全省共审批人延期缓缴税款申请11户笔，税款10596.73万元，延期时间为1～3个月不等，其中，涉及增值税延期缓缴7户笔、税款1554.69万元，企业所得税4户笔、税款8932.04万元。

【普通发票管理】 制定《福建省国税局关于换发〈发票准印证〉和委托各设区市国税局管理普通发票印制定点单位的通知》，对2014年12月普通发票印制定点单位公开招标中标的鸿博股份有限公司、福建元祥电脑纸印刷有限公司、泉州市丰泽票据印制有限公司、福建兴达印务有限公司、福建省晋江市鸿胜彩印有限公司和厦门安妮股份有限公司6个单位（见表3）发放《发票准印证》，同时收缴以往发出的其他定点单位的《发票准印证》。沿袭福建省原管理模式，明确委托定点单位所在地的地级市国税局征管部门对此6个定点单位进行管理，其中，厦门安妮股份有限公司由福州市国税局代为管理。制定《福建省国税局关于做好2015年普通发票印制管理工作有关问题的通知》，明确普通发票印制管理相关部门职责分工：省国税局财务处；负责普通发票印制经费预算的核定下达；省国税局办公室负责普通发票印制经费的总预算编制和支付；采购中心：负责普通发票采购计划报表和执行报表的编制及三方合同的签订，负责办理发票印制经费支付手续；征管科技处：负责提供各地级市国税局普通发票印制计划相关数据及发票印制经费的分配，编制发票印制经费的细化预算，落实发票印制经费预算的执行。各地级市国税局负责编制发票印制需求、采购计划的具体实施和付款申请的提请。

表3　　福建省国税局普通发票定点印刷中标入围企业名单

（有效日期至2017年12月1日）

序号	入围企业全称	地　　址
1	福建省晋江市鸿胜彩印有限公司	泉州市晋江市磁灶镇中国包装印刷产业（晋江）基地
2	福建兴达印务有限公司	建阳市童游街道南林林产工贸园区
3	鸿博股份有限公司	福州市金山开发区金达路136号
4	福建元祥电脑纸印刷有限公司	福清市元载工业村
5	泉州市丰泽票据印制有限公司	泉州市惠安县黄塘镇前郭村（台商创业基地）汾阳三路6号
6	厦门安妮股份有限公司	厦门市集美区锦园南路99号

表4　　福建省国税局系统普通发票定点印制入围企业中标单价

（有效日期至2017年12月1日）

发票名称	品目号	版面		成品规格（mm）	装订要求	鸿博股份中标单价（元）	厦门安妮中标单价（元）	福建兴达中标单价（元）	泉州丰泽中标单价（元）	福建元祥中标单价（元）	晋江鸿胜中标单价（元）
通用机打发票	1	三联平推式		210×297	连续25份	0.391	0.401	0.395	0.399	0.397	0.393
	2	三联平推式		210×139.7	连续式25份	0.179	0.183	0.181	0.182	0.181	0.180
	3	四联平推式		210×139.7		0.253	0.260	0.256	0.258	0.257	0.254
	4	五联平推式		210×297	连续25份	0.615	0.631	0.621	0.628	0.625	0.618
	5	单联卷式		57×127	连续式100份	0.040	0.041	0.041	0.041	0.041	0.041
	6	单联卷式		57×177		0.045	0.046	0.046	0.046	0.046	0.045
	7	单联卷式		76×127		0.040	0.041	0.041	0.041	0.041	0.041
	8	单联卷式		76×177		0.045	0.046	0.046	0.046	0.046	0.045
	9	单联卷式		82×127		0.048	0.049	0.048	0.049	0.049	0.048
	10	单联卷式		82×177		0.057	0.059	0.058	0.059	0.058	0.058
通用手工发票	11	三联式	千元版	190×105	每本25份，订左包面。封皮采用80克牛皮纸装订	0.134	0.138	0.136	0.137	0.137	0.135
	12	三联式	百元版	190×105		0.133	0.137	0.135	0.136	0.136	0.134
	13	四联式	千元版	190×105		0.180	0.184	0.181	0.183	0.182	0.180
	14	四联式	百元版	190×105		0.181	0.186	0.183	0.185	0.184	0.182
发票换票证	15	三联手工票		218×131		0.178	0.182	0.180	0.181	0.180	0.179

续表

发票名称	品目号	版面		成品规格（mm）	装订要求	鸿博股份中标单价（元）	厦门安妮中标单价（元）	福建兴达中标单价（元）	泉州丰泽中标单价（元）	福建元祥中标单价（元）	晋江鸿胜中标单价（元）
机动车销售统一发票	16	六联机打		241×177	连续式25份	0.514	0.528	0.520	0.525	0.522	0.517
二手车销售统一发票	17	五联机打		241×178		0.367	0.376	0.371	0.374	0.372	0.369
通用定额发票	18	并列二联二联手撕	伍角 壹元 贰元 伍元 壹拾元 贰拾元	175×77	订左100份	0.023	0.023	0.023	0.023	0.023	0.023
	19		伍拾元 壹佰元	175×77		0.027	0.028	0.028	0.028	0.028	0.027
	20	二联手撕	贰拾元	55×240	订头100份	0.025	0.026	0.026	0.026	0.026	0.026
通用机打发票	21	单联卷式		44×127	连续式100份	0.086	0.089	0.087	0.088	0.088	0.087
	22	并列二联		160×63.5	连续式	0.030	0.031	0.030	0.031	0.031	0.030
	23	四联平推		210×139.7	连续式25份	0.174	0.179	0.176	0.178	0.177	0.175

【征管绩效管理】 组织人员，分两组对三明、漳州、南平、宁德等地市开展征管绩效督查；参与省国税局绩效办开展的落实税收政策情况等专项督查；跟踪各地绩效工作质量，按考核节点实施征管绩效评价，并按季通报绩效情况。做好税收征管规范、信息化运维、风险管理系列指标、纳税评估、欠税管理等税务总局税收征管绩效指标考评，落实党建主体责任。2015年，征管科技处取得省国税局机关绩效综合考评第5名；征管科技处党支部被省直机关党工委授予“2015年度先进基层党组织称号”，同时被省国税局机关党委评为“2015年度先进党支部”。

（供稿：黄德兴）

货物劳务税管理

【“营改增”工作】 自2012年11月开始“营改增”试点工作以来，先后经历了2013年8月双扩围以及2014年1月和6月的再扩围。全省国税干部凝心聚力，稳扎稳打，各项试点工作按照国家税务总局的部署稳步推进，落实税制改革，截至2015年底，全省共有12.2万户纳税人经确认后纳入“营改增”试点。累计入库增值税40.8亿元，全省96.7%的试点纳税人税负下降，累计实现减税35.4亿元。一是测算并调整电信业增值税预征率。福建电信、福建移动、福建联通、福建铁通等4家电信企业2014年6月1日纳入“营改增”试点范围，根据《电信企业增值税征收管理暂行办法》（国家税务总局公告2014年第26号）规定，实行“总机构汇总缴纳，分支机构就地预征”的增值税管理办法。根据上述4家电信企业2014年的增值税预征率执行情况，并考虑其留抵税额消化进度，计算确定2015年的增值税预征率，与此同时，引入电信企业汇总缴纳增值税清算制度，每半年清算一次，旨在缓解企业资金压力，保证税款均衡入库；二是对交通物流企业开展解剖式纳税评估。为防范“营改增”涉税风险，提升税种管理质量，依托“营改增管理信息系统”，通过自开货运专票金额同比增幅是否异常、增值税税负是否异常、不同税率销售额是否分开核算、取得货运专票抵扣比例是否异常等几类涉税风险点，筛选一批风险企业名单，并从中选取4户企业开展解剖式纳税评估，合计应补税款662.41万元，组织编写《交通物流行业风险管理指南》，推送纳税评估任务164户，有效防范“营改增”涉税风险，提升税种管理质量；三是做好新一轮“营改增”试点准备工作。为实施新一轮“营改增”工作，分别于2015年3月、5月，在莆田和福州举办两期（每期5天）“营改增”新增试点行业业务培训班。根据6月19日副省长郑晓松主持召开的福建省“营改增”专题会议精神，做好相关调研、培训等准备工作，分别给省住建厅、商务厅、银监会等行业主管部门发函，商请各单位协助调查研究，同时，与省地税局联系，进行前期摸底，了解企业对新一轮“营改增”准备情况、遇到的问题和困难。要求基层税务机关同步做好各项准备工作，特别是办税服务大厅压力测试、代开发票调研。在日常工作中，依托12366纳税服务热线以及机关网站主页等渠道，搜集纳税人以及税务系统日常工作中遇到的疑难政策问题并加以解答、梳理，组织编写《福建省营业税改征增值税问题解答》（第二版），共收录包括政策类、发票使用类、申报征收类等疑难问题341条，合计89749字。

【扩大农产品核定扣除试点】 在水产品、食用菌和皮革三个加工行业统一纳入农产品增值税进项税额核定扣除试点范围的基础上，2015年，省国税局会同省财政厅将茶叶和棉纺加工等行业列入农产品增值税进项税额核定扣除试点，形成具有福建特色的农产品税收管理模式。

【增值税发票系统升级版推行】 根据国家税务总局统一部署，1月1日，对新认定的一般纳税人和新办的小规模纳税人推行升级版。截至2015年12月31日，全省升级版累计推行184096户，其中存量户130630户，新办户53466户。按纳税人性质分，一般纳税人104853户、起征点以上小规模纳税人79243户。一是有序推行。省国税局成立推行工作领导小组，先后4次召开专题会议，制定《全面推行增值税发票系统升级版实施方案》；开设“增值税发票管理系统升级版”专栏，通过专栏统一回复各类问题；省国税局组织督查组分别于3月、5月和8月先后3次前往各地督查升级版推行情况，对发现的问题，及时整改。二是注重推行过程管理。制定《升级版操作办法实施细则》，细化事前、事中、事后各环节工作要求。开发升级版监控系统，对全省推行总户数、需发行户、无需推行户、已推行户、未推行户、票种核定等详细推行情况进行实时监控，掌握各地的推行进度。三是制定发票转换衔接方案，对发票转换衔接的时间节点进行安排，确保发票转换衔接顺畅；做好代开窗口税控专用设备更换工作，10月30日前全省所有办税服务大厅金税盘全部更换到位，11月底前税控盘全部更换完毕；推行客户端网上发票申领系统。在原普通发票网上申领系统的基础上，省国税局与航天信息配合开发全国首个客户端网上发票申领系统，实现足不出户，发票安全邮寄到家，提升便民办税服务水平。四是坚持纳税人自主选择的原则，增量纳税人可从两家服务商中自主选择其中一家，税务机关不推荐、不指定；明确服务内容和标准。省国税局制定《升级版技术服务内容和标准》，并在省国税局门户网站公布，供各级国税机关和纳税人对照监督；拓宽投诉举报渠道。除了12366纳税服务热线外，主管税务机关还在《升级版使用通知书》上注明投诉举报电话，省国税局每半年开展一次服务质量网上调查，公布调查结果和处理意见；完善监管措施。根据服务商违规性质情节、投诉举报数量和网上调查结果等，增加暂停增量纳税人服务、建议撤换负责人、建议重组服务单位等监管措施，要求两家省级服务商向省国税局提交《升级版技术服务质量承诺书》。通过采取上述措施，福建省基本实现两家服务商公平有序竞争的目标。根据问卷调查，2015年上半年纳税人对税控服务的满意度达98.42%。

【小微企业增值税税收优惠政策】 一是做好宣传培训工作。省国税局门户网站开辟"小微企业税收优惠"专栏，开通12366纳税服务热线反映诉求平台，各地在办税厅设立"小微企业优惠政策落实咨询服务岗"；二是实时监控，加强过程管理。省国税局同步升级网络申报系统，开发小微企业优惠政策监控模块，实时监控全省小微企业政策执行情况，并建立按月通报制度，下发疑点名单，责成主管税务机关逐户核实、逐户反馈；三是规范简化管理流程。加强定额核定管理，明确退税条件及流程，简化办理误征退税程序；四是加大督查力度。省国税局分别于去年5月、8月两次组织人员对各地政策落实情况进行督查，针对各地发现的问题要求整改到位，确保各项优惠政策不折不扣落实到位。2015年，共有494万户次小微企业享受增值税优惠政策，免征增值税10.5亿元。

【消费税分税目改革】 一是贯彻落实成品油消费税政策。2014年11月—2015年1月，财政部、国家税务总局先后三次发布通知对成品油消费税政策进行调整。福建省国税局制定工作实施方案，责任到岗、任务到人、落实到位，升级征管系统和消费税网上申报软件，方便纳税人网上申报，截至2015年12月31日，全省成品油消费税入库156.45亿元，增收69.26亿元，同比增长79.4%。二是做好电池、涂料开征消费税工作。自2015年2月1日起对电池、涂料征收消费税，省国税局掌握省内相关企业的基本情况，做好CTAIS升级补丁中有关功能测试工作，对各地反馈的问题及时处理。主动与福建省质量技术监督局联系，明确福建省能够检测电池、涂料产品的检测机构，做好备案工作。同时，加大督查力度，确保政策落实到位。5月，省国税局组织力量对泉州、龙岩、宁德三个设区市的电池、涂料的减免税资格备案情况进行抽查。3—12月（政策从2月1日开始执行）全省累计入库电池、涂料消费税1711.62万元，其中电池消费税1.11万元，涂料消费税1710.51万元；三是落实卷烟消费税调整政策。5月10日，卷烟批发环节从价税税率由5%提高至11%，并按0.005元/支加征从量税。省国税局做好卷烟批发环节消费税政策调整后的预测和监控工作，定期提取企业申报数据进行比对分析，测算分析税收收入，强化后续申报衔接工作。对政策执行中发现的问题，提出建议并向国家税务总局报告，确保政策有效衔接。1—12月，卷烟批发行业消费税累计入库33.41亿元，增收15.72亿元，增长88.9%。

▲2015年10月12日—16日，全国车辆购置税业务骨干培训班在福建省举办。来自全国各省车辆购置税人才库成员及基层车辆购置税业务骨干共90人参加培训。

【委托经销商代办车辆购置税试点】 在福州、泉州两地开展委托代办车辆购置税纳税申报业务，方便纳税人、经销企业及税务机关，达到三方共赢。2015年，共为纳税人办理车辆购置税委托代办业务6071笔，入库税款7646.18万元。

【新车辆购置税征管办法】 2月1日，《车辆购置税征收管理办法》（国家税务总局令第33号）正式实施。一是培训宣传。举办车辆购置税业务专题培训班集中学习。利用门户网站、办税大厅、12366纳税服务热线、微信等多种载体宣传；二是兑现优惠政策。自2015年10月1日起，1.6升及以下排量乘用车减征车辆购置税。9月30日，在内部办公网发布《关于减征1.6升及以下排量乘用车车辆购置税的紧急通知》，要求各地国庆假期期间实行分管领导带班制度，确保不折不扣落实好优惠政策。10—12月，办理1.6升及以下排量乘用车减半征收车辆购置税的车辆7.65万辆，同比增加1万辆，增长15.04%，减征税款3.42亿元；三是开展专项检查。为排查车辆购置税业务办理的执法风险，省国税局对2012年以来全省办理的所有特殊计税业务开展专项检查，逐笔检查是否符合特殊计税的规定、材料是否齐全、是否存在偷漏税款等。并对发现的问题进行整改；四是加强交警部门信息交互。致函向省交警总队通报福建省2014年度车辆购置税征收情况，并请对方提供2014年度全省车辆登记注册情况。

【车辆购置税征管】 一是加强征管信息化，开发“数据质量管理平台”，简化车辆购置税征管系统数据修改维护流程，提高征管效率；二是挖掘数据，省国税局将车辆购置税征收金额与发票开具金额不符、机动车销售统一发票重号等指标列入内控促廉系统，系统自动生成风险事项并推送到主管国税机关核实；三是做好摩托车“带牌销售”工作，委托摩托车经销企业在销售环节代理车主办理车辆购置税纳税申报，将办理摩托车车辆购置税的对象由广大的车主转为少数固定的经销商，减少税款流失，提高税种管理质量。

【增值税一般纳税人资格登记制】 4月1日，增值税一般纳税人资格由审批认定制改为登记制。为保证一般纳税人管理工作的有序衔接，第一时间与国家税务总局取得联系，了解文件执行口径，对外提供新闻稿宣传政策落地情况，对内发布内网通知明确实行登记制后资料报送要求、受理标准及系统操作流程。清理以省国税局名义发布的涉及一般纳税人认定管理的规范性文件，调整现行涉税业务规程和征管规范，确保政策衔接无障碍。同时，关注实行一般纳税人登记制带来的新情况和新问题，依托内控促廉系统强化后续管理工作，要求各地加大日常监管力度，避免出现放而不管的现象。截至2015年12月底，全省共有一般纳税人119760户，其中，2015年4月1日起新登记一般纳税人13490户。

【税收优惠政策执行情况专项检查】 根据《国家税务总局关于开展促进残疾人就业优惠政策执行情况检查的通知》（税总函〔2015〕261号）要求，制定下发检查方案，对1995年1月1日—2014年12月31日期间，福利企业、促进残疾人就业增值税优惠政策执行情况，以及税务人员在审批税收优惠过程中行为规范情况进行部署检查。6月29日—7月3日，组织人员分三组对各地检查工作开展情况进行抽查核实，了解各地检查工作进展情况，并收集相关意见建议。按时、保质完成645户享受促进残疾人就业税收优惠企业政策执行情况以及税务人员在审批税收优惠过程中行为规范情况的检查工作，检查面达100%。从总体情况看，福建省国税局促进残疾人就业税收优惠政策执行情况良好，但检查中也发现11户有问题企业存在违规情况，其中：2户企业取消退税资格，3户企业涉嫌骗取退税违法行为，3户企业暂停退税，3户企业按规定核减残疾人员27人。

【加强防控增值税发票管理风险工作】 自2015年4月1日增值税一般纳税人实行登记制后，不法分子虚开发票现象有所抬头，情况更加复杂。省局及时组织人员调研、分析，充分收集基层意见建议，并在全面推行升级版的基础上，充分应用升级版数据，防范税收风险工作。截至12月30日，福建省累计开展增值税风险企业应对635户（包括税务总局推送给我省的85户增值税风险企业名单），其中，存在税收风险企业271户，已走逃、注销企业314户。全省共查补税款1016.28万元，调减留抵税额295.5万元。有关发票方面，全省共查处虚开增值税专用发票4400份，金额38168.16万元，税额6488.59万元；专票失控处理企业273户，失控专票46036份；查处虚受专票企业4户，虚受专票37份，金额2415.99万元，税额410.72万元。

（供稿：翁　菁）

所得税管理

【所得税汇算清缴】 做好汇算清缴事前宣传辅导、事中监控审核、事后评估稽查等工作，7月，对汇算清缴数据集中会审，逐户、逐表、逐环节审核，提高数据质量。全省参加汇算清缴企业235386户，汇算面100%，累计实际已预缴的所得税额362.27亿元，预缴率82.87%，应补所得税额74.91亿元。

【小微企业税收优惠】 全省国税管征的小型微利企业共248246户，其中盈利企业71218户，实际享受小型微利企业优惠政策户数71218户，享受优惠面达100%，享受减免税额为38586.73万元。享受优惠户数比2014年65447户增加5771户，增长8.8%；减免所得税额比上年26158.49万元多减免12428.24万元，增幅47.5%。

【固定资产加速折旧优惠】 2015年，国家进一步扩大固定资产加速折旧优惠政策享受范围，国家税务总局以2015年第68号公告明确新增轻工、纺织、机械、汽车等四个领域重点行业实行加速折旧政策。公告出台后，省国税局通过开展多层次、多渠道、全方位的政策宣传辅导，自行开发统计管理软件，加强执行过程监控等方式，确保政策落实到位。全省共有379户次企业享受固定资产加速折旧优惠政策，累计享受金额8204.98万元。

【高新技术企业税收优惠】 对上一年全省高新技术企业享受优惠执行情况展开调研，了解影响企业享受高新技术优惠的主要因素，并就如何进一步推动福建省企业自主创新、持续创新提出建议和意见。同时，配合省科技厅做好高新技术企业资格认定工作，共计认定高新技术企业319户，复审企业65户，更名备案34户。按照审计、督查部门的要求，部署各地开展自查，切实完善高新技术企业优惠管理。“十二五”期间，全省高新技术企业资格累计认定1557户，共计减免税款54.93亿元。

【研发费加计扣除优惠】 针对研发费用加计扣除户数占实际汇算清缴户数比例低的问题，在了解全国其他省（市）相关情况的同时，到基层了解福建省企业享受优惠政策情况，剖析原因，提出建议，进一步推动企业研发项目的科研投入，鼓励企业自主创新。同时，组织干部对研发费用加计扣除新政策进行解读，做好落实新政的宣传、培训、调研等工作方案，全面落实新政策。

【全省所得税工作会议】 3月，召开全省所得税工作会议，省局副局长邱大南做报告，回顾总结近年来福建省所得税工作取得的成绩，围绕新时期所得税现代化建设目标，对当前和今后一个时期的工作任务进行安排和部署。对2015年所得税工作重点任务、企业所得税政策及管理工作中存在的若干问题及意见建议等进行学习、讨论，尤其是对有关政策问题进行明确，以统一全省执行口径。

【推行新年度纳税申报表】 一是对全省120人进行新申报表的师资培训，各地级市国

▲2015年3月16日，福建省国税局召开企业所得税全省工作会议。

税局开展巡回培训班近千场，持续不断地进行新申报表讲解、政策宣传及解答。二是通过网站、QQ、微信、电视台等多渠道开展宣传工作。三是协调信息中心完成网上申报软件的开发、测试、修改、完善等工作，确保申报软件的稳定运行。四是与12366纳税服务热线建立沟通反馈机制，解决好纳税人申报过程中反映的热点、难点问题。五是组织部分所得税业务骨干，对年报网上申报软件的整体模块、分表单申报、申报关键点等内容进行研讨，做好申报软件的优化升级工作。

【高风险事项团队管理试点】 做好企业所得税重点税源和高风险事项团队管理第二批试点工作。一是向第一批试点兄弟单位取经，制定福建省试点工作方案，明确团队管理的总体思路、工作目标、方法步骤、工作要求等内容。二是确定福州市国税局、泉州市国税局为高风险事项团队管理试点单位，并确定对股权转让、不征税收入作为所得税高风险事项实行团队管理。三是组织人员到福州市国税局、泉州市国税局并选择部分县（区）国税局对试点工作开展情况进行调研和督导，了解、协调和解决团队应对过程中遇到的难点问题。通过此次试点工作，全省共识别3952户风险纳税人，推送3623户，实际有问题企业309户，对296户企业查补企业所得税117207万元。

【企业所得税管理系统】 在已开发的“所得税电子台账软件”基础上，纳入已有的“所得税风险预警系统”、税收监控等电子平台，成功研发“福建省企业所得税管理系统”，该系统涵盖影响企业所得税税基、税额的所有重要事项。同时，利用该系统与申报表、财务报表、第三方信息比对等数据审核功能，增强风险应对的敏锐性、针对性和有效性。9月，国家税务总局所得税司领导应邀到三明市国税局进行现场调研，对该系统给予肯定。全省应用该系统发现10万户次有疑点的企业，调整以前年度亏损8.57亿元，补缴企业所得税及滞纳金3.12亿元，并在高风险事项团队管理工作中发挥作用。

【调研与督导】 一是多次赴福州、泉州、三明、漳州、龙岩等地开展调研工作，了解掌握各地执行所得税政策过程中遇到的难点、疑点。二是开展对所得税优惠政策落实的督导督查工作，要求全省各地根据国家税务总局和省国税局的督查工作要求，进行自查和整改，对照检查，切实贯彻好所得税优惠政策。三是多次赴福州、泉州就高风险事项团队管理试点工作开展专题督导工作。四是多次到三明市国税局进

▲2015年9月17日，福建省国税局召开企业所得税管理系统汇报会。

行调研，推进企业所得税管理系统的开发工作，并邀请所得税司领导到现场就系统开发、完善做指导工作。

【统一政策执行口径】 年初，布置全省各地对有关所得税政策问题进行调研和收集，并进行汇总、整理后形成初稿。3月，全省所得税工作会议上安排专题讨论形成修改稿。5月，召集各地所得税科长及业务骨干在宁德召开会议，对修改稿进行再次商议、修改，最终形成定稿。对贷款损失准备金、研发支出资本化问题、借款利息费用、公益性捐赠支出、税收优惠等有关所得税政策共70多个问题进行逐一解答，统一政策执行口径，促使企业所得税政策的执行更加规范。

【编制政策汇编和操作指南】 一是抽调地市的业务骨干，收集整理自2010年以来的企业所得税政策，分类别、分项目对其进行归纳，形成《企业所得税政策汇编》。二是对《企业所得税操作指南》的编写进行分工部署，分项目编写政策内容及相应案例，并多次召集编写人员集中进行交叉审核后再进行总体审核。三是经过多次会稿讨论整理，完成《企业所得税政策汇编》和《企业所得税操作指南》两本书的最后审核、印刷分发工作。四是在完成纸质出版的基础上，将这两本书制作成电子书，并录入有关系统中，方便税务干部学习研究。

【绩效考核】 一是按照国家税务总局考核项目的内容，做好有关工作并总结上报落实情况，并将福建省自主研发的“企业所得税管理系统”汇报国家税务总局，争取加分项目。二是对小微企业、固定资产加速折旧、重点减免税政策、所得税汇算清缴等内容的工作明细、完成时点进行指标分解，督促各地按照各项工作的内容及时点，落实好每一项工作。

【政策咨询及提案答复】 共反馈政策咨询、征求意见、提案等有关办文纸质件约203件，公文电子件约86件，12366纳税服务热线工单约106件。通过提供所得税有关政策和管理的意见和建议，为省国税局领导、省政府领导、有关部门做决策提供参考信息。

【业务建设】 一是指引干部学习使用福建省自行编制的《企业所得税政策汇编》和《企业所得税操作指南》，提高所得税业务水平。二是举办汇算清缴培训班，围绕汇算清缴管理办法、税收优惠管理、新申报表梳理等内容，并对新旧政策进行梳理和衔接，对政策执行的热点和难点进行专题讲解，为汇算清缴做好前期准备。三是举办“企业所得税管理系统”推广培训班，引导税务干部通过信息化、现代化，提高所得税管理水平和工作效率，降低执法风险。四是结合重点税源和高风险事项团队管理工作，建立一支专业性强、业务能力高、实践经验丰富的所得税精英队伍。

（供稿：黄小丽）

出口退税管理

【出口退税政策落实】 一是落实《全国税务机关出口退（免）税管理工作规范（1.0）版》，下发《福建省国家税务局关于下放生产企业出口货物劳务退（免）税审批权限工作的通知》以及《福建省国家税务局关于明确出口货物劳务退（免）税审批权限有关问题的通知》，全面下放生产企业出口退（免）审核审批权限至县级税务机关，做好下放后岗责设置及人员调整。二是落实《国家税务总局关于发布〈出口退（免）税企业分类管理办法〉的公告》，结合本省实际研究出台《出口退（免）税企业分类管理办法操作指引》，自3月1日起根据企业税法遵从度、纳税信用等级等情况，对出口企业实行差别化分类管理，并进行动态调整，当年共评定一类企业141户、

二类企业5205户，一、二类企业占正常申报出口退（免）税总户数的78%。三是落实《国家税务总局关于开展出口退税无纸化管理试点工作的通知》，自5月1日起在福州、平潭自贸区出口企业中推行出口退税无纸化管理试点，制定下发《福建省国家税务局关于开展出口货物劳务退（免）税无纸化管理工作的通知》和《福建省国家税务局关于开展出口货物劳务退（免）税无纸化申报管理试点的公告》，优先推行增值税发票升级版系统、完成税控数字证书签名系统支持等工作，当年有169户出口企业受惠，累计办理退税6.28亿元。四是落实国务院关于实施境外旅客购物离境退税政策的决定及《国家税务总局关于发布〈境外旅客购物离境退税管理办法（试行）〉的公告》，完成离境退税信息软件系统的采购、安装调试、业务培训、政策宣传、退税商店报备、外部门沟通协调等工作，力促该政策在福建省落地。

【出口退税管理】 制定“促进进出口稳定增长”八条措施；继续兑现15个工作日限时办税服务承诺制；进一步加强对历史遗留问题的清理，各地重新审核处置出口退税遗难杂症，办理退税款2.21亿元，受惠企业267户，不予退税3.89亿元，涉及企业307户；规范函调管理，对各地回函情况开展监督，全年共发布36期回函提醒信息。

【业务培训】 年初，在泉州举办近200人参加的全省出口退（免）税业务培训，主要围绕退税规范、分类管理办法、政策规定解读、出口企业操作实务等内容，为全省落实退税规范下放生产企业审批权限做好准备。11月，在莆田举办全省出口退税工作研讨会暨预警辅助系统培训，围绕出口退税面临的困境和突出问题进行专题研讨并提出解决思路，同时就外贸企业出口退（免）税审核辅助与预警分析监控系统操作进行业务培训。

【信息管税】 做好出口退税审核系统软件的应用、升级和出口退税函调系统的运行；继续开发出口退税审核辅助与预警分析监控系统，提交二次需求并利用该系统按季对出口退税审核疑点进行预警提示，部署各地及时开展评估核查；继续推行“福建省国家税务局出口退税远程综合服务系统”，实现出口企业“足不出户”即可办理出口退税申报预审。

【出口退税计划管理、调库资源分析及预测】 根据全省出口情况，预测、分配、调整下达2015年度出口退（免）税计划。加强与收入规划核算部门配合，测算免抵调库资源，安排调库总量和进度。加强福建省生产企业退、调比例分析，做好免抵调库资源的按月分析与预测。

（供稿：刘　琨）

国际税收管理

【反避税工作】 落实国际税收特别纳税调整立案、结案案审会制度，全省通过反避税案件系统共立案5户，召开案件审理讨论会5次，实地案件调研4次，上报税务总局结案3户。结合BEPS各项成果，创新调整方法，统一全省范围内同一集团的反避税调整方法。全年组织反避税税收收入4.96亿元，比上年度增加1.28亿元，增长34.78%，其中，反避税调查补税环节实现税款1.18亿元，监控管理环节调增补税3.77亿元。福建省参与国际税收规则制定和国内反避税相关法律的修订完善，全省反避税工作成果等方面获得国家税务总局国际司通报表扬。新华社《国内动态清样》（2015年第2807期）刊载福建省反避税方面的工作经验。

【参与税务总局专家会审】 配合国家税务总局执行反避税案件集体办案和会审工作制度，根据国家税务总局专家会审制度要求，参与2件全国重大反避税案件的会审，会审税款近20亿元，国家税务总局国际司点名表扬福建省工作。

【非居民管理】 夯实非居民日常监管和重点调查，排查问题并调整。全年组织非居民税收收入22.45亿元，比上年增加1.4亿元，增长6.65%。某企业股权转让入库非居民企业所得税3.24亿元。开展非居民税收管理的工作成果获得国家税务总局副局长张志勇表扬性批示。

【非居民专项检查】 全省范围开展特许权使用费等项目的专项检查，共对1080户企业进行税源分析，对985户企业进行风险核实，合计查补税款3790.40万元。

【执行税收协定】 全省共审批非居民企业享受税收协定待遇76件，审批减免税款29.71亿元；非居民企业享受税收协定待遇申请备案有54件，备案减免税款2763.77万元。全年合计减免税款30亿元。福建国税在协定待遇管理方面的工作成果在2016年全国国际税收工作会议上得到国家税务总局副局长孙瑞标的表扬。

【服务“一带一路”】 推出个性化和共性化相结合的服务模式，通过各类宣传方式，帮助相关纳税人了解国际税收政策以及对外投资的权利和义务。参与税务总局国别税收信息中心的建设，整理编写马来西亚和文莱的投资指南，其中马来西亚消费税改革研究报告获得国家税务总局局长王军表扬性批示。联合省地税局召开新闻通报会和政策宣讲会，在外网开设专栏，在《中国税务报》专版介绍，编印《海西税务》专刊，配合国家税务总局主办“一带一路税收行”主题征文活动，印制发放政策指引手册3000本，并利用微信、微博的方式宣传国际税收政策图解。开展“大走访、问需求”活动，举办对外投资税收辅导培训，设立12366纳税服务热线国际税收专席并公布国际税收专家热线，解决“走出去”企业实际困难。

▲2015年4月22日，全省国际税收工作会议在宁德召开。

【情报交换】 按照《国际税收情报交换工作规程》，开展本年度美、日、韩、加、澳等5国的自动情报交换和制作，共计向这5国提供295件自动情报，呈报国家税务总局专项情报请求5件。其中，一个案件入选国家税务总局与日方现场研讨会内容，一个案件通过国际联合反避税信息中心（JITSIC）获取企业跨国第三方订单信息，比对后取得案件有效突破，入选国家税务总局情报交换示范案例，预计调整后入库税款超亿元。

【绩效管理】 2015年，福建省国际税收工作通过落实日常管理、强化风险监控、创新调查方法、保障重点工作、探索国际税收经济分析，完成各项任务。是年，国际税收管理处绩效考核名列福建省国家税务局机关考核第三名，获得“绩效管理优秀单位”称号。

【专题调研】 与北京大学、厦门大学等高等院校建立合作关系，与国内其他省份国税部门保持沟通，不定期组织实地互访互学，多次联系商务厅和外汇管理局等外部单位，联合毕马威、德勤等中介机构，成立国际税收专题调研小组，做好风险分析、政策效应分析等各项国际税收专题分析，并将分析成果实际运用于解决国际税收实际问题并提升管征水平。《福建省国际税收综合分析报告》获得国家税务总局绩效考核“优秀”等次，并作为经验成果在全国税收系统中推广学习。福建开展课题研究的工作情况获得国家税务总局国际司年度工作通报表扬。

【协同合作】 开展国税、地税国际税收合作，加强统筹协调，实现资源互通、优势互补，共享“走出去”企业信息，联合开展政策宣传活动，在数据共享、宣传辅导、联合服务和管理等多个方面开展合作，切实发挥了工作协同优势。国家税务总局对福建国地税国际税收合作开展情况进行表扬。

【业务培训】 举办国际税收业务提高班，以国际税收最新形势为背景，邀请国家税务总局、省国税局、中介机构、高校的专家学者，多角度介绍讨论国内外经济发展形势、国际税收工作转变方向、BEPS行动计划的最新成果和省内国际税收经典案例剖析等议题。全省各级业务骨干等共70余人参训。

（供稿：郑　静）

大企业税收管理

【全流程风险管理】 根据《国家税务总局关于开展中国海洋石油总公司等6户集团税收风险管理工作的通知》要求，对中国海洋石油总公司、神华集团有限责任公司、中国兵器装备集团公司、中国建筑工程总公司、中国联合网络通信有限公司和中国人寿保险（集团）公司等6户企业集团2010—2014年度纳税情况开展全流程税收风险管埋工作。通过信息收集、风险识别、风险自查、税务审计等流程，补税共计8035.51万元。其中：企业自查、案头审计税款共计3817.64万元，现场审计税款共计4217.87万元。

【税收风险管理】 指导各地改变传统的风险管理思维、方式，针对本地区的大企业集团，有选择、分批次地实行全流程、分事项的税收风险管理。如漳州市国家税务局大企业局对光电、造纸、水产品及中国建筑等行业41户企业开展全流程风险管理，共计补税款8429.73万元，调减留抵税额556.34万元，已补增增值税1090.54万元；调增应纳税所得额12575.4万元，已补增所得税2461.19万元；加收滞纳金671.42万元。又如：福州市国税局大企业局设计企业风险内控调查表，组建14个工作团队，对银行、物流、汽车销售三个行业以及各单位自选的两个行业开展企业内控机制调查，辅导企业进行自查工作，了解企业内部控制薄弱环节及可能存在风险项目，对企业存在的问题进行分类，查找产生原因。建立银行、物流、汽车销售三行业税收风险库，风险点约204个；建立软件、地产、商业类行业风险库，风险点约183个，建立“工业通用”类行业风险库，风险点约82个。同时进行风险应对流程，共补税款约5000万元。

【组建审计工作团队】 按照国家税务总局风险管理工作总体方案的要求，以大企业税收管理信息平台和税务审计软件为依托，抽调地（市）大企业局业务骨干，分二期组建5个审计工作团队，对中国海洋石油总公司、神华集团有限责任公司、中国建筑工程总公司、中国联合网络通信有限公司和中国人寿保险（集团）公司进行现场审计。第一期为2个工作团队，分为联通审计工作团队和中海油审计工作团队。联通审计工作团队组长为省国税局大企业处副处长董昌芳，组员：福州市4人、南平市2人、三明市2人、宁德市2人；中海油审计工作团队组长为省国税局大企业处郭金荣，组员：莆田市6人，合计18人。从2015年6月3日至5日在莆田集中办公。第二期为3个工作团队：人寿、神华和中国建筑审计工作团队。人寿审计工作团队组长为省国税局大企业处郭金荣，组员：泉州市4人、南平市2人、三明市2人、宁德市2人；神华审计工作团队组长为省国税局大企业处陈建钦，组员：龙岩市4人；中国建筑审计工作团队组长为省国税局大企业处林桂华，组员：漳州市8人。合计25人。从2015年6月8日至10日在漳州集中办公。现场审计税款共计4217.87万元，并将审计报告上报国家税务总局大企业司。

【大企业服务与监管试点】 根据《国家税务总局关于运用大数据开展大企业税收服务与监管试点工作的通知》的要求，配合国家税务总局做好试点相关工作。本次试点的福建海峡银行股份有限公司、乔丹体育股份有限公司2户企业集团总部所在地为福州、泉州地区。运用大数据与“互联网+”思维开展数据收集与应用工作，通过系统内部提取、企业电子财务数据采集、企业内控制度收集、网络抓取、外部门交换等方式，广泛收集税务端、企业端、互联网和第三方涉税信息。在试点工作中，按照信息收集、风险自查、风险识别、风险应对和反馈提高等步骤开展大企业税收监管工作。

【风险评估】 全省各县（区）国税局对421户企业进行风险评估，发现风险点566个，采取针对性措施554条，补税金额82383.82万元，滞纳金3110.05万元。

【谈签遵从合作协议】 为提高大企业税收管理个性化服务质效，创新纳税服务途径，大企业管理部门按照省国税局统筹、系统上下联动、扁平化管理的方式，开展税收遵从合作协议谈签和执行工作。如莆田国税大企业局和地税局联合与烟草公司等6家重点税源企业签订《税收遵从合作协议书》。

【创新纳税服务项目】 基于企业需求，对企业进行业务培训、发放调查表、通过微信公众号、QQ群、短信、电话等进行税企互动、试行纳税人专属服务机制等服务项目，寓管理于服务中，创新纳税服务项目。如泉州大企业局有针对性地面向列名大企业和泉州市属企业中的特定企业进行业务培训，举办四场次培训，共有119户次137人次参与，发放培训效果评价表并回收129份，纳税人意见14条；对A级信用纳税人发放调查表109份，回收有意见和建议的调查表36份，各类需求、意见和建议共88条。又如泉州大企业局发现某上市公司股东拟大量减持股份的公告，提前介入辅导企业处理涉税事项，预计可缴纳非居民企业所得税近3亿元，目前已入库税款7100万元。服务寓管理中，管理关口前置，引导企业自我遵从，实现税收管理效益最大化。

【数据统计编制】 对国家税务总局、省国税局2014年度的定点联系企业的管理构架、组织形式、核算方式、税务管理、税务风险内控机制、税务遵从等情况，以及税务机关对企业提供纳税服务，实施针对性风险管理的工作内容和结果进行综合反映，并对定点联系企业的经济税源、政策效应和管理风险进行分析，提出可行性的意见和建议，并上报国家税务总局大企业司。每月对45户税务总局定点联系企业的增值税、消费税、营业税、企业所得税和其他税种缴纳情况，以及企业的利润、资产负债、现金流量等数据进行采集，通过大企业数据采集分析平台（VICDP）运行系统进行归集分析，并上报税务总局大企业司。

（供稿：王丽华）

收入规划核算

【税收计划】 一是依法组织税收收入，实事求是确定收入目标。年初，根据福建省经济发展的主要目标和各级政府预算安排，分解国家税务总局下达的税收增长预期目标，确定各设区市国税局的税收增长预期目标。加强税源调研，注重动态监测，发现、应对组织收入工作中出现的新情况、新问题。6月与10月，针对国家税务总局两度调增福建省国税局年度税收增长预期目标，提出应对建议，合理调整设区市增长目标，将任务分解、落实到位。二是加强税源动态监控，做好税收预测工作。针对重点区域、重点行业、重点税源开展调研、分析，摸清百万元以上存量税源户、新投产户和具有潜在税源户等三类企业发展动向，掌握税源变化情况，研判税收收入发展趋势，做好税收预测工作，掌握组织收入工作的主动权。三是按月编制相关报表，开展计划执行情况分析。汇总、审核、上报税收月快报、旬报、城市月快报等报表，向省政府、省财政厅、省统计局等单位提供相关税收数据。按月做好税收收入计划执行情况分析，向省委、省政府领导、省政府办公厅及省直有关部门报送《国税收入简报》。6月起，按月编制《福建国税收入快报》，为各级领导掌握收入情况和决策提供数据支撑。

【税收分析】 落实税收分析工作机制。按季度召开全省收入形势分析会，通报全省组织收入情况和值得关注的问题，并对各级国税机关下一步组织收入工作提出明确要求和具体部署。推进税收形势分析、政策效应分析和经济运行分析。2015年，规划核算处报送的《福

▲2015年11月4日—5日，福建省国税局在龙岩市上杭县召开全省国税税收收入形势分析会。

建省增值税留抵税额情况的分析》《泉州鞋服产业跨境电子商务前景分析》《福建省资源综合利用税收优惠政策效应分析》三篇文章被国家税务总局《税收分析报告》采用；撰写的《福建省与广东省经济税收发展比较分析》得到省政府领导的肯定。创新性开展工作，与省地税局联合开展税收分析，更好提高税收分析服务地方经济社会发展大局的主动性和有效性。其中，《2015年上半年福建省税收运行分析》和《关于财税体制改革课题研究的总结报告》（与省财政厅、省地税局等联合撰写）获得分管副省长的批示。开展重点税源专题分析，分析经济税源发展现状、实现税收情况和发展趋势，提出意见和建议。

【税收会计统计】 一是发挥税收会计监督作用。按照《国家税务总局关于加强税收会计监督工作的通知》要求，明确税收会计监督岗位职责，完善监督工作机制，强化税款入库、退库、减免、欠缴等税收会计核算工作。下发《关于进一步重申依法征税原则　严肃组织收入纪律的通知》，要求各级国税机关要坚决贯彻组织收入原则，坚决不收过头税，切实保证税收收入质量。协助督查内审、巡视等部门开展税收执法检查，防范执法风险。同时，针对系统内外检查中发现的问题，进行梳理分类，下发各地并督促整改落实到位。二是加强会统报表的审核把关。省国税局根据国家税务总局税收统计与分析指标体系改革三年实施方案要求，制作福建国税版2015年会统报表任务及2015年会统税政报表任务，改进审核方式、方法，强化审核力度，保障数据质量，确保会统报表及时、准确编报。三是做好相关配合工作。配合人行国库等相关部门，解决财税库银横向联网电子缴税系统（TIPS）运行过程中出现的问题；配合征管科技处、建设局信息中心等部门做好TIPS和CTAIS补丁升级工作，确保税款及时入库、准确核算；配合进出口处开展出口退税无纸化试点工作。

【减免税核算与调查】 按照国家税务总局统一部署，开展减免税精细化核算管理工作，找准落实税收优惠政策与“稳增长、促改革、调结构、惠民生”的结合点和着力点，通过减、免、缓、抵等政策措施，释放税收乘数效应，促进经济社会平稳发展。2015年，全省国税系统办理各类税收减免226.38亿元。分税种看，增值税减免额56.94亿元，占比25.2%；消费税减免额16.59亿元，占比7.3%；企业所得税减免额145.24亿元，占比64.2%；其他各税7.61亿元，占比3.4%。《国家税务总局关于印发〈2015年减免税统计调查实施方案〉的通知》下发后，省国税局成立以省局局长任组长、分管副局长任副组长的减免税统计调查工作领导小组，明确部门职责分工，组织实施，对2014年度5万户企业和28.2万户个体工商户减免税情况开展调查，进而利用调查数据开展减免税政策效应分析，为领导决策提供服务。

【重点税源监控】 改进数据采集、比对和审核方式。在国家税务总局下发任务的基础上，省国税局增加审核公式和自定义分析表嵌入TRAS软件企业端，确保重点税源监控数据准确填报。按月完成国家税务总局下发的重点税源监控“异常企业和差错企业名单”的核实、反馈工作。2015年，省国税系统重点监控的独立纳税企业有1112户，比上年增加32户，全年入库税款866.1亿元，税款监控比重67.7%。协调省地税局、厦门市国税局做好2014年度福建省纳税百强暨民营企业纳税百强评选工作，牵头共同商定评选依据、口径，对备选的独立企业、总机构和企业集团采取省国税局统一取数、各设区市国税局逐户核实的方式进行筛选、排序，并将排出的初步入围名单交由征管、稽查等部门进一步核实税法遵从情况，保证“双百强”评比表彰工作按计划举办。

▲2015年12月18日，福建省国税局局长林京华（正排左六）主持召开座谈会，征求纳税人对国税部门开展“三严三实”专题教育及税收工作的意见建议。林京华强调，福建国税要认真践行“三严三实”要求，充分发挥税收职能作用，全力支持大众创业万众创新。

【税收调查】 一是建立稳定协作机制，共同做好税收调查工作。省国税局、省地税局联合开展税收调查工作，共同制订工作计划，明确分工与职责，提高思想认识，形成工作合力。二是落实调查范围，消除重复调查。利用征管系统中已有的登记资料和申报信息，对调查名单逐户进行核实、替换，确定最终调查名单并上报。三是优化服务方式方法，打造“互联网+税调”。以服务纳税人为导向，通过门户网站、微博微信、税企QQ群和网络云盘等渠道宣传税收调查工作，发放填报说明、注意事项和常见问题解答等资料。四是强化数据审核力度，确保审核不留“死角”。制作福建版税收调查任务，增加审核公式和分析表，落实“县局初审，加强征管数据比对，市局会审，省局终审”的机制。五是深化调查数据应用，提高工作深度广度。国税局、地税局共享税收调查数据，结合税收政策变化热点和自身征管优势，联合进行税收调查专题分析。

【税收票证管理】 根据《福建省国税系统税收票证管理实施办法》规定，实施税收票证信息化管理，加强对全省范围内税收票证的领用、开具、保管、结报、缴销等工作的指导和监督；按季核对CTAIS票证模块发放、使用和库存数量，确保账实、账证、账账相符；做好TRS《税收票证用存报告表》的汇总工作。

【业务培训】 一是注重需求导向。在师资安排方面注重内部骨干与外部专家相搭配，在课程设置方面注重理论讲解与案例剖析相结合，在培训形式方面注重集中培训与小班研讨相补充，培训质量和效果得到参训学员普遍好评。二是注重基层提升。选派业务表现突出、理论功底扎实、学习态度端正的基层收入核算人员参加税务总局相关培训；选派基层业务骨干参加税务总局税收分析高级研修班和OECD税收政策分析培训班；圆满承办税务总局和IMF税收政策宏观效应评估培训班，并增派福建省国税局参训学员。三是注重人才规划。做好省国税局收入规划核算专业人才库的选拔工作，注重岗位互补、新老搭配和地区平衡，为发挥入库人员示范引领作用、推动全省收入核算工作进一步提升奠定基础。

（供稿：李煌雁）

纳税服务

【文章刊登】 《纳税服务规范落地周年 福建国税推出三项大比拼》分别刊载在国家税务总局《纳税服务动态》（第83期）和省政府办公厅《政讯专报》，获得国家税务总局领导和省政府副省长郑晓松批示。11月6日，《中国税务报》以《福建国税：三项大比拼 服务大提升》为题做了专题报道。

【便民办税春风行动】 省国税局下发《福建省国家税务局关于深入开展“便民办税春风行动”的实施意见》，以“马上就办、办就办好”为主题，推出33条具体措施。开展“寻找最美办税大厅”活动，宣传报道办税服务厅风采和纳税服务特色项目。省国税局发出《致全省纳税人的一封信》，对纳税人做出庄重承诺。2015年3月13日，《福建日报》以“福建国税落实‘马上就办、办就办好’送春风”为题，报道了福建省国税局推出“便民办税春风行动”实施方案33条措施的具体情况。4月16日，新华网以“马上就办”新税风 服务发展新常态——福建国税便民办税工作纪实”为题，报道了福建国税马上就办促改革、马上就办惠民生、马上就办谋发展的工作实录。

【纳税服务规范】 围绕《纳税服务规范》的推行，省国税局开展《纳税服务规范》技能大比拼活动，省、市、县三级国税局近万税务干部职工参加纳税服务规范技能大比拼活动。大比拼活动从3月16日至4月25日，分网络考试、闭卷考试、上机实务操作三个阶段进行，省国税局局长和分管领导莅临考场指导并宣布开考，营造“学规范、懂规范、用规范”的氛围，达到以比促学、以比促用、以比促落实、以考促规范的目标。3月8日，《中国税务报》以“福建省国税局万人比拼服务技能”为题进行报道。《海西税务》第5期推出《纳税服务规范大比拼纪实》特刊。

▲2015年12月23日，在腾讯大闽网主办的2015福建互联网大会上，福建省国税局官方微信作为“微政务”的佼佼者，获2015年度“智慧发布奖”。

【纳税人学堂建设】 全省开办纳税人学堂69所，举办700场次培训和政策解读会，其中，实体学堂575场，网络课堂125场，参加培训辅导93468人次。投入师资181人（兼职180人，专职1人），收集纳税人意见建议430条，采纳322条。

【12366纳税服务热线】 12366纳税服务热线来电总量63.48万个，语音服务总量53.87万个，转接人工量50.48万个，人工接听量40.08万个，接通率79.4%。来电总量比去年同期增加23.36万个，增幅46.27%。开展网络在线咨询，开通24小时不间断服务与机器人互动，由智能机器人自动回复纳税人涉税咨询6068条。

【网上办税】 网上申报并缴纳税款增值税纳税人共142.99万户次，占税务征管系统中同口径申报户次数的90.07%，网上申报并缴纳企业所得税税款的纳税人共126.82万户次，占税务征管系统中同口径纳税人户次的86.78%。申请并办理各类涉税申请或备案20214件。网上认证增值税专用发票738.47万份，占全省全部认证总份数的74.88%；回复政策类或事项类涉税咨询2898条。开通“闽税通”APP手机客户端，标志着福建省国税步入“指尖办税”时代。

【纳税信用评价】 全省共有91647户纳税人参加纳税信用级别评价，参评面达86.4%，评出A级纳税人5894户，B级纳税人70604户，C级纳税人12362户，D级纳税人2787户，分别占全部参评纳税人的6.43%、77.04%、13.49%和3.04%。

【投诉处理】 受理投诉63件（其中：服务态度37件，服务质效17件，侵害纳税人合法权益9件），办结率100%。

【服务管理】 在莆田市国税局开发“便民办税服务系统”的基础上，升级推广“纳税服务规范管理系统”。福州市国税局推行“任务管理与服务回访系统”。南平市国税局开发“纳税人信用等级评定系统”，实现纳税人信用等级评定工作自动化；三明市国税局开展“星级办税厅”和“服务之星”创评活动，国家税务总局《税务专报》刊发了三明市国税局的做法。宁德市国税局制定《纳税人维权服务管理办法（试行）》。泉州市国税局在洛江区国税局、安溪县国税局安装“委托邮政代开发票系统”，解决纳税人用票难的问题。

【服务小微企业】 依托办税服务厅、网站、12366纳税服务热线及纳税人学堂开展服务小微企业宣传辅导，设立小微企业优惠政策落实咨询服务岗，实行首问责任制和限时回复承诺制，发放小微企业优惠政策宣传册，围绕“春风行动”，多措并举服务小微企业，保证每户应享受优惠政策的小微企业“应享尽知”。5月4日，《中国税务报》以“福建小微企业获23亿元‘大礼包’”为题，详细报道了福建国税落实国家政策、为小微企业带来实实在在利好的最新情况。

▲福建省国税局开通全省办税服务厅“服务管理监控系统”

【税银互动】 福建省国税局与建行福建省分行合作推出小微企业“银税互动——税易贷”业

务。“税易贷”实现以小微企业纳税额度、纳税信用和银行信用积累相结合的评价授信新模式，解决无抵押担保的小微企业融资难问题，为企业发展解决实际困难。全国30多家新闻媒体作了宣传报道。4月14日，新华网以“福建：小微企业凭借纳税记录也能获银行融资服务”为题、东南网以“福建省建行与省国税局共搭建小微企业‘银税互动’平台”为题、中国经济网以“福建建行：银税互动激励小微”为题分别进行报道，并予以高度评价。

▲2015年9月23日，福建省国税局、地税局与省银监局共同签订了“银税互动、信息共享”合作协议，标志着福建省“银税互动”战略合作启动。

【服务自贸区】 复制推广“办税一网通10+10”创新服务，开展“一照一码”试点，加强国税局、地税局办税“一窗化”，试行自助办税“一厅化”，推广网上自主办税，缴税方式多元化，出口退税无纸化，税银征信互动化等十几项具体措施，打造福建特色的创新服务措施，增强平潭的投资吸引力。5月1日，《光明日报》以“福建国税22项‘软硬’新政助力自贸区”为题，报道了自福建自贸试验区挂牌运行以来，福建国税密集出台推行的一系列创新举措，即在20项“硬政策”“办税一网通10+10”的基础上，又推出绿色办税便捷化、涉税咨询专业化两项具有福建特色的自贸区税收服务“软政策”。省政府办公厅《政讯专报》（第263期）刊登《省国税局创新自贸区税收服务工作》，得到省政府副省长郑珊洁的肯定和批示。

【绩效考评】 围绕国家税务总局和省国税局纳税服务绩效指标设置、分解、运行和考评情况，细化对设区市国税局纳税服务工作的绩效管理，加强进度跟踪、过程管理，向国家税务总局纳税服务司报告反馈各项工作进度和落实情况，并就春风行动开展情况、服务规范落地情况、满意度调查情况，组织检查组到基层办税服务厅开展明察暗访，向基层干部和纳税人进行问卷调查，将督查督办与绩效管理紧密结合，促进了纳税服务各项工作的落实。

（供稿：江俊强）

税收检查

【案件查办】 开展和整顿规范税收秩序，查办涉税违法案件，全年立案检查企业906户，发现有问题企业1017户（含以前年度），结案1038户（含以前年度），其中：查补亿元以上案件2户，查补亿元至千万元案件21户，百万元至千万元案件93户。

【“营改增”专项稽查】 省国税局稽查局选14户企业开展“营改增”调研式检查。其中：选取主营业务涉及“营改增”且销售收入或进项税额排名靠前的企业7户（电信业1户、铁路运输业2户、交通运输业2户、现代服务业——物流辅助服务2户），选取上述被查“营改增”企业对应的受票企业7户，共计查补1432.35万元。

【虚开假发票案件特点】 一是虚开发票已经形成“一条龙”服务。虚开发票方编造或伪造与之相配套的账证资料，制造手续齐全、合法合规的假象。二是虚开发票的开票方向生产性企业蔓延。这类企业既有正常的销售业务，能按规定开具发票，也有虚开行为，直接为他人虚开发票或者通过其他中间企业或中间人虚开发票。三是作案团伙化、职业化趋势明显。不少虚开案件是近亲属、家族成员或同乡、朋友拉帮结伙，组织性、网络性强；同时，有明确的内部分工，甚至具备一定的反侦查能力，有极强的隐蔽性。四是案件流动性强。虚开发票方经常租用简陋的经营场所，申请办理工商营业执照和税务登记证，虚开一段时间后，就注销或走逃；有的在走逃后，又在异地以惯用手法注册开办新公司作案。五是虚开普通发票的案件数量不断上升，虚开方大量开具假发票和“大头小尾”发票，从中非法收取手续费谋利。

【重大案件查处】 省国税稽查部门以查处虚开发票、骗取出口退税案件为重点，特别是“1·20”特大虚开假发票案全案查结，以及“3·09”专案取得重要突破，凸显了福建国税稽查部门坚持加大涉税违法行为打击力度的决心。全年承办国家税务总局、公安部联合督办案件1件；承办国家税务总局督办案件1件；省国税局自行督办案件6件，自行组织查办案件2件。2015年，全省查处百万元以上案件114件，查补入库收入11.37亿元。

【税收专项检查】 省国税局稽查局将出口退税企业、黄金交易企业、资本交易项目作为2015年税收专项检查指令性检查项目，房地产及建筑安装业、盈利性教育培训机构作为指导性检查项目，电信业和建安、房地产行业套开发票等税收违法行为高发行业作为区域税收专项整治重点。全年累计检查企业511户，发现有问题企业391户，查结企业372户，查补收入7.09亿元，入库收入6.29亿元。

【重点税源企业检查】 省国税局稽查局对国家税务总局抽查的重点税源企业集团成员企业隶属福建省国税部门管征的7户企业开展检查。同时，通过风险分析识别，选取8户重点税源企业开展交叉检查。全年检查查补税款4387.51万元，核减亏损1875.90万元。

【出口退（免）税企业检查】 福建省继续被国家税务总局、公安部、海关总署列为全国打骗重点地区，福建省国税部门与省公安厅、福州海关联合开展对重点行业、重点企业、重点线索打骗专项行动。全年完成917户出口企业税收专项检查工作，占2014年度申报出口退税企业4349户的21.08%，查补收入3.32亿元，已入库1.48亿元。

【黄金交易企业检查】 省国税局稽查局以打击虚开“黄金票”专项行动为龙头，并在全省开展打击虚开增值税专用发票专项行动。全省立案查处涉案企业58户，移送公安12户；定性虚开4户，涉及发票1264份，金额12517.87万元，税额2127.88万元；定性接受虚开32户，涉及发票336份，金额4156.90万元，税额706.68万元。

【房地产及建筑安装业检查】 省国税局稽查局选择福州、泉州各2户，其余设区市各1户（莆田、平潭除外）开展交叉检查，累计查补收入2.82亿元。

【打击发票违法犯罪活动】 省国税局稽查局发挥打击发票违法犯罪活动协调小组办公室职能作用，重点整治金融保险、房地产、商业批发与零售、餐饮娱乐、加工制造、中介机构、医药供销等发票使用问题突出的行业。全年累计检查企业955户，查处发票违法企业886户，查处非法发票1.98万份，涉及金额15.96亿元，查补收入3.04亿元；移送公安立案侦查19户。

【税收“黑名单”制度】 省国税局稽查局坚持加强税务信用体系建设，推进税收“黑名单”制度，按季发布符合公布标准的重大税收违法案件。2015年，共通过门户网站、“信用福建平台”向社会公布“黑名单”信息15条。联合福建省24个部门签署《联合惩戒合作备忘录》，召开两次福建省贯彻落实联合惩戒重大税收违法案件当事人联席会议，建立联席联络机制，明确各成员单位职责，完善信息反馈机制，搭建“福建省公共信用信息平台联合惩戒专栏”，实现相关数据的实时传递和更新。

【举报案件查处】 全省各级税务违法案件举报中心共受理税收违法检举案件444件，立案查处案件305件，查结案件258件，查补收入0.32亿元；全年应发放检举奖金案件3件，向举报人发放检举奖金0.6万元。

【案件协查】 全年委托发出协查1112起，涉及发票8158万份、金额11.2亿元、税额1.87亿元，收到回复发票8202万份，选票准确率58.9%；受托收到协查736起，发票7292万份，金额10.61亿元，税额1.79亿元，累计回复发票6954万份，回复率100%。

【稽查制度建设】 根据福建省国家税务局与福建省地方税务局联合出台的《关于进一步加强稽查工作协作意见的通知》，在联席会议、联合检查、联合办案、联合专项整治、信息共享、情报传递、业务交流、案件移送、统一执法尺度等方面展开密切合作。为推进税务稽查随机抽查机制，制定并下发《福建省国家税务局推进税务稽查随机抽查实施方案》，对随机抽查的主体、对象、内容、方式、频次、检查人员等进行规定。

【稽查队伍建设】 省国税系统共有稽查机构69个，稽查人员833人，其中：35岁以下67人，占总人数8.04%；35至45岁196人，占总人数的23.53%；45岁以上570人，占总人数的68.43%。研究生以上学历32人，占总人数的3.84%；大学本科学历534人，占总人数的64.11%；专科及以下学历267人，占总人数的32.05%。

【稽查人才库建设】 省国税稽查部门共有6位干部入选国家税务总局人才库，51位干部入选福建省国家税务局专业人才库。全省国税系统稽查干部中，具有注册税务师执业资格31人，具有法律执业资格9人，具有注册会计师执业资格4人。同时，福建国税局稽查局注重完善稽查队伍奖励机制，2015年，2个集体、1037人次获得各类奖励。

【稽查业务培训】 共组织各类培训67次，共有1037人次接受培训。其中：省级培训1次，参训87人次；地（市）级培训35次，参训786人次；县（市、区）培训31次，参训164人次。

【稽查信息化建设】 省国税稽查部门现有电子计算机1239台，全省国税稽查部门共有业务软件84套，其中，省级稽查部门1套，各地（市）稽查部门67套，各县（市、区）16套。

【稽查宣传】 省国税稽查局在平潭召开税收新闻通报会，通报税收“黑名单”和联合惩戒工作开展情况。新华社、《经济日报》《福建日报》、人民网、新浪网、腾讯网、东南网等20多家新闻媒体出席通报会。新华社以“列入福建税收黑名单将面临18项处罚”、《福建日报》以“‘信用福建’发布税收违法黑名单”为题进行报道，新浪网等100多家媒体先后转载，国家税务总局总会计师孙瑞标对此给予高度评价和肯定。

【稽查工作会议】 3月24日，在莆田召开全省国税稽查工作会议，总结2014年全省国税稽查工作，部署2015年全省国税稽查工作任务。福建省国家税务局副局长雷致青、总经济师林茂椿参加会议并做重要讲话。福建国税局稽查局局长张梦桂布置“3·9”等案件的查处工作。会上，林茂椿首先肯定了2014年稽查工作的成绩。认为全省国税稽查部门发挥了稽查的重要职能，各项重点工作取得显著成绩，主要体现在重大违法案件查处有力、税收专项检查成效显著、发票违法犯罪打击有力、“黑名单”制度落实有力、稽查基础工作推进等五个方面。在肯定成绩的同时，也指出当前稽查工作中存在的个别地区稽查“利剑”作用发挥不够，依法行政、依法稽查的理念不够牢固等方面的问题，要求全省国税稽查干部必须高度重视，采取措施加以解决；并从三个方面对稽查工作进行了布置：一是三个专项行动：抓好打击骗取出口退（免）税、打击虚开增值税专用发票、打击发票违法犯罪等三个“专项行动”。二是三项轮查工作：抓好税收专项检查、区域专项整治和重点企业轮查等三项“轮查工作”。三是“稽查现代化工程”：抓好绩效管理、黑名单制度和队伍建设等。

（供稿：倪适雨）

税收信息化建设

【综合纳税服务平台】 对“综合纳税服务平台”进行系统架构升级改造，各系统进行剥离，降低系统耦合度；完成“‘闽税通’手机APP客户端”安卓版的开发测试工作，并于2015年9月25日在全省正式推广使用，“‘闽税通’手机APP客户端”提供“我的大厅、涉税查询、通知通告、发票查询”等5类基本服务，下设25个功能模块。推行新版申报客户端软件，完成企业所得税年报与季报，消费税申报财务报表功能的迁移；推进涉税事项办理系统的建设，完成项目需求初步分析、总体技术方案。做好国家税务总局“自助办税终端管理系统2.0”推广建设准备工作，规范自助办税终端与业务系统接入方式；配合做好全省门户网站的普查整改工作，进行门户网站栏目调整和内容清理。2015年，“综合纳税服务平台”访问量共计1164.4万次，网站共发布信息15267条，答复社会公众和纳税人询问4325条。有46.1万户纳税人通过网站办理涉税业务，网站共接受466.5万户次的纳税人申报业务，网上申报税款919.5亿元，其中：增值税321.8万户次，申报税款517.1亿元；消费税6305户次，申报税款108.3亿元；企业所得税130万户次，申报税款291.6亿元。文化事业建设费127781户次，申报税款1.4亿元。储蓄存款利息所得扣缴个人所得税12297户次，申报税款1亿元。网上认证专用发票1111万份，网上认证货物运输发票33万份，网上抄报税27万户次。网上实现扣缴税款723.6亿元，占全省税收收入1445.9亿元的50.04%。

【增值税发票管理系统升级版上线和运行维护】 福建国税“增值税发票管理系统”升级版系统于1月1日上线运行。根据国家税务总局的统一部署，建立了电子底账，做好了升级版税务端软件、纳税人端软件和各地自有软件的配套升级工作，所有符合条件的纳税人同时纳入系统管理。按“先一般纳税人后小规模纳税人”原则，存量一般纳税人于5月31日推行完毕，存量小规模纳税人于8月31日圆满完成。在国家税务总局电子税务管理中心的指导下，10月26日，完成“增值税发票管理系统”升级版发票网上申领功能所有项目的测试，参与生产环境实测的4家企业通过系统在网上实现发票申领的业务办理。在《国家税务总局电子税务管理中心关于表扬2015年度增值税发票系统升级版技术保障工作成绩突出单位的函》

▲2015年9月25日，福建省国税局发布了“闽税通”手机APP客户端安卓版，标志着全省国税管征纳税人正式步入“指尖办税”时代。

中，表扬了福建国税。2015年，福建国税“增值税发票管理系统”升级版累计推行183660户，其中存量户130630户，新办户53030户。按纳税人性质分，一般纳税人104639户，起征点以上小规模纳税人79021户。开具增值税发票2752.8万张，其中：增值税专用发票9086347张、货物运输业增值税专用发票238938张、机动车销售统一发票461890张；增值税普通发票17740921张。

【应用系统升级与维护】 完成各应用系统补丁升级工作，其中升级补丁主要有：综合征管系统37L23号、37L24号、37L24号、37L25号、37L26号、38L01号、38L02号、38L03号、38L04号、38L05号、38L06号和39L01号等补丁；车辆购置税征收管理系统31号、34号等补丁；财税库银横向联网电子缴费系统14号综合补丁；增值税发票网上统一受理平台SKFPWSSL_V2.0.01_ZS_20150120\V2.0.02_ZS_20150210、SKFPWSSL_V2.0.10_ZS_20151225和SKFPWSSL_V2.0.07_ZS_20150920补丁；财税库银系统15综合补丁，防伪税控系统（FWSK_V7.00.07_ZS_20150920）补丁，货运发票税控系统（HYZZS_V3.0.05_ZS_20150920）补丁，电子底账系统（DZDZ_V1.0.03_ZS_20150920）补丁，出口退税审核系统补丁（V14.20），综合办公信息系统5号补丁，防伪税控系统（税务局端）（FWSK_V7.00.09_ZS_20151225）补丁，货运发票税控系统（税务局端）（HYZZS_V3.0.09_ZS_20151225）补丁，稽核系统（JHXT_V6.3.05_ZS_20151225）补丁，电子传输系统4.0版1号补丁。完成出口退税审核系统功能（V14.00版）升级工作，“网上办税系统纳税人端”软件升级至09.30.15.48版本。

做好综合征管系统的后台数据维护工作，为平潭局安装部署综合征管数据反备系统，按月汇总地市的三小票数据并上传国家税务总局，进行稽核系统的比对情况统计，并将国家税务总局稽核比对结果下发各地市。加强数据维护和利用工作，省国税局50多个oracle数据库日常监控、健康检查、表空间管理、备份恢复管理、故障处理，数据库安全稳定运行。加强后台修正各系统错误数据，根据绩效考核指标，修改数据质量管理平台监控指标，保证数据质量。

【信息系统安全】 完善网络、服务器、应用系统、数据库等的安全防护体系，加强对各类信息安全事件的监测、预警，每日对各项安全日志进行监控分析，发现隐患，解决问题。修改补充完善信息安全相关制度，修订应急预案等，并从实战要求出发，进行应急预案演练，1月24日，由省国税局分管领导牵头、信息中心组织，办公室、服务中心以及物业公司等相关部门全力配合，成功举办省国税局中心机房停电演练。国家税务总局对福建国税停电演练工作给予肯定，国家税务总局电子税务管理中心在《电子税务工作动态》第7期编发福建国税停电演练的做法和经验。开展全省国税系统信息安全检查工作，重点组织对各数据处理中心机房、基础设施、重要信息应用系统以及网络基础平台开展排查，查找安全问题和隐患，制定防范措施，对发现的问题及时进行整改，以绩效考核为契机，提升终端安全管理水平。按月通报防病毒软件安装、病毒爆发、违规外联等考核情况，解决暴露的问题。12月，启动“360终端安全管理软件”更新推广实施工作，部署覆盖全省国税系统全部办公计算机终端，并将安装率列入2016年的绩效考核。

【软件评审】 11月，福建省国税局信息中心组织相关部门对自行开发的软件进行评审鉴定。具体是：莆田市国税局申报的“绩效管理辅助系统”和“内控监督评价系统”、漳州市国税局申报的“掌上办税平台（闽税通）应用APP”、三明市国税局申报的“企业所得税管理系统”。

【本年度上线的应用系统】 完成“绩效管理辅助系统”和“内控信息化监督评价系统”开发并在全省国税系统上线运行。

【硬件设备】 福建国税信息化运行维护投入资金5294.7万元。根据金税三期工程基础环境建设要求，进行省国税局中心机房和网络升级改造，启用省国税局办公大楼4楼北机房。12月，网络改造升级工作全面完成，网络体系按照金税三期工程优化版安全域划分规范，优化业务专网、互联网和外联网，三网互相分离又互相联通。优化现有广域网运行模式，实行生产系统和办公系统数据分流，多运营商线路相互备份。购置小型机2台、PC服务器34台、台式计算机3075台、便携1215台、路由器4台、打印机737台。

（供稿：谢小雄）

税收科研与书刊

【税收科研】 根据福建省经济发展情况以及税收现代化建设进程，重点开展税收与经济相关性研究。即福建省税收收入与经济增长关联的实证分析；福建省“营改增”政策效应分析。通过省国际税收学会协同相关业务处室与厦门大学经济学院合作，针对自贸区税收政策与税收管理展开课题研究。组织人员参与国家税务总局重点课题《构建现代化税收征管格局问题研究》。

【研究成果】 收集整理2013—2014年度优秀税收科研成果。上报国家税务总局年度优秀成果评选6项，其中，《以征管现代化为引擎持续推进税收现代化》（臧耀民）获得二等奖，《〈税收征管法〉再修订需重点关注的几个现实问题》（黄显福）获三等奖。根据国家税务总局科研所绩效管理“科研精品”的要求，整合全省优秀科研成果40篇，两篇发表在《税务研究》。

【科研队伍建设】 推荐洪连埔入选国家税务总局税收科研人才库。完成福建省税收科研人才库的选拔、组建，选拔出19名优秀科研人才。采用教师授课与学员上台宣讲论文相结合的新形式，在泰宁举办全省税收科研骨干培训班。

【税收科研工作机制】 组织人员赴广东省国家税务局、深圳市国家税务局考察学习，借鉴他们在科研课题的选择、科研活动的组织、科研经费的运用、外脑的使用、科研人才的选拔与分类等方面先进经验，改进本所科研工作。

【内部刊物】 全年完成日常刊物12期、增刊3期。为配合刊物的编辑，组织“新常态新税风”“摆脱贫困”等大型采风活动。与龙岩市国税局合作，组织“红土清风”书画笔会。刊物贴近税务实际。在确定刊物封面文章时，更加注重结合福建省经济形势，结合税务工作重点。如《福建：自贸区元年》结合福建自贸区建设和平潭综合实验区国税局建局一周年，对福建自贸区的发展以及相关的税收政策进行一次梳理；《新常态新税风》结合习近平总书记“马上就办、办就办好”的要求，集中展现福建省国税局纳税服务工作近年来的新变化新举措；《一带一路的税收视角》结合当前最为热点的一带一路建设，集中报道作为海丝核心区的福建税务部门在一带一路建设方面的具体作为；《互联网+税务》对互联网时代下税务工作的发展和今后的发展前景进行集中描绘。持续改进，保持刊物活力。在大框架保持不变的情况下，对刊物的栏目设置，排版样式等元素进行微调，以保持刊物的活力。新增要闻栏目，对省国税局的重大事项进行报道，适当压缩封面文章篇幅，多出的版面用于加强论坛栏目，凸显税务刊物的特色。梳理发行环节，保证刊物投递工作。针对基层反映收不到杂志的问题，与印刷厂联系，检查快递公司的投递记录，找出问题的症结所在，保证了投递质量。

【专题画展】 由中共国家税务总局党校主办、福建省国税局协办，省国税局科研所所长顾志珊引用《习近平用典》一书，创作一批国画画作，从中精选68幅，在扬州举办“让历史照进未来——学习《习近平用典》中国画

▲2015年9月21日，由中共国家税务总局党校主办、福建省国税局协办的“让历史照进未来——学习《习近平用典》中国画专题展”在扬州开幕。

专题展”，国家税务总局总审计师顾炬、教育中心主任王兰、福建省国税局局长林京华、扬州税院院长解爱国为画展揭幕。《中国税务报》辟专版进行报道。

（供稿：吴　强）

注册税务师管理

【概述】 省注册税务师管理中心是全省注册税务师行业（不含厦门，下同）的行政管理部门，职责主要是组织贯彻注册税务师行业管理政策及管理制度，承担行业执业资格审核认定工作；监督、检查行业执业情况。截至12月31日，全省共有税务师事务所154家，执业注册税务师1289名，从业人员2939名，全行业经营规模达2.67亿元。全省注税行业共为20079户企业开展了企业所得税汇算清缴鉴证，共调增应纳税所得额96.40亿元，调减应纳税所得额51.91亿元，净调增应纳税所得额44.49亿元；为385户企业开展了企业资产损失所得税税前扣除鉴证，审定资产损失税前扣除金额32.72亿元；为39户企业开展了企业所得税税前弥补亏损鉴证，审定可税前弥补亏损金额0.29亿元；为222户企业开展了研发费所得税税前加计扣除鉴证，审定可加计扣除的研发费用金额13.82亿元；为337户企业开展了土地增值税清算鉴证，补缴土地增值税额12.87亿元。

【资质管理】 落实国家税务总局出台的《关于税务师事务所公告栏有关问题的公告》，要求各单位在采信鉴证报告时，未在国家税务总局网站公告的其他中介机构，一律不得承办涉税鉴证业务；对其出具的涉税鉴证业务报告，各地税务机关不予受理。落实《关于省外及厦门税务师事务所到我省（不含厦门）从事涉税业务执业备案的公告》，加强税务师事务所跨地区开展涉税鉴证业务的监督管理，规范市场秩序，提高执业质量。要求经国家税务总局网站公告的省外及厦门税务师事务所来福建省（不含厦门）开展涉税鉴证业务，应先到管理中心备案，如实填报《跨地区从事涉税鉴证业务备案登记表》并提供相关材料，经管理中心审核并在“福建省国家税务局”“注税之窗”栏目中公告后方可在福建省（不含厦门）开展当年经备案的涉税鉴证项目。

【行业监管】 根据《国家税务总局关于严禁插手涉税中介经营活动的通知》，开展自查和核查工作。省国税局成立由局长林京华任组长、总会计师林国镜为副组长、人事处处长魏润水、监察室主任李晖、注税中心主任朱文翀为成员的清理领导小组。同时下发《福建省国家税务局转发国家税务总局关于严禁违规插手涉税中介经营活动的通知》，细化要求，明确各县（市、区）局和设区市局自查时限。各级国税机关相继成立由“一把手”负责，由纳税服务、人事、监察等相关部门人员组成的清理工作小组，对本单位的相关情况开展自查。4月14日—20日，注税管理中心组织人员，到福州、宁德等地，督办自查清理落实情况，对部分落实不到位不彻底的，予以纠正。从督办结果看，各地均重视此项工作，能在第一时间开展自查清理，层层落实，层层汇报，按时完成清理工作。除了摸清本辖区事务所基本情况外，有的地市机关组织走访了事务所，排查税务干部是否与事务所存在不正当关系；有的地市机关在服务大厅展示监督台，接受社会监督等。通过自查，福建省国税机关未发现强制纳税人接受中介机构代理财务会计报表及其他税务事宜的相关文件或行为；未发现指定中介机构为纳税人代理做财务会计报表及其他税务事宜的相关文件或行为；未发现利用行政审批权力，与中介机构勾结，牟取单位或个人利益的行为；未发现配偶、子女及近亲属在税务干部辖区内从事中介服务。为杜绝税务中介与税务机关干部存在的不正当利益往来，在纳税服务大厅公告有资质的税务师事务所及其执业税务师名单，供纳税人自愿选择涉税中介，承办业务，要求税务干部不得以任何理由强制代理、指定代理。同时明确，涉税中介提供的涉税鉴证报告，不得以任何理由拒收。

【建立三方沟通机制】 召集涉税中介及代表性企业以座谈会、在线QQ群、微信群等形式，建立三方沟通机制。通过了解纳税人及涉税服务中介建议和诉求，调整工作思路，改进工作方法，更好地服务税收，服务纳税人。如企业所得税新政策宣传时，税务机关开展的内部培训，主动尝试邀请税务师参加，并重点作为师资培养，由这部分税务师组成讲师队伍，通过12366纳税服务热线，一对一下户等方式，向企业答疑解惑；如部分税种专业课件，邀请注税行业内专业知识较强的税务师，协助录制课件，通过公网传送点读的方式，为企业提供帮助；如企业的相关税收问题，由涉税中介代为解答，对不够明确的政策，集中提交相关处室答复，三方沟通机制的建立，为税务机关、涉税中介、纳税人搭起了沟通的桥梁。

【日常管理】 按照设立税务师事务所的审批规程，全年共审核报批新成立的税务师事务所5家，共注销税务师事务所1家。做好注册、备案、转所和转籍等工作事项。全年共办理注册税务师执业注册登记87人，其中非执业转执业28人，调入14人；办理非执业注册登记115人，其中执业转非执业4人；办理转所52人，转出6人；办理税务师事务所名称、股权、注册资金、法人代表、注册地址变更备案等39次。

（供稿：李香美）

机构与队伍管理

人事管理

【机构设置】 福建省国税局机关设16个内设机构，分别为办公室、政策法规处、货物和劳务税处、进出口税收管理处、所得税处、收入规划核算处、纳税服务处、征管和科技发展处、财务管理处、督察内审处、人事处、巡视工作办公室、教育处（思想政治工作办公室）、监察室、大企业税收管理处、国际税务管理处；1个直属机构：稽查局；5个事业单位：信息中心、机关服务中心、税收科学研究所、注册税务师管理中心、福建省税务干部学校；另设机关党委办公室、离退休干部处。下辖福州市国税局、漳州市国税局、泉州市国税局、莆田市国税局、龙岩市国税局、三明市国税局、南平市国税局和宁德市国税局等8个设区市国税局及平潭综合实验区国税局。

【人员编制】 全省国税系统在编干部职工8880人，其中：行政编制8420人、事业编制127人、工勤人员333人；本科及以上学历人员共计5722人，占总人数的64.44%；具有硕士、博士学位366人，占总人数4.12%；中共党员6382人，占总人数的71.87%。

【班子建设】 按照干部选拔任用相关规定，配合国家税务总局完成厅（局）级后备干部调研工作，推荐1名正厅（局）级后备干部、6名副厅（局）级后备干部；配合国家税务总局做好1名拟任副厅局级领导干部和3名副巡视员推荐考察工作；完成2名副厅（局）级领导干部任职试用期满转正考核工作；完成3名提任省国税局机关副处级领导职务的考核工作；进一步配强设区市国税局、县（市、区）国税局领导班子，完成漳州、龙岩、三明、宁德设区市国税局4名新任副处级领导试用期满转正考核工作；开展各设区市国税系统处级后备干部调研工作，指导各设区市国税局启动县（市、区）国税局领导班子后备干部选拔，共选拔处级正职后备干部8名，处级副职后备干部48名，科级正职后备干部53名，科级副职后备干部222名。

【队伍建设】 组织开展三明市国税局1名调研员、漳州市国税局和宁德市国税局各1名副调研员的推荐、考察工作。探索建立基层干部培养选拔机制，遴选16名基层干部充实到省国税局机关。组织省国税局机关符合条件的32名干部晋升副主任科员、主任科员职务工作。完成省国税局机关2014年公开招聘的10名事业工作人员岗位安排工作。做好干部挂职交流工作，推荐2名主任科员到平潭综合实验区挂职，安排4名领军人才到省国税局挂职，安排1名领军人才到福州经济技术开发区局挂职；接收新疆、青海国税系统挂职干部5名，接收江西地方政府挂职干部1名。做好省国税局机关下派挂职锻炼期满人员工作安排。

【干部监督】 做好领导干部个人有关事项报告工作，完成全省国税系统174名处级干部的报告材料收集、系统录入，开展随机抽查和重点抽查，共抽查27人次。按照国家税务总局部署开展超职数配备干部清理整改工作，做好党组清理规范工作，规范全省离退休厅级干部在社团兼职并报国家税务总局备案审批。

【人才培养】 加强领军人才的推荐选拔和培养使用，5名干部新入选第三批全国税务领军人才，现有6名第三批全国税务领军人才。加强专业人才库建设，建立省国税系统专业人才库21个，共434名干部入库，同时推荐9名干部入选国家税务总局6个专业人才库。

【人员调配】 新招录公务员133人，其中：福州市国税系统20人，漳州市国税系统16人，泉州市国税系统22人，莆田市国税系统7人，龙岩市国税系统17人，三明市国税系统17人，南平市国税系统15人，宁德市国税系统15人，平潭综合实验区国税系统4人。取消录用宁德市国税系统2014年度新招录公务员1人。接收军转干部7人，其中福州市国税系统2人，漳州市国税系统3人，泉州市国税系统1人，莆田市国税系统1人。做好干部调动工作，共审批调动工作人员12人，其中：外省国税系统调入2人，系统内跨地市调动7人，调入外省国税系统2人，调出系统1人。

【人事档案管理】 开展档案专项审核，对省管干部档案共442卷进行初审、复审，审核面达100%，完成收集补充材料、调查取证及认定工作；对9个设区市国税局进行档案专项审核调研督查工作；以人事档案规范倒逼人事业务规范的经验做法得到国家税务总局肯定，并在全国国税系统干部人事档案专项审核工作调研督查座谈会上作经验介绍。

【工资管理】 按照国家税务总局工作部署推进省国税系统三级以下单位2015年第二步规范津贴补贴相关工作，部署完成全省国税系统在职人员基本工资及离退休人员基本离退费标准调整工作，并预扣养老保险费，于7月全部实施到位。稳步推进县以下机关公务员职务与职级并行制度，并于2015年底完成待遇兑现。做好津补贴软件人员信息维护、省国税局机关工资变动、三级单位工资变动批复和一次性抚恤金审核工作。

【出国出境管理】 开展违规办理和持有

▲2015年9月18日，福建省国税局召开全国税务领军人才座谈会

▲2015年11月1日—3日，福建省国税局局长林京华（前排左三）带队赴广东省国税局交流学习，先后实地参观了广东省国税局、广州市国税局及海珠区国税局、东莞市国税局及东城分局、梅州市国税局，学习广东省国税系统的先进管理服务经验。

因私出国（境）证件专项治理工作。按规定做好因私出国（境）审核审批和证件管理，共办理因公出国（境）14人次，办理因私出国（境）110人次。

（供稿：蓝淑聪）

廉政建设

【落实“两个责任”】 2月6日，福建省国税系统党风廉政建设工作会议在福州召开。省国税局党组书记、局长臧耀民作讲话，并分别与省国税局领导班子成员和各设区市国税局主要负责人签订《2015年度党风廉政建设责任书》；党组成员、纪检组长曾光辉作《严守纪律规矩 强化责任监督 深入推进全省国税系统党风廉政建设和反腐败工作》的工作报告。省国税局党组落实主体责任，坚持以上率下，研究部署党风廉政建设重大问题，制定主体责任实施办法，将党风廉政建设工作任务分解为9大类35项，并细化廉政谈话提醒、述职述廉、工作谈话等制度，逐级签订责任书，层层传导压力。党组书记、局长带头履行第一责任人的责任，经常与省国税局各单位、各地（市）国税局主要负责人谈话，提出落实主体责任的具体要求。其他班子成员严格履行“一岗双责”，抓好分管部门的党风廉政建设工作。党组纪检组履行监督责任，制定下发监督责任实施办法，做到履行职责有规定、检查考核有标准、追究责任有依据。深化“三转”，明确纪检组长不分管其他业务工作，推行纪检组长集中述职述廉制度，通过当场评、集体评、领导评的方式审阅、评议履职情况，进一步促进各级纪检组长明确职责定位，突出主责主业。建立纪检监察专业人才库，举办纪检组长“履行监督责任”培训班和纪检监察业务培训班，着力提升各级纪检监察干部监督执纪问责的能力。各地（市）国税局采取多种措施落实“两个责任”，平潭综合试验区国税局建立了83项“一账一单”的“两个责任”链条，做到任务分工具体、时间节点明确、职责划分清晰。

【强化正风肃纪】 坚持从严治党，依规治党，坚守政治纪律，全省国税系统各级党组带头学习贯彻党的十八届三中、四中、五中全会精神，习近平总书记系列重要讲话精神，以及《中国共产党廉洁自律准则》《中国共产党党纪处分条例》《中国共产党巡视工作条例》，各级领导干部的党章党规党纪意识明显增强。开展“三严三实”专题教育，查摆和纠正不严不实的突出问题，省国税局梳理出9个方面的具体表现，制定58条整改措施，力促“三严三实”落地生根。开展落实中央重大决策部署的监督检查工作，省国税局组织5次对35个单位落实小微企业税收优惠政策、推进消费税改革等情况进行督查，确保各项税收政策落到实处。纠正“四风”，抓住重要时间节点，早教育早提醒，全年共制定或转发18份落实中央八项规定精神的文件，督促提醒干部职工自觉遵守各项规定。在全省系统开展落实中央八项规定精神专项监督检查，抽查面达69%，共发现5大类23项问题，并督促有关单位立即整改；同时，针对存在的普遍问题，财务处、办公室等主责部门下发进一步规范完善公务接待、公车使用、会议费管理等办法，确保中央八项规定精神不折不扣落到实处。各级纪检监察部门加强日常监督检查，对发现的问题严肃问责。2015年，省国税局纪检监察部门直接查处1起公车私用违纪案件，给予批评教育3人、诫勉谈话1人、辞退处理1人，并下达监察建议书要求责任单位加强公车管理。

【加强纪律审查】 强化信访处置工作，加强问题线索归口管理，进一步完善巡视、督查、审计等发现问题线索的移交机制，落实集体排查制度，按照五类标准规范处置信访件。省国税局纪检监察部门对问题线索进行“大

▲福建省国税局召开2015年全省国税系统党风廉政建设工作会议

起底”，实行检控类初信初访件办理“零暂存”。全省系统纪检监察部门共接收信访举报184件次（其中自收70件次，国家税务总局、纪委交办114件次），处置问题线索132件，初步核实90件，立案查处21件。加大纪律审查力度，探索运用监督执纪“四种形态”，坚持抓早抓小，扩大谈话、函询、诫勉范围，让信访举报对象讲清问题、认识错误、及时改正，对反映失实的予以澄清，全省系统共谈话函询45人次、诫勉谈话34人次；对违反规定的，给予组织处理4人、党纪政纪处分28人、移送司法机关1人、刑事处理4人。开展税收违法案件“一案双查”。学习《税收违法案件一案双查工作补充规定》，研究制定贯彻落实意见。部署对“8·22”涉税案件涉及的全省223家企业实施“一案双查”，下发监察建议书43份，要求相关单位完善制度规定，促进规范执法，防范廉政风险。漳州市国税局制定《一案双查两报告实施方案》，规范“一案双查”工作流程。加强典型案例剖析通报，针对2015年基层单位民政福利企业案件多发的情况，召开地（市）国税局纪检组长专题会，排查廉政风险；下发《税务人员职务犯罪案例选编》，通报2013—2015年全省系统违法违纪案件和违反中央八项规定精神的典型案例，用身边事教育身边人，起到警示和教育作用。

【强化监督制约】 持续深化内控机制信息化升级版建设，自主开发“内控信息化监控评价系统”，实现对内控机制运行情况的管理、监督、评价，为国家税务总局搭建全国统一的内控管理平台提供经验。在此基础上，按照国家税务总局要求，立足全国税务系统实际，编写《税务系统内控机制建设管理信息系统业务需求》，提交国家税务总局进行软件开发并推广使用。同时，进一步拓展风险防控领域，将财务风险指标纳入内控促廉信息系统，动态校正优化指标体系，努力实现税收业务与廉政风险防控深度融合，全年共推送风险事件21233件，事中核查率、事后核查率和转纪检处理率达100%。内控

▲福建省国税局与省检察院召开第五次检税联席工作会议

机制信息化建设工作得到国家税务总局局长王军的肯定。加强对领导班子和领导干部的监督，贯彻《中国共产党党组工作条例（试行）》，执行民主集中制，进一步规范议事决策程序。强化对领导干部廉洁从政的教育管理，开展任前廉政谈话293人次。落实个人有关事项报告和婚丧喜庆报告制度，全省系统174名领导干部按照规定要求全部申报个人事项，158名干部报告了婚丧喜庆事项。加强对经济责任和选人用人的监督，以守法守纪、履职尽责为重点，对6名市、县局主要领导进行经济责任审计，其中任中审计5人、离任审计1人，进一步规范领导干部从政行为，防范管理风险；执行纪检监察部门出具党风廉政情况书面意见工作规范，出具廉政意见638人次，对领导干部拟提任人选、后备干部人选、人才库入库人选的党风廉政情况把关。整合巡视、执法监察、执法督察等监督资源，加强信息共享，减轻基层负担。全年全省系统开展118次执法监察，完成执法督察项目133个，追究责任921人次。纳入执法责任追究的过错行为6782项，过错责任追究5746人次。

【廉政文化教育】 突出时代特色，学习领会习近平总书记关于从严治党的有关要求，与国家税务总局党校联合举办“让历史照进未来——学习《习近平用典》中国画专题展”，让税务干部从情景交融的现场国学经典教育中领悟修身、立德、为政之道。开展廉政文化作品征集活动，2幅廉政公益漫画、25幅廉政文化作品分别被中央纪委监察部网站和国家税务总局税务廉政之窗刊载。发挥全国税务系统廉政教育基地的宣教功能，先后组织600多人次到教育基地参观学习；在自主研发的网络廉政文化教育平台上汇聚宣传1865项反腐倡廉资料，推动以学促廉。突出地域特色，抓住中央纪委监察部网站推出“中国传统中的家规”专题的契机，龙岩市国税局挖掘客家家规家训中蕴含的勤廉文化理念，撰写的“土楼清风润心田”等3篇采访札记在中央纪委监察部网站刊载。汲取朱子理学与闽江正源廉政文化精髓，三明市国税局创建“点、线、面、网”相结合的立体廉政文化平台，开通“半亩方塘·廉如水”廉政文化微信公众号，实现廉政教育近在“指”尺。其他单位也按照“一局一品”思路开展廉政文化示范点建设，目前全省系统已建成14个廉政教育基地。拓展教育形式，坚持将廉政教育融入税收业务培训中，全年在75个业务培训班中开设涉税风险防控、廉政风险防范等课程378.5课时。泉州市国税局举办基层分局长廉政教育专题培训班，着力提升基层一线重点岗位人员风险防控意识。加强税检协作，共同预防职务犯罪；开展廉政教育月活动，通过参观警示教育基地、在线廉政测试、在线廉政公益广告和微电影展播等形式组织45次全员警示教育，强化教育效果。福州市国税局与当地检察机关联合拍摄原创廉政微电影《崖之花》；莆田市国税局与当地检察机关联合创建廉政教育基地示范点；南平市国税局采用flash弹窗讲述廉政故事；宁德市国税局与当地纪委联合举办“学党章、守纪律、讲规矩”知识竞赛等，均收到良好的宣传教育效果。廉政文化教育工作得到驻国家税务总局纪检组冯惠敏组长的表扬性批示。

（供稿：程晓君）

干部教育与国税文化

【基层建设】 制定《中共福建省国家税务局党组关于贯彻落实〈全国税务系统思想政治工作办法〉的实施意见》，明确福建省国税系统思想政治工作的中长期工作任务。制定《福建省国家税务局系统贯彻落实〈国家税务

▲2015年，福建省国税局在全省系统开展“书香国税活动”。图为莆田税务干部利用业余时间在图书馆读书。

总局关于加强税务系统基层建设的指导意见〉的工作方案》，明确总体要求和主要目标，围绕6个方面工作任务开展全省国税系统基层建设工作。4月，召开全省国税系统教育工作会议，8月，召开全省国税系统思想政治工作会议。8月23日—27日，举办全省国税系统政工干部培训班，组织全省系统政工干部进行培训。

【文化建设】

开展“全员阅读·书香国税”工程建设，建立各级国税机关图书室、阅览室等学习交流平台，建立常态化读书机制。全省国税系统书香国税建设被国家税务总局评为年度思想政治工作亮点项目在国家税务总局党建网宣传。制定并下发《中共福建省国家税务局党组转发〈关于在税务系统培育和践行社会主义核心价值观的意见〉的通知》，在全省国税系统开展道德实践活动、学雷锋志愿服务活动以及精神文明创建、国税文化建设等专项活动。

▲2015年7月29日，福建省国税局在平潭召开部分市县区局精神文明建设工作座谈会。

【先进典型】 省国税局联合福州市国税局制作拍摄宣传片，宣传“践行群众路线的好干部”郭爱莲的先进事迹，参加全国党员教育电视片观摩交流活动，获中组部党员教育电教片二等奖，在“共产党员网”展播。在全省国税系统开展“福建国税十大先进工作者”评选表彰活动，以报告会、宣讲会、先进事迹展播等形式宣传英模风采，弘扬国税精神。

【精神文明创建】 7月，在平潭召开部分市（县、区）国税局精神文明建设工作座谈会，研究部署创建工作。8月，在福州召开全省国税系统精神文明创建推进会，签订创建工作责任状。制定创建工作三年规划，部署新一届创建工作任务目标。2015年，晋江市国税局、闽侯县国税局被中央文明委评为第四届全国文明单位，永安市国税局继续保留“全国文明单位称号”。全省国税系统有8个单位入选新一届全国文明单位培育对象，国税系统占各设区市培育对象总数近1/5。长乐市国税局纳税服务科荣获“2013—2014年度全国青年文明号”称号，石狮市国税局纳税服务科、仙游县国税局纳税服务科、莆田市荔城区国税局纳税服务科、宁德东侨区国税局纳税服务科、柘荣县国税局纳税服务科被评为“全国巾帼文明岗”。第十二届省级文明单位表彰中，全省国税系统79个单位被评为“2012—2014年度省级文明单位”，泉州市国税系统被评为“设区市文明行业”。

【基层党建工作】 开展作风建设“巩固深化拓展”主题活动。省国税局召开全省国税系统主题活动推进会，组建4个专项检查组赴全省系统开展检查，省国税局领导带队到联系点开展督查。5月，省国税局在国家税务总局党校举办全省国税系统基层党组织书记示范培训班。按照党组织隶属关系，组织基层党组织书记开展轮训工作。12月14日，省国税局召开市国税局党组书记抓基层党建工作述职评议大会，省国税局党组听取各设区市国税局、平潭综合实验区国税局党组书记抓基层党建工作述职报告，省国税局党组书记对各设区市国税局党组书记抓基层党建工作进行点评，会议还组织开展了民主评议。福建省国税系统基层党建工作得到国家税务总局肯定，龙岩市国税局《创建“五好”党支部 落实“九项”活动》在“国家税务总局党建网”作为亮点工作宣传。

【人才培养】 开展领军人才培养选拔工作，经过全省国税系统推荐加考试，省国税局确定10名干部参加第三批全国税务系统领军人才考试，组织参考人员开展封闭式培训和个人复习两个阶段的集中学习。全省国税系统共有5名干部入选第三批全国税务领军人才培养对象，入选人数位居全国第二。9月18日，省国税局召开福建国税系统全国税务领军人才培养对象座谈会，省国税局局长林京华、副局长雷致青、副局长陈慕斌及全省国税系统全国税务领军人才培养对象参加会议。

【培训管理】 10月，省国税局以“互联网+”和大数据应用为主题，组织近70名处级干部赴清华大学举办1期处级干部培训班。省国税局共举办风险管理、出口退（免）税管理、税务稽查、纪检监察、督察内审等51期培训班，其中省外培训班4期。从下半年起，省国税局每个季度举办一期“福建国税大讲堂”，围绕国际局势、政治经济形势、财税政策、人文历史、政务礼仪等主题，邀请全国著名专家进行授课，并以远程视频方式覆盖全省国税系统。

【调训工作】 共组织7人次厅（局）级领导干部参加国家税务总局的专门业务和知识更新培训；组织60多名处级干部参加国家税务总局党校处级领导干部进修班、任职培训班和专门业务培训班。选送100多名业务骨干参加国家税务总局举办的各类专业化业务培训，

▲2015年10月17日—24日，福建省国税局在清华大学举办全省国税系统处级干部领导力提升研修班。

完成了国家税务总局调训任务。制定全省系统“岗位大练兵　业务大比武”方案，部署开展“岗位大练兵　业务大比武”活动。运用网络、论坛、微博、微信等新兴媒体，打造教育工作新平台。

（供稿：李叶华）

【科级干部培训】 举办1期福建省国税系统科（局）长任职培训班，各设区市国税局（含平潭综合实验区国税局、下同）新提任的60位科级领导干部参加培训。举办三期科（局）长更新知识培训班，全省国税系统科（局）级领导干部180人分三批进行更新知识培训。

▲2015年10月23日，福建省国税局局长林京华（右二）、副局长雷致青（右一）一行，到2015年全省国税系统初任培训班看望学员，图为参加部分学员代表座谈会场面。

【初任培训】 开展新招录人员初任培训，全系统新晋国税系统的140名公务员（含2014年接收的军转干部6人）集中进行为期45天的培训。培训期间，学员们编发3期手机报及3期《初任培训简报》。

【网上税校】 开发运行“网上税校”，共上传视频课件、文本、电子图书445个。增加“扬州税院”栏目，引进扬州税院精品课程，供全省国税系统干部在线学习业务知识，全年“网上税校”点击率超5万人次。

【兼职师资管理】 选拔出83位国税干部进入全省国税系统兼职师资库，承担省、市局干部培训、科研宣传工作。共有2篇信息报道，1篇经验介绍首次在税务总局《教育月报》刊登。

【全省干部培训工作座谈会】 召开全省干部培训工作座谈会，各设区市国税局分管领导和培训中心主任参加会议。会上福州、南平两个设区市国税局介绍干部培训工作经验，并讨论修订《全省国税系统2016—2018年的干部培训工作规划》。

【全国税务系统廉政教育基地】 2015年1月19日，国家税务总局发文命名福建税务干部学校为“全国税务系统廉政教育基地”。

（供稿：林雨乐）

巡视工作

【开展巡视】 通过省国税局巡视组、设区市国税局巡视组和组织开展交叉巡视等方式，共对22个单位开展巡视。其中省国税局巡视组对南平市国税局、政和县国税局、长乐市国税局、丰泽区国税局、南安市国税局等5个单位开展巡视，对龙岩经济技术开发区国税局、莆田市荔城区国税局的车辆购置税管理情况开展专项巡视。省国税局巡视组在对7个单位巡视和9个单位回访中，共查阅各类资料近万份，谈话380人，发现各类问题257项，专题分析报告6份，提出整改建议164条，向省国税局党组提出工作建议7条；2014年巡视发现的273项问题已全部得到整改，整改率为100%。设区市国税局巡视组共对13个县（市、区）局开展巡视，对2个单位的车辆购置税管征情况开展专项巡视，对10个单位开展巡视回访，共发现各类问题235项。

【巡视成效】 巡视工作取得成效。一是巡视威慑之力明显加强。巡视压力传导逐步加大，干部群众对巡视工作的支持、配合、参与等方面意识不断增强。被巡视单位重视程度进一步提高，一些潜在的廉政风险问题得到立行立改，税收执法隐患得以排除。二是巡视遏制作用初步体现。通过举一反三，特别是通过巡视提出的意见建议以及被巡视单位的整改，促使一些内部管理制度不规范，工作程序不完整、工作落实不到位、监督制约机制缺失等方面的问题得到改善，形成上级党组对下级党组工作监督的重要抓手。三是巡视工作成果得以运用。2015年以来，通过巡视组原汁原味反映问题线索，并根据巡视结果和巡视回访情况，实事求是、客观公正地为党组研究干部选拔、任免、交流干部以及加强干部队伍管理提出建议或意见4条，为省国税局党组进一步加强市、县、区国税局领导班子建设提供参考。

【健全机制体制】 从夯实工作基础着手，将巡视工作纳入党的建设和党风廉政建设总体布局。一是建立健全巡视工作领导机构。成立巡视工作领导小组，将巡视工作挂靠党组纪检组，及时研究部署巡视工作，听取巡视工作汇报。各设区市国税局和平潭综合实验区国税局均参照规范成立领导小组，强化了组织保障。二是配齐配强巡视专员。9个市级国税局中均配备科级巡视专员。三是把握巡视工作新重点。贯彻落实中央和国家税务总局巡视方针，把巡视工作的重心由过去的“五大方面”转变为“问题导向”，把巡视重点集中到领导班子及其成员特别是“一把手”，围绕“四个着力”发现问题。四是加强系统工作指导。结合福建省国税系统实际情况，学习贯彻落实国家税务总局党组加强和改进新形势下国家税务局系统巡视工作的实施意见，以《国家税务总局巡视工作流程》开展巡视工作，促进巡视工作标准化。9月22日，召开全省国税系统巡视工作会议，贯彻落实国税系统巡视工作会议精神，研究部署当前和今后一个时期全省国税系统巡视工作主要任务。9月23日—25日，举办全省国税系统巡视工作培训班，提高全省国税系统巡视干部的政治素质和业务水平。

【学习宣传《中国共产党巡视工作条例》】 认识《条例》颁布实施的重大意义，领会《条例》的精神实质，学习贯彻《条例》。首先，多层面铺开学习，形成贯彻落实的合力。一是召开全省国税系统巡视工作会议，学习贯彻《条例》，全省国税系统市、县、区国税局全体干部职工通过视频收看会议，将《条例》精神贯彻传达到每一位干部职工。二是各级党组带头学习，将《条例》列为中心组学习的内容，列为领导干部任职培训和基层党支部书记培训的必学内容，列入“三会一课”学习内容，并与“三严三实”专题教育结合起来，融入专题教育学习研讨。三是各级巡视干部把《条例》作为日常工作的基本教材，在学习中不断与实际相结合，做到精通善用。四是开展《条例》解读大宣讲。在全省国税系统巡视干部培训班上邀请省委巡视办老师解读《条例》主要创新内容，省国税局巡视办干部到各设区市国税局领导干部培训班开展《条例》解读宣讲，得到干部职工的普遍欢迎。其次，多载体开展宣传，营造贯彻落实的氛围。一是在省国税局网页开辟《条例》学习专栏，不断充实学习内容；二是印发《条例》导读宣传手册，发放给干部职工；三是打造《条例》宣传走廊，在省国税局机关大堂制作四面《条例》宣传展板以及巡视文化宣传廊建设，通过图文并茂的图版解读《条例》内容及新形势下巡视工作的要求、做法和任务等，营造宣传氛围；四是借助福建国税廉政文化教育平台开展《条例》知识测试，使每位干部职工在短时间内熟悉和掌握《条例》的条款、内涵和要义；五是在《海西税务》栏目开辟《条例》学习专刊，进一步扩大宣传的覆盖面，增强宣传效果。

▲2015年9月22日，福建省国税局召开全省国税系统巡视工作会议，贯彻《中国共产党巡视工作条例》，研究部署进一步加强和改进全省国税系统巡视工作。

【聚焦巡视主业】 以“四个着力”为指引，突出巡视工作新重点，把握巡视工作新方向，推进巡视“全覆盖”。主要做法有：一是严抓党的纪律规矩。围绕“四个着力”，着重加强违反政治纪律和规矩的监督，突出主体责任和监督责任，把发现问题作为导向，履行巡视监督职责。二是突出税务行业的特点。将民政福利企业税收管理、税收优惠政策落实、欠税管理、出口退税管理、所得税税率核定、车辆购置税征退税、资金管理、资产处置等执行情况纳入巡视工作重点，得到国家税务总局巡视办领导的肯定。三是剖析排查涉税高风险点。巡视前，组织人员从税务机关的重要部门、重点岗位、关键环节、薄弱环节特别是可能涉及税款流失的环节入手，对巡视工作每个重点逐条分析其可能存在的涉税风险点所在；同时，在日常工作中注重从干部交流谈话、互联网信息等渠道收集被巡视单位的相关信息，增强巡视工作可操作性。四是聚焦风险点开展巡视。根据被巡视单位实际情况和收集到的问题线索，制定巡视工作方案，将巡视组成员分成3～4个小组有针对性地分工，选取涉税高风险环节作为每次巡视重要突破点，提高巡视工作效率。

【创新巡视方法】 对4个单位采用交叉巡视的创新方法。一是交叉抽调人员组建巡视组。具体是：省国税局巡视办的人员担任组长，抽调2个设区市国税局（来自巡视、纪检监察、人事、税收业务等部门）3～4人为巡视组成员，组建巡视队伍。在抽调人员时，做到巡视业务人员与其他业务人员合理搭配，如对一个设区市国税局抽调具有巡视工作经验的2个人，对另一个设区市国税局则抽调2位其他业务人员（如人事、税收业务人员），这样以巡视人员为主，其他业务人员为辅的交叉搭配，既为巡视工作“传、帮、带、教”搭建平台，又可提高巡视工作质量。二是开展闭环式交叉巡视。在省国税局统一部署下，按照相互配合、相互制约、相互促进的工作要求，全面展开“A地检查B地、B地检查C地、C地检查A地”闭环式的交叉巡视模式，规避检查风险。三是深化延伸巡视，拓宽巡视广度。对市级国税局的巡视延伸1～2个县（市、区）国税局，对县（市区）国税局的巡视注重延伸到基层一线，必要时延伸到企业，并采取明察暗访实地了解情况，摸清事实。四是运用“国税巡视工作网上测评系统”，进行民主测评，提高测评工作效率，确保测评结果更加客观、公正、高效。

【巡视队伍建设】 一是把好“进口关”，配强巡视组。注重专业性、针对性，从综合素质、岗位经历及当前巡视工作重点等方面把好“进口关”，抽调政治素质高、专业能力强、综合素质佳的干部进入巡视组，有重点地选调新上任的县（市、区）国税局领导班子成员参加巡视组工作，通过实战提升水平。二是把好“纪律关”，巡人先正己。在开展巡视前，省国税局分管领导均在巡视组巡视前动员会上强调巡视工作的重要性，并就巡视工作提出纪律要求。巡视期间，巡视组成员讲规矩、守纪律，遵守中央八项规定，得到被巡视单位的好评。三是把好“经验关”，组建人才库。组建省国税局巡视工作人才库，挑选精通税政法规、税收征管、税务稽查、收入核算等与巡视工作重点紧密相关的业务骨干14名为人才库成员。通过参加国家税务总局、省国税局巡视工作培训，实战练兵，以老带新，学习借鉴兄弟单位巡视工作的经验做法，以及派员参加国家税务总局巡视组工作等方式，不断提高巡视工作人员的整体素质。2015年，福建省国税有3位同志参加国家税务总局巡视组工作，其工作得到国家税务总局的肯定和表扬。

（供稿：郑少玲）

离退休干部管理

【概述】 截至12月31日，全省国税系统离退休干部、职工总人数2313人，其中离休干部60人，“5·12”退休干部（1950年5月12日以前参加工作的退休干部）63人，其他退休干部、职工2190人。省局机关离退休干部、职工66人，其中离休干部2人，厅局级退休干部20人（含享受待遇），一般退休干部35人，退休工人（含原瑞兴公司）9人。

【政治生活待遇】 省国税局党组重视老干部工作，党组书记、局长林京华一上任就与机关老干部见面，并在重阳节带领离退处、人事处、办公室负责同志到老同志家中，与老同志促膝话家常，祝福老同志节日快乐。在传统节日元旦春节期间开展走访慰问全省系统离退休干部、职工活动，发放慰问金。并对全省系统老干部特困户、遗属特困户进行困难补助，共慰问、补助老干部特困户和遗属特困户374人。落实离退休干部阅读文件、听报告、参加重大会议和重大活动、召开座谈会、向离退休干部通报情况制度，坚持为机关老干部家中订阅报刊、探望慰问生病住院老干部、组织老同志年度健康体检。落实省国税局机关两位离休干部的医药费、特需经费和休养费。协助离退休干部党支部做好每月一次的政治理论学习。

【贯彻全国离退休干部“双先”表彰大会】 大会召开后第一时间召集全处同志和机关离退休干部传达学习习近平总书记等中央领导同志在大会上的重要讲话精神和受表彰的税务系统先进集体、先进个人事迹，并在全省系统离退休干部工作会议和省、市局老局长座谈会上，传达大会的主要精神和中组部常务副部长陈希在全国老干部局长轮训班上的重要讲话、国家税务总局总会计师孙瑞标在全国国税系统离退休干部处长培训班上的重要讲话精神，让老干部切实感受党中央的关怀，让老干部工作人员更理解党中央对老干部工作的新要求。

【组织各种活动】 在纪念抗战胜利70周年之际，组织开展系列活动纪念抗战胜利。省局党组书记、局长林京华，分管领导巡视员刘孟全分别带队走访慰问系统4位健在的抗战老战士，转达党中央的关怀和温暖，并送

▲重阳节之际，福建省国税局局长林京华（左二）带领离退处、人事处和办公室等处室负责人，慰问省局机关离退休老同志，与老同志促膝话家常。

上纪念章和慰问金。省国税局机关组织老干部赴闽侯大湖乡抗日阵亡将士纪念园瞻仰烈士纪念碑，敬献花圈，举行悼念仪式缅怀抗战英雄。省国税局还邀请有关专家在机关离退休干部暑期政治理论读书班上为老同志授课，重温抗日战争的历史。5月，举办为期4天的第14届“国税杯”省直机关老年人门球邀请赛，邀请省直机关72支老年门球队参赛。10月，在南平松溪举办全省国税系统第十届老干部门球赛，全省各设区市国税局和省国税局机关9个代表队共100多位运动员参加比赛，比赛圆满收杆。

【培训、调研与报道】 11月，省国税局举办为期三天的全省系统离退休干部工作人员培训班，各设区市国税局离退休干部科负责人、部分县（市、区）国税局老干部工作人员近52人参加培训。派员参加国家税务总局举办的离退休干部处长培训班、设区市国税局分管领导培训班和离退休干部工作人员培训班。通过开展老干部工作调研、撰写信息宣传报道等形式提升工作能力。全年向国家税务总局离退办、省委老干部局报送信息简报16余篇，被采用15篇。开展基层调研，共完成调研文稿25篇并上报国家税务总局9篇，其中省国税局撰写的调研论文《适应新常态推动全省国税系统离退休干部工作新发展之思考》获国家税务局系统离退休干部工作优秀调研成果一等奖。

（供稿：林小鸫）

党建与精神文明建设

【思想建设】 省国税局机关组织党员干部学习贯彻习近平总书记系列重要讲话精神和来闽考察重要讲话精神。坚持中心组学习制度，创新中心组学习方式。以党组中心组学习为龙头，以党委、支部为重点，采取全面学、专题学、辅导学、反复学的方式，通过集体研讨与个人自学相结合，引导机关党员领导干部学习中国特色社会主义理论体系。年内党组中心组学习共12天。5月，在全省国税系统处级以上领导干部中开展“三严三实”专题教育。省国税局党组成立党的建设工作领导小组，根据《关于在福建国税系统处级以上领导干部中开展“三严三实”专题教育方案》的要求，坚持以上率下，强化责任落实，完成专题教育的各项关键动作。5月29日，省国税局党组书记、局长林京华以《践行“三严三实”打造一支高素质的国税干部队伍》为题，给全体党员干部上党课。其他党组成员联系分管工作，自选题目，自主备课，相继到机关有关党支部为党员干部分别上党课。据统计，省国税局党组其他成员讲党课6场次，省国税局机关各处室负责人讲党课24场次，各地（市）国税局党组讲党课33场次，全省国税系统近万名党员干部参加各级党组召开的党课报告会。根据专题教育的实施方案，省国税局党组先后三次召开党组中心组扩大学习会，分别就“严以修身”“严以律己”和“严以用权”三个专题开展学习研讨，在全省国税系统开展“三严三实”专题教育知识测试，引导广大党员干部更有条理地学习理解“三严三实”相关知识。邀请李新生教授、柴宇平教授等省内著名专家学者围绕三个专题开展辅导讲座，各设区市国税局也围绕自身工作开展各类专题讲座20余次，进一步拓宽党员干部思维视野，凝聚思想共识。通过自己找、群众提、上级点、互相帮、集体议，省国税局机关检查扫描，找准查实“不严不实”问题，初步梳理出有关“不严不实”意见11项条，梳理出45条整改任务清单，提出相应的整改措施。

【组织建设】 省国税局共有党员277人，其中，在职党员干部233人，离退休党员44人。基层党组织25个。召开1次全省国税系统党的工作座谈会。机关党委注重党建工作基础，配齐配强党务领导干部，指导各党支部按时换届，推进基层党支部班子建设。经报省直机关工委批准，由省国税局党组成员、副局长陈慕斌任省国税局机关党委书记。第一季度，省国税局机关在各支部中开展“先进党支部”评比活动，实行一季度一评比。结合“三严三实”专题教育，从党支部“六有”规范化入手制定评比标准，加强党员教育管理和支部建设。落实“三会一课”制度和民主评议党员制度，完善党内激励、关怀、帮扶机制。“七一”前夕，省国税局机关党委评选表彰机关6个先进党支部、41名优秀共产党员和23名优秀党务工作者。

【制度建设】 省国税局机关坚持以党章为根本，以民主集中制为核心，健全党的组织制度体系，发展党内民主，严明党的纪律，保持党员队伍的先进性和纯洁性。一是落实党内政治生活制度。省国税局机关党委制定《关于落实〈条例〉进一步加强机关党委建设的意见》，规范机关党委报告工作、党员干部思想状况分析、支部书记联席会、定期不定期向省国税局党组报告工作、工青妇联席会议等制度，坚持每季度召开一次机关党委会，每半年分析一次党员和群众的思想状况，提高廉政意识。二是坚持民主集中制原则。落实“民主集中制”，发扬党内民主。执行“领导干部有关事项报告制度”，对重大事项，召开机关党委扩大会议，由集体研究决定。定期召开专题民主生活会，开展批评和自我批评，不断提高决策民主化、科学化水平，发挥机关党委凝心聚力的作用。三是健全机关党委工作机制。规范机关党委的设立、职权职责、工作方式和决策程序。紧扣“服务中心，建设队伍”两个核心任务，在省国税局机关各级党组织中大力推进“1263”党建机制建设。持续开展“三级联创”活动，加强上下级国税系统机关工作指导和交流，营造互帮互助互动的氛围。

【党建带三建】 为贯彻落实党的十八大提出的“完善党员干部直接联系群众制度”的要求，制定《福建省国税局在职党员到社区报到为群众服务工作的实施方案》，组织在职党员挂钩社区驻地开展思想政治和税收宣传等各类活动。省国税局机关工会先后到省国税局机关挂点帮扶的霞浦县沙江镇龙湾村和寿宁县平溪乡亭下村开展以“结对帮扶，圆梦行动”为主题的结对帮扶工作，走访当地困难家庭，为他们送去节日问候。申报创建省直机关“先进职工之家”，参加第六期省直机关在职职工医疗互助和2015年省直机关金秋助学活动，增强机关的组织凝聚力和向心力。创建青年文明号和巾帼文明岗工作，鼓励党员干部干事创业，开拓进取。致力为国税青年干部打造良好的读书交流平台，营造“书香国税”的文化氛围。作为省国税局的品牌主题活动，机关团委牵头举办6期青年干部读书会受到广大青年干部的欢迎，也得到省国税局领导的肯定与支持。

【精神文明建设】 推进群众性文明创建活动，做好第十三届（2015—2017年度）省级文明单位申报工作，以评促进步，加强机关文明创建。参加省直机关开展的“共筑中国梦，建设新福建”省直机关书画征集工作，丰富机关文化生活。深化“我们的节日”活动，在春节、清明、端午等民族传统节日，组织开展各种健康的节日活动，组织党员干部赴福建省革命历史纪念馆，参观福建省纪念中国人民抗日战争暨世界反法西斯战争胜利70周年展览，丰富文明创建活动，提升干部职工文化素质。

（供稿：陈　佳）

【文体活动】 6月4日，福建省国税系统业余登山队员李滨、张桦战胜重重困难，成功登上欧洲最高峰（海拔5642米）——位于俄罗斯境内的厄尔布鲁士峰，成为福建省国税系统首次登顶欧洲最高峰的队员。（厄尔布鲁士峰是“7+2”极限运动山峰之一。“7+2”极限运动是指攀登7大洲的最高峰和徒步到达南北两极的极点，代表户外运动的最高境界）。

（供稿：李　滨）

▲2015年6月4日，福建省国税系统业余登山队员李滨（右）、张桦（左）成功登上欧洲最高峰。

行政后勤管理

政务管理

【政务信息】 办公室共采编发布政务信息1436篇，采编《国税信息》7期，被省委、省政府采用191篇，其中《福建自贸试验区试点实施“一照一码”登记制度改革一周情况》等111篇调研信息被国务院办公厅采用，呈送国务院领导参阅，并有3篇调研信息获国务院领导批示；《省国税局创新自贸区税收服务工作》等14篇信息专报获省委、省政府领导批示。被国家税务总局采用26条，获税务总局领导批示1条，全年信息工作与江西省国税局并列全国税务系统第四名。

【绩效管理】 绩效管理各项工作稳步推进、有序开展，组织绩效和个人绩效实现“双轮驱动”、协同发展，“纵向到底、横向到边、全面覆盖、全员参与”的总格局基本形成。三明市局在全国税务系统绩效管理工作视频会议上作经验交流，新华社《内部参考》报道了三明市局创新绩效管理破解干部管理难题的工作情况，副省长郑晓松对福建省国税系统绩效工作予以表扬。

▲2015年9月11日，福建省国税局在龙岩市国税局开展绩效管理工作集中调研。

【新闻报道】 结合税收宣传月活动，开展了一系列税收宣传活动，如联合省地税召开纳税双百强发布会，在平潭举办自贸区税收政策宣传解读会，在泉州举办“一带一路税收行”新闻通报会和税收政策解读会，组织开展“新常态 新税风”大型采风活动，在新浪网举办服务小微企业在线访谈等，受到省内外主流媒体关注。新华社、《人民日报》《经济日报》《光明日报》《福建日报》《中国税务报》以及人民网、新华网等权威媒体报道福建国税工作情况百余篇，参与制作的节目在中央电视台《新闻30分》播出，展示福建国税新成绩、新形象。先后发布484条官方微博、107期微信。省国税局官方微信多次进入税务系统微信排行和福建省政务微信排行前列。

【督办反馈】 配合国家税务总局开展2次实地督查，牵头组织开展5次系统督查，对9个设区市国税局和26个县（区）国税局开展实地督查，对存在的问题进行通报，促进重点工作落实。在做好系统督查的同时，抓省国税局机关决策部署、领导批示、会议议定事项、重要文件规定等的督促检查，上半年共办理督查督办73期，办理各类反馈件205件，处理来信、来访140余件次。办理人大代表建议和政协委员提案工作，共办理人大及政协议提案反馈28件。

【机关运转】 按照中央八项规定相关要求布置会议，开展接待工作。加强机关经费预算管理和预算执行工作，对经费的使用审核把关。按照机要工作规程办理机要文件的收发运转和保管。完善和落实文电、值班、档案等工作制度，做到责任分明、快捷高效。与中国税务杂志社、东南网和新浪福建网合作，实时监测跟踪税收舆情，共监测和妥善处置各类网络舆情12起。

（供稿：兰延灼）

财务经费

【经费保障】 加强与国家税务总局及地方政府的汇报，积极争取中央财政和地方政府资金更多的支持，为服务税制改革、保障重点项目建设资金和税收工作的正常运转提供了财力保证。落实经费“三个倾斜”原则，在统筹调剂结转资金、盘活存量资金、优化经费分配结构等方面加大管理力度。对全省国税系统2014年以前形成的存量资金进行梳理，并结合经费收入情况，分析资金使用需求，按照经费“向征管、基层、困难地区”三个倾斜的原则，制定切合实际的资金使用计划，在完善保障的基础上努力盘活存量资金，解决部分基层单位经费困难的问题。

【经费预算执行】 将预算执行进度分半年、三季度、全年三阶段分别纳入绩效考核，加大预算执行问责力度，同时加强预算执行过程监督，确保资金安全运行。2015年全省国税系统中央财政拨款预算执行率为91.23%，剔除未到账额度因素，全年执行率为97.43%。

【经费支出管理】 贯彻落实中央八项规定和《党政机关厉行节约反对浪费条例》精神，努力降低行政运行成本，优化支出结构，控制“三公”经费支出。2015年1—12月全省“三公”经费比上年同期下降33.9%，其中：公务车辆购置及运行费较2014年下降33.6%，公务接待费较2014年同期下降37.9%。

【国库集中支付管理】 省国税系统直接支付总数19笔，总金额672.48万元，进一步强化国库集中支付重点项目监督管理，规范重点项目支出行为，加强国库动态监控管理，及时检查和归类反馈疑点信息。全面推进实有资金监控管理，做好将省国税系统零余额账户纳入资金监控平台的准备工作，实时监控资金收支活动，实现事前和事中的监控和预警。

▲2015年11月12日，财政部驻福建省财政监察专员办事处一行3人到福建省国税局开展预算管理调研，并与省国税局分管领导和财务部门相关人员座谈。

【资产管理】 落实国税系统行政单位和事业单位国有资产管理办法，做好国有资产处置、配置、使用、划转调拨的审核、批复工作。按照“收支两条线”做好行政单位国有资产处置收入和出租出借收入的上缴工作，截至2015年12月31日，全省共上缴固定资产出租出借收入2018.44万元，上缴国有资产处置收入202.83万元。

【基建管理】 2015年，新审批各类维修改造项目11个，当年批复开工项目6个，当年批复财务竣工决算项目13个，全年完工交付使用资产5355万元。

【信息化和内控机制建设】 2015年12月中旬，福建省国税系统财务内控信息化平台上线，将预算、支出、基建、资产等四大类、48个风险指标纳入监控。从目前运行的各类财务管理软件中自动抽取数据进行横向和纵向比对，发现财务疑点信息，实现财务、业务数据的及时监控，保证数据汇总的时效性，进行财务风险预警展示、问题核查和业务整改，完备了财务管理体系。

（供稿：王双和）

政府采购

【概述】 全省国税系统各级政府采购部门共组织项目采购668批次，采购总金额5557.23万元，比预算节约经费1732.37万元，资金节约率达23.76%。其中：货物类采购金额4523.03万元；工程类采购金额59.7万元；服务类采购金额974.51万元，分别占总采购金额的81.39%、1.07%、17.54%。公开招标、协议供货、定点采购、单一来源、邀请招标、询价采购、竞争性谈判七种采购方式采购金额分别占总采购金额的74.60%、15.03%、5.72%、2.70%、1.07%、0.72%、0.16%。全部采购中“面向中小企业”采购总额达1630.96万元，约占总采购资金的29.35%。

省国税局机关先后组织大、小项目采购70批次，采购总金额4245.5万元，比预算节约经费552.34万元，资金节约率达11.6%。相比2014年，采购批次增加23批，增幅49%；采购总金额增加3061万元，增幅258%。台式机、便携机、打印机、复印机等批量采购数量合计181台，采购总金额54万元，为历年批采量之最。

【电子采购】 “国税系统政府采购电子平台”正式上线运行，这是国税系统政府采购的里程碑，标志着国税系统开始进入“互联网+政府采购”模式，逐步实现电子化、信息化。“国税系统政府采购电子平台”包括：计算机软件、服务器、计算机网络设备、视频会议系统及会议室音频系统、多功能一体机、传真机、扫描仪、投影仪、UPS电源、自助办税终端、税务骨干网线路租用、乘用车及客车等12类产品。

【重点项目采购】 金税三期工程上线项目建设及相关设备款项1722万元。完成核心主机780小型机两台的采购任务，合同金额778万元；完成三期网络改造项目采购，合同金额529万元，完成服务器采购367万元；完成虚拟化资源服务器合同金额195万元；完成北机房改造项目采购合同金额60万元；完成门户网站升级改造项目采购合同金额72万元、完成网上涉税审批项目采购合同金额66万元。完成综合纳税服务平台运行维护项目采购合同金额78万元；应急完成省局金税三期集中办公人员PC机100台、便携式计算机29台、打印机31台的采购。

【税务总局批量集中采购】 国家税务总局批量集中采购范围有所变化。具体包括：台式计算机、便携式计算机、打印机、复印机4类产品。传真机、扫描仪、碎纸机、复印纸4类产品不再纳入批量集中采购范围。转发《国家税务总局转发〈财政部关于加强中央预算单位批量集中采购管理有关事项的通知〉的通知》，加强对批量集中采购的管理。2015年，共组织参加国家税务总局批量集中采购4批次，采购台式计算机3576台，采购金额1163.47万元；便携式计算机1422台，采购金额580.03万元；打印机952台，采购金额128.09万元；复印机44台，采购金额34.77万元。

【省局批量集中采购】 根据实际需求和市场情况，探索多样化采购方式，完成省国税局批量集中采购工作。全省空调批量采购总金额达156.02万元，资金节约率30.66%。此外，公务车辆保险项目、税务制服制作、全省国税系统普通发票继续实行省国税局集中采购。其中省国税局机关今年实际保费支出22万元、全省国税服装采购支付465.62万元、全省普通发票的印制费采购支付430.79万元。

【调研培训】 3月，历时20天，对全省设区市国税局和平潭综合试验区国税局等9个单位进行调研，一方面贯彻“优服务、提效率、防风险、树形象”的理念，另一方面了解基层呼声，更好地服务基层。11月，举办一期全省县级国税局以上单位人员政府采购业务培训，参训110人次。

（供稿：陈佳佳）

督察内审

【税收执法督察】 下发《福建省国家税务局关于开展2015年全省税收执法督察工作的通知》（闽国税发〔2015〕54号），组织开展税收执法督察的自查和重点检查工作，按照自查自纠面100%的要求，采取“市、县自查，下查一级”的方式，部署各设区市国税局开展执法督察。省国税局税收执法督察与执法监察及执法疑点信息核查等相结合，抽调人员组成两个督察组，8月10日—21日，分别对三明市国家税务局、莆田市国家税务局开展重点执法督察，并各延伸督察两个县（市、区）国税局。2015年，全省国税系统督察内审部门共完成执法督察项目数133个，其中：省国税局对2个设区市国税局开展执法督察，各设区市国税局、平潭综合实验区国税局完成执法督察项目34个，各县（市、区）国税局完成执法督察项目97个，按计划全面完成执法督察工作任务。发现有问题的纳税人2955户次，违规税额407.8万元，其中少缴税款312.4万元、多征税款94.7万元。已补税款312.3万元、已退税款

94.7万元、加收滞纳金35.2万元、补收罚款17.1万元。

【税收执法责任制】 为加强税收执法责任制工作，省国税局一方面进一步依托“税收执法管理信息系统”，实行人机结合的考核办法，实时监控；另一方面，对在税收执法督察、领导干部经济责任审计、上级或外单位监督审计中发现的税收执法过错行为实施过错责任追究。税收收执法责任制工作纳入绩效考核，对被省国税局督察内审部门出具的税收执法意见书指出问题的，每项减0.05分。对“税收执法管理信息系统”自动考核、执法督察、本单位或外单位检查审计等发现的执法过错，均按照执法责任制的规定进行责任追究和整改。2015年，全省纳入执法责任追究的过错行为共6782项，过错责任追究5746人次，其中，批评教育2059人次，通报批评75人次，责令书面检查167人次，取消执法资格2人，经济惩戒3443人次（经济惩戒金额107428元）。

【专项审计】 省国税局对泉州市国税局综合业务办公用房维修项目和福州市国税局的政府采购项目进行专项跟踪审计。同时，结合经济责任审计，全省共审计政府采购项目164个，金额1293.72万元；检查基建项目3个，金额7035.00万元。此外，还配合国家税务总局基本建设审计调查组在闽工作，对龙岩市国税局、邵武市国税局、漳州市国税局等部分基建项目进行情况调研。

【领导干部经济责任审计】 全省国税系统共完成领导干部经济责任审计项目6个（其中任中审计5个，离任审计1个），其中：省国税局组织3个项目，对福州市国税局、泉州市国税局以及晋江市国税局主要领导开展经济责任审计；各地市单位共组织3个。全省国税系统通过经济责任审计查出主要问题561个，均为管理不规范问题，涉及金额31945.95万元。

【疑点信息库核查】 制定《福建省国家税务局关于开展2015年税收执法疑点核查工作的通知》（闽国税函〔2015〕231号），结合年度税收重点执法督察工作筛选出56条疑点数据，由省国税局组织人员进行实地核查。同时，立足于新升级的“税收执法管理信息系统”，结合福建省征管业务及相关软件，组织各设区市国税局业务骨干集中办公，提取、筛选税收执法疑点数据共4810条，下派至各设区市国税局开展疑点核查工作。全省共生成疑点数据4866条，已核查完结比例达100%。其中，省国税局核查疑点数据56条，核查完结比率100%，问题比率82.14%，共补缴入库税款5.46万元，加收滞纳金0.36万元。各地市国税局核查疑点数据4810条，核查完结比率100%，问题比率83.33%，共补缴入库税款349.90万元，退税86.64万元，罚款1.52万元，加收滞纳金22.77万元。

【整改落实】 全省执法督察发现问题3032个、执法过错2796个，已整改问题2916个。下发税收执法督察处理意见书126份，税收执法督察结论书7份。对涉及执法过错责任追究的，依照干部管理权限，由各级国税机关严格按照税收执法责任制实施办法的规定进行追究，共提出追究责任1008户次，已追究责任人次921人次。被督察单位举一反三，对照检查进行整改，已制定整改措施76项，被督察单位已制定或完善规章制度19项。全省审计工作按照国家税务总局提出的“强化成果运用”的要求，在开展督察审计过程中加强对督察审计结果的综合分析，为领导决策、建章立制、堵塞漏洞提供有针对性的建议，共提出审计建议91条，已被采纳91条。制定整改措施84条，被审计单位完善规章制度1条。

【制度建设】 制定《福建省国家税务局关于督察内审案件线索移送管理工作的通知》（闽国税函〔2015〕69号），规范全省国税系统在督察内审工作中发现的违法违纪线索归口纪检监察部门处理的管理工作。

【业务培训】 全省国税系统对督察审计人员开展多种形式的培训，其中，省国税局举办督察内审业务培训班1期，培训70人次；参加福建省内部审计协会培训班，人数197人，参加国家税务总局培训5期，共11人次参加。

（供稿：周　芸）

机关后勤

【全省国税后勤会议】 召开全省国税系统后勤法治建设工作会议，分析新常态下机关后勤工作面临的形势和任务，研究谋划全省后勤工作新发展。省国税局分管领导和相关部门负责人、各地级市（区）国税局分管领导和机关服务中心、部分培训中心主任等40余人参加会议。省国税局分管领导林茂椿到会作《坚持法治思维和改革创新，努力推进税务系统后勤法治建设》的主旨报告，该报告在《中国机关后勤》2015年第9期发表。

【培训与研讨】 派员参加国家税务总局集中组织的后勤法治建设理论培训和讨论，总结归纳省国税局在后勤法治建设过程中取得的成果，参与国家税务总局统一研讨，形成《积极探索新途径，努力提高后勤管理法治水平》经验材料，在福建机关事务管理杂志2015年第2期上发表，并在税务总局服务中心主任会议上交流。2015年10月，组织人员修订《机关事务管理制度汇编》，共整理健全完成各类规章9个部分71篇，其中新制定或修定的16篇。12月，在莆田召开机关事务管理工作研讨交流会，各地市国税局围绕后勤事务管理热点问题作经验交流，为明年后勤事务管理工作厘清思路，制定良策。

【机关食堂】 办好机关食堂，定期走访各处室征求意见，安排厨师及管理人员到兄弟单位食堂参观学习。省局总经济师林茂椿组织机关代表座谈，听取意见，研究改进措施。局长林京华到任后关心机关食堂建设，更换了餐

▲2015年12月9日，全省国税系统机关后勤管理工作经验交流会在莆田召开。

桌，改善了就餐环境，增加了花色品种。

【车辆管理】 做好车辆保障工作，按照统一部署，组织做好省国税局车改前各项经费预算和车改后保障预案制订等工作。执行公务车辆管理办法，全年完成出车2719台次，行驶382815公里。

【环境美化】 做好机关大院美化工作，每年定期两次对院内两幢大楼和宿舍区蓄水池及两幢大楼的空调系统过滤网进行清洗。同时，对机关大院后区自行车、电动车停车棚进行拆除，对靠屏西河边的场地进行改造，增加了20余个停车位。

【维修维护】 做好机关设施设备维护修缮工作，零星水、电维修、安装300余次（处），电话分机障碍处理、新装机、移机160多次（部）。完成新楼中央空调系统冷却塔电机、控制箱、变频系统工控机更新、中央空调主机2号机维修等重要设备大项维修的工作，确保设备正常运行。

【房产管理】 做好省国税局机关公有住房对外出租部分的清理、租金收缴及部分房屋的调整使用。完成省国税局机关公有住房产权变更、调拨的相关事宜，推进经济适用房房改。做好省局住宅楼加装电梯工作。考察借鉴先进单位模式，了解审批程序。2015年10月，召开各小区业主委员会主任会议，完成对各小区业主开展加装电梯的宣传、解释工作。

【安全保卫】 有3次大的台风袭击福建省，特别是第13号强台风“苏迪罗”正面袭击福建。省国税局机关服务中心根据领导指示，事前做好准备；台风来时及时报告险情，组织人员日夜坚守，有效应对，确保了人员和财产安全；事后，及时清洗消毒，清理修缮，恢复秩序。每逢重大节假日都进行安全卫生大检查，妥善处置东楼屋顶漏水和大楼突发停电情况。落实干部值班制度，经常组织消防安全演练，1月26日，会同信息中心组织进行突然断电演练，得到国家税务总局分管领导的批示肯定。

【会务保障】 左海大厦中标了政府机关会议培训定点饭店，获得了接待政府机关重大会议培训的资质。

【物业管理】 借鉴兄弟单位物业管理做法，研究制定由省国税局培训中心即左海大厦向省国税局机关提供物业管理服务的方案，在省国税局培训中心增加物业服务内容，签订《物业管理目标责任书》。2015年8月，左海大厦承接省局机关物业管理工作，做到了平稳过渡，稳定运行。物业部门通过学习与实践，制定部分物业运行的基础制度，建立专业化、规范化的物业管理队伍，完成一些大型物业维保项目。物业服务中心还配合大厦各部门按应急预案的要求，完成多项演练，包括消防灭火及逃生演练、水侵演练、困梯演练等。

（供稿：曹　翔　刘伟杰）

社团组织

福建省税务学会

【概述】 福建省税务学会成立于1985年3月，每届届期4年，现是第七届。现有单位会员9个，分会1个，个人会员1446人。省税务学会每年都承接中国税务学会、省社科联、省国税局、省地税局的重点调研课题，结合中国的税收理论和税收实际及福建省经济建设中的热点、难点问题，组织会员，开展群众性调研，宣传调研成果，促进成果转化；同时办好学会内刊、开展税收宣传咨询、推进闽台学术交流。省学会设有两个内设机构：一是税收学术研究委员会，学术委员20人；二是学会秘书处，工作人员7人。2015年，获全国社科联先进学会称号，被省民政厅评为5A级社会组织。

【群众性税收调研】 开展现代纳税服务研究、减免税效应研究、现代征管若干问题研究和税制、征管及热点难点等6个方面群众

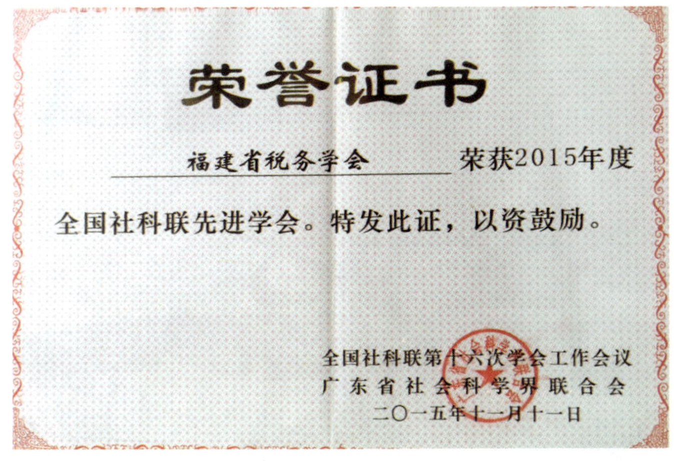
荣誉证书

福建省税务学会 荣获2015年度全国社科联先进学会。特发此证，以资鼓励。

全国社科联第十六次学会工作会议
广东省社会科学界联合会
二〇一五年十一月十一日

▲福建省税务学会2015年获“全国社科联先进学会”称号

中国社会组织评估等级证书

福建省税务学会

经评估，你会被评为5A级社会组织，特颁此证。

（有效期：2015年至2020年）

福建省民政厅
二〇一五年

▲福建省税务学会2015年获5A级社会组织证书

▲2015年7月22日，福建省税务学会税收调研课题研讨会在莆田召开。

性税收调研课题研究。2015年7月22日，在莆田市召开2015年税收调研课题研讨会，收到论文124篇，其中“现代纳税服务研究”课题16篇，“减免税效应研究”课题16篇，“现代征管若干问题研究”课题18篇，税制方面30篇，征管方面22篇，热点难点方面22篇。

【学术委员会工作】 税收学术研究委员会主任包逸生，学术委员、福州大学教授陈世发，参加2015年3月13日在福鼎市国税局召开《现代化纳税服务绩效评价探讨》论文讨论会和4月2日在南平市国税局召开《税收优惠政策促进资源综合利用有效性分析》论文讨论会，对论文指导和点评。4月28日—30日在闽江学院举办“税收研究与课题写作”培训班，29位税收学术研究骨干参加培训，培训班共安排4个讲座，其中包逸生主讲《税收调研论文写作漫谈》。9月15日，在福州市召开“一带一路”论文辅导会，23位作者参加辅导会，包逸生主讲《如何写好论文》，陈世发作论文点评。包逸生多次带秘书处同志赴福州、泉州、莆田、三明、南平、宁德市税务学会和教育分会，指导纳税服务、海上丝绸之路等课题写作。

【成果质量评定】 开展2015年度税收调研成果质量评定，共收到参评论文134篇，经省税务学会税收学术研究委员会评定，评出论文质量三级（含）以上论文37篇，其中一级5篇，二级6篇，三级11篇（详见表1）。

▲2015年4月28日，福建省税务学会“税收研究与课题写作”培训班在闽江大学开班。

表1　　福建省税务学会2015年度优秀论文名单

论文等级	论文题目	作者及作者单位
一级 7篇	纳税服务评价模型的构建及实证分析	福鼎市国家税务局　林菁宇
	福建省三剩物和次小薪材增值税即征即退政策效应分析	顺昌县国家税务局课题组
	新一轮税制改革背景下的地方税收征管模式的改革与重构	三明市地方税务局　洪晖　王明明
	房产税改革的现实困境和路径选择	漳州常山开发区地方税务局分局　方智勇
	“营改增”后构建以企业所得税为主体税种的地方税体系探析	泉州市泉港区地方税务局课题组
	收入分配视角下的税制优化研究	厦门市国家税务局课题组
	“海丝”核心区开放型经济发展研究	漳州市国家税务局　陈文裕
二级 12篇	新公共服务理论视角下现代纳税服务的价值取向与供需分析 ——基于纳税人满意度问卷调查	三明市地方税务局直属税务分局 李良根　林玉坤
	互联网+背景下的纳税服务模式研究	漳州市国家税务局　林绍君
	助推“一带一路”战略　完善境外税收抵免制度	厦门市国家税务局课题组
	现行企业所得税优惠效应分析及其完善建议——以漳州市为例	漳州市地方税务局　陈丽娟
	税收选择性执法探析	厦门市国家税务局课题组
	推进现代化税收管理降低征税成本研究	泉州市国家税务局大企业税收管理局 李建芳
	港澳台消费税制比较与借鉴——兼论新常态下消费税改革	厦门市地方税务局课题组
	房产税改革可行性研究——以沪渝两地为例对比及成效分析	顺昌县国家税务局　钟瑾
	基于BP神经网络的欠税管理研究	泉州市国税局大企业税收管理局课题组
	从风险管理的税收视角探析非上市企业股权转让的实务难题	莆田市地方税务局湄洲分局 张荣忠
	依法治国新常态下的税收治理问题研究	泉州市地方税务局课题组
	信托企业所得税的国际比较	南平高新技术开发区国家税务局 黄德荣
三级 18篇	“一带一路”背景下拓宽纳税服务渠道的国际借鉴	漳州市国家税务局　陈文裕
	移动互联网背景下完善基层纳税服务体系问题研究 ——以三明市大田县为例	大田县地方税务局 华富　李兴梁　陈旭煜
	现代税收服务研究：从语言学角度分析纳税服务中的言语性冲突与纳税服务言语规范	福鼎市地方税务局　李轶峰
	提升我国纳税便利度的必要性和对策建议 ——基于自贸试验区建设的思考	厦门市国家税务局课题组
	同安区小微企业发展情况分析和政策效应探讨	厦门市同安区地方税务局课题组

续表

论文等级	论文题目	作者及作者单位
三级 18篇	资源综合利用税收优惠政策有效性分析 ——基于公共政策有效性角度	南平市国家税务局　梁　芬
	泉州非公有制经济税收政策效应研究	泉州市地方税务局课题组
	促进纳税遵从思路下的金融支付信息利用机制研究	厦门市地方税务局稽查局课题组
	对工商登记制度改革下适应税收管理新常态的探索	莆田市荔城区地方税务局课题组
	我国消费税改革政策及征管若干建议 ——基于全国税收调查数据的实证分析	厦门市地方税务局课题组
	“营改增”对厦门文化产业的影响分析及政策建议	厦门市国家税务局课题组
	房地产、建筑业“营改增”效应分析及应对措施 ——基于莆田市房地产、建筑业税源发展情况的分析	莆田市地方税务局课题组
	规范企业注销税务登记管理若干问题的研究	寿宁县国家税务局　高德新
	OECD税收风险管理理论的借鉴研究——以莆田地税为例	莆田市地方税务局课题组
	商事制度改革对税收管理与服务的挑战与应对	厦门市集美区地方税务局课题组
	海沧保税港区向自贸区战略转型的思路探索 ——基于区内61户企业的微观视角	厦门市海沧区国家税务局课题组
	“一带一路”背景下的启运港制度探讨及国际借鉴	漳州市国家税务局　杨　柳
	改革开放以来泉州经济发展模式与税收增长周期研究	泉州市地方税务局课题组

【全国学术研讨】 省税务学会课题组撰写的《从税收沿革思考“海上丝绸之路”发展》论文，7月11日参加新疆税务学会在乌鲁木齐召开的丝绸之路经济带税收研究座谈会。泉州市丰泽区地方税务局课题组撰写的《福建省研究开发费用税收优惠政策的经济效应分析》论文，参加8月26日—27日中国税务学会在黑龙江省哈尔滨市召开的“宏观经济与税收政策应对研究”课题研讨会。该论文对福建省研究开发费用优惠政策的经济效应进行研究，得出开发费用优惠政策对高新技术产业产值有显著正面拉动作用的结论，同时指出现行研究开发费用加计扣除政策存在的问题，提出相应的对策建议。省税务学会课题组撰写的《纳税服务评价模型的构建及实证分析》论文，参加10月14日—15日中国税务学会在福州市召开的“纳税服务和队伍建设及其他问题研究”课题研讨会，被评为本课题组优秀论文并排名第一。该论文借鉴顾客满意度指数（ACSI）模型，从税收遵从和纳税人满意度两个价值评价导向出发，构建由税收遵从度、纳税人满意度、质量感知、税务形象、纳税人期望、纳税人抱怨的纳税服务评价指数模型，提高评价的系统性与科学性。为更好评价具体的纳税服务质量，借鉴SERVQUAL评价模型创新开发了质量感知的六维度评价量表。并对福鼎市国家税务局实践应用该模型，在对纳税服务优势与弱势分析和重要因素路径分析后，得出当前纳税

服务还需进一步注重税收遵从与满意度双核心驱动、共性与个性的分类服务、“互联网+”的服务新思维、提升依法诚信税务形象等相关结论与建议。

【成果转化】 一年来，通过在省税务学会网站上发表论文，向省委、省政府有关部门推荐论文等形式，促进研究成果的转化。各设区市税务学会也自行上报优秀成果，得到有关领导的重视。其中三明市地方税务局符夷杰、纪任太撰写的《新一轮财税改革背景下三明地方税源建设再思考》1月12日得到省委书记尤权批示：“请小平同志阅。卜轮财税体制改革对全省影响如何，请及早组织研究。”1月13日，得到省政府副省长陈冬批示：“请小平厅长按照尤书记的批示要求，要专门组织队伍进行研究。”厦门市税务学会课题组撰写的《厦门经济运行状况及发展建议》得到了厦门市常务副市长郑云峰的批示。厦门市地方税务局课题组撰写的《港澳台消费税制比较与借鉴——兼论新常态下消费税改革》在国家税务总局税收科学研究所《研究报告》2015年第8期刊登；泉州市地方税务局撰写的《地方税体系建设与省级税政管理权改革》和三明市地方税务局符夷杰、纪任太撰写的《新一轮财税改革背景下三明地方税源建设再思考》两篇文章在省政府发展研究中心《发展研究》2015年第2期发表。税收学术研究委员会编写了12期《研究报告》，刊发会员优秀文章，供有关部门参考及交流。

【对外交流】 6月中旬，广东省税务学会会长宁旭平来闽考察，双方进行了书面交流。7月省税务学会组织部分设区市税务学会会长赴浙江、青岛两省市税务学会学习、交流，主要围绕纳税服务研究课题和学会建设两方面进行交流。12月，省税务学会组织部分设区市税务学会秘书长赴江苏、陕西两省税务学会学习、交流，主要围绕“海上丝绸之路”税收课题、进一步做好税收调研论文的组织工作和税务学会自身建设等方面进行交流。

【税收宣传】 省税务学会网站“海西税苑”等栏目，长年累月宣传税收，全年共更新490条信息。

【学会成立30周年纪念】 编撰《福建省税务学会成立30周年纪事》纪念专刊，专刊内容包括省税务学会纪事和各设区市税务学会、教育分会概述，由会长臧耀民作序，省国税局局长林京华、省地税局局长陈青文题词。专刊印数500本。

（供稿：张云江）

福建省国际税收研究会

【中国国际税收研究会课题】 2015年，中国国际税收研究会下达7个全国性的课题，省国际研究会确定承担两个重点课题：一个是《新一轮税制改革框架下地方税制建设的国际比较研究》，省国际研究会有16位同志参与该课题研究，提交12篇课题论文，省国际研究会派员参加中国国际税收研究会在无锡召开的地方税制建设课题研讨会，制作PPT现场演示，受到与会专家的好评。泉州市国际税收研究会组织力量开展地方税体系建设的课题研究，提交《地方税体系建设与省级税政管理权改革——基于福建省的分析》论文，在省国际研究会评审中得最高分，被评为一等奖。第二个课题是《自由贸易区建设税收发展战略的国际借鉴研究》，省国际税收研究会组织省国税局有关处室人员对该课题的结构、框架、侧重点、总体思路进行研究，并邀请厦门大学经济学院领导、教授以及部分博士研究生参与课题研究，几易其稿后，又召开课题小型研讨会，

▲2015年9月16日，中国国际税收研究会主办的《自由贸易区建设税收发展战略的国际借鉴研究》结题研讨会在福建省国税局召开。

【承办研讨会】 中国国际税收研究会自由贸易区建设税收发展战略的国际借鉴研究课题研讨会在福建召开，省国际研究会负责承办，在省国税局领导的支持下，完成会议的各项具体服务组织工作，受到中国国际税收研究会领导的肯定，也受到兄弟单位的赞扬。省国际税收研究会在会上作《自贸区试验区税收发展战略的国际借鉴比较》学术报告。

会上，省国税局有关处室领导对课题论文提出许多具体、有参考价值的意见，在收集国内外大量资料，集思广益的基础上，结合中国的税收实践，提出可供参考借鉴的建议，提交了高质量的课题论文。

【自选课题调研】 省国际税收研究会除了下达中国国际税收研究会的调研课题外，还根据福建省国税局、地税局的具体实际，布置《海峡两岸税收效应比较及借鉴》《非居民企业股权转让税收问题的国际借鉴》等福建省国际研究会的自选课题，各设区市研究会，发动国税局、地税局的课题骨干，开展调查研究，完成课题调研并撰写研究论文。是年，省国际研究会共收到2015年课题论文203篇，篇数之多创历史新高。

【调研成果】 省国际研究会在泉州召开的2015年课题论文研讨会，表彰奖励一等奖3个、二等奖6个，三等奖13个。从这次评选的论文来看，各地完成的调研论文质量得到明显提升。在第八次全国国际税收优秀科研成果评选中，福建省共有3篇论文获得一等奖，三篇论文获得二等奖，四篇论文获得三等奖。

【组织建设与工作机制】 按照本届理事会总体目标要求，研究制定2015年的工作要点，明确年度各项工作任务，并抓好落实。发挥秘书处作用，不定期召开秘书处人员碰头会，研究部署各阶段工作事项，检查落实上一阶段工作目标的落实情况，做到任务明确，职责分明。同时，加大对地（市）级研究会秘书处工作指导，年初，在福州召开首次秘书长会议，听取各设区市研究会工作运转情况汇报，下达2015年中国国际税收研究会和省会国际税收调研课题；6月，在东山县召开本届研究会常务理事会，总结研究会换届一年多来的工作，并对下一阶段工作进行安排，增补研究会副会长兼秘书长、常务理事，通过省国际税收研究会企业会员名单，通过这种机制，使研究会的工作得到升级，得到各级国税局、地税局领导的重视和支持。2015年，宁德、三明、福州等地市进行换届选举，组成新一届国际税收研究会班子。

【国际税收理论队伍建设】 以研究会各理事为骨干，群专结合，在国税系统、地税系统内聘任一批特约研究员，作为研究会课题调研的骨干力量。成立国际税收研究会学术委员会，邀请厦门大学、北京大学、集美大学等院校的专家、学者指导、参与研究会的课题研究，发挥高校科研力量，不断提高省国际税收研究的层次和质量。

（供稿：李　斌）

福建省注册税务师协会

【概述】 福建省注册税务师协会是经福建省民政厅批准，在福建省国家税务局、福建省地方税务局领导下，由注册税务师和税务师事务所组成的福建省注册税务师行业（不含厦门，下同）的自律性社会团体。截至2015年12月31日，协会具有团体会员154个，个人会员2456人，其中执业会员1289人。2014年行业经营收入2.67亿元。

【行业党建】 加强行业党建工作，发挥党组织推动行业发展的政治保证和引领作用。一是行业党委加强学习，多次参加中国注册税务师行业党委举办的省级行业党委书记、党支部书记、党务工作者培训班，重视行业党建工作。二是开展税务师事务所党建情况调研。由协会领导带队，到福州、漳州、泉州地区，到11家税务师事务所，实地调查了解事务所的党建情况，并撰写调研报告，向省注税行业党委专门报告。三是将中税协有关行业党建的文件和会议等精神转发至各税务师事务所，要求各事务所学习、讨论，结合自身实际贯彻执行，遇到问题向省注税行业党委会反映，发挥党员的先锋模范作用，提升自身的行业竞争力。四是在协会内刊《福建注册税务师》上开辟“行业党建”栏目，加强行业党建有关工作的宣传。五是参加省委组织部组织的社会中介组织党建工作调研和座谈会等活动，将福建省注税行业党建情况、存在的问题和解决建议向省委组织部报告。

【行业统战】 加强与省委统战部、省民政厅等部门的沟通，加强行业代表人士的培养和使用工作。2015年，共推荐2名注册税务师作为行业代表人士参加省委统战部举办的全省新的社会阶层人士读书班，推荐6名注册税务师参加并入选福建省民政厅组织的省社会组织专家库专家成员，5名注册税务师被聘为福建省服务民营企业公共平台专业人士。鼓励行业代表人士积极主动参加省委统战部门组织或推荐的各项活动，不断壮大代表人士队伍，引领和带动行业从业人员的整体综合素质的提升。

【同心服务团】 4月，成立福建省注册税务师行业同心服务团，成立后支持志愿单位开展形式多样的专业性和非专业性公益活动，发挥行业专业优势，履行社会责任，扩大行业服务社会影响力。如中税网（福州）所开展“关于新所得税申报表系列培训”公益活动，泉州中韬华益所参加“强企惠企政策宣传月”专题活动，福建天联所开展爱心助学活动，参加“保护母亲水窖”“青运会志愿者”“拗九节”送粥等公益活动，漳州龙信所参加“捐资助学”活动，泉州泉联所员工个人组建南安老家基金会，对老家的父老乡亲开展读书赞助、住院慰问等送温暖活动。

【业务建设】 协调省国税局、省地税局，省财政厅和省科技厅，通过争取，获得注册税务师和税务师事务所参与高新技术企业认定审计资格。2015年，全省有16家税务师事务所进入《2015年度参与高新技术企业认定专项审计事务所名单》。制定农产品加工企业增值税审核、总分机构增值税“汇总计算，属地入库”纳税审核业务操作指南，并经省国税局货物劳务税处审核通过，正式下文，促进税务师事务所规范执业，保证执业质量。修改完善《福建省企业所得税年度汇算清缴纳税申报鉴证业务审核工作指引（试行）》，并经省国税局、省地税局所得税处审核通过，正式下文，为税务师事务所进一步提高执业质量，提供标准。组织全行业对《税收征收管理法》提出修改意见和建议，将修改意见和建议通过电子邮件、书面邮寄等形式，提交中税协和国务院法制办公室，争取在征管法修订过程中明确注册税务师和税务师事务所的法律地位，以及由税务专业服务机构开展涉税鉴证业务的执业准入。

【队伍建设】 做好全省税务师职业资格考试考务工作。人力资源社会保障部和国家税务总局印发《税务师职业资格制度暂行规定》和《税务师职业资格考试实施办法》，中税协下发《2015年度全国税务师职业资格考试报名通告》后，省税协重视税务师考试考务工作，精心组织，认真落实考试考务阶段性工作。2015年，福建省（含厦门）税务师考试报名人数达到5400多名，且报名考试资质审核全部获得通过，比上年报名人数增加1000多人。注册税务师继续教育培训。12月5日—17日举办了“2015年度执业注册税务师继续教育培训班”。此次培训分四期，每期三天，共有1090名执业注册税务师参加了培训。举办专题培训班。3月25日，针对高新技术企业认定审计专项业务，在漳州举办一期高新技术企业认定审计专项业务培训班，共有16家所32人参加；8月23日—29日，针对A级以上税务师事务所，在西南财经大学财税培训中心二校区暨中国注册税务师协会西部培训基地，举办所长培训班，全省共有28家所41名所长参加；9月22日—23日，为落实中税协关于注税行业信息化发展战略，切实做好注税行业信息化建设工程一期系统的推广工作，在福州举办信息化建设工程推广培训班，全省共有152家所300多名业务骨干参加。10月19日—21日，为加强行业宣传，在宁德霞浦首次举办全省注税行业通讯员培训班，全省共有39家所50多人参加。

【等级认定】 根据中税协《税务师事务所等级认定办法》，结合本省实际，对本省税务师事务所开展等级认定和等级年检工作。协会会长、副会长带队，抽调了行业奖惩委员会、专家委员会委员和部分事务所业务骨干，对申请等级认定和等级年检的税务师事务所进行实地检查，客观公正地对事务所进行评分。经公示无异议后，最后公告了等级税务师事务所41家，其中AAA级税务师事务所3家，AA级税务师事务所1家，A级税务师事务所37家。

【诚信建设】 为加强全省注册税务师行业自律监管，促进行业诚信经营，规范税务师事务所和注册税务师的执业行为，号召全省税务师事务所签订《福建省注册税务师行业诚信公约》。诚信公约对税务师事务所执业行为、工作底稿、收费、业务报备以及外省税务师事务所到本省执业等有关事项进行约定，并对违反公约的行为约定具体的处罚措施。

【会员年检】 根据《中国注册税务师协会会员年度检查办法（2013年修订）》及中税协《关于开展会员年检工作的通知》（中税协发〔2015〕020号）等规定，开展2014年度会员年检工作。检查实行对事务所报送的资料进行审核和实地抽查的方式进行。7月20日—24日，对45家税务师事务所开展实地检查。此次年检，共有151家团体会员，1206个执业会员通过年检。

【行业宣传】 办好《福建注册税务师》内部刊物。将会刊由双月刊改为单月刊，对编辑工作进行改革，提高《福建注册税务师》的质量，扩大发行面，提高影响力。刊物的质量受到中税协的表扬。建立通讯员队伍，制定《福建省注册税务师行业通讯员管理办法》，明确通讯员的权利与义务，提出具体要求，反映行业工作动态，展示队伍的精神风貌。举办福建注税行业通讯员培训班。全省注税行业通讯员50多人参加培训。在《海峡财经导报》创办“注税之友”栏目。为展现注税行业形象，提高行业认知度和影响力，5月，开始与《海峡财经导报》合作，创办“注税之友”栏目，每月有两期半版刊登本省税务师行业有关信息、税务师事务所的风采、注册税务师的优秀文章等等。共刊登26篇文章。

【税务师职业资格考试宣传】 注册税务师执业资格考试由准入类改为水平评价类考试后，2015年，首次由行业协会即中税协组织考试，变化较大。省税协配合中税协做好考试考务工作，重点抓好考试宣传工作。在《海峡财经导报》，用两个版面，全文刊登人社部〔2015〕90号文、中税协2015年第1号考试报名通告，以及中税协关于2015年税务师考试报名有关问题的解答。召开税务师报名考试福建相关媒体记者（编辑）通报会。12月4日，《东南快报》A12财经版刊登《我省税务师考试报名工作已展开》；12月7日，《福建日报》要闻2版刊登《税务师考试报名条件降门槛》；12月9日，《海峡财经导报》财税12版刊登《税务师考试扬帆再起航》。与福建省教育厅沟通，取得其支持，在省教育厅网站学生工作处的“工作通知”栏目中发布《税务师职业资格考试即将开始》一文，鼓励广大有志于从事涉税专业服务工作的高校学生积极报名参加税务师职业资格考试。

【行业交流】 参加华东片区注册税务师协会会议，并做好同行业组织来访接待工作。为扩大事务所对外交流，学习和借鉴国际先进经验，首次组织税务师事务所负责人作为中税协代表团福建分团，参加在日本大阪举办的2015年亚洲—大洋洲税务师协会举办的AOTCA年会。

（供稿：李香美）

设区市国税局、平潭综合实验区国税局工作概要

2016

福建国税年鉴

福州市国家税务局

税收概况

【组织税收收入】 全市国税总收入完成512.15亿元，增收14.19亿元，同比增长2.85%。扣除海关代征后国税部门组织的税收收入449.57亿元，完成年度收入目标455亿的98.81%，增收23.38亿元，增长5.49%。分级次看，中央级税收收入完成313.13亿元，增收13.48亿元，同比增长4.50%；地方级税收收入完成136.44亿元，增收9.90亿元，同比增长7.82%。同期，全市共办理出口退（免）税136.39亿元，增加7.33亿元，同比增长5.68%。其中：直接出口退税102.59亿元，增退8.04亿元，同比增长8.50%；免抵调库33.80亿元，同比下降2.03%。

【税收弹性系数】 全市实现地区生产总值5618.1亿元，同比增长9.6%；税收弹性系数为0.57，反应税收偏慢于经济发展，但基本符合“经济下行税收加速下滑”的客观判断。

【分地区税收完成情况】 城区7个国税局和县域7个国税局分别完成3402003万元和1093684万元，占全市收入的比重分别为75.67%和24.33%，其中，城区7个国税局同比增长7.02%，完成全年收入99.52%；县域7个国税局同比增长0.98%，完成全年收入任务的96.66%。从总体情况看，城区较去年同期增幅较大，县域城区均未实现全年收入目标。14个征收单位中5个单位同比出现减收，9个单位未达到序时进度。

表1　福州市国税局各征收单位税收情况（2015年）

单位：万元

单位名称	税收收入合计					
	计划数	完成数	进度	上年同期	增减额	增长率（%）
合计	4550000	4495685	98.81	4261901	233784	5.49
鼓楼区国税局	656000	597308	91.05	586187	11121	1.9

续表

单位名称	税收收入					
	计划数	完成数	进度（%）	上年同期	增减额	增长（%）
台江区国税局	1462000	1466764	100.33	1373054	93710	6.83
仓山区国税局	223000	200508	89.91	202252	-1744	-0.86
晋安区国税局	283000	312798	110.53	264657	48140	18.19
高新区国税局	465000	507100	109.05	460007	47093	10.24
开发区国税局	322000	310330	96.38	285696	24634	8.62
琅岐区国税局	7500	7193	95.93	7034	160	2.27
福清市国税局	350000	363228	103.78	310053	53175	17.15
长乐市国税局	201000	175740	87.43	198181	-22441	-11.32
闽侯县国税局	300000	286431	95.48	341309	-54878	-16.08
连江县国税局	123000	116402	94.63	94699	21704	22.92
罗源县国税局	58000	46932	80.91	53932	-6999	-12.98
闽清县国税局	72000	80395	111.66	59092	21302	36.05
永泰县国税局	27500	24556	89.31	25748	-1193	-4.63

【分税种税收完成情况】 增值税累计入库166.95亿元，其中：直接收入入库133.15亿元，增收2.47亿元，同比增长1.89%。企业所得税累计入库249.76亿元，增收22.28亿元，同比增长9.79%。得益于资本市场，服务业与保险业出现高速增长，分别增收8.07亿元和3.39亿元，增长157.64%和200.88%，增收贡献最大的兴业证券公司增收4.29亿元。消费税受烟草零售环节消费税税率提高（由5%调高到11%）的带动下，累计入库11.33亿元，增收1.21亿元，增长11.98%。车辆购置税受排气量1.6升以下减半征收的政策影响同比下降8个百分点。

表2　　福州市国税局各税种税收收入情况（2015年）

单位：万元

项目	税收收入合计	直接收入					
		小计	增值税	消费税	企业所得税	个人所得税	车辆购置税
2015年	4495685	4157685	1331515	113336	2497616	15	215204
2014年	4261901	3916901	1306841	101212	2274852	26	233969
增减额	233784	240784	24674	12124	222764	-12	-18766
增减（%）	5.49	6.15	1.89	11.98	9.79	-44.96	-8.02

【分产业税收完成情况】 第一、二、三产业税收分别完成0.22亿元、148.21亿元和301.13亿元，增长47.51%、0.12%和8.32%，三产增幅高于二产8.20个百分点。从占比结构看，第二、三产业占全部税收的比重分别为32.97%和66.98%，其中，二产收入比重较2014年同期下降1.77个百分点，而三产税收占比则上升1.75个百分点。分行业看，税收收入规模前五位的行业分别是金融、制造、批发零售、电力和房地产行业，共完成税收收入375.44亿元，占比达83.51%。各行业税收增速不一，金融业增长最为突出，合计入库146.90亿元，增收17.69亿元，增长13.69%，拉动税收收入增长4.15个百分点。制造业税收总体低迷，受产业调整，全年制造业税收减收5.13亿元，同比下降4.60%，房地产在部分企业项目结算、股票减持等一次性因素拉动下，入库28.26亿元，增收10.03亿元，增长55.07%。

表3　　福州市国税局税收收入分税种分行业统计（2015年）

单位：万元

序号	项　目	税收收入合计（含海关）	增收额	增幅（%）
1	合计	5121471	141863	2.85
2	一、第一产业	2251	725	47.51
3	二、第二产业	2107963	-90067	-4.10
4	（一）采矿业	1588	-370	-18.90
5	（二）制造业	1690088	-141794	-7.74
6	其中：1. 农副食品加工业	29065	1367	4.94
7	2. 食品制造业	23764	-125	0.52
8	3. 酒、饮料和精制茶制造业	21646	1113	5.42
9	4. 烟草制品业	2390	-300	-11.15
10	5. 纺织业	72998	-1428	-1.92
11	6. 纺织服装、服饰业	29684	-4541	-13.27
12	7. 皮革、毛皮、羽毛及其制品和制鞋业	57847	-7808	-11.89
13	8. 木材加工和木竹藤棕草制品业	10423	3781	56.93
14	9. 家具制造业	14737	-2447	-14.24
15	10. 造纸和纸制品业	11365	-43	-0.38
16	11. 金属制品业	33593	5001	17.49
17	12. 通用设备制造业	35064	-4912	-12.29
18	13. 专用设备制造业	18075	-2774	-13.31
19	14. 汽车制造业	137417	-48176	-25.96

续表

序号	项　目	税收收入合计（含海关）	增收额	增幅（%）
20	15. 铁路、船舶、航空航天和其他运输设备制造业	19719	7413	60.24
21	16. 电气机械和器材制造业	75077	-3675	-4.67
22	17. 计算机、通信和其他电子设备制造业	164284	17088	11.61
23	18. 仪表仪器制造业	25696	-589	-2.24
24	（三）电力、热力、燃气及水的生产和供应业	364639	37347	11.41
25	1. 电力、热力生产和供应业	354037	38046	12.04
26	2. 燃气生产和供应业	4678	-452	-8.81
27	3. 水的生产和供应业	5924	-247	-4.00
28	（四）建筑业	51648	14750	39.98
29	1. 房屋建筑业	26242	11050	72.74
30	2. 土木工程建筑业	5199	1691	48.20
31	3. 建筑安装业	12981	1165	9.86
32	4. 建筑装饰和其他建筑业	7226	844	13.22
33	三、第三产业	3011257	231205	8.32
34	（一）批发和零售业	589236	28489	5.08
35	（二）交通运输、仓储和邮政业	91342	5596	6.53
36	（三）住宿和餐饮业	5759	17	0.30
37	（四）信息传输、软件和信息技术服务业	238910	-25622	-9.69
38	（五）金融业	1468942	176318	13.64
39	（六）房地产业	285489	102926	56.38
40	（七）租赁和商务服务业	50462	4876	10.70
41	（八）科学研究和技术服务业	43442	4215	10.75
42	（九）居民服务、修理和其他服务业	21569	-1466	-6.36
43	（十）教育	962	-150	-13.49
44	（十一）卫生和社会工作	174	49	39.20
45	（十二）文化、体育和娱乐业	10189	-7	-0.07
46	（十三）公共管理、社会保障和社会组织	1268	621	95.98
47	（十四）其他行业	203513	-64657	-24.11

【重点税源税收情况】 各纳税主体收入均呈现不同程度的发展，重点税源户行业分布均衡。缴税千万元以上的重点税源企业共411户，涉及57个主要行业，贡献税收325.09亿元，占全市比重72.38%，实现增收38.06亿元，其中有255户税收实现同比增长，156户同比下降；纳入税务总局监控的重点税源户数共有293户，合计入库税收261.45亿元，占全市比重58.16%，增收额18.12亿元，增幅7.45%，重点税源增收额占全部增收额比重77.68%。

征收管理

【推行《全国税收征管规范（1.0版）》】 对照梳理国家税务总局规范和福建省实际操作差异，对争议处理、凭证管理方面操作进行修订。举办16场共计1600多名税务人员参加的培训班，通过对《全国税收征管规范》的制定背景、工作目标、具体内容、实施路径和落实要求等内容的系统学习，重点讲解征管规范与纳税服务规范的异同点，让全体税务人员尽快掌握各项业务流程及操作规范。

【金税三期】 做好金税三期前期准备工作，更新福州灾备机房核心存储设备，逐步将服务器由32位平台升级至64位平台。制定《福州市国家税务局金税三期工程推广工作方案》，成立市国税局金税三期工程优化版推广工作领导小组和办公室，设立综合组、业务组、技术组3个工作组和17个小组。市国税局和各基层国税局共组成309人的金税三期优化系统运维团队。按时完成四批次共47张采集表的数据采集工作，共采集上报数据信息19.88万条。完成CTAIS静态数据清理2.57万条，清理进度99%。

【发票网络申领系统全市推广】 与航天信息公司合作开发发票网上申请领用系统，依托福建省国家税务局对外门户网站，为纳税人提供普通发票在线验旧和申领业务，实现网上核销发票、网上领购发票、纸质发票委托邮政速递（EMS）送达纳税人手中，纳税人“足不出户”就可申领发票。至年底，共有1962户次纳税人通过发票网络申领系统领用发票15.42万份。同时，该系统已由省国税局向全省推广，通过该系统可申领的发票将扩大到增值税专用发票和增值税普通发票，实现所有票种均可通过该系统申领。

【税源地理信息系统】 5月，完成和福州市勘测院合作开发的“地理信息系统”，该系统通过建设“国税地名地址库”，使各种税源相关数据通过电子地图呈现出来，便于分析，并与任务管理系统衔接，提高任务处理效率。同时，接入“福州市政务共享地理信息平台”，形成以税源空间信息为基础的“国税地理信息”平台，提供多种、开放性接口，方便其他系统调用。

【简并征期】 按照省国税局部署推广小规模纳税人按季申报缴纳增值税，全市有8.1万户小规模纳税人实行按季申报缴纳增值税。

【风险管理】 推进税收风险管理，全年市国税局风控中心共推送评估任务2359户（次），已完成评估2348户，入库税款4.09亿元，企业自行申报入库税款6.08亿元。建立健全风险管理制度，编制《2015年税收风险分析监控工作计划》白皮书，统筹风险任务下发，明确不同层级任务完成方式、重点工作、时限要求、工作方法和评价评定方式。推行全流程“项目负责制”风险管理方式，市、县两级风控中心扎口对接管理。对2013年12月1日至2014年11月30日认证后失控发票开展核查，涉及134户企业，其中60户移交稽查，涉及失控发票425份，进项转出或补税186.37万。开展道路货物运输业风险应对，完

▲2015年3月，福州市国税系统全面推进增值税发票升级版推行工作。图为仓山区国税局为5000多家纳税户举办业务培训。

成17户企业的评估任务，查补税款140万元。开展全市网络机打发票违法行为专项整治行动，五次下达专项评估任务，合计筛选出10001户（次）机打票开票金额大于申报金额的小规模纳税人。通过专项整治，涉嫌违法的户数逐月减少。针对商事制度改革后新登记一般纳税人增值税专用发票使用情况，开展两期专项风险应对，完成437户开票异常企业评估，发现走逃纳税户412户，移送稽查6户，涉及失控处理专票7.2万张税额近6亿元，公安部门已抓捕部分核心嫌疑人。利用“网络爬虫技术”自主研发互联网涉税信息监控平台，将“转让方、受让方或标的物”在福州的三类上市公司股权、股票信息全部纳入监控范围，建立起股权交易数据库，目前已经抓取和分类储存上市公司信息257万条，筛选有价值信息1776条，涉及企业124户。在风险应对中取得成效，如对上市公司十大股东进行分析监控，已评估结案47户，评估、稽查和督促企业自行申报税款合计1.28亿元。《中国税务报》、国家税务总局网站、国家税务总局微信等对此做深度报道。市国税局报送的《互联网+风险管理行动计划暨股权转让具体实践》获得全省纳税评估精品案例演示评比第一名。

【征管基础建设】 加强欠税清理和延期缴纳税款审核管理。共4次对2.06万户次欠税人在市局外网上进行公告。审核4户纳税人延期缴纳税款申请，涉及税款9266.97万元。6月，为方便纳税人，调整税务登记管理，将城区纳税人在市国税局中心办税服务厅集中办理税务登记的模式，调整为中心办税服务厅和城区各行政服务中心国税窗口均可办理。加强普通发票管理，共审批印制普通发票876.73万份、企业衔名发票1.57亿份。全市已开通网络发票管理系统 4.42万户，当期已开票1.11万户，共开具发票770.57万份，开票总金额304.83亿元；为单位和个人鉴定普通发票30批次409 份。加强“一户式税收征管档案系统”运行管理，通过该系统共受理涉税事项21.26万件，扫描归档资料144.08万页，归档比例达到76.96%，并根据《全国征管规范》对“一户式税收征管档案系统”进行维护。加强户籍管理，开展漏征漏管户清理，共清理漏征漏管户2301户，其中个体工商户1310户、企业991户，查补税款382.54万元。

【落实税收优惠情况】 落实小微企业税收优惠政策方面：全年共有13.19万户纳税人享受小微企业增值税减免优惠政策，占全部小规模纳税人的86.72%；合计减免增值税1.65亿元，是上年的8倍。共有 1.97万户企业享受小型微利企业所得税优惠政策，减免企业所得税7002.14万元，政策落实面达到100%。落实固定资产加速折旧政策方面：全年共有314户企业享受累计加速折旧金额7.41亿元，纳税调减7.34亿元。营改增方面：累计减税21.51亿元，其中试点企业减税17.88亿元，非试点纳税人减税3.63亿元。出口退税方面：全年办理出口退税102.58亿元，比上年增加8.03亿元，增长8.50%；其中为境内增值税一般纳税人提供的国际运输服务、向境外单位提供的研发和设计服务等业务办理出口退税3473万元。8家企业成功进入福建省第一批境外旅客购物离境退税商店名单，占全省户数的80%。

【服务自贸区建设】 复制上海自贸区十项税收服务措施，并不断创新，向相关部门提出20多条促进自贸区建设的建议，无纸化退税等多条得到采纳。5月4日，在福建自贸区福州片区率先开展“一照一码”试点工作。试点两个月后在全市有序铺开“一照一码”登记制度。全年共办理“一照一码”企业1.67万户。在自贸区综合服务大厅设立国地税联合办税窗口，做到国地税业务“单一窗口受理、内部流转、统一出件”，实现“进

▲2015年4月20日，福州市国税局与市地税局联合举办“走出去”企业座谈会，为福州企业“走出去”、参与“一带一路”建设提供税收服务。

◀2015年4月21日，福建自贸区福州片区挂牌成立。图为自贸区国税窗口人员向福建乔裕亚贸易有限公司外籍商人解答自贸区税收问题。

▶2015年8月，全省最大的国地税联合自助办税区在福州国税中心办税服务厅投入应用。

▲2015年5月28日，福州、南沙、前海、蛇口、横琴、平潭自贸区国税局召开首次联席会议，推进闽粤自贸区税收协作。

一扇门，办两家事”。设立福州自贸区台商企业服务专窗，开辟绿色通道，安排专人优先为台商提供一站式服务。开展自贸区出口退（免）税无纸化管理试点。举办600多人参加的政策宣讲会。全市共有165户实行无纸化退税管理，累计审批退（免）税额4.27亿元。响应“一带一路”国家战略，编印《“走出去”企业税收服务指南》，联合市地税局举办“走出去”企业代表座谈会，为福州企业“走出去”提供税收服务。

各税管理

【“营改增”试点】 截至2015年底，全市共有营改增试点纳税人5.28万户，其中一般纳税人0.95万户，小规模纳税人4.33万户。全年合计减税21.52亿元，其中试点一般纳税人整体减少税收负担16.43亿元，小规模纳税人减少税收负担1.45亿元。非试点增值税一般纳税人因进项抵扣内容增加，新增抵扣税额3.64亿元，直接享受结构性减税的政策优惠。

【货物劳务税征管】 推行增值税发票升级版，全市已完成存量一般纳税人升级版推行29346户，占应推行户数29519户的99.41%。完成存量小规模纳税人升级版推行17190户，完成进度99.37%。福州完成户数为全省最多，占全省已推行户数的三分之一。落实消费税政策调整，成品油消费税新政策，涉及福州市成品油生产纳税人9户；电池与涂料消费税管征涉及福州市纳税人104户，已入库消费税135.61万元，减免322.71万元；福建省烟草公司福州市分公司卷烟批发环节消费税政策调整，征收消费税7.05亿元。加强失控发票监管，通过“CTAIS系统”与“防伪税控系统”数据比对，提取疑点信息134条，部署开展专项核查，累计进项转出130.27万元，补税56.22万元。开展残疾人就业税收优惠政策检查，检查享受残疾人就业优惠政策纳税人109户，其中5户自行申请取消福利企业资格，1户涉案福利企业应补税134.06万元，并且暂停退税资格。

【车辆购置税征管】 累计征收车辆16.99万台、税款21.53亿元，车辆同比增加462台，税款同比减少1.98亿元；办理车辆免税2082台，免征税款9642万元。办理车辆退税118台退税157万元。

【企业所得税征管】 入库企业所得税249.76亿元，同比增长9.79%；占总收入比重的55.56%，比上年提高2.18个百分点。预缴税款172亿元，预缴率为81%，比上年提高3个百分点。全市67291户企业参加2014年度企业所得税汇算清缴，汇算面达100%。对全系统13个单位1000多名干部、6000多家企业进行企业所得税业务培训。推进全省第一批企业所得税高风险事项团队管理试点工作，采取“集中+分散”的团队管理模式，共选出97人组成专业团队。统一编写《股权转让业务企业所得税风险及纳税评估工作指导》《不征税收入相关业务企业所得税风险及纳税评估工作指导》，规范应对流程。对10户股权转让企业进行纳税调整，应补税款7.55亿元，调减股权计税基础12.25亿元，调减亏损940万元。对42户企业不征税收入相关事项查补税款541万元，调减亏损3409万元。对8户金融企业贷款损失准备金税前扣除事项查补税款2.64亿元。试用推行企业所得税电子台账。

【国际税收征管】 全年组织入库非居民收入9.38亿元，若剔除上年91无线股权转让案件特殊性税款，同比增加3.55亿元。对天安公司股权转让案的调查取得突破，预计入库税款和利息在7000万以上， 12月份已入库3000万元。加强股息红利居民企业所得税管征，福清市国税局对福耀玻璃公司派发2014年股息红利征税5056万元，鼓楼区国税局对福建联迪公

司股息红利所得扣缴2880万元，高新区国税局对中石化森美公司（福建）股息红利所得扣缴1830万元。加强非居民股权转让税收征管，91无线公司股权转让案件在上年入库5.83亿元的基础上，通过继续谈判入库剩余税款8400万元，仓山区国税局对星网锐捷公司非居民股东减持股份征收税款1.7亿元。全年反避税入库税款1.85亿元，同比增长25.9 %。多户企业转让定价调查取得进展，其中日立数字映像（福州）有限公司转让定价反避税案件经过持续4年多的调查，谈判圆满结案，依法调增该公司2008—2013年企业所得税应纳税所得额4.88亿元，入库税款1.31亿元，是福建省迄今为止单户补税金额最大的反避税案件。加强关联申报审核、同期资料抽查和已调查户跟踪管理，报送同期资料45 户。全年监控管理22户，调增应纳税所得额2.15亿元，补缴企业所得税3831.84万元，补缴增值税1440.45万元，加收利息95万元。开展国际税收交换情报工作。按照《国际税收情报交换工作规程》，向美、日、韩、加、澳五国提供269条电子自动情报。根据日本国税厅提供的线索，调查核实福州某公司2011年度两笔交易未申报纳税，补交增值税和滞纳金3.39万元。

【出口退税管理】 办理出口退税102.58亿元，比上年增加8.03亿元，增长8.50%。落实《全国税务机关出口退（免）税管理工作规范（1.0版）》，按规范规定设置岗位，开展审核审批。编写《出口退（免）税管理操作指引》（1.0版），统一规范全市出口退（免）税工作。按照国家税务总局《出口退（免）税企业分类管理办法》，对全市4257户出口企业进行分类，评定一类企业63户，占1.48%；二类企业1926户，占45.24%；三类企业2227户，占52.31%；四类企业41户，占0.96%。清理出口退税历史遗留问题，全年共清理未退税款6908.6万元。防范出口骗税风险，开展出口退税疑点排查，发出核实函738份，涉及退税额1.71亿元，处理回函543份。完成107户出口企业预警评估，查补税款76.88万元，移送稽查2户。对43户本地供货企业和41户外贸企业开展核查评估。6月1日，在福建自贸区福州片区实行出口退（免）税无纸化管理试点。

【大企业税收管理】 开展大企业个性化服务，发挥税收遵从协议在税收风险应对后续工作中的作用，全市已签订税收遵从合作协议14户。建立与企业的联系沟通制度，对企业

▲2015年9月7日，福州市国税局、地税局举办大型合作会议，双方签订协议，推出34个国地税合作项目。

存在的问题进行分类，查找原因，完善内控机制，降低涉税风险，已完成国家税务总局定点联系企业45户集团主要成员企业的税收遵从管理报告。开展大企业全流程税收风险管理，对国家税务总局部署涉及的5户企业集团的25户成员企业开展风险应对，评估应补税款4829万元。选择货币金融服务业、汽车零售业等54户企业开展全流程税收风险管理，补税入库1.14亿元，建立金融服务业、物流运输、汽车销售等行业风险识别点263个。与市地税局联合印发实施《大企业税务风险内控调查方案》和《大企业分事项税收风险管理工作方案》，联合完成470余户在榕国家税务总局定点联系成员的企业信息核实工作和4户企业集团的信息采集工作，选择福州农商银行等企业开展国地税联合签订税收遵从协议，对14户企业集团以及第三方涉税信息进行国地税共享。

税收法治

【公开税务行政审批事项及税收执法权力清单】 对29项税务行政审批事项进行清理，决定保留市级审批事项5项、县级审批事项16项，并向社会发布公告，接受纳税人和社会监督。

【税收规范性文件清理】 对2011年清理结果以及2011—2014年期间市国税局制定的规范性文件进行清理，确定继续有效文件16件，部分条款失效文件1件，全文失效文件8件。

【加强执法督察和责任追究】 对各基层国税局2014年税收行政处罚实施情况开展专项执法督察，发现4大类13个问题。开展2015年执法内部监督，发现问题629户次，少缴税款156.6万元，应退税款64.1万元。2014年12月—2015年9月，“执法信息系统”累计产生执法过错870条，实际确认过错总数313条，过错率0.05%，为历年新低。开展过错责任追究，全年确认执法过错1775户次，批评教育318人次，责令作出书面检查10人次，通报批评8人次，经济惩戒1542人次，涉及金额61880元。

【行政复议】 收到税务行政复议申请3件，不予受理1件，受理2件。受理的案件中，行政复议中止1件，驳回1件。市国税局作为被复议行政机关的案件3件，其中2户向国家税务总局提起规范性文件审查。

【重大案件审理】 2月，实施新的重案审理办法，调整市国税局重大税务案件审理委员会成员，分三档对全系统各单位重大税务行政处罚案件具体标准进行细化明确。全年受理并审结重大案件11件，其中维持初审意见7件，改变初审意见4件。审结案件涉及税款2.1亿元、罚款140万元、没收非法所得63万元。

【执法督察】 通过本年度执法内部监督共发现问题629户次、少缴税款156.6万元，应退税款64.1万元。其中税收优惠政策执行情况发现问题68户次，应退税款1.48万元；税收执法情况发现问题548户次，应补税款156.6万元；应退税款62.6万元；税务稽查发现问题13户次。

【法治税务示范基地建设】 选定四个基层单位作为市国税局法治税务示范基地候选单位，其中三个单位通过省国税局验收，成为省国税局法治税务示范基地。

【税法宣传】 利用税收宣传月、法制宣传日等契机组织开展各类宣传活动，联合市地税局评选发布2014年度全市纳税百强榜；通过《中国税务报》等媒体曝光“1·20”特大虚开假发票案件等涉税典型案件；与省国税局联合创作拍摄的郭爱莲事迹片《映日莲花别样红》，在中组部举办的全国党员教育电视片观摩交流活动中荣获典型事迹片二等奖；福清市国税局编写《税月心影》《税月心语》《税月心境》等“三本两册”，受到福建省“六五”

普法检查组好评。制定《全市国税系统政务信息和税收宣传考核奖励办法》，提高考核奖励标准，鼓励干部职工撰写新闻报道、政务信息、税务网站、政务微博、官方微信等宣传稿件。全年共编发《福州国税要讯》1561条，被省国税局采用127条、福州市委采用208条、福州市政府采用146条、福建省委采用11条、福建省政府采用11条、国家税务总局采用1条。特别是涉及福建自贸区、“一证一码”“税银互动”“营改增”等12篇调研文章被省委、省政府采用，2篇获得省政府领导批示；5篇被国务院办公厅采用，创下历年最多，其中1篇获得国务院领导批示。在市级以上报刊、电视、广播发表新闻稿件267篇，其中，中央级29篇，省级183篇，市级55篇。在《新华社国内动态清样》《人民日报》要闻版等的报道均实现新突破，《中国税务报》头版和要闻版8次报道本局工作。通过市国税局门户网站发布信息1215条。全年网站首页访问量达76.89万人次，日均点击数2136人次，在全省国税系统名列第一。通过“@福州国税”新浪、腾讯微博发布信息283条，答复问题55条，“粉丝”达到20万人。开通福州国税官方微信，发布信息17期，解答问题83条。市国税局监控到网上涉税舆情10起，均得到平稳处置。

纳税服务

【落实《全国税务机关纳税服务规范》】 组织全系统干部职工开展“纳税服务规范技能大比拼”活动，干部职工参加网络考试面达100%，组织重点人员进行封闭式集训。晋安区国税局进全省笔试前30名，长乐市国税局张林冯进全省上机考试前10名。按照规范要求抓好“一站式”“一次性告知”、首问负责制、延时服务等基本服务制度的落实，规范办税服务厅设置和服务行为、服务内容。

【便民办税春风行动】 落实“便民办税春风行动”33项措施，在全省率先推出《纳税服务电子专刊》，全市办税大厅实现免费WiFi全覆盖。市国税局与鼓楼区国税局合力创建福州市国税局“中心办税服务厅”，推出全省最大的自助办税区，配备16部办税自助机，赢得纳税人和社会各界的赞誉，福建省委书记尤权三次莅临参观并给予高度评价。与建行、邮政储蓄银行等合作签订“银税互动”协议，帮助小微企业获得贷款9829万元。在开发区国税局设立全市网络领购发票统一配送中心，在全省率先推出发票网上申领和快递服务，使纳税人足不出户就可通过互联网办理发票验旧、核销和申领全部业务，并由EMS邮政速递24小时之内送票上门。全年共有1962户次纳税人通过网络申领发票15.42万份。

【改进服务】 针对2014年来被税务稽查、纳税评估、行政处罚、反避税的纳税人以及企业界人大代表、政协委员、行业协会等纳税人开展大走访，向纳税人发放近10万份《致全市纳税人的一封信》。应用“任务管理与服务回访系统”对全系统干部下户行为进行回访跟踪，全年共回访2410次，总体满意率99.75%、基本满意率0.25%。通过12366和12345受理咨询举报投诉479件，通过门户网站局长信箱和来信方式受理纳税人投诉56件，及时回复率达100%。在全市所有14个办税服务厅和闽侯县国税局青口分局安装240个高清摄像头和212个麦克风，在市国税局设立监控中心，建成全系统办税服务厅视频监控系统。

【纳税信用建设】 国税、地税联合开展2014年纳税信用级别评价工作，共评出A级纳税人2558户、B级26304户、C级2154户、D级户数867户。按照《福州市纳税信用等级分级管理办法（试行）》（榕国地税联〔2004〕7

号）规定，对纳税人实行纳税信用等级分级管理。

税收检查

【概述】 全市国税稽查机关共检查纳税户190户，立案190户，审结315户，有问题307户，结案279户，查补税款42457万元（含预缴），罚款759万元，没收非法所得64万元，加收滞纳金5610万元，合计查补48890万元，查补入库46539万元。选案准确率97%，查补入库率95%，稽查直接查补收入占国税收入的1.67%，完成省国税局的绩效考核管理指标。

【受理信访举报】 共受理检举案件155件（含省国税局转办），查处151件，到期应结112件，已结89件，结案率79%；查补收入301万元。

【案件审理】 共审结案件178户。其中重大案件移送市国税局审理35户。

【专项稽查】 联合公安、海关部门开展打击骗取出口退（免）税专项行动和打击虚开增值税专用发票专项行动，特别是做好国家税务总局督办的“3·9”骗税案件查处工作。“3·9”专案共涉及福州市87户供货企业。福州市区已完成协查工作，市稽查局专案组正在按照省国税局部署，开展对涉案外贸企业的立案检查。同时，根据联合行动的安排，选定4户企业开展检查。根据《国家税务总局、公安部关于开展打击利用黄金交易虚开增值税专用发票违法犯罪专项行动的通知》（税总发〔2015〕56号）精神和《福建省国税局、福建省公安厅关于开展打击利用黄金交易虚开增值税专用发票违法犯罪专项行动的通知》（闽国税发〔2015〕66号），并结合福州市实际完成组织部署。根据省国税局要求，开展电信业“营改增”专项稽查，该案件已检查完毕。

【打击发票违法犯罪活动】 配合公安机关打击“卖方市场”，全市共检查企业209户，查处违法企业205户，查处非法发票4131份，查补税款7031万元，加收滞纳金1360万元，罚款60万元，并移送1户企业到公安部门。完成“1·20”专案的检查，组织力量，与地税部门配合，历经一年半时间，现已全部结案。办案中共检查企业186户，查补税款14027万元，罚款194万元，查补收入合计14221万元，成为2015年打击发票违法犯罪工作的最大亮点。

【金税协查】 通过协查系统共委托发出协查函433件，涉及企业557户次，发票3133份（其中已确定虚开发票1718份），涉及金额37426万元，税额6309万元。收到委托协查回复发票3102份，选票准确率77.71%，完成省国税局要求的准确率为17%的考核任务。通过协查系统共收到受托协查函284件，涉及企业320户次，发票2411份，总计涉及发票共2231份，金额37141万元，税额62121万元，全年受托协查回复率始终保持100%。

【落实“黑名单”制度】 公布重大税收违法案件信息，深化与公安、检察院、法院等部门的合作，已对4户企业实施联合惩戒，直接将其纳税信用等级判为D级。加强案件移送工作，向公安机关移送13户涉案企业。

机构队伍

【机构设置】 福州市国税局机关内设13个处室，另设有1个机关党委办公室、1个离退休干部处和3个事业单位（培训中心、信息中心、机关服务中心），3个直属机构即：市国税局稽查局、大企业税收管理局、市局稽查一分局（原开发区局稽查局更名，变更隶属关系），下辖14个县（市、区）国税局。其中，福建省国税局福州培训中心、福州市国税局稽查局、福州经济技术开发区国税局为副处级，其余均为正科级别。

【编制人员】 全市国税系统在编干部职工 1581人，其中：公务员1494人，事业干部25人，工勤人员62人；大专以上学历人员1491人，占总人数的94.31%，其中本科学历1007人，占总人数的63.69%，具有硕士、博士学位的51人，占总人数的3.23%；中共党员1086人，占总人数的68.69%。（详见表4）。

表4　　福州市国税系统人员情况（2015年）

单位：人

单　　位	合　计	公务员	事业干部	工人
合　　计	1581	1494	25	62
市国税局机关	144	135	4	5
高新区国税局	62	59	1	2
市国税局稽查局	71	68	2	1
鼓楼区国税局	167	160	5	2
台江区国税局	139	133	2	4
仓山区国税局	111	105	1	5
晋安区国税局	129	125	1	3
开发区国税局	86	82		4
琅岐经济区国税局	17	17		0
福清市国税局	142	132	0	10
长乐市国税局	99	94	2	3
闽侯县国税局	113	109	1	3
闽清县国税局	90	84	3	3
连江县国税局	83	74	1	8
罗源县国税局	65	57	2	6
永泰县国税局	63	60		3

【年度考核】 规范福州市国税系统2014年度考核工作，全系统共有1600名干部职工参加考核，其中评定优秀等次319人，称职等次1259人，不定等次22人。

【干部交流轮岗】 根据工作需要及个人自愿相结合，开展干部交流轮岗工作，共办理干部交流调动21人。拓宽干部交流途径，与地方有关部门协调，并根据职位适应性和匹配度，提任1名副科级班子成员外派台江区财政局挂职任副局长，选派开发区国税局1名副科级中层领导干部到马尾区财政局挂职。

【人员招录】 新招录20名公务员，接收2名军转干部。同时根据省国税局部署，组织做好市国税系统符合省国税局遴选条件的干部参加遴选考试，遴选5名干部到省国税局机关工作。

【职级并行】 按照国家税务总局、省国税局的文件要求及程序开展职级晋升工作，共完成职级晋升待遇兑现工作，全年共晋升547人，其中晋升正处级3人，晋升副处级12人，晋升正科级106人，晋升副科级426人。

【干部选拔】 组织开展市国税局机关和基层国税局副科级领导干部晋升选拔工作，共有市国税局机关4名副科级领导干部、基层国税局2名副科级班子成员和开发区国税局1名副科级领导干部选拔晋升主任科员；延续执行基层局中层正职领导干部到龄平级转任非领导干部的市局纪要规定，共办理基层局中层正职领导干部转任副主任科员5人。

【学习型党组织建设】 制定《2015年机关党委思想政治工作实施意见》，从机关党员干部需求出发，健全思想政治工作运行机制，定期召开党员干部思想政治工作分析会，有针对性地做好思想政治教育工作，满足和解决党员干部关切的具体问题。在上海复旦大学举办领导干部自贸区理论政策学习班，通过培训，学习上海自贸区先进经验特别是上海自贸区的税收现代化管理经验。不断优化整合和升级“网上税校”学习平台，采取“选学+赏析+交流”的模式，不断拓宽学习教育路径，便于党员干部根据自身喜好和需求选学相关知识，并通过在线考试和测试检验学习成果。“网上税校”自运行以来，点击已突破30万余人次。在市国税局机关开展“读一本好书 交一个益友”读书活动，定期开展书友会、读书交流会等活动。

【基层党组织建设】 制定《关于加强基层党支部建设的若干规定》，从组织设置、基本职责、班子建设、制度建设、党员的教育、管理和服务以及思想政治工作、创先争优等方面对基层党组织进行规范和改进。加强对入党积极分子和发展对象的教育、培养和考察，严把发展对象确定关、新党员接收关和预备党员转正关。开展整顿软弱涣散基层党组织工作。通过换届、改选党支部，充实支部委员。对全市国税系统近100名基层党组织书记分两期进行集中培训，同时还就如何当好支部书记组织交流研讨。

【健全党内政治生活制度】 做到党建经费有预算，管理有措施，按照《经费管理使用办法》相关规定，坚持公平、公正、公开的原则，合理使用，严格管理。落实“三会一课”、民主评议党员、党员党性分析等组织生活制度。并将抓党建责任制的情况纳入述职述廉、巡视检查、目标考核重要内容，做到述职述党建、评议评党建、考核考党建、任用干部看党建。

【“三严三实”专题教育】 从6月起，历时半年开展“三严三实”专题教育活动，组织书记上党课、党员干部专题学习、辅导讲座、收看视频等活动28场次。全市国税系统共举办座谈会118场，其中机关和基层干部座谈会56场，纳税人座谈会62场，征集各类意见建议653条。完成26项制度建设计划和124项班子领导个人整改任务。

【理想信念教育】 以庆祝建党94周年和纪念抗战胜利70周年为契机，开展中国特色社会主义、中国梦和形势政策、国情、革命传统等教育。举办“红色经典影片周”展播活动、“我为党旗添光彩”无偿献血活动、党日学习活动、抗战胜利纪念活动等一系列爱国主义教育活动。

【绩效管理】 推进组织绩效和个人绩效管理，以考评指标为导向，以过程管理为抓手，突出通过抓机制、抓过程和抓落实，总结推行“月提醒”“月自评”“月考评”等方法，推广应用“绩效管理辅助系统”，保持绩效管理平稳运行。2015年，获全省绩效管理评比第一名的成绩。

【督查工作】 印发督查工作办法，健全督查工作机制，成立多个督查小组，9次组织对各基层国税局贯彻落实中央八项规定、小微企业税收优惠政策、推行“三证合一”“一照一码”等工作进行专项督查，2次进行全面督查，狠抓整改落实。

▲2015年3月10日，琅岐区国税局刘鹏为福州市国税局机关干部作题为《做情绪的主人》的讲座。

【巡视工作】 制定巡视工作计划，加强巡视相关业务学习，把思想和行动统一到中央对巡视工作的新部署上来，发挥巡视制度监督作用。配合省国税局巡视办或巡视组开展巡视工作，完整准确上报省国税局巡视办布置的工作材料，上半年，参加对南平市国税局的巡视工作，完成巡视组业务组工作任务。下半年，对闽清县国税局、连江县国税局两个单位开展巡视工作。

【规范津补贴】 根据国家税务总局、省国税局关于三级以下单位规范津贴补贴系列文件精神，组织系统各单位开展第二步规范津补贴工作。同时，按照省国税局绩效管理考评指标要求，按照规定时点完成市国税局机关及各基层局第二步规范津补贴工作实施方案的报送、审核、报批工作。

【推进先进典型引领】 推进“爱莲品牌”宣传，在此基础上开展评选“福州国税十大先进工作者”活动，并向省国税局推荐3名候选人参评福建国税十大先进工作者。同时，组织参加人民满意公务员、道德模范、“五一”劳动奖章、巾帼建功标兵、先进工作者等各项评选表彰活动，不断培养和挖掘先进典型，用身边人、身边事教育激励干部职工，营造风清气正、干事创业、敬业奉献、奋发有为的氛围。拍摄的“映日莲花别样红”先进人物郭爱莲电视宣教片，被国家税务总局推荐作为全国三个先进个人电视片之一上报中组部。

【国税文化建设】 举办5期“国税大讲堂”，宣扬国税文化，传播正能量。持续开展“平凡中的闪光点”活动，开展评选“福州国税十大先进工作者”活动，选树宣传身边先进典型，弘扬“法治、规范、专业、廉洁、和谐”的福州国税核心价值观。永泰县国税局开展“书香国税”活动，设立阅览室，全年开展21期“读书沙龙”、旅行感悟、影视鉴赏等活动。

【文明创建】 从文明城市、文明行业、文明单位三个方面入手推进精神文明创建工作。围绕第一届全国青年运动会开展多种志愿

▲2015年，福州市国税局开展“学爱莲，学标兵”活动。

服务活动。开展慰问抗战离休老干部、祭扫烈士陵园等系列活动，纪念抗战胜利70周年。新一届文明单位创建工作取得成绩：闽侯县国税局被中央精神文明委员会授予第四届全国文明单位称号，市国税局和稽查局、高新区国税局、鼓楼区国税局、台江区国税局、晋安区国税局、开发区国税局、福清市国税局、长乐市国税局、连江县国税局、闽清县国税局、罗源县国税局、永泰县国税局被评为2012—2014年度省级文明单位，开发区国税局被省国税局列入争创全国文明单位第一梯队单位，长乐市国税局纳税服务科获得2013—2014年度全国青年文明号。鼓楼区国税局局长郭爱莲在市直机关党工委举办的“争做‘四有’好干部、勇当跨越急先锋”先进事迹报告会上作先进事迹报告。高新区国税局林争被中华妇女联合会授予“全国巾帼建功标兵”。

【教育培训】 市国税局共举办各类培训17期、讲座10场，培训1270人次、4930人天。围绕自贸区理论政策等举办更新知识培训，围绕纳税评估、建安房地产等开展高层次专业人才培训，针对市国税局机关干部和基层科分局长开展领导能力培训。改进培训方式，实行班组长管理制，每期培训结束时由学员对5个方面18项内容进行打分测评。选拔组建一支50人的兼职教师队伍，其中11位入选省局师资人才库，人数为全省各地市最多。分2批开展兼职教师专题培训，同时选送15位兼职教师参加总局和扬州税务学院组织的师资培训。每2周举办1期兼职师资教师讲座，让干部学习更接地气、受欢迎。整合资源，改变鼓岭培训基地管理模式，为基层学习培训提供良好的环境。连江县国税局针对年轻干部建立“一人多岗、一人多技、一岗多能”的人才培养机制，推进岗位之间“传帮带”。

▲2015年2月，福州市国税局开展“我的税风你来评”活动。

▲2015年12月22日，福州市国税局参加福州市政风行风热线直播节目，向公众解答税收问题。

【离退休干部管理】 落实离退休干部的政治待遇和生活待遇，关心、加强离退休干部管理。建设面积达1132平方米的老干部活动中心，多次举办老干部文体活动，包括纪念抗战胜利活动、参观考察活动、组织门球比赛，并安排老干部体检，看望、慰问生病住院老干部等。福州市国税局离退休干部工作走在全省的前列，得到国家税务总局和省国税局领导的肯定。

【内控机制建设】 细化分解主体责任和监督责任，搭建责任体系。建立廉政谈话提醒长效机制。市国税局班子成员对基层领导班子和新提任领导干部开展集体廉政谈话提醒，并率先开展市国税局纪检组长与市国税局同级领导班子成员集体廉政提醒谈话，得到省国税局局长林京华的批示肯定。

【作风建设】 落实中央八项规定，修订经费管理、公务接待、公车管理、考勤制度以及婚丧喜庆等事项报告制度。开展自查自纠，每月上报中央八项规定监督情况报告表。按照标准完成办公用房清理调整工作，市国税局机关清理腾退办公室面积近400平米。全市国税系统“三公”经费支出同比下降64.98%。尝试开通“福州国税行风效能”微信公众号，拓展与行评代表、社会公众在政风行风效能建设方面的沟通渠道。聘请系统外6名作风建设监督员对15个基层单位开展为期半年的明察暗访。

【廉政教育】 多形式开展预防职务犯罪教育活动，将廉政课程纳入各类培训班的必设课程。推进廉政文化建设，总结提炼“一局一品”廉政文化理念。以“三山养秀，税海澜清”为主题，建成具有浓郁地方特色的福州国税廉政文化展厅。全年在展厅举办22期党风廉

▲2015年2月，福州市国税局廉政文化展厅正式建成开放。图为福建省检察院、省国税局、市检察院等领导参观展厅。

政现场教育课程，受教育 880 人次。展厅被福州市纪委列为福州市党员干部廉政教育培训重要基地，经验做法被省国税局印发各地并上报国家税务总局。开通“廉政在线”网络平台，两次组织全员进行在线廉政知识测试。开展廉政文化作品征集活动，共征集到265件作品。与福州市检察院联合创作拍摄廉政微电影《崖之花》。

【案件查处】 开展“一案双查”，全年收到信访件41件（含重复件16件），核查率100%。对3个单位下发监察建议书，廉政谈话提醒11人次。全年受党纪政纪处分7人。

行政后勤

【财务公开】 按照国家税务总局、省国税局政务公开的要求，对经费预算编制及执行通过会议形式进行公开。对重要的财务收支事项定期在机关主页上的政务公开栏进行公开。对政府采购、基建管理、资产处置等重要事项通过机关网页及政府采购网等途径进行公开。

【财务管理制度】 严格财务审批管理制度，加强财务开支审核。规范会议费管理，对会议场所的选择、会议费标准及报销手续等进行明确规定。加强国有资产出租出借及处置收入管理，对闲置的国有资产实行备案。完成市国税局大楼修缮和连江县国税局基建立项。

【基建管理】 完成市国税局大楼修缮工作，具体包括机关大楼空调、食堂、卫生间的改造，五楼廉政文化展厅的建设。完成2015年连江县国税局基建立项工作。督促连江县国税局东岱分局修缮项目以及罗源县国税局部分楼层修缮项目的工程结算以及财务决算。

（供稿：蔡青青）

漳州市国家税务局

税收概况

【税收收入】 共组织税收收入140.03亿元，减收33.17亿元，同比下降19.15%。扣除海关代征后，国税部门组织的税收收入完成114.00亿元，减收1.06亿元，同比下降0.92%，完成年度收入计划113.80亿元的100.17%。分级次看，中央级税收收入完成80.95亿元，减收0.46亿元，同比下降0.57%；地方级税收收入完成33.05亿元，减收0.60亿元，同比下降1.78%。按照财政口径计算，全年实现税收收入105.56亿元，减收0.92亿元，同比下降0.86%，完成年度收入计划105.50亿元的100.06%。全年共组织非税收入987万元，减收284万元，同比下降22.34%。其中，征收文化事业建设费790万元，废弃电器电子产品处理基金27万元，税务部门罚没收入170万元。

【弹性系数】 全年地区生产总值（GDP）季度累计增幅基本保持在10.1%至10.4%之间，但受结构性减免税力度加大、房地产业对税收收入增长的贡献下降，重点税源企业税收减少以及2014年工业“两税”入库高基数叠加，制约着税收收入的增长，全年地区生产总值（GDP）为2767.45亿元，增幅11%，国税组织收入增幅为-0.92%，税收弹性系数为-0.08。

【区域税收】 全市14个征收单位中，有8个征收单位出现不同程度的减收，其余6个单位略有增收，增速均为个位数，分别为芗城区国税局（8.39%）、东山县国税局（4.81%）、云霄县国税局（3.46%）、龙文区国税局（2.2%）、漳州台商区国税局（1.35%）和漳浦县国税局（0.72%），共入库税收69.74亿元，占总税收的61.18%，增收3.16亿元，增长4.75%。其余8个单位均减收，其中南靖县国税局、漳州开发区国税局、诏安县国税局和市国税局纳税服务中心等4个单位降幅超过两位数，分别为-24.06%、-23.77%、-17.11%、12.18%。

表5　　漳州市国税局税收收入分征收单位统计（2015年）

单位：万元

序号	单位	累计税收收入			免抵调库			直接收入		
		总税额	比去年同期增减		调库额	比去年同期增减	同比（%）	直接收入	比去年同期增减	
			增减额	增减（%）					增减额	增减（%）
1	芗城区	292206	22611	8.39	23495	-941	-3.85	268711	23552	9.61
2	龙文区	85344	1836	2.20	20593	-2469	-10.71	64751	4305	7.12
3	市局纳服中心	39159	-5431	-12.18	0	0	0.00	39159	-5431	-12.18
4	龙海	182535	-2145	-1.16	14066	1489	11.84	168469	-3634	-2.11
	其中：华阳	100096	-15904	-13.71	0	0	0.00	100096	-15904	-13.71
5	漳浦	89568	641	0.72	21025	6930	49.17	68543	-6289	-8.40
	其中：古雷	9315	-6285	-40.29	0	0	0.00	9315	-6285	-40.29
	其中：腾龙芳烃	6995	-5069	-42.02	0	0	0.00	6995	-5069	-42.02
6	云霄	30476	1019	3.46	8948	-309	-3.34	21528	1328	6.57
	其中：常山	10566	-63	-0.59	6771	-58	-0.85	3796	-4	-0.11
7	诏安	24349	-5025	-17.11	7797	-4470	-36.44	16552	-555	-3.24
8	东山	88005	4039	4.81	51000	2799	5.81	37005	1240	3.47
9	平和	23444	-2528	-9.73	503	-131	-20.66	22941	-2397	-9.46
10	南靖	31325	-9924	-24.06	6893	-7286	-51.39	24432	-2638	-9.75
11	长泰	81810	-3761	-4.40	19667	1344	7.34	62143	-5105	-7.59
12	华安	23928	-2186	-8.37	330	-152	-31.54	23598	-2034	-7.94
13	漳州开发区	36062	-11247	-23.77	12505	8319	198.73	23557	-19566	-45.37
14	台商投资区	111765	1487	1.35	18175	-7125	-28.16	93590	8612	10.13
全市		1139976	-10614	-0.92	205000	-2000	-0.97	934976	-8614	-0.91

【税种级次】 增值税收入68.4亿元（含免抵调库20.5亿元），减收1.88亿元，同比下降2.67%；受成品油及卷烟消费税税率提高的影响，消费税收入6.85亿元，增收1.91亿元，同比增长38.63%，增幅比2014年同期提高25.37个百分点；企业所得税收入34.06亿

元，减收0.7亿元，同比下降2.02%，比2014年同期回落21.27个百分点；受货运市场总体不景气，公路货运市场渐趋饱和，载货汽车车辆购置税下滑以及排气量1.6以下减半征收的影响，车辆购置税收入4.68亿元，减收0.39亿元，同比下降7.75%，增幅比2014年同期回落10.27个百分点；个人所得税收入2万元，同比下降33.3%。

表6　漳州市国税局税收收入分税种分入库级次统计（2015年）

单位：万元

税种	合 计	中 央	省 级	市 级	县 级
国内增值税	684033	489481		36480	158072
国内消费税	68485	68485			
企业所得税	340620	204666	14386	16012	105556
车辆购置税	46835	46835			
个人所得税	2	2			

【产业税收】　随着整体经济下行、市场需求疲软，企业间竞争加剧，实体经济面临过高的贷款利息、原材料价格上扬、人工费用等成本居高不下等多重阻碍，经营压力巨大。全市有666家年税200万元以上企业列入重点税源监控，全年入库税收收入下降86.25亿元，减收2.84亿元，同比下降3.18%，低于全市平均水平2.26个百分点，比2014年同期回落10.55个百分点，重点企业增收效应弱化。其中，重点企业增收的企业266户，增收面为39.94%，入库税收48.71亿元，增收14.81亿元，同比增长43.69%；重点税源减收的企业户数达到400家，减收面为60%，入库税收37.54亿元，减收17.65亿元，同比下降88.74%。

表7　漳州市国税局税收收入分行业分税种完成情况（2015年）

单位：万元

序号	项　目	累计入库		
		税额	比2014年同期增减	
			税额	增减（%）
1	一、增值税	684033	-18750	-2.67
2	1. 食品	119255	943	0.80
3	2. 饮料	1545	236	18.03
4	3. 纺织	8435	2029	31.67

续表

序号	项　目	累计入库		
		税额	比2014年同期增减	
			税额	增减（%）
5	4. 纸	20673	-2009	-8.86
6	5. 服装皮革	17064	1602	10.36
7	6. 医药	18257	5269	40.57
8	7. 家具	16709	-1322	-7.33
9	8. 化工产品	19908	-886	-4.26
10	9. 建材	48427	-4989	-9.34
11	10. 钢坯钢材	1785	-491	-21.57
12	11. 通用设备	19749	5089	34.71
13	12. 专用设备	3582	1460	68.80
14	13. 交通运输设备	21871	951	4.55
15	14. 电气器材	34305	-4135	-10.76
16	15. 电信设备	12933	-5755	-30.80
17	16. 电力	89285	-15334	-14.66
18	17. 批发业	82226	-1087	-1.30
19	18. 零售业	26588	-3939	-12.90
20	19. 其他	239554	4997	2.13
21	二、企业所得税	340620	-7011	-2.02
22	其中：国内企业所得税	168033	-14134	-7.76
23	涉外企业所得税	172587	7123	4.30
24	其中：1. 工业	167936	-3385	-1.98
25	食品	21562	3141	17.05
26	服装皮革	2174	-170	-7.25
27	化工产品	6809	-241	-3.42
28	建材	8563	-2868	-25.09
29	通用设备	5271	2803	113.57
30	专用设备	468	19	4.23

续表

序号	项　目	累计入库		
		税额	比2014年同期增减	
			税额	增减（%）
31	交通运输设备	3866	−251	−6.10
32	电气器材	9971	−1021	−9.29
33	电信设备	384	−340	−46.96
34	电力	65014	−1690	−2.53
35	造纸及纸制品	6347	1549	32.28
36	2. 商业	32310	−1064	−3.19
37	3. 金融保险	48799	−1847	−3.65
38	4. 交通运输	4004	−190	−4.53
39	5. 建筑安装	6123	−13900	−69.42
40	6. 电信	6999	−13	−0.19
41	7. 房地产	68975	21963	46.72

【重点税源】 全市有666家年税200万元以上企业列入重点税源监控，全年入库税收收入下降86.25亿元，减收2.84亿元，同比下降3.18%，低于全市平均水平2.26个百分点，比2014年同期回落10.55个百分点，重点企业增收效应弱化。其中，重点企业增收的企业266户，增收面为39.94%，入库税收48.71亿元，增收14.81亿元，同比增长43.69%；重点税源减收的企业户数达到400家，减收面为60%，入库税收37.54亿元，减收17.65亿元，同比下降88.74%。华阳电业受售电量减少和电价下调的影响，全年税收收入10.01亿元，减收1.59亿元，同比下降13.71%。腾龙芳烃发生燃爆事故，全年缴纳消费税比年初计划4.36亿元减少3.68亿元；连带其下游企业翔鹭石化和海顺德特种油品也受到影响，减少税收收入4亿元。福欣特殊钢、联盛纸业等新增重点项目，仍然无法产生税收。

税收法治

【依法行政】 开展依法行政培训，举办专题学习班和论坛，依法行政知识成为各类培训的必学内容。上半年，组织县（市、区）国税局分管法规工作领导参加省国税局举办的法律专题研修班，组织业务骨干参加省国税局在无锡税务干部学校举办的督察内审业务培训班；4月15日—17日，举办县（市、区）国税局分管局领导、科长及业务经办人参加的法规业务培训，解读国家税务总局出台的全面推进依法治税指导意见以及法治税务示范基地建设考核指标，并由长泰县国税局演示法治示范基地建设情况；11月25—27日，省国税局检查组对诏安县国税局和长泰县国税局的法治税务示范基地创建申报单位开展实地考评验收，采取听取申报单位工作汇报、查看档案资料、随机抽查行政执法案卷等形式对照考评标准现场打分，两个单位均达到示范基地创建标准。

【行政审批事项】 4月，完成对现行有效的税收规范性文件重新进行梳理与核对工作，清理范围截至2014年12月31日前制定发布或与其他部门联合发布的在本辖区内对征纳双方具有普遍约束力的全部税收规范性文件，最终确定市国税局机关本部全文已失效或废止的税收规范性文件28件、部分条款已失效或废止的税收规范性文件5件、现行有效的税收规范性文件56件，并以公告形式公布清理结果，向社会公布全部现行有效或失效的文件目录，纳税人可以通过正规渠道查找相关文本内容；基层单位均按时完成规范性文件清理工作，并进行相关备案。开展税务行政审批事项清理，完成对税务行政审批事项及目录清单的全面清理，保留市国税局终审税务行政审批事项6项，其中，行政许可1项、其他权力事项5项；所辖县（市、区）国税局终审的税务行政审批事项17项，其中行政许可5项、其他权力事项12项，并通过纳税服务大厅显示屏、税务网站、微信公众号以及税信通等渠道向社会公开税务行政审批事项及目录清单。事后修改涉及取消事项的相关规定、表证单书和征管流程，明确事中事后监管要求。执行税务行政审批受理时限，涉及项目包括企业印制发票审批、对纳税人延期缴纳税款的核准、对纳税人延期申报的核准、对纳税人变更纳税定额的核准、增值税专用发票最高开票限额审批、企业所得税预缴方式核定以及非居民企业选择汇总缴纳企业所得税审批等内容，下半年全市国税系统7

▲2015年3月17日，漳州市政府副市长张翼腾（左三）一行听取市国税局组织收入汇报。

项核准类或审批类项目共受理1642件，其中对纳税人变更纳税定额的核准受理338件、增值税专用发票最高开票限额审批受理1304件，法定办结期限为20天，承诺办结期限10天，均实现承诺办结率100%。加强已取消审批事项的后续管理，截至8月31日，全市国税系统共登记增值税一般纳税人资格779户，办理红字发票开具申请5738份，增值税免税资格审核改为备案管理办理21户，出口退（免）税资格认定、变更、注销办理18户，窗口审核办结设有固定装置的非运输车辆免税申报4部，窗口办理车辆购置税完税车辆不予登记审核退税10部，35户次企业只需备案即可享受符合条件的加速折旧优惠政策，19124户次小型微利企业简化享受所得税优惠政策备案手续，400户次从事农林牧渔业项目的纳税人只需备案即可在季度预缴申报享受所得税优惠政策。

【重大案件审理】 修订《重大税务案件审理办法》，分地区按罚款、没收违法所得、没收非法财物合计金额设定重大案审标准，审查重大案件的事实认定、证据取得和逻辑关系，其中，市国税局机关本部为150万元、龙海市国税局为80万元，漳浦县国税局等5个单位为30万元，其他单位为10万元，避免以卷审卷流于形式，规范税收执法行为，保护纳税人权利。全年，市国税局按标准开展重大案件审理1件，发现市国税局稽查局因疏忽导致计算有误少补企业所得税111.74万元。

【税收执法】 开展税收执法督察，采取部分单位交叉督察的方式，对四类必查项目和五个选查项目按照分类项目进行抽查，8月，完成对龙海、台商、华安、漳浦和诏安等5个单位的重点督察。落实税收执法责任制，通过疑点信息核查、执法督察以及审计方式等对执法过错行为进行督促整改，全年执法考核子系统监控的执法行为共计22.08万户次、申辩调整前过错1343户次，执法正确率为99.39%，比2014年同期提高0.03个百分点；申辩调整后过错693户次，执法正确率为99.69%；依据执法考核结果对460个相关责任人员进行责任追究，经济惩戒326人次金额15430元，行政处理134人次，其中批评教育67人次、责令书面检查36人次、通报批评29人次、责令待岗1人次、取消执法资格1人次。开展执法疑点核查，利用信息技术提取和筛选税收执法疑点数据，完成省国税局下派31个指标项608条疑点数据核查，查结比例达100%，问题比率为83.55%，共补缴入库税款34.1万元、退税1.2万元、罚款0.2万元、加收滞纳金4.2万元；在各项疑点指标案头分析的基础上开展实地查验，采取交叉检查方式，对发现的疑点认真查错纠弊。对2015年1月1日—7月31日期间的组织收入原则落实情况开展自查，未发现列举的违规征收“过头税”类型以及税务总局疑点信息指标核查列举的其他预征税款情况。

【税务行政争议】 共受理2起税务行政复议案件，通过审查纳税人提出的复议申请，了解行政相对人的利益诉求，发现这2起行政复议过程中下级机关作出的具体行政行为明显不当，责成相关单位通过法定程序自我纠正，保障纳税人的合法权益不受损害。

【行政处罚裁量】 5月1日，执行全省统一的税务行政处罚裁量权新基准，全年，办理税务行政处罚2565件，总金额55万元，同比下降22.5%。其中，一般处罚242件，处罚金额17.83万元、简易处罚2323件，处罚金额37.17万元。

征收管理

【征管户数】 截至12月31日，漳州国税系统税务登记户数100657户，其中，企业45094户、个体工商户55563户。

【国税局、地税局征管合作】 漳州市国税局和地税局联合成立征管合作规范组织机构，8月20日，召开2015年第一次联席会议，两部门领导班子、部分业务科室负责人就统一思想提高认识、制定办法协同配合、抓住重点稳步推进等方面进行交流，梳理征管合作规范事项，制定下发征管合作规范分解落实意见表，从5大类40个项目着手，建立相关工作和考核制度，并在此基础上细化分解工作任务，明确各责任部门与责任主体，落实技术和考核保障机制。还明确各基层单位定期上报机制，检查各基层单位落实征管合作规范的成效，并汇总全市税务系统在推进征管合作规范中工作成效以及未落实的合作事项，并分析原因提出工作建议。

【纳税评估】 组织开展税收风险应对2146户，存在税收风险企业1838户，查补入库税款18365万元，调减留抵金额298万元，冲减退税1086万元，调减以前年度亏损金额15460万元，移送稽查部门查处1户。其中，完成审计署检查组二次下达的发票核查任务，组织对漳州某医药有限公司在使用发票过程中的大头小尾情况进行逐份核实，涉及发票299张，经核查基本排除税收违法、违章的可能；完成省国税局推送的7户道路货物运输业税收风险应对，补征税款及滞纳金177.6万元；完成省国税局下发的“税电”不匹配数据的前600户核对工作，先后对170户“税电”比对异常户开展风险应对，补税420万元，冲减留抵税额39万元，冲减应退税款103万元，加收滞纳金57万元，调整以前年度亏损168万元。

【金税三期上线准备】 做好“CTAIS征管软件”日常运行维护，清理系统垃圾数据，解决基层在系统运行中存在的问题，确保系统软件运行顺畅。做好“CTAIS系统”37L23——37L27、38L01——38L05等10个专项补丁上线前模拟系统的测试和修改，以及上线后正式系统的维护工作；完成省国税局对财务报表采集、网络申报等多项集中测试工作，以及金税三期各项调研工作；做好金税三期推广前期各项准备工作，组建市、县两级金税三期运维团队，熟悉金税三期培训平台，为2016年金税三期上线做好人才储备；制定下发金税三期工程推广工作方案，从工作目标、组织架构、工作机制、工作要求等内容进行规范；成立市国税局金税三期集中办公室，抽调4位业务能手集中办公，指导全市金税三期推行；做好金税三期数据迁移异常数据清理和初始化数据采集，全市静态数据应清理18.9万条，完成清理18.8万条，完成99.5%，完成初始化数据采集四批72张表格共50064条信息。

【“一照一码”改革】 成立由市国税局“一把手”担任组长的“一照一码”改革领导小组，实行“市局统一领导，部门共管齐抓，征管组织协调，各级各负其责，全员广泛参与”的工作办法，制定推行计划及应急工作机制，6月1日，全市国税系统新办企业全面推行“一照一码”登记制度，采取统一编码规则、统一源头赋码、统一登记表格、统一登记受理、统一档案管理的“五个统一”办法进行登记，并跟踪督导，做好宣传及舆情监测，保障“一照一码”改革工作顺利推行。截至12月31日，共办理“一照一码”登记 5170 户。

【重点税源管理】 全市列入监控的666家年纳税200万元以上的重点企业，全年入库税收86.24亿元，减收2.84亿元，同比下降3.19%。加强新增税源跟踪调查，健全新增重点项目和税源监控机制，掌握本辖区重点新增项目建设情况，对古雷石化、福欣不锈钢等重点税增项目的税收发展情况开展跟踪调查和分析，做好新投产项目的税源测算，把握本地的税收收入发展变化趋势，提高预测准确性。

【税收经济分析】 开展不同地区、产业、行业和重点税源企业的税负水平的横向和纵向比较，发布质量评价报告，完成2014年和2015年各月份税收收入分析报告，为各级领导的决策提供参考；关注预缴税款、汇缴税款、评估税款、查补税款所占比重及其质量，开展工业增值税弹性系数、工业企业所得税弹性系数、新增欠税率、往年陈欠清理率的分析，对各地区、各税种、各主要行业收入质量的检查和评价；加强评价结果的分析应用，发挥收入质量评价在引导税收征管行为等方面的作用，实现从数量型向质量型的转变；跟踪分析全市投资、消费、进出口、工业生产、企业利润等宏观经济指标变动情况，做好政策效应分析，剖析政策调整对税收收入总量和结构的影响，反映宏观经济政策和各项税收政策的执行情况和实施效果，把握税源整体变化趋势；开展重点企业和重点行业税收分析，完成2014年度重点税源企业监控情况专题报告，有针对性地采取税收风险应对措施。

【税收资料普查】 共调查企业1530户，占全市登记企业38482户的3.98%，比2014年调查户数减少91户，下降5.61%。在全部1530户调查企业中，重点调查但不是抽样调查企业有368户，抽样调查但不是重点调查企业有1113户，既是抽样调查又是重点调查企业有49户。

【减免税统计调查】 共调查采集企业信息29666户，比2014年增加2329户，增长8.52%。其中，享受减免税户5665户，比2014年增加2381户，增长72.50%；共减免税款271209万元，比2014年增加119880万元，增长79.22%。截至2014年12月31日，全市共登记个体工商户58444户。其中，有减免税的个体工商户44491户，占个体工商户登记户数76.13%；减免税户比2013年的33618户增加了10873户，增长32.34%；减免税额9747万元，比2013年增加2069万元，增长26.95%。

【日常税收征管】 加强船舶制造行业税收管理，制定下发金属船舶制造行业税收管理指南，龙海市国税局和东山县国税局组织对68户修造船企业开展税收专项整治，补缴税款滞纳金1210万元，进项税额转出127万元。4月20日—6月20日，分四个阶段开展全市漏征漏管户清理工作，全市共清理漏征漏管户22500户，其中，应办未办税务登记户数21976户、已办税务登记但未申报或异常申报户数524户，共计补缴税款、滞纳金及罚款333万元。按季对各基层单位欠税情况进行通报，促进基层单位清理欠税，全年清理陈欠2292万元，欠税变动率为10.41%，比2014年同期下降40.38%。做好高新区国税局征管户迁移，完成3147户纳税人的迁移。开展2015年度双定户定额调整工作，全市达起征点个体户2847户，月定额税款333万元，户均月缴税1169.65元；不达起征点个体户41036户，月定额税款1158.49万元，户均月税282.31元。小规模企业达起征点定额户162户，月定额税款21.02万元，户均月税1309.61元，不达起征点小规模企业247户，月定额税款11.45万元，户均月税467.63元。做好废旧基金征收工作，落实“任务管理与服务回访系统”推行情况。落实纳税申报方式调整，从10月1日起，对全市近3万户查账征收的增值税小规模纳税人实行“月改季”纳税申报，减轻纳税人负担。

【大企业管理】 开展对关联企业之间的资金往来、股权转让、跨境投资和关联交易分事项的涉税风险分析，对光电、造纸、水产品、中国建筑等行业49户企业进行风险评估，共补缴税款和滞纳金8649万元，增值税进项转出20055万元，冲减应退税额1472万元。开展国家税务总局定点联系企业税务风险内控工作调查，对中国联合网络通信有限公司漳州市分公司、中国人寿保险股份有限公司漳州分公司开展税务风险内控工作并形成分户内控调查报告上报省国税局。开展国家税务总局定点联系企业现场审计，对中海油等5户企业集团组织开展案头审计，10月30日，完成对中国建筑总公司福建所属成员企业的现场审计，补缴税款2701万元，核减企业增值税留抵税额19499万元。

税种管理

【增值税管理】 农产品税收管理。制定蔬菜、水果等农产品增值税预约定耗管理办法，做好相关的后续管理工作；做好部分行业农产品核定扣除试点执行情况调研工作，完成罐头食品进项税额扣除的前期调研；做好茶叶加工行业核定扣除的前期调研，完成数据测算及上报工作；落实农产品进项税额核定扣除的扩围，宣传辅导制茶行业收购茶青、毛茶的核定扣除工作。增值税发票系统升级。在当地主流新闻报刊发布公告，印制推行告知书和流程表，并与航天信息和百旺金赋两家服务商进行沟通，保障纳税人有自主选择服务商的权利。3月1日，对使用税控系统发票或通用机打发票的一般纳税人及使用机动车销售统一发票的小规模纳税人推行发票升级版；6月1日，对月销售额超过3万元（按季纳税的为9万元）的存量小规模纳税人推行发票升级版；除印有本单位名称的冠名发票、卷式发票暂时保留、待国家税务总局统一安排外，使用发票的新办小规模纳税人及2015年“营改增”试点纳税人（统称增量纳税人）于11月30日前全部纳入发票升级版。根据增值税发票升级版推行动态监控显示，全市增量纳税人累计推行5247户，包括一般纳税人1688户，小规模纳税人3559户；存量一般纳税人推行9180户，推行完成率99.43%，存量小规模纳税人推行4543户，推行完成率99.65%。余下少量未升级户数主要为特殊纳税人、由于系统改造未到位尚无法升级的企业、因CTAIS旧票种信息无法删除造成监控误提示未升级的企业。水产品收购价格预警管理系统。1月1日，自行开发的“水产品收购价格预警管理系统”上线试运行。该系统通过全市加工收购数据和导入第三方价格信息，建立价格预警指标体系，每月自动生成预警对象的价格信息，序时地与所有水产品加工企业申报的收购数据进行比对，并对偏离度进行监控、分析，筛选和评估、检查异常户，建立信息化的价格风险预警机制，能够发现并化解执法风险，提升水产品加工企业的税收管理水平。同时，制定出台水产品收购价格风险预警机制工作方案和运行水产品收购价格风险预警管理系统操作指南，并召开水产品价格预警系统试运行情况调研会，征求风险预警管理系统改进意见；完成网络版水产品收购发票向增值税发票升级版收购发票的切换工作，对系统出现的预警信息进行整理，提升该数据对水产品行业管征的监控作用，保证水产品价格信息预警管理系统的数据来源。“营改增”试点。运用“‘营改增’管理信息系统”，加强对“营改增”试点纳税人的数据分析和税源监控。共组织入库“营改增”试点增值税71512万元，增收8672万元，同比增长13.8%。同时，与地税部门对接，做好新一轮“营改增”试点行业基础数据的调查摸底，组织业务骨干参加省国税局组织的二期“营改增”业务培训，系统学习建筑安装、房地产行业、金融保险证券和生活服务行业的生产经营特点、行业监管、财务核算制度等相关业务知识，掌握原营业税制度下的税收政策、征管难点等涉税管理事项，做好“营改增”试点扩围前期各项准备工作。12月底，全市共有8939户企业经确认后纳入“营改增”试点范围。分行业：交通运输业847户，占比9.48%；现代服务业8018户，占比89.70%；邮政服务业11户，占比0.12%；电信服务业63户，占比0.70%。从规模看，一般纳税人940户，占10.52%；小规模纳税人7999

户，占89.48%。与按原营业税方法计算的营业税税额相比，2015年“营改增”试点纳税人减税面达93.36%，累计减少税收27876万元。其中，试点一般纳税人申报缴纳应税服务增值税税负1.77%，比原营业税税负3.59%下降1.82%，降幅为50.70%，累计减少税收25748万元；小规模纳税人申报缴纳应税服务增值税税负3%，比原营业税税负4.69%下降1.69%，降幅为36.03%，累计减少税收2128万元。此外，同期非试点一般纳税人因新增抵扣“营改增”进项税额，累计减税11719万元。其中，交通运输服务业进项税额新增抵扣5422万元，来自部分现代服务业和邮政电信服务业进项税额新增抵扣6296万元。

【消费税管理】 组织入库消费税68485万元，增收19085万元，同比增长38.63%。完成烟、酒、汽车摩托车、成品油消费税涉税信息采集表的数据采集和人工审核、录入数据工作。落实电池、涂料消费税政策调整，根据最新政策规定确定征收范围，确保征收工作有序进行；做好首个申报期前系统升级调试、税种登记维护等各项准备，实现申报平稳过渡；逐户做好纳税辅导，规范优惠备案办理手续，全市共有电池、涂料消费税企业63户，其中，电池生产企业13户、涂料生产企业50户，累计申报缴纳消费税312万元。落实成品油与卷烟批发消费税政策调整，全市涉及成品油消费税纳税人共9户，累计入库成品油消费税6753万元，比2014年同期减收5103万元，减幅43.04%；5月10日起，烟批发环节从价税税率由5%提高至11%，并按0.005元/支加征从量税，全市涉及的卷烟批发消费税纳税人只有福建省烟草公司漳州市公司，全年累计征收卷烟批发环节消费税54760万元，同比增收25719万元，增长88.56%。针对腾龙芳烃（漳州）有限公司提出办理消费税退税申请的相关问题，多次组织人员向企业做好政策解释，做好纳税辅导，提高退税效率；在腾龙芳烃爆燃事故后及时到企业召开座谈会，与公司负责人、财务人员进行沟通交流，了解灾后重建等情况，听取企业的涉税诉求；与省国税局进行政策对接，整理反馈退税办理中遇到的政策层面和系统技术问题，解决难点疑点问题，最大限度降低涉税风险。腾龙芳烃全年入库消费税6738万元，减收5111.75万元。

【车辆购置税管理】 组织入库车辆购置税46836万元，减收3612万元，同比下降7.71%。2月1日，落实车辆购置税新的征收管理，梳理新旧政策之间的差异，组织人员对全市10个车辆购置税征收点进行重点巡查，确保政策在执行过程中实现无差错；加强政策业务培训，组织车辆购置税前台征收人员进行集中学习，提高车辆受理速度；组建车辆购置税前台业务交流群，提高疑难问题解决效率；通过标语、手册、电子显示屏、“漳州国税”微信公众等平台，宣传车辆购置税的相关规定和办事流程。10月1日，对购置1.6升及以下排量乘用车减按5%的税率征收车辆购置税。落实新优惠，共为全市符合条件的6971部车辆办理减税3009万元。

【所得税管理】 累计入库企业所得税340620万元，比2014年同期减收7011万元，下降2.02%。企业所得税占同期税收收入总额的29.88%，略低于2014年同期。汇算清缴。全市共有25469户企业完成2014年度企业所得税申报工作，申报率为100%，实际应纳所得税294326万元，已预缴所得税额255300万元，预缴率86.74%，汇算清缴应补所得税额48372万元，应退所得税额9345万元，应补所得税净额39026万元。核定征收。全市企业所得税管征34091户，其中，查账征收33270户，占97.59%，核定征收821户，占2.41%。企业所得税预缴管理，依托“CTAIS系统”提取企业所得税申报数据，筛选出2014年度预缴率偏低的企业名单，重点关注预缴率偏低的企业，对于预缴率低于80%的企业，查明原因，并调整预缴方法或预缴税额，敦促企业规范申报工作。风险预警系统。依托“企业所得税风险预警系统”收集、整理和分析相关数据，筛选出2014年度年销售额1000万元以上、利润率偏离行业预警值-70%以上的风险企业141户，通过风控中心推送，布置开展税收风险应对工作，全年共查补税款和滞纳金381万元。根据省国税局下发的银行总分机构的风险点，布置开展银行机构企业所得税收入专项评估工作。资产损失税前扣除。落实企业资产损失所得税税前扣除管理办法及省国税局的补充规定，督促企业按照规定进行申报，全市2014年度企业资产损失申报税前扣除2187万元，其中：清单申报33万元，专项申报2154万元。

【国际税收管理】 反避税工作。全市20户反避税跟踪管理企业累计申报销售收入22亿元，纳税调整累计调增企业应纳税所得额15348万元，应补企业所得税886万元，并按规定加收利息7.8万元。对某跨国公司开展反避税调查，结合企业资金流向、股权变更信息、境外关联购销情况及功能风险分析，利用第三方数据指标，初步形成反避税调整方案，年底已进入谈判阶段。提请对某跨国公司立案调查，通过实施2013—2014年反避税跟踪，发现该公司产品定价方式及利润水平并未调整到位，提示企业存在特别纳税调查调整风险并限期自行调整到位，但企业拒绝对2013—2014年相关指标进行整改调整，约谈协商无果的情形下提请国家税务总局对该公司重新启动特别纳税调查调整。做好年度反避税案源筛选，完善反避税案源数据库，结合历年关联申报及同期资料、重点企业关联申报及财务数据等相关信息进行分类建档。加强反避税第三方信息查询，通过工商查询、香港网上查询注册中心等渠道，加强案头审计，排查避税疑点；年中进行监控管理排查，对历年反避税立案户及辖区内重点企业进行特别纳税调查风险排查，核实应申报未申报的关联关系及关联交易额，组织实地走访疑点企业，重点关注企业关联申报、货物流及资金流等情况，核实潜在的关联关系及关联交易情况。做好关联企业申报，辅导企业做好2014年度关联企业业务往来年度申报，共309户企业实质存在关联关系及关联交易情况，累计申报关联交易额487亿元，占其年主营业务收入比重的54%，其交易额与2013年相比增长33.51%；实际缴纳企业所得税52782万元，同比下降45.84%。主要关联交易类型集中在材料（商品）采购及商品（材料）销售，其中关联交易额达10亿元以上的企业有7户，累计申报关联交易额240亿元。加强反避税跟踪管理及同期资料审核，对历年反避税调查已结案企业报送同期资料进行催报，加强对反避税跟踪管理户的投资、经营状况及其变化情况、纳税申报额变化情况、自行申报盈利情况以及对其监控管理后盈利水平变化情况、关联交易变化情况等的跟踪分析评估，排查存在特别纳税调查调整风险的企业。非居民税收管理。落实合同备案和对外支付税务备案制度，依托“国际税收信息管理系统”，落实合同备案制度，做好事后审核判定，重点关注“受益所有人”身份的判定、技术服务合同适用于劳务或特许权使用费的性质界定等，确保非居民企业及时准确享受税收协定待遇，防止企业滥用税收协定避税，防范税收收入流失风险。加强非居民企业重点项目的税收分析和跟踪管理，多方收集第三方信息，并对照企业业务实质进行审核分析判定，辅导和督促企业进行纳税申报，确保税款不流失。开展股息红利非居民税收专项检查，收集企业资料，通过企业报送的调查表及“CTAIS系统”提取数据开展案头分析，筛选、查找风险企业，进行风险核实45户，督促企业合理地进行利润分配。开展非居民企业取得来源于中国境内的特许权使用费、利息所得专项税收风险应对，对87户2012—2014年向非居民企业支付特许权使用费、利息等款项的扣缴义务人所涉及项目合同实施过程监控管理及评价反馈。2015年，全市征收非居民企业税收9778万元，比2014年增收386万元，同比增长4.11%。其中：非居民企业所得税8732万元，比2014年增收1604万元，增长22.50%；“营改增”增值税1046万元，比2014年减收1217.77万元，下降53.79%。

【退税管理】 共办理出口退（免）税62亿元、同比增长0.09%。其中，直接办理出口退税41.5亿元，同比增长0.63%。落实出口退（免）税政策。2015年5月1日，出口企业申报出口退税无需提供纸质报关单并跟踪实施情况，针对政策实施后进料非对口加工出口业务报关单电子信息缺失，造成出口企业无法申报出口退税的问题，向省国税局反映后于10月初该问题得以解决，仅漳州灿坤实业有限公司就涉及出口1亿多美元、出口退税7000多万元。落实境外旅客购物离境退税政策，做好境外旅客购物离境退税商店申报工作，向省国税局报送漳州片仔癀药业有限公司的退税商店资格备案。落实出口企业出口货物退（免）税资格认定、变更和注销取消审批、改为备案制度。开展出口退税历史遗留问题清理，将出口退税审核系统中遗留的历史数据进行查询、统计、汇总，并逐户逐笔核实原因，对64户次符合出口退税条件的及时办理出口退税1617万元。出口退税服务。开展出口企业“一对一”帮扶工作，全年共为纳入“一对一”帮扶的50家出口企业办理出口退税10.91亿元。开展提醒服务，3月，通知提醒出口企业对2014年度出口货物在2015年度出口退税申报期截止之前未申报出口退（免）税及时准确进行退（免）税申报，对符合逾期未申报出口退（免）税可延期申报条件的3户企业核准，涉及退税18.34万元。规范出口货物函调管理，限制发函次数，提高发函针对性，全年共发函139份，函调涉及退（免）税款0.42亿元，占申报退（免）税款4.08亿元的10.29%。每月至少召开一次由市国税局分管领导参加的退税专题分析会，研究、解决退税审核工作中遇到的新情况新问题，保证各项出口退税政策和管理制度落到实处。下放出口退税审批权。3月1日，将生产型出口企业的出口退（免）税审批权下放至各县（市、区）国税局，实施相关出口退税业务属地管理，减少涉税审核审批环节，缩短出口退税办理时间，做到出口退税受理、审核、审批、办退“四及时”，加快出口企业退税资金回笼。全年共办理生产企业出口退税37.26亿元，同比下降0.32%；水产加工出口企业办理出口退税16.77亿元，同比增长8.26%。推行出口退税分类管理。3月，将全市1645户出口企业推行差别化的退税管理，评定一类企业30户、二类企业699户、三类企业880户、四类企业36户。评定一类出口企业占全省141户21.28%，对其出口退税实行“先退后审”，申报时不需提供原始凭证，确保2个工作日内完成审批，使纳税信用好的企业出口退税时间进一步缩短；对二、三类企业在15个工作日内完成办理出口退税；对四类企业从严管理。2015年办理一类企业出口退税 8.34 亿元、二类企业18.29亿元（水产企业28户5.71亿元）、三类企业14.82亿元（水产企业63户10.56亿元）、四类企业0.05亿元。办理非水产出口企业的一、二类企业退税20.85亿元，占办理非水产出口企业退税25.23亿元的82.64%。落实退税工作规范。2月9日，召开由市国税局局长及分管领导和相关科室负责人参加的出口退税专题会，制定落实方案，并派出督导组对各县（市、区）国税局落实退税工作规范开展督导，各县（市、区）国税局均按照退税工作规范的要求设置机构、配备人员、进行合理的岗位设置，明确各岗位职责，得到省国税局督导组的肯定。落实国家税务总局和省国税局关于加强出口退（免）税预警评估工作的通知精神，运用省国税局外贸企业出口退（免）税审核辅助与预警分析监控系统开展审核和预警；在对异地报关或异地货源生产出口企业预警核查中，发现一家生产出口企业异地报关暨非其自产又不符合视同自产货物出口，转出免抵退税1400多万元。加强对水产品企业收购价格的预警监控，5月20日，通过分析筛选申报出口敏感地区2014年出口增幅超过30%存在非自产货物出口风险的21户水产品加工出口企业进行风险评估，其中16户抵减退税和进项税额转出6000多万元。出口企业制度建设。加强出口企业制度建设与会计核算，草拟出口企业制度建设与会计核算工作指引，分十一章62条，从财务制度、采购、生产、销售、工资、下脚料、仓库等环节对出口企业的内部制度建设和原始单据的保留进行规范，并召开两场出口企业和中介机构参加的征求意见座谈会，还通过网站发布向社会征求意见。防范与打击出口骗税行为，跟踪省高级人民法院“11·16”骗税案件二审情况，查处1户外贸企业违规退税216.58万元，做好对存在疑点需移送稽查检查出口企业工作。

税收检查

【概述】 全年累计查补各项税收收入11422万元。其中，稽查部门直接立案检查企业126户，查补入库税款、滞纳金和罚款11422万元，直接查补收入占全市国税直接收入比重为1.29%；组织2539户企业开展自查，自查入库税款15105万元，并追回漳州燕峰水产食品有限公司出口退税1271万元。

【专项检查】 对出口退（免）税企业、黄金交易企业、资本交易及房地产及建筑安装业、高收入者个人所得税、盈利性教育培训机构等行业144户企业开展税收专项检查，共查补入库税款、滞纳金和罚款10085万元。对出口退税企业专项检查，采取辅导自查、纳税评估和重点稽查相结合，年底前已完成检查239户，专项检查面为20.39%。其中，立案稽查企业55户，辅导自查企业17户，纳税评估企业167户。对“营改增”企业开展专项检查。做好案源分析，确定合理的检查方法，通过采集税收征管信息、汇集税务稽查数据，掌握被查企业资料，对中国移动通信集团福建有限公司漳州分公司、厦门市鲁顺达物流有限公司平和分公司、漳州招商局码头有限公司、泰山企业（漳州）食品有限公司、福建标新集团（漳州）制罐有限公司、中纺粮油（福建）有限公司等六家“营改增”企业进行检查。配合省国税局开展房地产企业专项检查，对福州亿力房地产有限责任公司进行检查，查补企业所得税2233.36万元。

【打击发票违法活动】 打击发票违法犯罪活动共检查企业125户，其中，发现有发票问题并查结的企业92户，查处违法发票1258份，涉及金额5551万元，查补入库税款、滞纳金和罚款1293万元。开展打击利用黄金交易虚开增值税专用发票违法犯罪专项行动，与公安部门合作，全市涉案企业共有72户，其中空壳开票企业2户，用票单位70户，合计发票金额4.97亿元，税额8450万元。对2户涉及税额十万元以上的企业采取立案检查与重点辅导企业自查相结合，年底前已查结，查补入库税款52.65万元、进项税额转出95.66万元；对47户涉及税额十万元以下的企业主要采取企业自查，年底前已查结36户，补缴入库税款、滞纳金和罚款895.76万元、进项税额转出16.69万元。对两户出口企业开展专项检查，查补入库税款19.96万元。对11户涉及“3·09”专案的供货企业进行立案调查，检查年度为2011年度至2014年度；对5户涉及珠海“3·20”专案的企业全部立案，定性为善意接受虚开发票26份，涉及金额258.21万元，税款42.89万元，已作进项转出处理。

【税收强制执行】 按照法律规定的送达方式和送达要求，做到程序合法、规范有序，特别是跟踪管理。用好税收强制执行措施，先后对漳州生物制药有限公司等欠税人停止发售或收缴发票，清回欠税300万元；先后三次申请对欠缴税款纳税人漳州燕峰水产食品有限公司实际经营人林伟龙阻止其出境；先后对漳州志诚房地产有限公司等欠税人通知开户银行及其他金融机构冻结、扣缴其金额相当于应纳税款的部分存款；查封漳州卓亚数码电子科技有限公司等欠税人的厂房、土地。

【税收“黑名单”制度】 2015年底前，将2014年、2015年全市公告重大税收违法案件涉案单位信息运用于纳税信用评定，并将已公布的“黑名单”企业形成重大税收违法案件联合惩戒交换信息上报省国税局。4月15日，《中国税务报》第8版刊登《漳州25个执法部门共同惩戒失信人》，通过新闻报道，增强威慑力。

【举报案件管理】 建立举报案件跟踪台账和“提醒制”的案件督办机制，全年共受理各类举报案件26件，其中，省国税局转办6件。共查补收入858.66万元，入库税款、滞纳金和罚款504.80万元，入库率为58.79%。

【案件协查】 通过“金税协查系统”共委托发出协查函77件，涉及企业78户次，协查发票287份，共涉及金额8910.67万元、税额1508.16万元。委托协查并收到回复的发票共248份，其中有问题发票45份，正常发票62份，无法核实发票141份，选票准确率42.06%。共收到（受托）协查函49件，涉及企业51户次，发票368份，总计涉及金额4357.13万元，税额739.7万元。受托回复率100%，按期回复率100%。

纳税服务

【星级示范窗口】 全市国税系统共有12个窗口单位获得漳州市第三届行业“星级示范窗口”表彰，其中，市国税局纳税服务中心、龙海市国税办税服务厅、漳浦国税局办税服务厅、云霄县国税局办税服务厅、东山县国税局办税服厅、诏安县国税局办税服务厅、平和县国税局办税服务厅、长泰县国税局办税服务厅、华安县国税局办税服务厅等9个单位获五星级窗口单位，漳州台商投资区国税局办税服务厅、漳州开发区国税局办税服务厅、南靖县国税局办税服务厅等3个单位获四星级窗口单位。

【办税大厅建设】 推进全市办税服务大厅建设，硬件设施、制度管理等方面均达到规范化、标准化的程度，全部做到“四个统一”：统一区域划分，全市各征收单位根据办税服务厅的场所规模和业务流程设置了六个功能区；统一标识设置，办税服务厅内部各类标识按照要求统一规范，美观大方；统一窗口设置，整合办税窗口，设置综合服务、发票管理两类或综合服务、发票管理、申报纳税三类窗口，推行“一窗多能”“一窗通办”；统一服务设施，配置办税用品，设置咨询台、公告栏和电子触摸屏，供纳税人查询办税流程和税收政策等事项，设立意见箱、留言簿和投诉举报电话，接受社会监督。组织参加全省纳税服务规范大比拼活动，取得总分第二名的成绩，其中，上机操作考试以平均85.88分获得第一名。

【市区办税大厅】 中心城区办税服务大厅以“制度简明、程序简单、操作简便、风险可控”为方向，以“小窗口、大服务”为整合目标，梳理纳税人依申请的涉税事项，实现四个“一律”，即所有依法申请的涉税事项一律到大厅统一受理，受理纳税人涉税事项一律按省国税局业务规程要求报送资料，统一受理的纸质资料由税务机关内部流转，一律不得让纳税人拿着纸质资料在各部门传递审批，所有涉税事项一律按照承诺时限的要求限时办结。全年中心城区办税服务大厅共办件51万件，同比增长15%；市行政服务中心国税窗口共办理税务登记开业9287户、变更等52660件；车辆购置税窗口共征收各类车辆36655辆，车辆购置税税收收入3.92亿元。8月，税务登记类业务正式进驻龙文行政服务中心，为纳税人就近办理相关业务提供方便。

【纳税信用评定】 纳税信用评价对象为已办理税务登记，从事生产、经营并适用查账征收的企业纳税人，全市共有6281户纳税人参加此次评定，参评面100%。其中，288户被评定为纳税信用A级，占全部评定户数的4.38%。国税局、地税局两个部门联合成立纳税信用评价委员会，通过召开联席专题会议，对评定工作进行统一部署，对业务流程、资料传递接、评定效果应用等事项予以细化、明确；依托手机税信通、税企QQ群、政务微信等媒介，并在传统主流媒体开设专栏或专题解读，同时，结合税收宣传月下户进行宣传发动；制定评定标准，对照纳税信用评价指标和评价方式列举的各项信用指标，综合分析纳税人的信用情况，对存在扣分情形的纳税人，在纳税信用评价管理模块中做好手工采集、信用评价等操作；国税局、地税局双方对纳税人评价结果进行比对，并实行联合公示公布制度，分别在各自办税大厅和公开栏公布评定结果，接受监督；推进结果应用，根据评价结果对不同纳税信用级别的纳税人实施分类管理，开通信用等级A级企业办税绿色通道，并参与搭建政银企融资推荐对接平台，向金融机构推荐纳税遵从度高的优秀企业，帮助依法诚信纳税企业开辟筹资渠道。

【“便民办税春风行动”】 响应纳税人的服务需求，通过听取汇报、现场查看、调阅审批记录和征管档案、现场测评等方法，对各县（市、区）国税局办税服务厅的各项纳税服务制度执行情况、窗口作风纪律进行检查，对出现的问题进行通报。创新服务举措方面，推出“容缺备忘”服务，对纳税人办理首次领购普通发票等8类涉税业务时的21种表证单书实行缺件受理、先办后补，避免纳税人往返奔波；漳州国税官方微信平台上线至年底，已有超过3200名用户关注，累计发布涉税通知、消息700条，回复纳税人留言超过1000条。推广使用纳税服务规范管理系统，将“六提速、三公开、二减负、一首问”的任务要求和县级纳税服务规范9类72项212个服务事项要求植入系统，实现业务制度系统化，通过明确系统中的菜单选项，实现制度的规范落实，从报送资料、办税环节、办税次数、办税时间等平均用时减少45%以上，立等可办的即办事项增加25%，办税环节减少55%。8月31日，与省国税局合作开发的纳税服务手机应用软件“闽税通”试用版正式上线，是福建省金税三期涉税服务在手机终端上的有效延伸。

【银税互动】 8月19日，漳州市国税局局长沈家骏与邮储银行漳州市分行行长王鼎鹿签署“税贷通”合作协议，此后，又与中国建设银行漳州市支行代表签署小微企业“银税互动”业务合作协议，联合搭建“税银互动”金融服务平台，实现银行授信审批与纳税信用信息共享。银税互动协议以纳税信用等级A级或B级且缴纳税款正常的小微企业为主要服务对象，对需要申请该项目的小微企业，漳州市国税局为其提供纳税证明或涉税证明；两家银行将发挥在商业银行、投资银行、基金等领域的专业优势，组织各级分支机构与各地国税部门在纳税服务、融资服务等方面加强合作，根据贷款企业的纳税额、纳税信用等综合情况执行利率优惠政策，对所有“税易贷”“税贷通”的客户提供优质、优惠的服务，降低企业的融资成本。

▲2015年8月19日，漳州市国税局局长沈家骏（前排右）与邮政储蓄银行漳州市分行行长王鼎鹿（前排左）签署“税贷通”合作协议，联合搭建“税银互动”金融服务平台，实现银行授信审批与纳税信用信息共享。

机构队伍

【作风建设】 全市国税系统从2014年11月部署开展作风建设“巩固深化拓展”主题活动，截至2015年5月结束。市、县两级国税局均按照活动要求，制定活动方案和计划，逐级组织动员部署，开展一次“回头看”，组织“两个落实”检查，实施“三查三找”，推进“四化”建设；市、县两级国税局班子带头参加理论学习、带头召开民主生活会、带头组织自查自纠，发挥模范表率作用，全体国税干部参与主题活动。2015年3月23日，省国税局副局长陈慕斌率专项检查组对华安县国税局“巩固深化拓展”主题活动开展情况进行检查，肯定主题活动成效。

【基层建设】 开展基层服务型党组织建设活动，结合新一届创文明行业、建满意窗口活动在全市各基层单位办税服务厅等窗口单位开展“满意窗口”“服务品牌”“服务标兵”和“解民忧、办实事、促发展”等活动，落实“三个三”要求，推进形象建设。推开基层党组织书记轮训。上半年，组织6位基层支部书记到国家税务总局党校参加培训活动，下半年，组织39名支部书记进行岗位轮训，邀请4位讲师、教授授课；并指导各县（区）国税局有计划地开展支部委员培训。通过各种形式征求基层支部和广大党员对党建工作的意见和建议，接受他们对党建工作的监督，开设党员学习园地及党务咨询模块，对基层党支部和党员提出的意见、建议的处理结果，进行反馈或通报。

【思想政治】 制定2015年度思想政治工作实施意见，落实加强政治理论教育、加强理想信念教育、开展经常性思想工作、开展心理健康服务、加强税务文化建设、加强先进典型选树等10项重点工作；通过中心组集体学习、干部职工日常学习制度，组织干部职工学习党的十八大报告、中央纪委十八届二次会议精神、新党章、党的群众路线教育、党的十八届三中、四中全会精神、习近平总书记一系列重要讲话精神。在学习、解读、撰写心得等过程中了解干部思想动态，发现苗头性问题及时引导，教育干部端正认识、明确方向、坚定信仰。针对第二步规范津贴补贴、7月底工资调整等敏感时点干部思想实际，开展针对性教育引导，做好一人一事思想工作，确保队伍思想稳定。

【干部培训】 选派3人次2批次参加国家税务总局举办的国税系统领导干部任职培训班、领导干部党校进修班、中青年干部培训班和县市局长进修班以及其他业务培训，做好第三批领军人才选拔考试以及本系统税收法律政策等20个专业人才库2015年入库人员选拔，共有53人入选国家税务总局和省国税局人才库，共有213人入选市国税局22类专业人才库。鼓励干部职工考取税务师、会计师、律师“三师”资格，共有3人通过考试，其中，1人通过国家司法资格考试；鼓励参加学历教育培训，共有7人获得研究生学历，提升干部职工学历层次。

【人事管理】 调整交流县（市、区）国税局“一把手”2人次，提升正科级领导干部1人次、副科级领导干部2人次、股级干部13人次。共提任主任科员3人、副主任科员2人，交流干部14人，新录用公务员16人，接收军转干部3人，办理退休人员 23人，地区外国税系统调进2人，本市国税系统调出3人。完成第二步规范津贴补贴以及工资调整，落实调整机关事业单位工作人员基本工资标准和增加机关事业单位离退休人员离退休费三个实施方案，做好增资及福建最低工资水平调整，完成遗属补助金额等有关事项工作。做好人事档案的日常整理，开展省管干部的档案审核，完成省管干部人事档案的补缺补漏；开展市国税局机关人事档案的清理、规范、立卷工作，通过省国税局干部人事档案专项审核，共完成干部人事档案专项审核1103卷。落实干部职工奖惩制度，按照公务员制度要求做好先进典型的选树培养，推荐庄丽云等3人为全省国税系统“十大先进工作者”候选人。加强干部出国（境）审批管理，按照现行干部出国（境）审批管理程序做好人员登记备案、严格出国（境）审批、加强有效证件管理，未发现违规办理因私出国境证件、违规持有因私出国境证件、瞒报持有因私出国境证件、未经组织批准擅自因私出国境、未按审批要求擅自变更因私出国境行程日期、瞒报因私出国境情况、审批因私出国境事项把关不严等7类问题。

【文明创建】 抓好第十二届文明单位和第七届文明行业总评工作，市国税局等10个单位被评为第十二届省级文明单位，漳州台商投资区国税局等4个县（区）国税局被评为市级文明单位。开展新一届的文明单位和文明行业创建，制定下发2015—2017年文明单位创建规划，完成新一届文明单位的创建申报工作；市国税局制定创建全国文明单位的新目标。开展群众性的文体活动，组织参加市总工会组织的“正”杯体育系列赛，取得气排球比赛第一名、乒乓球团体比赛第一名、篮球比赛第二名、羽毛球男子双打第二名的好成绩；组织参加全省国税系统气排球比赛。抽调4人成立国税文化展厅建设办公室，6月，对国税文化展厅建设进行一系列的筹备工作，已经完成展厅的选址、展厅效果图设计等，并开展展厅资料收集等工作。市国税局信息中心严毅军被国家卫生和计划生育委员会、中国红十字会总会、中国人民解放军总后勤部卫生部授予“全国无偿献血志愿服务奖一级星奖”，市国税局货物和劳务税科游庆文、进出口税收管理科陈国明、芗城区国税局林静分别被中国红十字会总会授予银奖。

【党风廉政建设】 落实党风廉政建设责任制主体责任，市国税局党组“一把手”履行领导责任、执行责任和推动责任，其他领导班子成员按照工作分工落实“一岗双责”，对职责内的党风廉政建设承担起领导责任；党风廉政建设列入市国税局党组的重要议事日程，做到常研究、常部署，抓领导、领导抓，抓具体、具体抓；按要求分析全市国税系统党风廉政建设状况，落实一年两次的党风廉政建设责任制执行情况专题报告会制度，解决党风廉政建设中的突出问题。落实党风廉政责任制，实施市国税局局长与各县（区、市）局局长签订廉政责任书，市国税局其他班子成员与分管部门的主要负责人签订廉政责任书，形成“一级抓一级、一级对一级负责”的责任机制。印发2015年纪检监察工作要点和党风廉政建设任务责任分解意见，将落实主体责任任务细化分解到机关各科室与各基层单位，落实“两个责任”清单。落实中央惩治和预防腐败体系建设2013—2017年工作规划以及省国税局制定的工作方案，对牵头单位和协办单位的责任进行任务分解。

【落实中央八项规定】 市国税局及15个基层班子成员带头遵守中央八项规定及各项制度，按照规定的时限、程序、内容主动如实报告个人重要事项，2015年，领导干部发生婚丧喜庆事项51人次，其中处级1人次，科级50人次；市国税局机关 5人次；县（区）国税局46人次，均按规定填报领导干部办理婚丧喜庆事宜报告表，未发现不报、瞒报、虚假报告以及违反规定的行为。市国税局班子成员带头查找和纠正“四风”问题，7月14日，在东山县谷文昌纪念馆举办“学习弘扬谷文昌精神，践行三严三实”主题教育活动。8月，对华安县国税局征管科技科副科长吴黎忠违规收受购物卡问题给予行政记过处分、免职处理。每月由纪检监察部门牵头会同人事、财务、党办等部门开展机关作风整顿巡查，细化工作底稿和不定期抽查；9月14日—10月上旬，组织对龙文、龙海、漳浦、云霄、诏安、东山、南靖、平和等8个基层单位开展落实中央八项规定专项监督。落实党政机关厉行节约反对浪费条例和廉洁从政各项规定，修订差旅费管理办法补充规定、明确会议费管理使用说明，建立机关车辆状态台账，跟踪落实每部车辆的情况，杜绝公车私用；简化接待，公务接待工作都安排在食堂，不以任何名义赠送礼品、纪念品、土特产，严禁出入会所等高消费饮食、娱乐场所，全体干部签订不得出入私人会所承诺书；公务接待没有发现借各种名义变相安排公务接待，或内部接待公私不分，违规公款吃喝、公款消费、公费旅游、公款娱乐健身等问题。压缩“三公”经费，同比开支下降28.58%；按规定清理腾退办公用房，清理腾退面积2516平方米，同比减少20.77%。

【内控机制】 推进内控信息化建设，把内控机制的要求具体到每项业务、每项流程、每个岗位，形成上下联动、共同参与的工作格局；完善和增强系统的风险防控功能，把内控机制建设和执行情况作为年度监督检查、执法监察的重要内容，纳入绩效管理，按月通报运行进度，发现和纠正责任不落实、防控不得力、预防不到位等问题；建立内控机制，岗责清晰、监督到位，内控机制信息实行痕迹管理，市国税局机关科室没有因内控机制不健全发生违法违纪行为。完善风险防控系统功能，通过内控促廉系统专项栏目，收集基层单位关于系统维护、指标优化的建议，动态维护风险指标。5月，就内控机制建设情况的评估、建议和指标优化向省国税局反馈。各职能部门、各单位内控机制建设和执行情况列入年度监督检查、执法监察的重要内容，纳入绩效管理，按月通报2

次，逐月建立核查任务台账，动态分析风险指标变化情况，向业务部门提醒廉政风险并跟踪问效。全年共推送廉政风险事件3150件，其中事前预警事件295件，事中监控事件64件，事后核查事件数2791件。全市事中、事后核查率均保持100%。

▲2015年7月8日，漳州市国税局局长沈家骏（左）率征管、货劳、所得税、出口退税和纳税服务中心负责人走进漳州广播电台行风政风热线直播间，就当前有关税收热点焦点问题接受广大听众咨询。

【廉政教育】 将学习新修订的《中国共产党廉洁自律准则》和《中国共产党纪律处分条例》纳入党组中心组学习和党员教育培训内容，并在市国税局机关大楼廉政宣传广告机滚动宣传相关材料、主页开辟学习专栏，组织机关党员撰写学习心得，11月，邀请市委党校教授为全市国税系统纪检监察干部上专题辅导课。做好网络廉政教育平台在线学习和考试工作，组织1000多名员工开展5次在线考试。做好网络廉政教育平台“言以促廉”栏目的更新维护，全年共更新41篇，其中：中央领导19篇；省委、省政府领导11篇；税务总局领导7篇；省国税局领导4篇。完成省国税局廉政文化建设作品征集，4月，征集“清廉中国”新闻摄影公益广告漫画及中纪委网站“纪检监察干部日志——记录2015”，共上报新闻作品33件、公益广告50件、漫画34件、“记录2015”摄影作品10件，文章11篇以及其作品；电子书刊4件、谜语2则、屏保1件、小品1件、散文1篇、漳绣1幅、诗歌1首、国画水彩篆刻书法作品57件，合计206件；2015年11月征集“八闽清风”网络视听作品、图书音像作品，共上报网络视听作品5件、图书音像作品2件。

【两权监督】 2015年1月，组织对15个单位及73名班子成员进行述职述廉考核测评、评定等次，结合绩效进行考核打分；制定“一案双查两报告”，加强执法行为监督检查，规范文书，制作模本，分解环节，统一步骤，以点带面，规范“一案双查”程序。市国税局成立“一岗双查”督导组，抽调平和、漳浦、南靖、云霄、龙文、金峰等单位监察室、政策法规科、征管科、稽查局、纳税服务科、税源管理分局等相关业务部门负责人共79人成立7个工作组，完成对“8·22”涉案案件实施“一案双查”工作任务。

【查办案件】 全年收到群众信访举报件9件次，较2014年同期增加1件；初核9件，失实8件，立案1件，行政记过1人，组织处理1人；全年无重大违法违纪案件发生，干部队伍相对稳定。

▲2015年6月24日，漳州市国税局局长沈家骏以《践行"三严三实" 推进作风建设》为题讲了一堂"三严三实"专题教育党课，拉开全市国税系统"三严三实"活动序幕。

【"三严三实"专题教育】 5月25日，召开党组会研究开展"三严三实"专题教育的实施方案，成立由"一把手"任组长的领导小组成员，下设机关和系统两个办公室；5月27日，召开党组学习中心组学习研讨会，启动"三严三实"专题教育；6月24日，市国税局党组书记、局长沈家骏以《践行"三严三实" 推进作风建设》为题上党课；其他领导班子成员也都在所在支部开讲一次以上的专题党课；7月—8月，先后三次召开"三严三实"专题教育学习研讨会，集中学习习近平总书记系列重要讲话精神和开展"学谷公、讲严实、促发展"活动，处级领导干部围绕"严于修身，坚定信念，落实从严治党要求""严于律己、严守党的政治纪律和政治规矩，自觉做政治上的明白人"两个专题进行学习研讨交流；9月，开展"严以用权、真抓实干，实实在在谋事创业做人，树立忠诚、干净、担当的新形象"专题教育；先后召开中层以上干部座谈会、片区纳税人需求座谈会，征求对开展"三严三实"专题教育以及加强税收管理服务工作的要求和建议，为边学边改提供重要依据。开展专题教育活动以来，市国税局党组书记、局长沈家骏作为"三严三实"总负责人，带头到基层和企业，走访了漳浦、东山、台商区、云霄、长泰等县区国税局，到腾龙芳烃公司现场办公调研；其他领导班子成员也下基层，召开各种形势座谈会，征求意见和建议。

【机关党建】 学习习近平总书记系列重要讲话精神，通过开展专题交流讨论和党支部"三会一课""三级联创"等多形式多渠道，结合开展建党94周年活动，开展"三先两优"表彰活动和学习"四有"干部典范谷文昌精神活动，落实党的十八大和十八届五中全会精神，树立先进典型，夯实干部的世界观、人生观、价值观和公私观、是非观、义利观，实现机关党建走前头的目标，筑牢广大干部的思想基础。在建设学习型党组织过程中，坚持“三会一课”学习制度，开拓创新形式多样的学习方式，开展“书香国税”读书交流活动，将读书心得汇编成册，出版《漳州国税走进平和桥上书屋》1000册，分发全市国税系统，扩大学习效果；市国税局机关党支部与南靖县国税局党支部联合举办“书香国税沙龙”学习活动，组建兴趣小组15个，参加人数200人；读书沙龙16场，参加人数250人；举办学习讲座20场，参加人数400多人次；交流研讨30场，参加人数300多人次。邀请专家教授和先进模范人物前全国模范检察官刘龙清向全系统党员作先进事迹报告，以先进人物为榜样，起着好党员的引领带头作用。结合纪念建党94年活动，表彰“一先两优”，共表彰先进基层党组织5个、优秀共产党员19名、优秀党务工作者16名；开展纪念抗日战争胜利70周年活动，组织党员参观纪念展览，制作宣传抗日战争胜利纪念专版，激发革命和爱国热情，增强立志岗位当标兵党性观念；制作党建网络专版，设立党员学习园地，定期刊登政治学习资料，要求党员学习心得体会都在学习园地粘贴，丰富学习成果。开展创建全国文明单位工作，成立以市国税局党组书记、局长沈家骏为组长的创建全国文明单位领导小组，制定创建文明单位建设的最高荣誉目标，制作党员示范岗标志牌，增强党员政治责任意识，强调做到“五个带头”和“五个好”。做好发展党员工作，全年批准吸收预备党员4人，预备党员转正3名，培训入党积极分子3人。

【老干部工作】 将老干工作纳入年度工作计划，落实各项老干部工作和政策待遇，每月召开一次老干部座谈会，通过学习新党章、按期交纳党费和召开支委民主生活会、民主评议党员，一年两次召开机关老干部座

▲2015年2月13日，漳州市国税局局长沈家骏（左二）一行看望慰问老干部遗属，送去新春祝福。

谈会，提高老干部党员意识；按惯例规定给予报销报刊费，支持、协助老干部在社会主义物质文明、精神文明和政治文明建设中继续发挥作用；春节、国庆、中秋节、重阳节对老干部进行慰问，每年对老干部进行全面体检，为生活困难的老干部、老党员、遗属困难户争取困难补助，做到老干部患病及时组织人员到医院看望，老干部逝世及时派人慰问家属，老干部家中有困难帮助解决；组织老同志开展一些力所能及的文体活动，如象棋、跳棋、飞镖等比赛；鼓励老同志参加老人大学的学习，依个人兴趣分别参加摄影、绘画、舞蹈、保健、烹调等专业，并按规定报销学费。

【培训教育】 按照全省国税系统干部素质培训工程规划，通过岗位练兵、脱产学习、学历教育、网络教学、自学自修等培训方式，落实全市国税系统干部教育培训。全年组织参加国家税务总局培训人数为12人，培训人天数为268；参加省国税局组织培训人数116人，培训人天数为2364；参加市国税局培训人数共1162人，培训人天数为13806。全市国税系统在职学习13944人次，人均天数13.1天。其中，5810人次参加视频学习，培训天数5.2天；3486人次参加网络学习，培训天数3.1天；4648人次参加其他培训，培训天数4.8天。

政务后勤

【基层荣誉】 漳州台商投资区国税局：5月，被中共漳州市委、漳州市人民政府授予“2012—2014年度市级文明单位”；12月，办税服务厅被漳州市精神文明建设指导委员会授予漳州市第三届行业“四星级示范窗口”。芗城区国税局：1月，被芗城区政府授予2014年度绩效考评“优秀单位”；5月，被中共福建省委、福建省人民政府授予2012—2014年度“省级文明单位”。龙海市国税局：5月，被中共福建省委、福建省人民政府授予2012—2014年度“省级文明单位”；6月，被龙海市人大常委会授予2014年度创建“人民满意单位”活动先进单位；12月，办税服务厅被漳州市精神文明建设指导委员会授予漳州市第三届行业“五星级示范窗口”。漳浦县国税局：3月24日，被漳浦县政府授予2014年度县直机关绩效评比“优秀单位”；3月30日，干部蓝扬辉家庭被漳浦县委宣传部和县文明办授予“孝亲模范”称号，被漳州市委宣传部和文明办授予“最美家庭”；12月，办税服务厅被漳州市精神文明建设指导委员会授予漳州市第三届行业“五星级示范窗口”。云霄县国税局：5月，被中共福建省委、福建省人民政府授予2012—2014年度“省级文明单位”；12月，办税服务厅被漳州市精神文明建设指导委员会授予漳州市第三届行业“五星级示范窗口”。诏安县国税局：5月，被中共福建省委、福建省人民政府授予“2012—2014年度省级文明单位"、被诏安县委办授予县直机关公众评议第一名单位；12月，办税服务厅被漳州市精神文明建设指导委员会授予漳州市第三届行业“五星级示范窗口”。东山县国税局：3月11日，被东山县政府授予2014年度“机关效能绩效考评先进单位”；6月2日，被东山县政府授予2014—2015年度“人民满意单位”；12月，办税服务大厅被漳州市精神文明建设指导委员会授予漳州市第三届行业“五星级示范窗口”、被福建省精神文明建设指导委员会授予福建省第八届“文明行业创建竞赛活动示范点”。平和县国税局：1月，办税服务厅被共青团福建省委、福建省国家税务局授予“2014—2016年青年文明号”；3月，纳税服务科被中华全国妇女联合会授予“全国巾帼文明岗”、被平和县政府授予2014年度绩效考评“优秀单位”、干部黄志镛同志被国家卫生和计划生育委员会、中国红十字会总会、中国人民解放军总后勤部卫生部授予2012—2013年度全国无偿献血奉献奖铜奖；5月，被中共福建省委、福建省人民政府授予2012—2014年度“省级文明单位”；12月，办税服务厅被漳州市精神文明建设指导委员会授予漳州市第三届行业“五星级示范窗口”。南靖县国税局：2月，被南靖县政府授予2014年度县绩效考评“优秀单位”；4月，被南靖县委县政府授予2014年度“服务经济工作先进单位”；5月，被中共福建省委、福建省人民政府授予2012—2014年度“省级文明单位”；11月，被南靖县委县政府授予“老龄工作先进单位”；12月，办税服务厅被漳州市精神文明建设指导委员会授予漳州市第三届行业“四星级示范窗口”、被福建省精神文明建设指导委员会授予福建省第八届“文明行业创建竞赛活动示范点”。长泰县国税局：5月，被中共福建省委、福建省人民政府授予2012—2014年度“省级文明单位”、被长泰县委县政府授予2014年度“党建工作先进单位”称号和2012—2014年度“精神文明建设先进集体”以及“文明窗口”；12月，办税服务厅被漳州市精神文明建设指导委员会授予漳州市第三届行业“五星级示范窗口”、被福建省精神文明建设指导委员会授予福建省第八届“文明行业创建竞赛活动示范点”。华安县国税局：3月，干部林峰梅被漳州市妇女联合会授予“漳州市三八红旗手”荣誉称号；4月，干部李涌钢被漳州市政府授予“漳州市劳动模范”；5月，工会委员会被福建省总工会授予“福建省模范职工之家”、被中共福建省委、福建省人民政府授予“2012—2014年度省级文明单位”、干部贾斯琦被共青团漳州市委授予“2014年度漳州市优秀共青团员”荣誉称号；12月，办税服务厅被漳州市精神文明建设指导委员会授予漳州市第三届行业“五星级示范窗口”。

【预算管理】 加强预算执行管理，统筹规划全市收支，履行财务预算计划职能。组织收集预算和相关财务信息，开展“一上”和“二上”预算工作，分解控制数等相关指标；对大宗物品采购采取分期付款方式，解决项目经费按时序进度拨付款项少与采购大宗物品支付款项大的矛盾，实现时序支付项目经费。2015年7月，开展“一上”预算工作，对2016年度采购计划、基建计划、人员经费需求、“三公”经费需求、行政运行费需求、办案费需求、金税运行费需求等资金需求进行审核，合理安排经费；12月，组织“二上”预算工作，对“一上”预算上报数据进行修正和确认。

【财务核算】 落实“收支两条线”改革，执行国税系统行政单位国有资产收入收缴管理规定，规范非税收入管理，做好非税收入收缴账户开户、账务处理、上缴和统计上报等工作。加强内控制度建设，重点抓好支出预算审批管理和支出报销审核管理两项工作，从会计核算原始凭证的规范填写到收支的合规性审查，从领导审批意见到验收单据核对，仔细对待每笔业务，做好会计核算工作，提高健全财务管理水平。

【税收调研】 全年共向漳州市委、市政府领导报送《国税收入动态》12期，有26个专题调研报告分别被国务院办公厅、省委、省政府、漳州市委、市政府采用。撰写42篇专题调研文章。其中，有2篇调研文章被《中国税务报》等媒体采用，有11篇调研文章参与中国税务杂志社、云南财经大学、中国税官论税制改革、省税务学会等研讨会或论坛交流。市国税局局长沈家骏撰写的调研文章《新常态下如何落实好内控促廉主体责任》先后被新华社内参《福建领导参考》、国家税务总局《税收经济调研》、扬州税务学院

《税官论坛》等媒体采用；副局长林绍君撰写的调研文章《互联网+背景下的纳税服务模式研究》先后被国家税务总局《税收研究资料》、扬州税务学院《税收经济研究》、中国税务杂志社等媒体采用。

【税收宣传】 紧扣“新常态、新税风”宣传主题，全年被《中国税务报》《福建日报》采用26篇，被国家税务总局门户网站采用2篇，被省国税局门户网站采用38篇。4月底—5月中旬在全市国税系统组织开展惠企政策宣传活动，并派员参加漳州市政府惠企政策集中宣传活动，通过前往各县（市、区）举办11场惠企政策宣讲，宣传和解读自2014年8月以来国家出台的各项税收优惠政策；组织对漳州国税部门落实税收政策助力“漳州味”走向世界、加强和优化服务等在《闽南日报》等媒体的宣传报道。结合“便民办税春风行动”和税收宣传月活动，依托市国税局门户网站、漳州国税官方微信、税信通、QQ群、短信平台、办税服务大厅LED屏等宣传平台，并通过与市地税局、闽南日报社联合在《闽南日报》开设专栏、举办纳税人培训班等方式，开展税收宣传工作；做好《闽南日报》效能建设专版，2月5日，在市人大会议开幕之日见报；配合省国税局做好4月2日—4日的“新常态、新税风”采风活动，到平和、长泰开展采风活动；组织参加以“新常态、新税风”为主题的全省国税系统税收文艺创作征集活动和《海西税务》征稿活动。税收宣传月活动期间，联合市地税局举办“新常态 新税风”税收宣传月暨税务局长接访活动；漳州台商投资区国税局与区管委会、区地税局联合举办“相约春天·海峡两岸青少年税收体验”系列活动，华安县国税局开展“税库银”联手帮扶企业促发展，漳浦县国税局税法宣传车开进台湾农民创业园，云霄县国税局与常山开发区地税局联合邀请内外资企业负责人代表召开税企座谈会等。

【政务信息】 共编发信息1898条，《漳州市小微企业税收优惠政策落实情况、存在问题与建议》等2篇调研信息被国务院办公厅采用，被税务总局采用1条，被省委、省政府采用15条，被省国税局采用121条。其中，省政府领导批示2条，市委、市政府领导批示10次。

【平安建设】 做好全市国税系统安全保卫工作，加强日常安全值班管理和重大节假日排查检查；加强舆情应对和突发事件管理，落实突发事件总体应急预案，2015年2月15日，指挥、协调东山县国税局及时做好部分企业员工聚集事项，按规定在第一时间向省国税局和漳州市委、市政府报告，并做好后续情况反馈工作。加强信访保密安全工作，做好来信来访、“12345政务服务热线”办理和纳税服务平台局长信箱管理，全年共接到来信来访1份，共处理局长信箱来信2份；做好保密工作，完成2014年度保密工作数据统计和上报工作。

【对口援助】 12月2日，市国税局副局长林绍君代表市国税局与新疆区昌吉州国税局代表副局长冯亚希签订友好合作框架协议并交换文本。根据协议，双方将着力于建立组织协调、人才建设和文化建设三项机制，构建相互学习、信息互通、优势互补的友好合作关系，以支援促合作、以合作促发展，在对口援疆过程中实现共同发展、共同提高。

【门户网站】 做好市国税局门户网站维护更新，全年通过门户网站主动公开政府信息33487条，网站的访问量达到32.8万人次，日均点击数1077人次，在全省国税系统名列第一。抓好数字漳州涉及国税栏目维护工作，通过漳州市政府政务网站有关栏目更新信息。参与省国税局门户网站办税公开栏目

▲2015年12月2日，漳州市国税局副局长林绍君（右）代表漳州市国税局与新疆区昌吉州国税局副局长冯亚希（左）签订友好合作框架协议并交换文本，共同推进国税事业更快发展。

维护，做好市国税局门户网站管理、完善工作；按照省国税局要求开展网站普查，2015年4月22日—24日，组织对市国税局门户网站部分栏目进行调整、增删，对市国税局门户网站首页栏目调整方案报请省国税局办公室处理。加强网络舆情管理，5月—6月，对市国税局门户网站部分内容进行更新，并做好网站普查的第二次自查。

【文档文秘】 全年共办理收文1750份，办理发文390份。做好政务网文件传输系统等接受、承办工作。做好党组会议、局务会、专题会议等的记录、纪要、目标管理考核等工作。印发督查管理办法，设立督查督办岗位，配备2名兼职督查督办工作人员，依托主页的“督办事项”模块和机关办公枢纽的“督查督办”专栏公开督查督办工作；对下级税务机关落实重大决策部署情况采取“一把手”带队实地和案头督查相结合，明察与暗访相结合的方式开展检查；对督办事项实施台账记录，将督办事项和办理情况在机关公开，全年市国税局机关科室督办立项共141项，全部办结；配合省国税局开展督查1次，迎接省国税局实地督查1次，市国税局组织系统督查2次，案头督查6次；对漳州市委督查室和市政府办公室转来关于台玻有关涉税问题的领导批示件进行督办并及时做好反馈。做好《关于市领导挂钩帮扶2015年漳州市重点工业企业工作责任制的通知》中涉及国税部门的相关工作的资料反馈；做好市十五届人大四次会议第2015B102号建议的办理工作并于6月16日正式回复；完成《福建国税年鉴（2014）》“漳州市国税局工作概要”稿件编撰。

【绩效管理】 以绩效管理推动全局工作的开展。通过建立指标体系进行分类动态管理，提升工作质效；通过抓好日常考评，建立绩效台账和个人绩效档案，按期组织考评并将考评结果进行通报，发挥绩效管理引导作用；通过开展督促检查，先后5次对贯彻落实中央八项规定精神和纠正“四风”问题情况、企业税收优惠政策等重点工作进行立项督查并通报，督促主动纠偏、改进工作、提质增效；通过制定2015年绩效考核奖惩办法，明确奖惩措施，调动工作主动性和积极性。做好市政府年度绩效考核，主动加强与漳州市效能办的沟通联系，按照要求做好年度绩效考核工作方案的制定、责任分解和指标的落实督促工作。12月底按照漳州市效能办要求，组织开展年度绩效初评。

（供稿：陈文裕）

泉州市国家税务局

税收概况

【组织税收收入】 全年含海关国税收入598.77亿元，增收25.38亿元，增长4.43%；海关收入113.73亿元，减收52.51亿元，下降31.59%；扣除海关收入485.04亿元，增收77.89亿元，增长19.13%，完成福建省国税局下达计划的102.5%，超序时进度2.5个百分点，超收11.84亿元。其中：联合石化入库97.9亿元，增收32.8亿元，增长50.3%；中化入库88.5亿元，增收55.6亿元，增长168.8%；全市扣除两化入库298.6亿元，减收10.5亿元，下降3.4%。受2014年11月以来三次上调成品油消费税税率及中化2014年下半年正式投产等因素影响，"两化"入库税收合计186.4亿元，占全市税收总额的38.4%，比去年提升14.3个百分点，对"两化"的依赖程度明显上升。2015年，全市评估补税入库6.8亿元，减收0.3亿元，同比下降4.7%；稽查查补入库3亿元，增收0.1亿元，同比增长3.4%。稽查评估查补税款合计9.8亿元，占直接收入（不含"两化"、车辆购置税）的3.8%，与2014年基本持平。

【税收弹性系数】 全地区GDP 6137.74亿元，增长8.9%；国税收入增幅19.13%；税收弹性系数 2.15。

【分地区税收完成情况】 全市13个征收单位组织收入进度不均衡，仅有惠安（102.79%）、泉港（44.15%）、大企业（24.14%）、洛江（7.78%）、晋江（0.33%）等5个征收单位实现正增长；税收总量上，惠安、泉港、晋江超百亿元位居前三，分别入库109.2亿元、107.2亿元、105.2亿元。从完成年初收入计划进度来看，全市仅有惠安县国税局、泉港区国税局、大企业局、洛江区国税局4个征收单位完成年初收入计划。

表8　　泉州市国税局税收收入分税种分征收单位统计（2015年）

单位：万元

序号	单位	累计入库情况			增值税（含免抵）		消费税		企业所得税		车辆购置税	
		本月累计	增减额	增减（%）	累计数	增减（%）	累计数	增减（%）	累计数	增减（%）	累计数	增减（%）
1	全 市	4850402	778910	19.1	2077826	3.5	1648781	80.5	963240	-0.4	160542	-12.8
2	鲤 城	146548	-2911	-1.9	93540	-13.8	289	-30.2	52719	30.1	0	
3	丰 泽	292203	-28250	-8.8	104109	-3.7	2684	-17.1	127572	-5.7	57836	-21.6
4	洛 江	60557	4371	7.8	41431	6.4	43	514.3	11591	-15.1	7492	109.6
5	惠 安	1092465	553742	102.8	163074	30.2	857652	157.3	68741	-10.0	2998	-21.4
	1. 惠安	144426	-2185	-1.5	89410	8.5	3981	-5.9	48037	-14.5	2998	-21.4
	2. 台商投资区	62779	1	0.0	43100	0.6	8	300.0	19671	-1.4	0	
	3. 中化	885260	555926	168.8	30564	436529	853663	159.4	1033	385.0	0	
6	晋 江	1052206	3445	0.3	671034	-2.9	297	-13.4	341768	7.4	39106	-1.0
7	石 狮	262981	-26160	-9.0	156573	-9.6	112	-33.3	96246	-7.8	10050	-11.6
8	南 安	290145	-48937	-14.4	216126	-16.1	196	-29.5	68649	-12.3	5170	84.2
9	安 溪	113917	-32179	-22.0	68724	-21.6	40	-48.1	41208	-23.4	3943	-12.8
10	永 春	54571	-3319	-5.7	40880	-5.0	193	-9.0	10740	-2.3	2757	-24.3
11	德 化	46669	-3518	-7.0	36614	-10.6	25	0.0	6998	9.9	3031	5.9
12	泉港合	1071687	328220	44.1	331378	88.8	703832	32.6	35283	2.4	1194	-55.8
	1. 泉港	92669	479	0.5	56241	2.2	26	-16.1	35208	2.3	1194	-55.8
	2. 炼化	979018	327741	50.3	275137	128.3	703806	32.6	75	134.4	0	
13	开发区	122778	-12983	-9.6	60136	-4.4	16	77.8	35661	-4.6	26965	-24.0
14	大企业局（市库）	243675	47389	24.1	94207	-0.3	83402	87.6	66064	15.2	0	

【分税种税收完成情况】　增值税入库207.8亿元（占比42.8%），增收7.1亿元，增长3.5%，增收贡献率为9.1%；消费税入库164.9亿元（占比34%），增收73.5亿元，增长80.5%，增收贡献率为94.4%；企业所得税入库96.3亿元（占比19.9%），减收0.4亿元，同比下降0.4%，增收贡献率为-0.5%；车辆购置税入库16.1亿元（占比3.3%），减收2.3亿元，同比下降12.8%（全省-12.2%），增收贡献率为-3%。

表9　　泉州市国税局税收收入分税种分入库级次统计（2015年）

单位：万元

序号	项　　目	累计收入			
		本年	上年	增减额	增减（%）
1	国税收入合计	4850402	4071492	778910	19.13
2	一、财政总收入（2=3+7）	4594131	3795282	798849	21.05
3	（一）一般预算收入（3=4+5+6）	920194	898821	21373	2.38
4	1. 营改增增值税（增值税的100%）	71636	62838	8798	14.00
5	2. 增值税（增值税的25%）	501547	486101	15446	3.18
6	3. 企业所得税（企业所得税的40%）	347010	349882	-2872	-0.82
7	（二）上划中央三税（7=8+9+10+11）	3673938	2896461	777477	26.84
8	1. 增值税（增值税的75%）	1504642	1458304	46338	3.18
9	2. 消费税（消费税的100%）	1648781	913335	735446	80.52
10	3. 企业所得税（企业所得税的60%）	520515	524822	-4308	-0.82
11	二、不计入财政总收入的税收收入（12=13+16+17）	256271	276210	-19939	-7.22
12	（一）企业所得税（13=14+15）	95716	92160	3556	3.86
13	1. 纯中央级	420	451	-31	-6.95
14	2. 中央省共享（省级部分/40%）	92837	89094	3742	4.20
15	3. 总分支机构含待分配项企业所得税不计入财政收入部分	2459	2614	-155	-5.94
16	（二）利息所得税	13	22	-9	-40.91
17	（三）车辆购置税	160542	184028	-23486	-12.76
18	（四）因燃油税开征不计入财政收入部分	0	0	0	0
19	福建联合石化实际计入财政收入数	979018	651277	327741	50.32
20	一般预算收入（扣除联合石化国库口径）	908175	890119	18056	2.02

【分产业税收完成情况】 第三产业所属行业受行业发展及“营改增”推进影响，增收比例高于第二产业。成品油行业（两化占该行业99.93%）入库186.56亿元，增收88.3亿元，增幅89.9%。货币金融服务受2014—2015年银行贷款需求上升，贷款规模及利差扩大影响，入库14.07亿元，增收1.46亿元，增幅11.58%。资本市场服务业受2015年上半年股市上涨影响，券商盈利增加影响，入库1.85亿元，增收1.44亿元，增幅357.09%。传统劳动密集型行业：由于劳动力等成本上升及出口需求减少影响，2015年全市传统劳动密集型的产业税收收入仍然呈现下降趋势，纺织鞋服行业、橡胶塑料（鞋底及配套）行业、纺织业（原布类）、化学纤维业（塑料材料）分别减收3.77亿元、0.47亿元、023亿元、0.19亿元，几大行业降幅在2%～8%之间。房地产相关行业：2015年泉州房地产开发投资、商品房销售额、竣工面积分别下降10.4%、6.1%、2.2%，房地产行业、建筑安装、建材行业同比分别减收1.6亿元、0.18亿元、3亿元，几大行业降幅在16%～28%之间。资源型行业：受全球需求下降以及大宗商品价格大幅下滑影响，有色金属冶炼、黑色金属矿采选业、有色金属矿采选业分别减收0.92亿元、0.35亿元、0.07亿元，几大行业降幅在50%～70%之间。

表10　　泉州市国税局增值税收入分行业统计（2015年）

单位：万元

项　目	累计情况			
	本年	比上年同期		
		上年	增减额	增减（%）
一、工业	1792142	1701258	90884	5.3
（一）制造业	1609788	1524039	85749	5.6
1. 食品加工及制造业	29029	38122	-9093	-23.9
2. 纺织业	75428	78710	-3282	-4.2
3. 造纸及纸制品业	53546	63788	-10242	-16.1
4. 纺织服装、皮革及其他制品业	597022	625779	-28757	-4.6
5. 成品油	306956	122257	184699	151.1
6. 化学原料及化学制品业	22404	23244	-840	-3.6
7. 建材产品	130683	155326	-24643	-15.9
8. 黑色金属冶炼及压延加工业	17365	18776	-1411	-7.5
9. 通用设备制造业	22077	24523	-2446	-10.0
10. 专用设备制造业	30174	38971	-8797	-22.6

续表

项　　目	累计情况			
	本年	比上年同期		
		上年	增减额	增减（%）
11. 交通、运输设备制造业	10365	10881	-516	-4.7
12. 电气机械及器材制造业	18338	19386	-1048	-5.4
13. 电子通信设备制造业	14127	18929	-4802	-25.4
14. 橡胶及塑料制品业	37035	41477	-4442	-10.7
15. 金属制品业	59474	65726	-6252	-9.5
16. 酒、饮料和精制茶	23721	22180	1541	6.9
17. 其他制造业	35739	35826	-87	-0.2
（二）采矿业	13936	17097	-3161	-18.5
（三）电力、燃气及水的生产和供应	168417	160122	8295	5.2
二、商业	209767	238335	-28568	-12.0

表11　　泉州市国税局所得税收入分行业统计（2015年）

单位：万元

序号	项　　目	累计情况			
		本年	上年	增减额	增减（%）
1	一、工业	573937	579898	-5961	-1.03
2	（一）制造业	507787	522018	-14231	-2.73
3	1. 食品加工及制造业	10977	30336	-19359	-63.82
4	2. 纺织业	20255	19559	696	3.56
5	3. 造纸及纸制品业	58523	55087	3436	6.24
6	4. 纺织服装、皮革及其他制品业	229688	238653	-8965	-3.76
7	5. 成品油	1136	290	846	291.72
8	6. 化学原料及化学制品业	17960	22869	-4909	-21.47
9	7. 化学纤维制造业	5640	5052	588	11.64

续表

序号	项　目	累计情况			
		本年	上年	增减额	增减（%）
10	8. 建材产品	25797	31475	−5678	−18.04
11	9. 黑色金属冶炼及压延加工业	4387	2375	2012	84.72
12	10. 通用设备制造业	4685	6205	−1520	−24.50
13	11. 专用设备制造业	25789	16489	9300	56.40
14	12. 交通、运输设备制造业	1436	2263	−827	−36.54
15	13. 电气机械及器材制造业	8527	7270	1257	17.29
16	14. 电子通信设备制造业	1892	4143	−2251	−54.33
17	15. 橡胶及塑料制品业	18197	18446	−249	−1.35
18	16. 金属制品业	21956	23177	−1221	−5.27
19	17. 酒、饮料和精制茶	9483	7233	2250	31.11
20	18. 其他制造业	10717	7341	3376	45.99
21	（二）采矿业	323	332	−9	−2.71
22	（三）电力、燃气及水的生产和供应业	65826	57548	8278	14.38
23	二、商业	88455	101052	−12597	−12.47
24	三、其他主要所得税行业	268126	255865	12261	4.79
25	19. 房地产业	80005	95371	−15366	−16.11
26	20. 货币金融服务业	139706	125652	14054	11.18
27	21. 电信和其他信息传输服务业	14293	14073	220	1.56
28	22. 资本市场服务业	18459	4028	14431	358.27
29	23. 建安业	14381	14540	−159	−1.09
30	24. 住宿餐饮业	1281	2202	−921	−41.83

【重点税源税收情况】 88户上市企业累计入库63.1亿元，减收0.5亿元，下降0.8%；142户拟上市企业累计入库17.5亿元，减收1.27亿元，下降6.8%；327户2014年入库超千万企业累计入库税收346.6亿元，增收86.3亿元，增长33%；310户税务总局重点税源监控企业累计入库331.31亿元，增收91.67亿元，增长38.25%。

表12　　泉州市国税局重点税源税收收入情况（10大企业集团）（2015年）

单位：万元

序号	增收企业				减收企业			
	名称	2015年税收	增收额	增幅（%）	名称	2015年税收	减收额	降幅（%）
1	中化	885260	555926	168.80	德尔惠	1115	−9889	89.87
2	联合石化	979018	327741	50.32	恒安	80441	−9403	10.47
3	烟草	156857	40070	34.31	富贵鸟	26964	−8753	24.51
4	安踏	91451	17810	24.18	三美金属	2929	−8318	73.96
5	国电泉州	46887	10992	30.62	荣晟矿业	10	−6342	99.84
6	泉州银行	12906	7156	124.45	国网泉州	40234	−6057	13.08
7	利郎	33289	6168	22.74	辉煌	290	−5629	95.10
8	东海开发	21637	5451	33.68	晶安光电	11884	−5430	31.36
9	乔丹	16681	5333	47.00	海峡西岸投资	2887	−4935	63.09
10	南安农商行	21696	5262	32.02	中天	5533	−4527	45.00

税收法治

【重大税务案件审理】　落实《重大税务案件审理办法》（国家税务总局令2015年34号）、《福建省国家税务局关于确定重大税务案件审理范围具体金额的通知》（闽国税函〔2015〕46号）文件规定，通过实地调研、征求意见及借鉴其他（市）国税局经验，按各县（市、区）经济发展状况重新确定各县（市、区）国税局的重大税务案件审理金额标准。开展重大税务案件审理案卷评查。2015年，共召开重大税务案件审理会议3次，审理重大税务案件6起，作出审议意见5起，退回补充调查1起，共追补增值税941.60万元、企业所得税815.17万元、罚款230.51万元，补罚合计1987.28万元。

【税务行政审批制度改革】　通过泉州市国税局门户网站、纳税服务大厅显示屏、微信公众号等渠道全面向社会公开行政审批清单，对税务行政审批事项实行动态台账管理。5月，公开行政审批事项公开目录49项（行政许可5项，非行政许可44项）；9月，清理公布泉州市国税局最新税务行政审批事项及目录清单，其中，市级税务行政审批事项6项（行政许可1项、其他权力事项5项），县级税务行政审批事项18项（行政许可5项，其他权力事项13项），明确各单位不得在公开的审批事项和目录清单外实施其他行政审批，不得以任何形式保留审批项目或者变相进行审批。

【涉税争议解决机制】 做好本级国税机关的税务行政处罚听证、行政复议、行政诉讼应诉等相关法律事务工作。泉州市国税局受理、审查复议申请3起，其中，申请人逾期不补正申请材料放弃行政复议1起，申请人申请撤回复议请求2起，未发生不服行政复议决定提起行政诉讼的事项。与地方人民法院之间建立良性互动机制，开展行政诉讼应诉工作。2014年提起延续至2015年的2起行政诉讼案件，在一审判决不利的情况下，经上诉二审法院进行改判，对泉州市国税局大部分处理、处罚决定予以确认，仅判决变更小部分金额，取得较好的诉讼效果。

【专业人才培养】 发挥政策法规人才库和公职律师作用，推送7名法规人员参加省国税局举办的全省国税系统政策法规人才库和公职律师培训班。推送的3名国税干部顺利成为全省国税首批公职律师团队成员。

【公开税收执法权力清单】 全面公开《第一批税务行政处罚权力清单》，编制《税务行政处罚简易程序流程图》，主动公开税收执法权力目录，实施税收执法权力清单制度，主动接受社会监督。

【规范行政处罚裁量权】 执行《福建省国家税务局、福建省地方税务局关于发布〈福建省税务行政处罚裁量权基准适用规则〉和〈福建省税务行政处罚裁量权基准〉的公告》（福建省国家税务局公告2015年第4号），结合本地区实际，抓好新基准的落实，解决可能存在的同案不同罚、轻犯重罚、重犯轻罚等问题，通过重点督察抽查案卷，防止行政处罚裁量权滥用，保护纳税人的合法权益。

【规范性文件审查】 落实税收规范性文件清理工作。执行《税收规范性文件制定管理办法》，对不合法、不适当的规范性文件坚决予以纠正。将税收规范性文件制定规范工作列为领导干部经济责任审计和税务督察的必查内容，对拟制定的税收规范性文件是否越级越权、是否合规合法进行重点审查。加强对税收规范性文件的备案登记、审查监督和纠正违规等工作，实现税收规范性文件的有效监督，从源头上防范执法中的系统性风险。坚持“谁制定，谁清理”的原则。按照“有效、简洁、规范”的原则，保证规范性文件的清理质量，4月，以公告形式通过税务综合办公信息系统、泉州国税局门户网站发布泉州市国税局本级税收规范性文件清理结果。经清理确认，市国税局本级现行有效的税收规范性文件4件，全文已失效或废止的5件，部分条款已失效或废止的1件；县（市、区）国税局现行有效的税收规范性文件16件，全文已失效或废止的193件，部分条款已失效或废止的1件。

【督察内审工作效能】 一是优化督察内审制度体系。开展2015年任中经济责任审计、税收执法督察和执法监察工作。完成对南安市国税局、永春县国税局、德化县国税局等3个单位的领导干部任中经济责任审计及执法督查、执法监察工作。二是规范督查内审程序。审前制定方案时，利用已有的审计成果，统筹安排，避免重复审计；审中建立审计责任制，实行审计组长负责制，审计组内部合理分工，按照审计规程进行审计；审后将审计结果及建议同时分送相关部门，各自就分管职能范围内的问题提出处理意见。对审计发现的问题，下发审计意见书，要求被审计领导干部和被审计单位按规定限期纠正，同时加强对审计发现问题落实情况的监督检查，督促审计问题的整改，切实提高被审计单位领导的责任意识、自律意识，从源头上预防和治理腐败，促进干部勤政廉政、依法行政。三是提高督察内审人员素质。通过以会代训、以审代训等方式提高内审人员业务水平，对工作中积累的好经验和发现的问题进行交流和反馈。2015年，选送24名人员参加福建省内部审计协会举办的后续教育培训，8名人员参加省国税局在江苏省税务干部学校举办的督察内审业务培训。组织参加国家税务总局、省国税局开展各类审计、督察工作，有2人被国家税务总局发函表扬，8人被省国税局发函表扬。

【执法督察】 确定推进简政放权落实税务行政审批改革情况、税收优惠政策执行情况、税收执法情况、《重大税务案件审理办法》《税务稽查工作规程》《税收个案批复工作规程（试行）》执行情况等四大方面16项督察内容，增强督查工作的针对性；明确要求各单位开展自查工作后，泉州市国税局再抽查若干单位进行税收执法督察，并组织全覆盖执法督导，确保查深、查透、查细；核查税收执法疑点。针对省国税局下发的818条税收执法疑点开展执法疑点核查，分析总结同类问题产生的原因及潜在的执法风险，做到举一反三，对普遍性问题提出进一步加强管理、规范执法的意见和建议。对确实存在执法过错的，按照税收执法责任制的规定对责任人进行过错责任追究。共查补税款56.90万元，滞纳金5.72万元，退税金额8.27万元。

【执法管理信息系统】 将“税收执法管理信息系统“运行情况纳入目标考核， 2015年，全市各单位通过考核的子系统监控执法行为共 495397户次，未经申辩调整之前，确认执法过错数2751次，执法正确率为99.54%。经申辩调整后，全市各单位实际确认的累计执法过错数为1149次，调整后的执法正确率达到99.78%。全市国税系统1—12月共作出税收执法过错责任追究454人次，其中：批评教育61人次，责令作出书面检查25人次，通报批评17人次，经济惩戒351人次，金额18950元。

【人大、政协提案回复】 2015年，共回复人大提案2件、政协会议提案3件、市委市政府办公室市直有关单位涉税咨询回复5件。

征收管理

【税务登记】 随着“三证合一、一照一码”的实施推广，新登记纳税人数量迅速增长。2015年，新登记纳税人26904户（2014年18816户），同比增长42.98%，其中一般纳税人2388户（2014年1748户），增长36.6%；但新登记纳税人入库税款1.08亿元（2014年新登记纳税人入库税款1.35亿元），同比下降21.5%，新增税源贡献度下降。全市关、停企业（含停业、注销户）8129户（2014年2432户），关、停户数增长236%。关、停企业合计减收税收1.95亿元，影响2015年税收增幅0.48个百分点。

【落实征管规范】 成立泉州市国税局推行工作领导小组，分管领导任组长，设立推行办公室，挂靠征管科，建立“征管组织协调，各部门齐抓共管，梳理规范岗责、全员广泛参与”的推行工作机制，先后召开6次工作部署、推进会议。3月，举办市国税局2015年税收征管科技人才库首期集训，对60名人才库成员进行分组，成立“税收征管规范的实践与探索”等9个风险管理项目组，作为《全国税收征管规范（1.0版）》的推广师资；5月上旬，组织税收征管科技组集中研究征管规范1.0与2.0的推行方案，梳理细化岗责体系；月底，举行《全国税收征管规范（1.0版）》动员部署暨县级师资培训班，部署《全国税收征管规范（1.0版）》岗责梳理工作；各县（市、区）国税局集中市、县两级业务骨干力量，结合政策热点、操作重点、业务难点等内容全面讲解《全国税收征管规范（1.0版）》及泉州市征管岗责规范、配套制度。由市国税局确定《征管规范岗责表》模板，包括一级目录、后续管理事项、工作内容、业务描述、发起部门、业务流程、实施部门、岗责要求、评价部门、其他及相关台账等内容，分类分版块下发各县局单位分别进行。最终配套制定的《泉州市国税系统税收征管岗责规范（试行）》于2015年9月1日起试行。是年，税务登记信息完整率99.53%、税务登记信息差错率0%、财务报表采集率94.61%、滞纳金加收率98.77%、申报催报率99.75%、税款催缴率98.99%，税收征管基础管理有改善和提升。

【细化完善岗责体系】 9月1日，在全省率先出台运行《泉州市国税系统税收征管岗责规范（试行）》（以下简称《岗责规范》）。《岗责规范》的梳理前后历时4个多月、各局全面参与20多次，按照依据规范、分类规范、衔接规范三项原则细化征管岗责体系，对《全国税收征管规范（1.0版）》框架目录事项逐项进行岗责梳理，属于《征管规范》未明确的岗位职责按照《征管规范》福建省优化部分及征管改革相关规定进行明确。

【创新征收管理】 一是推行小规模纳税人增值税申报“月改季”纳税管理。根据省国税局《关于推广小规模纳税增值税按季申报纳税管理实施方案》的工作部署，制定《关于在全市推广小规模纳税人增值税按季申报纳税管理的实施方案》，4月1日，在全市推广小规模纳税人按月改为按季申报缴纳增值税管理模式。二是拓展委托邮政部门代开普通发票。继2014年4月1日起在洛江区国税局、安溪县国税局试点的基础上，在惠安县国税局、台投区国税局推行委托当地邮政部门代开普通发票代征税款。三是6月1日，按省国税局工作部署，试点推行“三证合一、一照一码”登记制度，至12月底全市共推行新办登记户18267户。

【风险管理】 落实《国家税务总局关于加强税收风险管理工作的意见》，不断提高纳税评估工作质量，对2012年以来全市纳税评

▲2015年1月29日，泉州市国税系统工作会议召开。

估优秀案例及风险管理人才库优秀论文结集成册，供全市国税干部学习、参考和借鉴。

【国地税工作合作规范】 成立以市国税局局长为组长的国税、地税合作工作领导小组及办公室，明确各单位和人员的工作职责，协同做好保障工作。召开国税、地税工作合作规范联席会，双方确定合作方案、细化实施意见。加强同当地党政的沟通，汇报工作进展情况，落实上级指导意见，开展内外宣传，扩大影响力。

【夯实税收征管基础】 根据泉州市国税局《税源监控管理办法（试行）》，按季对2015年全市征管状况与风险事项目进行分析监控，从税务登记、纳税申报状况与特点，主要风险事项，重点应对措施等方面展开。

【发票管理】 开展对部分通信和电器零售企业普通发票使用情况的专项检查。对中国电信股份有限公司等5户企业在泉所有分支机构，2014年—2015年6月的普通发票使用情况，通过纳税人自查及税务机关专题审查的方式进行检查。

【CTAIS管理】 加强CTAIS运维工作，转发CTAIS升级补丁后相关注意事项，1—9月，共处理CTAIS运维单1938条。

【纳税申报与税款征收情况】 全市应申报410635户次，已申报403572户次，全市按户申报率（已申报户数占应申报户数比例）为98.28%。

【风险识别】 针对全市增值税一般纳税人和所得税查账征收企业2014年度的纳税申报数据，进行分行业的统计分析，测算主要风险指标，分别形成《2014年度行业大（小）类增值税实际税负和模拟税负测算表》（共涉及57个大类、346个小类行业）和《2014年度行业大（小）类所得税利润率和应税所得率测算标准表》（共涉及68个行业大类、354个行业小类）。

【风险监控】 一是对2015年第一季度泉州市增值税申报情况进行风险分析。一季度增值税一般纳税人共申报应税销售额1538亿元，同比增长1.99%；实现应纳税额38.99亿元，减少2.24亿元，同比下降5.43%，增值税总体税负下降。分析出增长及下降较大的行业及企业名单。要求各基层单位对这些企业进行跟踪分析，针对变动幅度异常或税负水平持续下降的企业，及时实施风险识别、风险提示或应对。二是对2014年泉州市生产企业向外贸企业开具增值税专用发票情况进行分析。选取2014年度开具专用发票给省内外贸企业金额大于2000万元，且同比增长幅度大于40%的生产企业，共计171户进行分析。要求各基层单位结合日常风险分析、税源监控工作，加强对生产企业向外贸企业开具增值税专用发票情况的分析识别，对存在风险疑点的企业及时进行风险预警。对一些数据变动较大或较为异常的企业，由属地税务机关应约谈企业负责人，要求其做出说明。对于疑点无法排除或认为存在较大涉税风险的，根据风险等级按权限审批，实施风险应对。三是对2014年物流行业一般纳税人申报情况进行分析。要求各基层单位加强对物流行业纳税人经营、纳税申报情况的监控和分析，对存在申报数据异常、高低税率销售额比值持续变化、税负明显低于行业预警值等情况的纳税人，开展风险识别和应对工作。对行业登记有误或企业主营业务变更的，应及时进行修改或督促纳税人变更登记。

【风险应对任务推送】 全年泉州市国税局组织实施识别排序和扎口推送一级风险3批8203户次，二级风险8批561户次，三级风险17批729户次。通过实施单项审核和纳税评估，入库税款29967万元，滞纳金1486万元。

【行业风险分析】 对交通物流业申报情况进行整体分析，选取部分指标，实施风险识别和等级排序，筛选出19户交通物流业应税劳务零申报企业形成二级风险应对任务、29户交通物流业应税服务项目比例异常企业形成三级风险应对任务，推送基层单位进行风险应对。对民办学校申报数据进行风险分析，发现部分学校近几年来长期存在“低收入、低利润、低应税”的现象，选取12户企业列为三级风险应对任务进行任务推送。根据对汽车销售维修行业的风险分析结果，于2014年推送了一批风险应对任务，2015年又从中选取75户企业进行任务推送。在对泉州市2014年度两大主体税种行业申报情况进行分析测算的基础上，选取指标异常行业，进一步应用增值税税负、税负同比变动情况、所得税两率（利润率、应税所得率）及两率变动情况等微观指标，识别出18户申报数据存在较大税收风险的一般纳税人，形成三级风险应对任务进行任务推送。

【新增一般纳税人核实】 对全市2014年以来新增一般纳税人进行专项核实。通过风险管理控制平台和CTAIS系统，取得2014年新认定一般纳税人在2014年领购专票份数超过50份的企业261户，2015年4月以来新认定一般纳税人销售额超过500万的企业55户。

【企业所得税优惠后续管理风险】 下达企业所得税优惠后续管理风险任务。对全市2014年度企业所得税申报情况进行分析识别，形成《专项用途财政性资金（不征税收入）明细》《资产损失税前扣除申报明细》《收入、所得减免及加计扣除优惠明细》《所得减免优惠企业减免所得额明细》《抵扣应纳税所得额明细》《减免所得税优惠明细及备案信息》等六项疑点清册，作为二级风险任务下达。

【出口退税风险管理】 扎口推送出口异常企业31户，作为二级风险应对任务。

【软件开发】 开发“泉州国税日常监控软件”，通过软件形式统一和进一步明确全市风控部门日常风险提示及监控内容，增强上下联动，推动各单位开展动态和巡查式监控，进行风险提示和应对工作。对软件进行升级。对2014年1月以来CTAIS系统中的减免税申报、备案情况进行分析，根据分析结果实施风险识别，新增减免税税收优惠备案监控模块。

税种管理

【增值税管理】 增值税发票升级版推行。全年推行增值税发票系统升级版存量一般纳税人25415户，除加油站、大型商场超市、商业零售总分支机构等特殊纳税人外，推行比例达100%。存量小规模纳税人已累计推行10619户，完成100%；增量纳税人推行10875户，全市已累计推行升级版纳税人46909户。落实税收优惠。落实农产品、“菜篮子”、宣传文化等项目增值税免税2161.93亿元；抵扣增值税固定资产进项税额14.02亿元；福利企业即征即退216.94万元；软件企业即征即退989.12万元；资源综合利用减（免）税5543.28万元；符合条件的4家节能服务公司实施合同能源管理项目免征增值税1035.88万元。“营改增”企业减税2.70亿元，原增值税一般纳税人新增抵扣“营改增”进项税额而减负2.15亿元。为625109户次（其中个体工商户及其他个人527573户次、企业97536户次）小微企业减免增值税税款21763.73万元（其中个体工商户及其他个人18021.3万元、企业3742.43万元）。小微企业受惠面100%，优惠户数占总体小规模纳税人户数比例达到62.76%。增值税税源监控管理。针对“营改增”企业：筛选48户交通运输业和物流企业下发风险应对策略；通过风控中心下发减免税备案信息风险提示7853条，加强对税收优惠政策的管理监控；同时，通过和地税纳税情况进行比对，下发“营改增”后纳税额明显下降企业作为二级风险实施应对。针对一般纳税人认定制改登记制等简政放权后的后续管理问题：通过风控中心下发2014年新认定一般纳税人在2014年领购专票份数超过50份的企业261户和2015年4月以来新认定一般纳税人销售额超过500万的企业55户，作为二级风险实施应对。针对发票管理问题，下发《泉州市国税局进一步加强增值税专用发票管理工作指引》，加强增值税专用发票管理，防范虚开、虚抵专用发票行为的发生，降低税收执法风险。部分行业农产品核定扣除试点。对39户水产品加工企业和1户皮革加工企业从资格备案、纳税申报、发票使用、风险管理、核定扣除标准调整等方面进行回头看。增值税发票印制计划及配送。共完成发票装卸入库任务8趟次，合计入库增值税专用发票330万份、增值税普通发票610万份，向下级局配送增值税专用发票421.7万份、增值税普通发票576.9万份，确保满足发票系统升级之后的企业用票供应。 “营改增”试点扩围。一是掌握“营改增”纳税人户数。与地税部门沟通交流，了解试点纳税人总户数、分行业纳税人户数、达到一般纳税人标准户数、税收收入等情况。2014年全市共有登记的营业税纳税人36263户（年营业收入超过五百万的有1684户），全年缴纳营业税105.4亿元。二是开展分析测算。对四个行业“营改增”对泉州市财政、税收收入的影响进行分析。以2014年税收数据为静态测算基数，根据营改增各行业调查数据，同时参考省一级有关测算结果，按行业分别做“营改增”行业内的税收减收分析和非“营改增”行业的收税抵扣。三是开展专题调研核实地走访。走访市住建局建筑业科、房地产开发科、泉州市房地产协会等部门，邀请部分企业座谈。走访泉州银行、兴业银行、招商银行、省五建、富山房地产、华浔品味装饰等企业，了解“营改增”准备工作和存在问题，宣传政策。

【消费税管理】 成品油改革消费税管征。各单位将公告、政策解读等告知相关纳税人，并协调解决企业执行政策和申报过程中出现的问题，全市涉及的8家企业都能按照新政策申报、执行到位。电池涂料改革消费税管征。一是通过查询CTAIS系统、下户、电话通知逐级核对等多种方法逐户核实纳税人信息，确定纳入征收范围的电池企业43户，涂料企业136户。二是做好消费税优惠备案工作。4户涂料企业和11户电池企业的备案材料经过办税服务大厅审核、政策法规科复核程序后进行优惠备案。三是做好开征宣传工作，通过办税服务大厅立版公告、LED电子屏幕、短信群发等方式向纳税人宣传电池涂料消费税政策，并对企业来电咨询进行辅导。四是组织干部开展相关业务培训，多次在测试环境中对涉及电池和涂料消费税征收业务进行模拟操作，明确操作规程中的业务流程。五是做好申报工作，收集征管诉求。大部分企业按照要求每月自行进行纳税申报，对部分未申报户采取逐一通知的方式确保申报率100%。改革后首个申报期结束后，申报电池企业43户，应纳税额512元；申报涂料企业96户，应纳税额319205.8元，减免税额202340.3元，应缴纳税款116865.5元。其中：电池一般纳税人零申报38户，多为生产太阳能电池和铅蓄电池企业；涂料一般纳税人零申报72户，除了4户享受税收优惠的企业外，大部分企业处于停产或未投产状态。截至12月份，电池入库税款为1984.55元，涂料入库税款为1005931.53元。卷烟征收环节改革消费税管征。从2015年5月10日起，卷烟批发环节消费税税率由5%调整为11%，增加从量税250元/箱。卷烟消费税调整后全市合计增加消费税3.28亿元。 截至12月，卷烟消费税应纳税额8.34亿元，增收3.9亿元，同比增长87.83%。

【增值税和消费税网上申报】 根据省国税局工作布置，从辖区内选取符合测评条件的13户纳税人在福建国税网上办税系统纳税人端（测试版）进行申报测试。13户纳税人中增值

税一般纳税人涵盖一般计税方法、简易计税方法、即征即退申报、营改增差额征税、免税等业务；消费税一般纳税人涵盖成品油、烟草批发、酒、电池、涂料和金银首饰。

【车辆购置税管理】 全市车辆购置税累计征收税款16.06 亿元，同比下降12.76%。档案资料管理。做到日结日归档，一经发现档案不完整及时补漏，确保一户不漏一户不差，做到小车一户一档，摩托车十户为一档，准确无误，并做好电子档案的扫描传送工作。核定新车型最低计税价格。对新车型最低计税价格进行审核把关，对发票价格正常，在市场价格正常波动范围内的按发票价格定价，并登记好台账；对发票价格明显偏低且无正当理由的，责成纳税人提供应税车辆的增值税专用发票或海关三税单并结合税务总局核定的同类型、配置相似或相近的车辆最低计税价格进行核定，防止税款流失。共审核确定暂行价格的新车型车辆98辆，计税价格1960万元。共审核车辆购置税免税车辆1022 辆，免税金额3274 万元，同比分别增加117.45%和137.74%；执行和落实1.6及以下排量乘用车减按5%征收的税收优惠政策，共审核符合条件的免税车辆 19215辆，免税金额9035万元，分别占10月份以来缴纳车购税车辆总数和税额的65%和32%。完成车辆购置税价格信息采集及汇总工作。对涉及的新华旭等五家车辆生产企业共采集价格信息4次，上报车辆信息623条。委托代征。选取南安市国税局作为车辆购置税委托代征试点单位，南安市国税局在汽车销售网点集中的路段，选择华奥奥迪等5家汽车销售4S店开展汽车车辆购置税委托代办业务，延伸车辆购置税征收窗口，拓展服务空间，进一步提升税务机关服务企业的质量和效果，实现纳税人就地买车，就近缴税，方便上牌。又在开发区国税局、丰泽区国税局、晋江市国税局、石狮市国税局、鲤城区国税局等单位推广这一做法。开展检查。9月，开展全市车辆购置税自查，10月，由泉州市国税局组成检查组进行重点检查，发现问题，整改监督落实，提高车辆购置税征收管理水平。

【企业所得税管理】 将企业所得税收入分析列入绩效考核范围。市、县两级国税局有重点地选择专题，进行企业所得税特色行业分析，了解税源的总量、构成、分布和发展变化基本情况。新申报表培训与应用。将新申报表培训课件挂在内外网站，对内各单位采取集中学习、交流研讨等方式，在1月15日之前完成对本单位所得税部门、办税服务厅、税源管理、税务稽查等人员的培训任务。对外利用“12366纳税服务热线”、网站、报纸、电视、电子屏幕、短信平台、税企连线等各种形式开展政策宣传、解疑释惑、申报提醒、风险提示等工作，在3月31日前完成对查账征收企业所得税纳税人的培训辅导工作。所得税汇算。汇算清缴期间两次对企业申报数据进行清理，对错误数据下发信息提醒纳税人进行更正；汇算清缴结束后，从“CTAIS系统”中抽取年度申报优惠疑点数据组织人员进行核对，对于错误数据通知纳税人进行补充申报，降低差错率。2014年度企业所得税汇算面100%。实际应纳所得税额78.57亿元，增收0.81亿元，同比增长1.05%；预缴率达93.15%，同比上升5.36%；应补所得税额5.38亿元，同比减少4.12亿元。“3+1”风险监控。根据省国税局的工作要求，制定具体实施方案，确定晋江市国税局、石狮市国税局两个单位为县级试点单位，组建市、县两级国税局高风险事项管理团队。将股权转让、不征税收入、税收优惠、涉农及中小企业贷款损失准备金税前扣除、金融企业贷款损失及准备金税前扣除、金融企业中间业务、国地税关联税种、建筑工程项目、医药批发零售行业等八项企业所得税高风险事项纳入团队管理，力求通过团队管理试点，做好所得税高风险事项的风险识别、推送和应对工作，构建风险指标模型，编写风险应对指引，探索建立并实施《企业所得税高风险事项团队管理办法》。与财政局等相关部门进行信息交换，开展金融行业准备金计提情况、资源综合利用企业享受优惠情况、财政性资金专项核查。其中，金融业评估有问题8户，补税9882万元；资源综合利用企业评估有问题3户，补税525万元。通过对2014年度企业所得税申报数据进行分析识别，形成《专项用途财政性资金（不征税收入）明细》《资产损失税前扣除申报明细》《收入、所得减免及加计扣除优惠明细》《所得减免优惠企业减免所得额明细》《抵扣应纳税所得额明细》《减免所得税优惠明细及备案信息》共六项疑点清册作为二级风险任务下发各基层局，特别对于高新技术企业优惠，要求逐户核查，帮助企业掌握政策要义，明确适用口径，降低优惠政策管理风险。1—12月，全市企业所得税纳税评估入库税款59508万元，增加3903万元，同比增长7.02%。企业税收优惠。一是小型微利企业税收优惠。2014年第4季度至2015年第4季度，共有42929户次企业享受小微企业所得税优惠，小微企业所得税优惠实际惠及面100%，减免所得税21698万元。二是固定资产加速折旧政策。2014年第4季度至2015年第4季度共有218户次企业申报享受该项优惠政策，享受加速折旧额为5022万元，折算减免企业所得税1255万元。三是高新技术、加计扣除等优惠政策。全市企业2014年度申报免税、减计收入及加计扣除52.52亿元，2014年同期29亿元，增加23.52亿元，同比增长81.10%；减免所得税5.46亿元，增加0.95亿元，同比增长21.06%。

【出口退税管理】 全年全市出口退（免）税达151.53亿元，同比增长24.41%，其中：出口退税125.33亿元，同比增长30.35%，免抵调库26.2亿元，同比增长2.14%，退税总额居全省（不含厦门）第一，同比增长超全省平均增长率14个百分点，占全省（不含厦门）退税总额近40%。宣传培训。先后三次对全市退税干部开展《工作规范》及《出口退税审核系统》（14.0版）操作业务培训，培训面达100%，覆盖全市从事退（免）税专（兼）职人员。通过内、外网，向纳税人公布新的出口退税政策，将退税情况、函调回函处理情况定期通过外网进行公布。利用办税服务厅、12366纳税服务热线、“纳税综合服务平台”以及QQ群、微博、微信等媒体，发布最新政策文件，解读政策重点和注意事项。重新定员定岗定责。按照《工作规范》中人员岗位设置的要求和制约机制，全面梳理工作流程，对出口退税管理岗位进行重新定员定岗定责，配强配齐退税人员，全市已配备出口退税专兼职人员89人，其中专职60人，兼职29人。绩效考核。将贯彻落实《工作规范》纳入2015年绩效考核。所有的发函、复函及结果处理，全部通过出口货物税收函调系统进行网上处理，对全市发函复函情况进行密切监控，定期通报，要求各基层局指派专人对复函情况进行监控，提高回函效率。2015年，各基层单位共接收核实函件3118份，按期回函率99.77%，同比提高2.24个百分点。分类管理。按照《国家税务总局关于发布〈出口退（免）税企业分类管理办法〉的公告》（国家税务总局公告2015年第2号）的要求，开展出口退（免）税企业分类管理工作。全市共对3925户出口企业纳入分类管理，其中一类企业18户，占总户数的0.47%，二类企业1745户，占比44.45 %，三类2045户，占比52.10 %，四类117户，占比2.98%。出口退税未退税款清理排查。对在2014年12月31日以前申报，在2015年4月1日前尚未办理的出口企业的出口退税情况进行排查，共有430户，涉及退税款47607.86万元。已办理退税233户，涉及退税款28445.89万元（不含已清理新系统原来无法做差额审批的可退未退户28户，涉及退税款3253.81万元），不予办理退税3户，涉及退税款213.42万元，暂缓办理退税169户涉及退税款15908.16万元。对暂时无法清理的，分门别类进行梳理。加快退税进度。执行《工作规范》20个工作日完成审核的规定，对纳税信用好的企业实行先退后审，退税申报时不需要提供原始凭证资料，电子信息核对无误即可办理退税；对信用差的企业申报出口退税时要求提供原始凭证资料，从严审核。全市出口退（免）税开辟绿色通道。对31家生产性纺织鞋服出口企业和21家诚实守信企业开辟绿色通道，优先处理退税事项，建立重点联系制度，指定专人负责，在退税指标允许的情况下，优先给予办理退税，实行“即报、即审、即退”。加强与金融部门的沟通，简化相关手续，缩短应退税款划转时间。全年，为31家纺织鞋业出口企业办理出口退税6.21亿元，占全市全年退税额的4.95%，21家诚实守信企业办理出口退税2.88亿元，占全市全年退税额的2.29%。打击骗税与专项评估。加强与公安、海关、外经贸、外汇管理等部门的合作，打击骗取出口退税违法犯罪活动。根据海关稽私分局提供的线索，将泉州市2户存在骗税嫌疑的外贸企业移送稽查。加强对出口销售额或全部销售额增长异常、新发生出口业务首笔申报退税、税负低于行业预警标准值、免抵比重偏低或变化异常等疑点业务通过开展评估、约谈、下户核查、函调等方式，防控风险，促进企业依法依规办理退税。是年，共发布4期预警信息，对73户预警企业开展重点监控和专项评估，目前已完成评估31户，查补税款45.11万元。

【国际税收管理】 配合“一带一路”等对外经济发展战略和“便民办税春风行动”，加强税收协定（安排）的宣传和辅导，帮助纳税人了解税收协定（安排）内容，维护投资者正当的税收利益。聘请资深税务专家，讲解国际税收政策，编制《泉州市国税局非居民企业股权转让税务管理指引》，为一线税务管理人员提供政策业务指导。是年，非居民企业所得税入库68939.03万元，增收19600.64万元，同比增长39.73%，创历史新高。非居民企业税收风险管理。非居民企业股权转让核查。通过依托第三方信息比对核查、强化对上市公司税源监控、大力追缴欠税等措施，实现非居民企业股权转让所得税收入的大幅度增长。全市1—12月非居民企业股权转让税款入库43650.07万元，实现增收24516.79万元，增长128.14%。对外支付税务备案日常管理。加强对外支付大额费用税务备案资料的审核分析和调查，成功阻止一笔涉嫌3000万美元的虚构特许权使用费在所得税税前扣除案件，避免国家税款流失4200多万元。开展利息、特许权使用费非居民税收专项风险管理工作。与有关部门联系，获取对外支付和进口设备等第三方信息，结合收集的内部基础资料，建立风险指标，开展风险识别，共筛选识别数据4129条。全市有448户纳税人被作为风险任务统一推送给基层国税局开展风险应对，发现有问题户224户，共补缴税款249.77万元，加收滞纳金33.03万元。其中：补缴企业所得税税款207.83万元，补缴增值税税款41.94万元，补缴滞纳金33.03万元。反避税管理。反避税工作日常考核机制。结合绩效管理工作的要求，分解反避税工作的各项考核指标，对关联申报、同期资料和反避税监控管理进行考核，指导和督促基层单位做好反避税基础管理工作。是年，有48000户纳税人进行关联申报，关联申报数量同比增长83%，关联申报率达到84%，同比提高22个百分点。关联申报中申报关联交易的户数为548户，同比增长18%。同时，通过关联申报审核、同期资料管理、特别纳税前期调查及跟踪管理等管理手段，辅导和促使7户企业提高特别纳税调整的遵从度，自行调增应纳税所得额8412万元，补缴税款1122万元，弥补亏损981万元，共增加税收贡献2103万元。非居民企业间接股权转让调查工作。在全市开展非居民企业间接转让股权情况摸底调查工作，利用第三方信息，如上市公司公告、报纸、杂志、网络等渠道，或通过各类征管信息系统来源，如企业名称，法人代表名称变更等资料，调查收集企业非居民股东2008年以来间接转让股权情况，为反避税工作提供有实际价值的案源。反避税案件。上报2户一般反避税案件到国家税务总局立案，督促企业预缴税款1700万元。对2014年1户已立案的案件继续进行调查，并拟定调整方案。

【大企业税收管理】 大企业管理局所辖市属企业共实现税收收入24.4亿元，完成市国税局年初下达计划的103.25%，增收4.7亿元，同比增长24.11%；实现财政总收入19.6亿元，增收4.9亿元，同比增长32.95 %；实现一般预算收入4.1亿元，增收6491万元，同比增长18.71 %，实现国税收入、财政收入与一般预算收入的“三增收”。出台《大企业涉税诉求快速响应机制》。按照申请、受理、流转、执行和归档5个环节，设置专岗专人负责大企业涉税诉求的登记、协调、跟踪管理和日常监督，对各环节的处理方式和要求提出标准化的规定，实现“诉求管理规范化、处理流程标准化、诉求响应快速化、纳税服务专业化”，为大企业提供税收政策确定性和执行统一性服务。已受理两起涉税诉求并及时给予回复处理。税收风险应对。一是定期采集、分析和监控纳税人的涉税事项信息、内部控制信息和动态经营信息，通过业务交流、信息传递机制、定期召开税源分析会等形式，建立产业链上下游信息共享机制，提升风险应对的针对性与有效性。是年，共接收风险任务合计177户次，其中：二级风险任务150户次，三级风险任务21户次，税务总局定点联系企业全流程管理工作1个集团6户企业。全年，纳税评估税款22430万元。其中：企业所得税20507万元、增值税808 元，评估入库非居民企业股权转让税收共计6340万元，非居民企业特许权使用费和利息专项核查税收22.48万元。二是以金融企业总机构涉农和中小企业贷款损失准备金等风险点为切入口，开展部分银行企业2011—2013年贷款损失准备金税前扣除情况的二级风险应对，共补缴2011—2013年度企业所得税及滞纳金共计9400.42万元，补税超千万元的共4户。三是“营改增”涉税风险。排查市属企业在“营改增”过程中的涉税风险，发现2户运输企业在增值税和文化事业建设费方面的政策理解误区，评估入库增值税10.31万元和文化事业建设费125万元。四是税收全流程风险工作。组建2个中国人寿保险（集团）公司税务审计项目团队，负责全省人寿保险（集团）公司的全流程税收风险管理工作，辅导一家税务总局定点联系企业自查补缴增值税和滞纳金共131万元。规范工作流程。出台《大企业税收管理局纳税评估工作办法》，规范纳税评估工作流程及文书使用，对风险应对任务实行匝口管理。规范化、标准化整理工作档案，依据《福建省国家税务局税收征管档案管理办法（试行）》《全国税收征管规范（1.0）》等文件要求，对近年来征管档案进行分类整理、补缺补漏，开展纳税评估案卷自查及交叉检查，防范税收执法风险发生。项目组管理。组建项目库，优选项目分配。年初归集上级下达及项目团队自行申报的项目，形成待分配项目库并制作清单，建立涉及纳税评估后企业会计科目调整的后续跟踪管理研究、总部经济企业利润转移风险监控等13个课题，通过指定分配、竞标分配和优选分配等多种方式，丰富项目的分配推送。依托项目组开展大数据背景下的信息管税、基于产业链的风险管理，在处理重大、复杂的涉税事项方面取得显著成效。

2015年，专项组评估入库税款21261.62万元。其中，通过股权转让专项核查两户企业分别入库股权转让所得税2689万元、3652万元；开展银行企业贷款损失准备金专项核查，6户企业补缴税款及加收滞纳金9400.42万元；通过第三方数据监控开展1户房地产企业评估，入库税款4300万元。项目管理绩效考核。制定《大企业局项目运行管理办法》，明确项目分数组成，落实项目运行管理过程中的绩效考核。开展以项目组为依托的各类工作共计17项，涉及纳税评估、课题调研、税收宣传和纳税服务等内容，形成“人才统一培养、资源统一调配、风险统一分析、任务统一推送、成果统一分享”的“五个统一”。项目组得分并入个人绩效，在干部外出培训、评优评选、选拔任用等工作中落到实处。11月10日，作为福建省国税系统唯一单位，参加国家税务总局大企业司“大企业税收管理创新项目”评审并获得评审组肯定。税收业务培训。一是微课堂教学开展以“认识新常态、引领新思维”为主题的微课堂教学的8个项目组专场，本着“干什么学什么、缺什么补什么”的原则，开展涵盖税收政策、征收管理、国际税收和纳税评估等内容的教育培训，以互动式交流带动全局干部参与思考讨论学习。二是开展常态化教育培训。以税企交流座谈会的形式邀请业内专家，探讨学习鞋服产业经营模式、发展趋势及新型业态相关知识，了解大数据背景下的信息收集与处理、互联网金融企业的风险控制，让干部在工作思路和知识层面得到冲击与洗礼。三是推行“每周一考”在线测试。根据业务需求与工作实际，依托在线考试系统建立税收业务题库，每位干部每周可进行多次随机测试，以每周最高测试得分计算考试成绩并入个人绩效，形成“以考促学、以学促能”的常态化学习机制。个性化服务。以“春风朝夕起，便民惠万企”为服务口号，成立税收志愿服务队，开展与税收工作相关的辅助延伸工作以及其他社会公益性志愿服务活动。大企业局微信公众号上线运行。每日为纳税人发布最新财税政策，推送办税提醒和优惠政策，推出税收宣传月专题、互联网+、经济观察等专栏专题，开展“十佳大企业税务经理”评选活动，弘扬协税护税、税企良性沟通的治税环境。

纳税服务

【纳税服务规范】 3月1日，在全市范围内推行《纳税服务规范》2.0版本，在此基础上升级推出2.1版本和2.2版本。

【“三证合一”】 6月1日，在全市范围推广“一照一码”，实施工商营业执照、组织机构代码证、税务登记证“三证合一”的并联审批登记模式。通过设立三证联办窗口，实现从受理到发放证照只需到一个窗口统一办结。

【税易贷】 “汇票融资缴税业务”和“纳税流水贷业务”成功上线，其中汇票融资业务首单融资1700万元，纳税流水贷审批破百笔，扶持金额破5000万元，对泉州地区民营企业发展起到了积极作用；在民生银行营业网点设置自自助税终端，提供多网点、多途径的办税服务。

【纳税培训】 纳税人学堂定期开课，传达相关税收政策特别是税收优惠政策。共举办纳税人学堂17场次，培训人次达到10200余人。

【税务中介机构座谈会】 召开税务师事务所、从事税务代理工作的单位（10人以上）座谈会，各县（区）国税局组织办税人员，特别是兼职办税人员座谈会，听取中介机构对税务工作的意见、建议。

【纳税信用等级评定】 与地税联合开展2014年度纳税信用等级评定工作，本次评价应参评户21504户，共评定A级纳税人1371户、B级纳税人16098户、C级纳税人3203户、D级纳税人832户。

税收检查

【概述】 2015年，稽查查补收入入库32019万元（含追缴退税），增收0.2亿元，同比增长6.8%，占全市国税直接收入的1.17%。

【大案要案】 查办重庆“8・27”虚开增值税专用发票案，涉及企业84户，截至2015年已结案72户，查补税款4644.79万元，罚款2308.02万元，滞纳金1222.24万元，合计8175.05万元。查处大庆市王树振虚开增值税专用发票案，涉及泉州市企业15户，截至2015年已结案13户，查补税款2058.74万元，罚款1004.80万元，滞纳金447.23万元，合计3510.77万元，其余2户尚在稽查中。

【专项检查】 5—12月，对出口退（免）税企业、黄金交易企业、资本交易、房地产及建筑安装业、盈利性教育培训机构、“营改增”电信业及相关行业、重点税源企业等国家税务总局、省国税局指令性、指导性检查项目、税收抽查项目以及泉州市国税局自主选定的行业开展税收专项检查。全市共实施检查169户，已查结147户，其中有问题133户，共计查补收入39306.36万元，其中：增值税1690.48万元，消费税36.65万元，企业所得税33259.14万元，罚款818.21万元，加收滞纳金3501.88万元，累计已入库32553.56万元，入库率82.82%。其他不予退税税款1255.35万元；企业自查补税249万元。

【发票打假】 根据“打击与建设相结合、治标与治本相结合”的原则，根据省国税局的统一部署，泉州市国税局重点对发票违法问题高发、频发的金融保险、房地产、商业批发与零售、药品与医疗器械、餐饮娱乐、加工制造、中介机构等行业开展检查，加强与公安部门的协作，联合查办发票犯罪大要案件，共查处违法企业166户，查处违法发票3326份，涉及金额27284.42万元，查补入库税款4678.03万元，罚款1666.48万元，加收滞纳金816.57万元，合计7161.08万元。

机构队伍

【年度考核】 组成6个考核小组，对泉州市国税局直属单位、12个县（市、区）国税局的62名领导班子成员（含挂职干部）进行年度考核，提交市国税局党组研究确定优秀等次的县级国税局班子成员11人、称职等次51人。

【评先评优】 确定优秀等次13人，对全市2012—2014年度连续三年被评为优秀公务员的48人给予个人记三等功一次。

【公务员招录】 3月，组织5人工作组参加省国税局2015年考试录用公务员面试工作。4月，派出6个工作人员参与全省新招录公务员的面试工作；通过采取查阅个人档案、走访其所在学校（单位）、户籍所在地派出所等形式完成省国税局安排的35名在泉州的学生或户籍在泉的新招录公务员的政审工作；8月，完成22名新录用公务员的报到工作。

【落实出国（境）审批制度】 执行《泉州市国税局出国（境）管理办法》，明确因私出国（境）的审批权限、程序，并强调出国（境）审批必须征求纪检监察部门的意见，共审批市管因私出国（境）150人次；实行全员备案制度，人员变动均办理变更、新增、撤销备案手续，市国税系统登记备案信息1332人，其中县（处）级以上在职干部12人、其他在职干部1264人，在职工人47人，处级以上离退休干部9人；全市国税系统备案人员所持证件均

已收缴并交由人事部门保管，未发现违规办理、违规持有、瞒报持有因私出国（境）证件的情况，共收缴因私出国（境）证件1299本，其中，市国税局保管381本，县（市、区）国税局保管918本。配合做好违规办理和持有因私出国（境）证件专项治理工作，未发现未经组织批准擅自因私出国（境）、未按审批要求擅自变更因私出国（境）行程、日期等、瞒报因私出国（境）情况、审批因私出国（境）事项把关不严等情况。

【规范津贴补贴】 传达省国税局第二步规范工作的原则和主要内容，制定下发《泉州市国税系统三级以下单位2015年第二步规范津贴补贴工作实施意见》，全市各单位对“一步规范到位”及“分步规范到位”两种规范方式进行详细测算、比较选择，除晋江市国税局选择“一步规范到位”外，其余单位均选择“分步规范到位”，实施均已报备省国税局，并于7月份全部实施到位。

【干部管理】 落实《中共福建省国家税务局党组关于转发严禁超职数配备干部的通知》要求，采取措施整改消化，强化纪律监督，市国税系统未新配备科级领导干部和非领导干部，消化整改副科级领导职数5人、科级非领导职数18人，目前共超配副科级领导职数40人、科级非领导职数273人。

【人事档案】 3月，全面开展审核工作。全市应审档案1286卷，正科级14卷，副科级595卷，其他干部644卷，事业干部33卷。截至2015年12月15日，全系统已全部完成初审和复审工作。

【“巩固深化拓展”主题活动】 全系统各单位均100%完成整改任务。其中，市国税局领导班子确定44项整改措施，已完成44项，占100%，并分两批次进行整改公示，销号44件，制度建设计划31项，已完成并公示销号31项，完成比例为100%。全市各县（市、区）国税局共制定领导班子整改措施241项，已完成241项，占100%，公示21批次，销号241件。制度建设计划298项，已完成并公示销号298项，完成比例为100%。

【文明创建】 做好文明行业、文明单位、青年文明号、巾帼文明岗以及先进集体、先进工作者和道德模范等文明创建推荐和评选工作。市国税局团委组织“青春闪耀温陵”系列活动，开展两期“中国梦、青年梦、泉州梦”主题读书会，并采购图书200余册，充实和丰富市国税局读书会借阅小组藏书；组织国税税收志愿服务队队员参加“善行者，徒步公益关爱自闭症儿童活动”，为关爱自闭症儿童基金筹集善款；与招商银行泉州分行团委联合组织“青春闪耀温陵——青年干部理财讲座”；承办团市委“青春圆梦七彩微心愿”爱心公益活动，为儿童医院100多名住院患儿送上“六一”节礼物。

【网络文明】 每月根据当地网络文明传播工作提示，运用论坛、博客、微博、微信等新兴媒体，关注社会舆情，引导网上舆论，推送展示社会主义核心价值观，传播国税正能量。

【获得荣誉】 泉州市国税系统被省委、省政府评为设区市创建文明行业工作先进行业；市国税局机关等12个单位被评为省级第十二届文明单位，市国税局等13个单位续申报省级第13届文明单位，晋江市国税局续申报全国文明单位，安溪县国税局批为全国文明单位培育对象；石狮市国税局纳税服务科被表彰为“全国巾帼文明岗”，吴亚龙、王哲林、黄华泽等3人被表彰为泉州市先进工作者。

【学历学位认定】 全年共有52人申请学历、学位认定、变更，其中认定为全日制硕士研究生学历、硕士学位的9人；认定为全日制大学本科学历、学士学位的13人；认定为在职博士研究生学历、博士学位的1人；认定为在职硕士研究生学历、硕士学位的2人；认定为硕士学位的2人；认定为在职大学本科学历、学士学位的15人；认定为在职大学本科学历的7人；认定为在职大专学历的3人。

【重大灾病特困补助】 对全市12位在职干部职工和离退休同志的个人申请进行审核和研究，共发放补助金16.5万元。

【教育培训】 一是出口退税新政培训。1月27日，市国税局举办为期1天的出口退税新政业务培训，市国税局业务科室、基层单位分管退税领导和业务骨干共117人参加。二是分局长廉政培训。4月28日—29日，市国税局举办一期基层分局长廉政培训班。参加对象为全市税源管理分局、退税分局（科）、稽查局负责人共70人。安排市纪委、检察院、市国税局等三位专家，分别从反腐倡廉、职务犯罪、执法风险等方面进行授课。三是副科级更新知识培训。6月1日—5日，8月24日—28日，市国税局举办2期副科级干部更新知识培训班。参加对象为市国税局机关副科长；直属单位、各县（市、区）国税局的科长（分局长）；市国税局机关及直属单位的主任科员、副主任科员共50人。涉及流转税、所得税、廉政、文学艺术等方面。泉州市国税局副局长朱国彬做开班讲话。四是参加省国税局培训。有9人参加省国税局科级任职培训班，有15人参加省国税局的科级更新知识培训班，有23人参加初任公务员培训班。

【离退休干部工作】 全市国税系统共有离退休干部职工284人，其中离休干部13人，处级离退休干部12人（正处级3人），科级干部132人（正科24人），其他退休人员127人（退休职工23人），共分解发放省国税局下拨的春节慰问金227200元。2015年，全市离退休老干部特困户35户，离退休干部遗属困难户13户，全市共确认这48户为补助对象，全市共发放特困户困难补助金124800元（其中省国税局下拨86400元，市国税局自筹38400元）。6月，邀请部队转业的军医在老干部活动室开展推拿保健养生讲堂。

【党的建设】 系统党建。以党建工作责任制和加强“1263”党建工作机制建设为抓手，贯彻落实中央《组织条例》，及福建省委《实施办法》、泉州市委《实施细则》。要求各级党委与基层支部书记签订《党建工作责任书》，抓好党建工作责任制的落实。抓好整顿软弱涣散基层党组织工作。对所有基层党支部建设和工作情况进行量化评分，根据问题表现、产生原因等进行分析、分类。落实基层党建工作述职评议考核制度，强化基层党组织履职能力监督检查，以县国税局党组书记抓党建工作述职评议考核工作为抓手，12月10日，召开县（市、区）国税局党组织书记抓党建述评大会。12月14日，市国税局机关党委所属各支部书记向机关党委书记述职，接受上级党组织和党员群众代表评议。思想建设。围绕学习贯彻党的十八届四中、五中全会和习近平总书记系列重要讲话精神这一主线，出台《中共泉州市国家税务局党组关于加强和改进党组中心组学习的意见》和《2015年泉州市国家税务局党组中心组专题学习方案》，全年共主持党组中心组学习12次，邀请专家作辅导讲座4场，开展主题党日活动1次。以“讲政治、懂规矩、守纪律”为主题开展教育学习月活动，就“怎样立足税收工作岗位，做守纪律讲规矩的表率”进行讨论；组织党组中心组全体成员在东山县谷文昌纪念馆开展“坚定信念、严以修身”主题党日活动，进一步坚定理想信念，把讲政治、懂规矩、守纪律自觉落实到工作的各个环节。组织建设。加强基层党组织建设。成立泉州市国税局党建工作领导小组，由党组书记担任组长，对全市国税系统党的建设各项工作实施统一领导、统筹规划、推动落实。按照《中国共产党党组工作条例》要求，贯彻执行民主集中制，“三重一大”等工作事项，实行集体领导、民主集中、个别酝酿、会议决定原则。落实“三会一课”、领导干部双重组织生活、班子成员之间谈心谈话制度，民主评议党员等制度。开展“五好”党支部创建。有18个支部被评为“先进五好党支部”或“五好党支部”，7个支部被评为“先进基层党组织”，有28人次被表彰为县以上优秀共产党员、优秀党务工作者。10月初，集中全市国税系统52名基层党组织书记到华侨大学，接受新一轮的基层党组织书记培训。党风建设。通过参观廉政教育基地、听取专题讲座、发放廉政书籍、开展道德讲堂、建设廉政展厅、制作廉政展板、创作廉政小品、关键时间节点发送廉政短信等方式，引导党员干部自觉筑牢拒腐防变的思想基础，增强依廉洁从政从税的自觉性。按照八项规定要求，出台《关于加强领导干部婚丧喜庆等事项报告的通知》《泉州市国家税务局出国（境）管理办法》《泉州市国家税务局机关差旅费操作规定》等一系列文件，进一步完善和规范内部管理，消除风险隐患，形成持续纠正“四风”的强劲势头。开展作风建设“巩固深化拓展”主题活动，促进广大党员干部始终保持“永远在路上”的精神状态，推进集中反“四风”改作风为经常性的作风建设，以作风建设新常态推动税收事业新发展。

▲2015年11月26日，泉州市国税局举办《中国共产党廉洁自律准则》和《中国共产党纪律处分条例》专题辅导讲座。

【廉政建设】 落实主体责任。召开全市国税系统党风廉政建设工作会议，布置工作任务，层层签订廉政责任书，并以党组文件将党风廉政建设任务责任分解为7类20项，明确牵头部门、协办部门、分管领导和时间进度。惩防体系建设。制定实施方案，明确惩防体系建设五大工程74项工作任务，做到责任到岗到人。结合年度公务员考核，由班子成员带队对县（区）国税局班子及成员履行党风廉政责任制的情况进行量化考核测评，开展集体廉政谈话。年度测评中，县级国税局班子及成员履行党风廉政责任制测评评价“好”的占97.63%；班子成员廉洁自律评价“好”的占97.58%。按季度召开廉政分析会，每次由两个职能科室分析本科室、本系列工作的薄弱环节和可能存在的廉政风险、岗位风险，报告履行“一岗双责”工作情况，市国税局领导和相关科室共同讨论，提出防范和整改措施，推进责任落实。两权监督。落实《税务系统领导班子和领导干部监督管理办法》及其实施细则，组织各县（市、区）国税局领导班子61人进行述廉述职、报告个人有关事项，4名副科级以上干部填报《领导干部办理婚丧喜庆事宜报告表》。发挥“税收执法管理信息系统”在税收执法日常监督中的作用，按照省国税局通知要求对产生的149条疑点问题进行实地核查。对县级国税局领导班子年度履职、参与重大案件审理、政府采购、基建招投标等重要环节程序进行监督，从源头上预防和治理腐败。内控促廉。4月和10月，结合党风廉政分析会召开各职能部门联席会议，通报分析内控机制信息化建设情况；按月通报“内控促廉管理信息系统”运行情况，全年全市国税系统共提取并推送廉政风险事件1576件，其中，事前预警事件426件，事中监控事件106件，事后核查事件数1044件，纪检监察处理3件。一案双查。对“8・22”涉税案件开展一案双查，采取市国税局调查组重点检查10户企业、基层自查48户企业的方式，对案件中有关税务部门是否存在税收征管工作漏洞以及是否存在税务干部违纪违法问题等情况进行检查。根据检查中发现的问题，对6个单位和39人次责任人进行处理。作风建设。落实中央八项规定，盯住元旦、春节、“五一”、端午、中秋、国庆等重要时间节点，突出对公车私用、公款吃喝、公款送礼、公款旅游、收送礼金等易发问题，通过内网发布通知、重申规定、案件通报11则，通过短信平台，发送廉政提醒短信6条1200多人次。布置各单位对落实中央八项规定精神开展自查自纠，市国税局结合对部分基层单位的巡视、审计、执法督查和执法监察等检查工作，对5个县（市、区）国税局的落实中央八项规定精神进行重点检查。市国税局领导带队，对各县（市、区）国税局开展作风建设明察暗访，整顿作风纪律。“政风行风热线”。4月19日，泉州市国税局总经济师黄育文带领市国税局各部门业务骨干走进泉州广播电台“政风行风热线”，现场接听6位听众打进的热线电话、回复2位通过短信和网站咨询的听众，答疑解惑，在节目现场直播过程中实现零投诉。

▲2015年4月26日，泉州市国税局总经济师黄育文率队参加泉州广播电视台“政风行风”热线活动。图为黄育文倾听听众来电并答疑。

开展“廉政教育月”系列活动，泉州市国税局局长林滇上廉政课，以听取讲座、参观廉政教育基地、征集廉政论文等方式开展全市分局长专题教育活动，采用播放廉政纪录片、发放廉政书籍、微电影和公益海报展示、制作廉政展板，增强遵章守纪和廉洁自律意识。开展洛江廉政文化基地建设，通过制作廉政展板、开展廉政文化作品征集活动。

▲2015年11月30日，泉州市国税局召开全市国税系统金税三期工程优化版推广工作组动员部署会议。

【信访案件】 全年共收到信访举报件19件（扣除重复件），立案查处违纪违法案件4起，给予党纪政纪处分6人次（其中，3人警告、1人记过、1人记大过及党内严重警告处分、1人开除）。网络投诉。加强对国税系统门户网站上投诉问题的查处力度，共受理7件网络投诉，已全部办结。

税收信息化

【新系统推广】 进一步改造高清视频会议。

【网络安全】 执行内外网隔离制度，严禁违规外联，确保全市网络畅通和安全；实时监控病毒爆发情况，督促基层单位做好网络安全防护工作。

【日常运维】 做好CTAIS、“税源风险管理信息系统”“综合纳税服务平台”“车辆购置税系统”“防伪税控系统”和“综合办公系统”等业务及办公系统的日常运维管理。做好CTAIS、“车辆购置税系统”和“防伪税控系统”后台数据维护的技术审核工作，对全市税收电子数据质量进行实时监控检测，为绩效管理考核工作提供数据依据；督促基层单位对系统历史错误数据进行全面清理，减少系统垃圾数据。经统计，本年度累计处理数据维护申请1435条。做好机关大楼办公室门禁、电梯大厅门禁、一卡通和考勤系统的后台维护。做好日常发行、信息更改、挂失和注销等卡片维护工作，及时处理门锁、消费打卡机和考勤机出现的软硬件问题，按时提取考勤数据。本年度累计卡片维护133人次。做好机关内部办公网站系统和内部邮件系统的后台维护工作，促进无纸化办公。

【硬件设备】 做好市国税局机关计算机类设备的日常维护，对设备出现的软硬件故障进行检测和修复，保障机关日常工作的开展。坚持厉行节约原则，按照设备管理的有关规定，根据各科室的实际工作需要，做好系统内计算机类设备的更新和淘汰，对配置低、型号老化、故障率高的计算机类设备予以更换，对确实无法使用的设备按照有关规定进行报废。

行政后勤

【税收调研】 共采写税收调研35篇，工作专报10篇。其中《一带一路税收问题研究》参与了全国税务学会在新疆召开的全国税务学会“一带一路”税收研讨会。《泉州市国税局简政放权放管结合转变职能成效显著》《泉州市国税局创新专业化管理在全省率先推出矩阵式项目化管理模式》等8篇国税专报得到省国税局和市委、市政府领导的肯定，4篇专报得到省国税局和市政府领导批示。《福建分析推进“三证合一、一照一号”需破除的障碍及相关建议》《泉州市小微企业减税降费工作进展情况、面临的问题及建议》等5篇专报被国务院办公厅采用。

【公文运转】 全年共处理收文1177件，发文285件。做好公文保密工作，按照保密制度的要求，做好密级文件的流转传阅工作，并整理归档，全年无发生丢失和泄密事件。

【信息宣传】 围绕税收现代化建设的主题，组织报送税收宣传工作，反映泉州国税局推行征管改革的各项工作和成效。在政务信息方面，按照“及时、准确、全面”的要求，不断完善信息工作制度、拓展信息渠道、提高编写质量，业务科室和基层单位共同参与，调研专报数量和质量创历史新高，调研数量同比增长40%，被省委、省政府采用7篇，被国家税务总局采用4篇，被国务院办公厅采用5篇，被各级领导批示5次，被省国税局和市委、市政府评为“2015年度全省政务信息先进单位”。在税收宣传方面，与《中国税务报》《泉州晚报》等媒体建立协作关系，加强内外合作，形成宣传合力，量和质都有新的突破。全年在《中国税务报》发表14篇、《福建日报》2篇、《泉州晚报》16篇，《海西税务》70篇。

【督查信访】 整理分类人大代表建议、政协提案，逐一交付承办单位，按时限保质量完成人大代表议案、建议和政协提案办理工作。落实好信访和政务公开工作，全年接收和处理信访材料23件，主动公开政府信息165条，接受网上咨询701次，电话咨询148次，按时回复率达到100%。

【舆情管理】 探索网络舆情监控与处置的应对机制，要求各单位指定政治敏锐性强、税收业务全面、文字功底好的干部担任或兼顾舆情监测工作，明确相关职责，规范工作流程，关注网上出现的各种苗头性、倾向性舆情，关注舆情动态，不断提高舆情监管和应对能力。全年共应对并报告惠安国税局1起舆情，及时控制传播范围和负面影响，维护泉州国税部门的社会公信力。

【绩效考核】 承接和落实国家税务总局、省国税局3.0版指标的基础上科学分解各项任务，组织市国税局机关、县（市、区）国税局对绩效考评加减分项目开展梳理排查，对表扬表彰、税收宣传、信息报送、报告建议及其他加分项目进行对照，并制定相应措施，提升加分项目得分率。全年组织绩效考评成绩在全省排名第四，加分项目列全省第二。根据国家税务总局《全国税务系统个人绩效管理办法》及其实施细则和省国税局的个人绩效管理考评办法的相关要求制定相应的个人绩效考评办法，由考核对象的主管领导定期开展考核评价，年终进行汇总计算，完成2015年度个人绩效考评。

【预算管理】 坚持按预算支出规模控制支出，避免资金浪费，力求将有限的资金用在刀刃上；在采购中按预算采购，杜绝无预算和超预算采购现象的发生。对各单位2015年1—12月“三公”经费等执行情况按月进行跟踪统计。

【财务制度】 控制“三公”经费支出，缩减差旅、会议等支出，降低行政运行成本。2015年，市国税局机关公务接待费与2014年同比下降78.3%。市国税局机关公务用车购置及运行费与2014年同比下降53.8 %。

【政务公开】 推进公务卡制度改革，做好2015年度银行账户的年检工作，做好机关事业单位工作人员养老保险制度改革和规范津贴补贴相关工作。

【固定资产管理】 对2015年资产账实进行核对，并将拟报废的资产造册上报；完成丰泽国税对新国税大楼办公家具调拨验收、资产入账工作。

【公务车辆管理】 做好2015年度全市国税系统的公务车投保工作，全市共缴交车辆保费72.97万元，保险公司优惠返还14.09万元。

【政府采购】 做好“政府采购计划管理系统”中相关报表的填报、汇总、审核工作，共上报采购台式计算机232台、打印机149台、便携机54台、复印机5台、空调机29台。按照省国税局定点的规定完成2015年全市普通发票的二次竞价工作，预算金额39.35万元，实际采购37.98万元。

【基本建设管理】 丰泽区国税局新建综合业务办公用房及市国税局过渡用房项目现正在进行工程决算；泉州市国家税务局直属办公综合业务用房修缮项目于2015年5月竣工验收，已上报省国税局准备进行工程决算。上报2015年泉州市国税系统基建立项项目，已立项项目为鲤城区税源管理分局综合业务办公用房修缮及惠安县国税局综合业务办公用房修缮。

【内部审计】 接受省国税局督察内审处对泉州国税局主要领导的任中经济责任审计、基本建设专项审计和接受省国税局监察室对泉州市国税局2014年中央八项规定精神落实情况的检查；完成对永春县国税局、德化县国税局、南安市国税局主要领导的任中经济责任审计；针对省国税局2014年政府采购专项审计中发现的问题，逐项进行整改。

（供稿：林　琳）

三明市国家税务局

税收概况

【组织税收收入】 全市国税总收入完成49.23亿元，减收13.17亿元，同比下降21.1%。扣除海关代征后国税部门组织的税收收入完成45.88亿元，减收7.69亿元，同比下降14.3%。分级次看，中央级税收收入入库32.33亿元，减收5.56亿元，同比下降14.8%；地方级税收收入入库13.55亿元，减收2.12亿元，同比下降13.5%，其中，市本级财政收入2.92亿元，减收1.17亿元，同比下降28.6%。

【税收弹性系数】 地区生产总值（GDP）1713.05亿元，增幅8.5%，国税组织收入增幅-14.4%，税收弹性系数-2.53。

【分征收单位税收收入完成情况】 全市各区域间收入总体弱势特征明显，仅沙县和明溪两局国税收入保持增长，其他10家征收单位收入不同程度下降。从增速看，两位数下降的

▲2015年1月22日，三明市国税局局长林锡明（左一）参加市政协第九届三明市委员会第四次会议并首位发言，发言题为《从国税视角探索壮大三明经济财力》。

征收单位超过半数，大田和宁化两局下降幅度超过20%，分别达22.4%和44.9%。从规模看，全市八家征收单位收入规模低于“十二五”初期水平，尤溪和将乐收入规模甚至低于“十一五”末期水平。

表13　三明市国税局税收收入分征收单位统计（2015年）

单位：万元

单位名称	含免抵累计入库情况		
	税　额	比上年同期	
	合计	增减额	增　长（%）
合计	458786	-76859	-14.3
梅列	162967	-39144	-19.4
三元	33032	-5010	-13.2
永安	78249	-5292	-6.3
宁化	12021	-9809	-44.9
大田	34560	-9966	-22.4
清流	14825	-3361	-18.5
明溪	16008	304	1.9
尤溪	33014	-2264	-6.4
沙县	29569	3030	11.4
将乐	22087	-1020	-4.4
泰宁	11175	-2233	-16.7
建宁	11279	-2094	-15.7

【分税种税收完成情况】 全市国内增值税完成31.3亿元，减收6.86亿元，同比下降18%；其中，改增增值税2.25亿元，增长2.5%。国内消费税完成2.25亿元，增收0.82亿元，同比增长56.9%。企业所得税完成10.24亿元，减收1亿元，同比下降8.9%。车辆购置税完成2.08亿元，减收0.63亿元，同比下降23.3%。

表14　三明市国税局税收收入分税种分入库级次统计（2015年）

单位：万元

序号	项　　目	合计	中央	地　　方			
				小计	省级	地市级	县级
1	总　计	458263	322370	135893	16087	29292	90514
2	一、税收收入合计	492295	356808	135486	15680	29292	90514
3	1. 增值税收入	346539	251832	94707	0	26939	67768

续表

序号	项　目	合计	中央	地　方			
				小计	省级	地市级	县级
4	（1）国内增值税	313036	218329	94707	0	26939	67768
5	一般增值税	289312	216984	72328	0	21250	51078
6	改征增值税	22522	444	22079	0	5539	16540
7	免抵调增增值税	11000	8250	2750	0	391	2359
8	（2）进口货物增值税	33503	33503	0	0	0	0
9	2. 消费税收入	22499	22499	0	0	0	0
10	3. 营业税	0	0	0	0	0	0
11	4. 企业所得税	102417	61639	40778	15679	2353	22746
12	5. 个人所得税	2	1	1	1	0	0
13	6. 车辆购置税	20837	20837	0	0	0	0
14	二、成品油消费税退税	0	0	0	0	0	0
15	三、出口退税合计	-34600	-34600	0	0	0	0

【分产业税收完成情况】 全市第二产业完成26.31亿元，减收5.39亿元，同比下降17%。其中，采矿业完成3.28亿元，减收2.38亿元，同比下降42%；制造业完成15.37亿元，减收4.27亿元，同比下降21.7%；电力行业完成7.31亿元，增收1.28亿元，同比增长21.3%；建筑业完成0.35亿元，减收294万元，同比下降7.8%。从行业小类看，煤炭、有色金属、水泥和钢材四行业分别入库1.79亿元、0.66亿元、2.83亿元和2.95亿元，分别减收0.73亿元、1.18亿元、0.97亿元和3.14亿元，降幅分别为29%、64.1%、25.5%和51.5%。第三产业完成19.51亿元，减收2.29亿元，同比下降10.5%。其中：商业完成11.04亿元，减收0.81亿元，同比下降6.8%；交通运输完成1.19亿元，减收0.2亿元，同比下降14.6%；信息传输、软件和信息技术服务业完成1.01亿元，减收441万元，同比下降4.2%；金融业完成2.81亿元，减收2191万元，同比下降7.2%；房地产业完成0.53亿元，减收3898万元，同比下降42.5%。

表15　　三明市国税局税收收入分税种分行业统计（2015年）

单位：万元

项　目	税收收入	增减额	增　长（%）
合计	458786	-76858	-14.3
一、第一产业	627	-108	-14.7
二、第二产业	263052	-53890	-17.0
（一）采矿业	32790	-23760	-42.0

续表

项　　目	税收收入	增减额	增　长（%）
1. 煤炭开采和洗选业	17912	-7312	-29.0
2. 有色金属矿采选业	6633	-11825	-64.1
（二）制造业	153679	-42660	-21.7
1. 纺织业	12673	-1084	-7.9
2. 纺织服装、服饰业	6604	28	0.4
3. 木材加工和木竹藤棕草制品业	9478	1501	18.8
4. 造纸和纸制品业	6998	1146	19.6
5. 化学原料和化学制品制造业	26040	21	0.1
6. 非金属矿物制品业	28289	-9701	-25.5
7. 黑色金属冶炼和压延加工业	29549	-31362	-51.5
（三）电力、热力、燃气及水的生产和供应业	73085	12824	21.3
（四）建筑业	3498	-294	-7.8
三、第三产业	195107	-22860	-10.5
（一）批发和零售业	110438	-8105	-6.8
（二）交通运输、仓储和邮政业	11876	-2036	-14.6
（三）信息传输、软件和信息技术服务业	10106	-441	-4.2
（四）金融业	28090	-2191	-7.2
（五）房地产业	5264	-3898	-42.5

【重点税源税收情况】 全市年纳税百万以上重点税源企业451户，合计入库税收36.21亿元，占全市比重的78.9%，减收额为3.71亿元，减幅9.3%。其中：年纳税千万元以上企业67户，合计入库税收25.68亿元，占全市比重56%，减收额为3.07亿元，减幅10.7%。增收千万元以上企业9户，合计入库9.98亿元，增收2.1亿元，增长26.6%。减收千万元以上企业22户，合计入库7.14亿元，占全市减收总额比重88.2%，减收6.78亿元，减幅48.7%。纳入税务总局监控重点企业86户，入库税收20.65亿元，占全市比重45%，减收额为3.89亿元，减幅15.9%。

税收法治

【税收规范性文件管理】 落实《税收规范性文件制定管理办法》，凡是涉及纳税人权利、义务的税收规范性文件，按照程序，经政策法规部门审查把关后出台。对2014年12月31日前制定发布或与其他部门联合发布的在本辖区内对征纳双方具有普遍约束力的税收规范性文件进行全面清理，最终确定继续有效的税收政规范性文件6件，废止或失效文件129件，并向社会公布清理结果。

【税收执法过错责任追究】 坚持每月通

报分析税收执法情况，三明市国税局领导约谈税收排名后三名的单位主要领导。健全上下沟通联动机制，在国税网站主页设立咨询台，解答基层单位在工作中遇到的问题。坚持监督检查制度，检查过错申辩的理由是否充分，不充分的督促责任单位调整。全年全市国税税收执法调整前准确率99.73%，过错户804户，过错数810次；调整后准确率99.9%，过错户297户，过错数300次。全市国税执法过错行为被追究43人次，其中：批评教育31人次，责令书面检查11人次，通报批评1人次；经济惩戒共扣发奖金5100元。

【税收执法督察】 结合本地税收执法的实际情况和工作需要，研究制定2015年税收执法督察实施方案，对梅列区国税局、三元区国税局、泰宁县国税局、清流县国税局4个单位开展税收执法督察和2015年全市税收执法疑点核查工作，发现存在发票管理、欠税管理、税收优惠政策执行等6个方面的问题，核查疑点信息数据484条，入库补缴税款110351.52元，退税53300.08元，罚款6000元，加收滞纳金7427.78元。

【案件审理】 贯彻执行国家税务总局和福建省国税局《重大税务案件审理办法》，在案件审理过程中，围绕稽查对象主体是否准确、执法程序是否合法、事实是否清楚、证据是否确凿、数据是否准确、适用法律是否恰当、资料是否齐全、处理意见是否得当等主要内容展开审理，并将审理意见提交重大案件审理委员会讨论，根据审委会意见制作税务处理决定书与税务处罚决定书或税务稽查结论。是年，全市国税系统稽查案件共153件，提请重大案件审理案件34件，已审结30件，重大案件审理率19.6%。从审结案件类型看，包括重大行政处罚案件5件，司法、监察机关移交案件1件，移送公安机关案件17件，其他案件7件；从审结方式看，书面审理定案11件，会议审理定案19件；从审理结果看，维持稽查局拟处理意见22件，改变拟处理意见7件，退回重新调查1件。

【行政复议和行政诉讼】 审结行政复议5件，复议结果为3件维持原处理意见，2件撤销原处理意见；未发生税务行政诉讼案件。

▲2015年8月31日，三明市国税局与三明市法院签订共建合作协议。

税种管理

【增值税管理】 全年入库增值税31.30亿元，减收6.86亿元，同比减幅18%。全面推行增值税发票系统升级版，共推行增值税发票系统升级版10550户，其中一般纳税人7730户，小规模纳税人2820户，并在全省率先完成升级回收设备的销毁工作。关注一般纳税人资格认定由审批制改为登记制，加强新增一般纳税人认定后续管理，全市共疏理出涉嫌虚开专票企业116户，涉及虚开专票3427份，开票金额达3.33亿元、税款5666万元。对涉嫌虚开增值税专票一般纳税人控制发票领用，对已领用和开具的专票及时按“失控发票”进行处理，防止特重大虚开增值税专用发票案件的发生。对所属期2014年度逾期未认证发票未认证税额累计大于10万元的户数进行风险排查，共入库税款22万元，将部分风险较高的74户纳税人（涉及930份发票）作为稽查局案源信息提供给稽查部门。顺利完成“营改增”工作，“营改增”入库税款22522万元，涉及交通运输业、现代服务业、邮政业、电信业。

表16　　三明市国税局“营改增”税收收入完成情况（2015年）

单位：万元

单位	合计	比上年同期增减		其中：交通运输业	现代服务业	邮政业	电信业
		增减额	增减（%）				
合　计	22522	541	2.5	7578	10289	28	4627
梅列区国税局	6312	408	6.9	489	3595	12	2216
三元区国税局	2614	-333	-11.3	789	1825	0	0
永安市国税局	3935	-491	-11.1	2118	1312	3	502
宁化县国税局	662	0	0	334	97	1	230
大田县国税局	1745	-195	-10.1	1184	253	1	307
清流县国税局	877	13	1.5	260	494	2	121
明溪县国税局	1111	84	8.2	600	395	1	115
尤溪县国税局	1683	764	83.1	250	1095	3	335
沙县国税局	1328	150	12.7	443	529	2	354
将乐县国税局	1630	155	10.5	950	507	1	172
泰宁县国税局	332	-33	-9	87	114	1	130
建宁县国税局	293	19	6.9	74	73	1	145

【企业所得税管理】　共管征所得税企业16252户，其中：查账征收14349户，核定征收1903户；跨地区经营汇总缴纳企业所得税的企业291户，其中，总机构26户，二级分支机构就地预缴265户。是年，新办企业1869户，增加1273户。累计入库企业所得税10.24亿元，减收 1亿元，同比减幅8.9%，占全市国税收45.82亿元的22.35%。二级分支机构就地预缴入库企业所得税1.12亿元。一是推广使用企业所得税新申报表，举办全市新申报表专题培训班，利用税务网站、报刊、微信等多种渠道，系统宣传普及新申报表知识。二是开展所得税汇算清缴，实际汇算清缴14979户，同比增加2368户，清缴面100%，纳税调整增加额15.79亿元，纳税调整减少额 3.63亿元，企业自行补缴入库企业所得税

1.7亿元，比2014年同期多补1953万元，增长13.02 %。三是受省国税局委托开发“企业所得税管理系统”，对原“所得税电子台账系统”进行重新改版再造，改进和拓展原有系统的功能，通过风险预警、电子台账、申报表审核、报表查询、风险管理和系统管理6大模块192个预警指标，实现统计查询、税源监控、台账管理、风险管理和纳税评估等信息化操作。7月24日，在三明市国税系统试运行，共发现风险点3257户次，调整以前年度亏损2.59亿元，补缴企业所得税及滞纳金6523万元。10月27日，通过省国税局软件评审。四是加强所得税后续管理，重点对跨年度事项、重大事项、高风险事项和重点行业加强跟踪管理和动态监控的管理。通过所得税管理系统，筛选出2014年度企业所得税申报收入比流转税收入少申报10万元以上的风险信息1832条、税收优惠风险信息72条、满5年的不征税收入风险信息68条。2015年，全市企业所得税评估调增应纳税所得额2.78亿元，补征企业所得税款及滞纳金8505万元。五是落实各项企业所得税优惠政策，累计减免金额3.8亿元。其中，全市2838户小型微利企业享受所得税优惠，减免税额1135万元，受惠面达100%；享受固定资产折旧优惠49户，减免金额123万元。

【进出口退税管理】 全市共有150户企业申报出口退税，比上年同期减少13户，申报出口总额4.591亿美元，减少0.309亿美元，同比减幅6.31%。共办理出口退税2.36亿元，减少6900万元，同比减幅22.62%。其中：外贸企业退税13385万元，占退税总额的56.72%，减少7265万元，同比减幅35.18%；生产型出口企业退税10215万元，占退税总额的43.28%，减少1085万元，同比减幅9.6%。全市办理免抵调库1.1亿元，同比减少2.65%。一是落实《退税规范》，配齐出口退税岗位人员，明确岗位职责，完善工作流程，全市共有出口退税专职人员14人，兼职人员104人。二是自2015年4月1日起，将生产企业出口货物劳务退（免）税审批权限下放至各县（市、区）国税局。三是开展出口退税企业分类管理，共对全市571户出口退（免）税企业进行分类，其中生产企业366户，外贸企业205户。具体如下：一类3户，均为生产企业；二类101户，其中生产企业88户，外贸企业13户；三类399户，其中生产企业238户，外贸企业161户；四类68户，其中生产企业37户，外贸企业31户。四是按规定开展函调和风险评估工作，全年发函163份，同比减少156份；复函227份，同比减少258份。五是通过风控中心推送预警评估任务23户，已完成评估16户，共查补增值税3万元，所得税22.67万元。

【大企业税收管理】 承担国家税务总局定点联系企业分支机构191户企业、省国税局定点联系4户企业、市国税局定点联系15户企业的税源监控任务。完善大企业税收专业化管理组织机构建设，对各县大企业实行集中服务与管理，业务指导在税政科，设定专人联系。从各分局和县国税局各科室抽调精干人员组建大企业税收专业化管理团队。按风险识别分析、等级排序、风险应对、绩效评价和反馈提高的流程开展工作，对不同税收风险类别和等级的纳税人实施差异化和递进式的风险管理，共与21户企业签订《税收遵从合作协议》。2015年对35户企业进行风险管理，共发现企业存在风险点53个，补缴税款6085万元、滞纳金265万元，并制定征管措施82条。

【国际税收管理】 加强非居民税源监控，联系走访外汇管理、工商、地税、外经等有关部门，建立涉税信息沟通渠道，获取境内企业技术引进、股权转让、对外签订承包工程、提供劳务以及对外支付情况等涉税信息。做好2015年非居民税收风险管理，对

229户外商投资企业进行税源风析，扣除35户分支机构，共对194户外商投资企业进行风险核实。其中11户企业存在向非居民企业支付特许权使用费、利息项目，通过对其支付款项、支付企业税款扣缴情况的核实，8户企业无发现疑点，3户企业存在税收风险。通过对3户企业的风险评估，总计调整涉税金额58.95万元，合计补入库税款8.47万元。开展2015年外商投资企业网上联合年检，应参加258户，已参加并通过年检239户，未参加或未通过年检户19户，通过率92.64%。未参加或未通过年检的主要原因有：部分企业批准成立办理营业执照和税务登记后长期未实际经营，造成零申报企业多；企业经办人员流动性大，未能及时更新联系方式，导致联系不到企业经办人。全市共入库非居民企业所得税732.65万元。

征收管理

【征管概况】 全市国税系统共管征户数75125户，其中：企业33436户，个体户41696户，一般纳税人9397户。

【深化税收征管改革】 在梅列区国税局等8个单位实行“五员”征管模式。“五员”即：（1）纳税服务员。所有涉税事项在办税服务厅统一受理，采取“一站式”办税服务，深入推行“免填单”“零障碍”服务和“特殊涉税业务”应急处理，最大限度地方便纳税人办税需求，引导税法遵从，应对一级风险任务。（2）税收巡查员。税源管理分局依据税源监控工作范围，成立税收巡查小组，负责税收风险分析监控和涉税信息数据采集，发起或推送工作事项，做好涉税审批的事后服务与监督，应对二级风险任务。（3）税收评定员。县国税局成立若干税收评定、评估的工作小组，负责对行业纳税人的申报纳税情况进行风险分析与监控，承担风控发起或推送的纳税评定或评估、完成行业建模工作，应对三级风险任务。（4）税务稽查员。稽查局负责发起税收违法案件的查处和转办，进行税务稽查，应对由风控管理中心推送的四级风险任务。（5）督察保障员。各职能科室根据税负预警信息和工作职责，组织工作任务推送给税源管理分局或评估小组，并提供税收政策支持，做好后勤保障，进行业务督察督办，促进工作任务及时完成，防范税收风险。全年纳税评估入库1.56亿元，比增11.14%，占总收入的3.41%。

【试行《全国税收征管规范（1.0版）》】 总结推行纳税服务规范的成功经验，规范征管基础，进一步梳理征管流程，细化征管业务，谋划好征管规范推行工作。对现有的征管事项进行集中清理，做好征管事项、流程和相关文书的清理检查工作，确保与征管规范无缝业务对接。按照《国家税务总局关于部分税务行政审批事项取消后有关管理问题的公告》文件精神，对现有的县级行政审批事项开展查漏补缺工作，进一步统一工作标准、规范业务流程。利用本地人才资源，开展学习培训，做到相关岗位人员人人知晓、人人掌握，在推行过程中，收集运行过程中出现的各种问题并研究解决，重大事项及时反馈上报，确保征管规范的顺利运行。6月1日，正式启动运行《全国税收征管规范（1.0版）》。

【税务行政审批制度改革】 落实税务行政审批制度改革精神和要求，加大转变职能、简政放权、放管结合的力度，取消和下放行政审批项目，清理非行政许可审批事项，严禁以事前核准性备案等方式变相实施审批，并向社会公开行政审批事项清单。共取消47项行政审批项目、17项征管流程、29项表证单书，即时办结事项占纳税人依申请事项的比例达到

75%，共减少流转环节221个，平均办结时限由9个工作日缩短至4个工作日，工作效率提高了55%。目前保留的三明市适用的行政许可权力事项7项、其他权力事项22项。

【简政放权】 落实《国地税合作规范》，32个合作事项和16个鼓励事项全部落实，结合三明实际另开展6个新开展合作项目，初步实现“进一家门、办两家税、三方省事”，省政府《今日要讯》和《三明日报》头版报道三明国地税合作事宜。自6月1日起，推行“三证合一、一照一码”登记制度改革，通过“一照一码”办理税务登记的纳税人1150户，已处理267户。自10月1日起，推行简并征期工作，对全市范围内查账征收的增值税小规模纳税人实行增值税、消费税简并征期申报纳税方式，纳税期限由“月”，简并为“季”。需缴纳文化事业建设费的纳税人，文化事业建设费的申报缴纳期限同时予以调整。截至10月31日，全市已完成1.47万户小规模纳税人简并征期工作，将减少纳税申报2.94万户次，免去各类文书资料3.24万份，缩短网上申报时间0.44万小时。

纳税服务

【创评“星级办税厅和服务之星”】 将《服务规范》《征管规范》纳入“两星”创评考核指标，将本年各项督查、调查收集到的问题整改情况列入考核范围，形成5大项目30个考评指标，持续优化办税服务。通过创评活动，进一步引导各县（市、区）国税局加强对办税窗口人、财、物投入倾斜。2015年底，全市窗口人员增加至213人，设备投入200万元，全市12个办税厅“服务管理监控系统”全部建设到位，实现办税过程记录、数据统计对比、满意度评比和服务质量考核于一体，自助代开发票办税终端全面覆盖到位。（详见表17）

表17 三明市国税局“两星”创评一览表

（2015年）

单 位	办税厅级别	服务之星
梅列国税办税厅	★★	陈建平
三元国税办税厅		黄阿铨、魏爱红
永安国税办税厅		吕春萍
大田国税办税厅	★★★	刘小容
宁化国税办税厅		郭玉飞
清流国税办税厅	★	陈新养
明溪国税办税厅	★	吴桂莲
尤溪国税办税厅	★	林华静
沙县国税办税厅	★★★	李有林
将乐国税办税厅	★	陈琼
泰宁国税办税厅	★	曹保生
建宁国税办税厅	★	姜国友

【纳税人满意度调查】 共计发放问卷660份，回收有效份数509份，有效率77.12%，有效问题数6108。非常满意及满意数为5836，满意率达95.547%，一般及不满意占4.453%。共计收到纳税人意见8条，集中在办税厅环境及网上办税改进方面。调查体现四个特点：一是国税局、地税局首次联合开展了纳税人满意度调查，并寄送统一的《致纳税人的一封信》。二是调查样本覆盖面广，既包含近年来信用级别A、B级信用良好的纳税人，也兼顾2015年度被处罚、评估、稽查等遵从度较低的纳税人。三是调查问题有针对性，本次问卷的12个问题全部围绕办税厅服务规范和工作效率。四是随机抽取调查对象，由邮政特快负责问卷寄送、回收，回收件与监察室共同拆封、统计，保证统计分析结果公平公正。

【纳税人权益保护】 依托12366纳税服

务热线、12345市政府政务平台、“国税局门户网站”在线咨询、“国家税务总局纳税咨询系统”等4个平台，执行《服务规范》纳税咨询和权益维护，建立健全咨询投诉受理联络员制度，由纳税服务科指定专门人员负责处理纳税服务投诉事件。在与纳税人沟通的基础上，对诉求内容进行实地核实并加以解决，处理投诉和举报问题。2015年，全市国税系统共受理纳税服务投诉5件。其中1—8月按税法宣传、纳税咨询、办税服务和权益保护进行分类统计，累计受理办税服务投诉4件；9—12月按服务态度、服务质效和权益保护进行分类统计，累计受理投诉1件，办结及时率、准确率均达到100%。

【落实税收优惠政策】 共办理企业新增固定资产进项抵扣税款2.54亿元，办理各类税收减免4.63亿元（含征前减免），其中，改善民生0.85亿元，促进小微企业发展0.93亿元，节能环保0.97亿元，支持三农0.75亿元。“营改增”企业直接减税1.21亿元，非“营改增”企业增加抵扣0.75亿元。助力“小微企业”发展，与地税局、银监及各商业银行签订“银税互动”合作协议，发放贷款1400万元，增加就业800人，尤溪国税局助力电商发展事迹被中央电视台报道。

【税收宣传】 根据各基层单位实际情况，结合纳税人需求，年初将梅列区国税局、尤溪县国税局、大田县国税局3个单位作为纳税人学堂试点率先开课。固定每月将课程内容、授课时间、授课人、授课地点等信息在网络平台发布，供纳税人自行选择，报名免费参加。根据收集的纳税人意见建议及各类问题，筹划个性化定制课程，以满足不同行业、不同规模纳税人需求。2015年，全市各县（市、区）国税局成立纳税人学堂12个，累计授课159次，按课程分类授课126堂，培训13948人次。通过纳税人学堂收集纳税人意见建议53条、采纳34条。

▲2015年9月9日，三明市国税局、地税局召开2015年第一次联席会议。

【纳税人信用等级评价】 国税局、地税局纳税信用等级评价应参评户数4870户，本次评定户数4870户（含补评一户），参评率达100%，A级户数234户，占比4.81%；B级户数3484户（含补评、复评各一户），占比71.51%；C级户数991户，占比20.37%；D级户数161户，占比3.31%。地税局自评户应参评户数1124户，本次评定户数1124户，参评率达100%，A级户数23户，占比2.05%；B级户数734户，占比65.3%；C级户数345户，占比30.69%；D级户数22户，占比1.96%。受理纳税人补评、复评各一户，评价结果都为B级。

▲2015年10月29日，三明市国税局、市地税局与三明银监分局共同签订“银税互动　信息共享”合作协议。

税收检查

【概述】 全市国税系统稽查共检查企业137户，其中立案137户，审结128户，有问题128户，选案准确率100%，结案120户，结案率93.75%。查补收入10181.43万元（其中稽查机构查补9854.31万元，企业自查327.12万元）。稽查机构查补入库9990万元（其中税款9356万元，滞纳金388万元，罚款246万元），占全市税收总收入429365万元（不含海关、车辆购置税和免抵调库数）的2.33%。

【专项检查】 税收专项检查指令性项目为出口退税企业、黄金交易企业、资本交易；指导性项目为房地产及建筑安装业、盈利性教育培训机构。运用查前告知、座谈辅导、查中约谈、企业自查与重点检查相结合的检查方式，确保专项检查取得实效。全市共开展重点检查93户，发现有问题83户，结案64户，查补收入3321.54万元（其中税款2957.67万元，滞纳金167.61万元，罚款196.26万元），入库3025.80万元。开展企业自查83户，自查有问题11户，企业自查补税94.30万元。持续做好打击骗取出口退（免）税工作。依照三明市上年度（2014年）申报退税企业133户的20%确定检查比例，检查27户，有问题22户，全部查结，共查补税款321.54万元，滞纳金14.22万元，冲减留抵税额30.80万元，实际入库296.42万元。移送公安机关1户，已批捕1人。做好国家税务总局打骗工作厦门组案件协查工作，成立由三明市国税局局长任组长的打骗工作厦门组案件协查领导小组，对涉及的明溪县3户出口供货企业和大田县2户出口供货企业进行查办。根据省国税局要求，抽调市、县两级4名稽查人员组成检查小组，到龙岩市进行房地产交叉检查，查补税款近500万元。

【大案要案】 做好国家税务总局“3·09”案、省国税局“3·20”案协查工作。“3·09”案共涉及增值税专票2166份，金额18691.65万元，税额3186.48万元，涉及众多纳税户，均按要求完成协查。对“3·20”案4户涉案企业已查结，查补收入70.79万元。省国税局督办案件三明市三木轻工贸易有限公司涉税案，该案已于5月底结案，共查补税款8666万元，不予退税187.61 万元。配合做好省国税局重点税源企业交叉检查工作。对省国税局组织的龙岩局检查组检查的建宁福建铙山纸业集团有限公司案件，自查补缴税款275万元（企业所得税126万元、增值税149万元）。省国税局指派建宁县国税局检查组赴南平完成了福建省建阳海螺水泥有限责任公司的检查任务，补缴税款5.6万元。开展打击发票违法犯罪活动工作，重点行业为金融保险、房地产、商业批发与零售、药品与医疗器械、加工制造、中介机构等行业。全市共检查企业97户，查处违法企业84户（发票虚开25户、非法取得33户、其他违法26户），治理发票违法手机短信800条，信息网站登载信息7条，查处非法发票3664份，涉及金额48927.10万元，查补税款6532.16万元，加收滞纳金53.66万元，罚款464.18万元；企业自查64户，自查补税28.92万元，遏制发票违法行为。

【案件协查】 收到受托协查函87起，发票535份，涉及企业98户次，总计金额11499.66万元，税额1953.10万元。累计回复发票538份，有疑问的：正常40份，有问题96份，无法核实327份；确定虚开的：有问题53份，无法核实22份。按期回复率100%。委托发出协查112起，发票1659份，总计金额19689.65万元，税额3046.36万元。委托发出累计收到回复发票1638份，有疑问的：正常496份，有问题45份，无法核实64份；确定虚开的：有问题453份，选票准确率50.1%。

【案件举报管理】 受理举报案件35件，其中：上级转办6件（2件为省国税局转来的重复案件，涉及企业1户），本级受理24件，县国税局受理5件。查结举报件数29件，扣除未到期案件3件，结案率90.63%。其中：有问题10件，2件挂案待处理，其余案件均查无问题。共查补收入合计257.46万元，其中税款173.50万元、滞纳金37.48万元、罚款46.48万元，入库134.20万元。

机构队伍

【机构与编制】 三明市国税局按照行政区划设置，是主管三明市国家税收工作的行政机构，实行垂直领导管理体制，为正处级全职能局。下辖梅列区国税局、三元区国税局、永安市国税局、宁化县国税局、大田县国税局、清流县国税局、明溪县国税局、尤溪县国税局、沙县国税局、将乐县国税局、泰宁县国税局、建宁县国税局等12个正科级全职能局，泰宁、建宁两县国税地税机构未分设。全市国税系统共设有41个副科级基层税务分局。市国税局机关内设机构12个，级别为正科级，分别为办公室、政策法规科、货物和劳务税科、所得税科、收入核算科、纳税服务科（纳税服务中心）、征收管理科、财务管理科、人事教育科、监察室、大企业和国际税务管理科、进出口税收管理科；另设机关党委办公室、离退休干部科，级别为正科级。市国税局直属机构1个，即稽查局，级别为副处级。市国税局事业单位3个：信息中心、机关服务中心、培训中心，级别为正科级。截至12月31日，市国税系统在编干部职工1010人，其中：公务员981人、事业干部6人、职工23人，平均年龄46.7岁。女干部职工245人，中共党员670人，大专以上学历974人（研究生学历11人，硕士学位18人），注册会计师5人、注册税务师32人、律师7人。全市国税系统共有离退休人员237

人（离休6人、退休231人），各类临时人员247人。

【人员招录】 全市国税系统根据省国税局招录计划共招录公务员45名，办理本省国税系统内跨地市干部调动2人，其中：调出2人，办理到龄退休15人，自愿申请提前退休1人，科级交流轮岗5人。

【干部选任】 根据《三明市国家税务局2015年部分市局（含直属单位）正科级领导干部选拔任用工作方案》《三明市国家税务局2015年部分市局稽查局副科长级领导干部选拔任用工作方案》《三明市国家税务局2015年选拔部分县（区）局副主任科员实施方案〉》，经公开选拔，提任2名正科级领导干部、2名副科级领导干部和3名副主任科员。根据《三明市国家税务局关于部分纪检员、纪检组长试用期满考核的实施方案》《三明市国家税务局关于大田局政策法规科科长试用期满考核的实施方案》和《三明市国家税务局关于做好沙县、将乐县国税局副科级领导干部任职试用期满转正考核工作的通知》，经考核合格，2名正科级领导干部、5名副科级领导干部按期转正。根据《三明市国税系统科级后备干部推荐选拔工作实施方案》，经调研，推荐12人为正科级干部后备人选，55人为县国税局班子副职后备干部。

【人事管理】 落实和健全“一把手”谈话制度、上一级党组对下一级党组点评制度和“一岗双责”的责任落实机制，开展与干部“交心谈心”活动。对1010名国税员工进行2015年度考核，其中干部987人，职工23人。共评选出优秀等次180人，称职（合格）等次812人，不定等次18人（尚在试用期的2015年新录用公务员17人，不属考核对象，长病人员1人）。落实重大灾病救助基金办法，2015年累计对全市国税系统符合补助规定的11人予以补助了6.14万元；开展了特困在职职工慰问工作，共慰问28人，发放慰问金5.04万元。按照规范化要求，加强日常人事档案资料的收集、整理、归档、转递、管理等工作。

【党风廉政建设】 以落实“两个责任”和内控机制为重点，召开党风廉政建设工作会、廉政分析会、纪检组长述职会，将2015年党风廉政建设主体责任、监督责任以及2013—2017年惩防体系工作规划分别制作成“权力清单”，梳理出19条廉政主体责任和18条监督责任，形成党风廉政建设领导责任、部门责任、个人责任相融合的责任落实体系。深化内控机制信息化升级版建设，每月定期推送风险，全年提取并推送廉政风险事

▲2015年1月9日，三明市国税局在三明市电大举行全系统税收综合业务考试。

▲2015年4月24日，三明市国税局组织干部参观三明市廉政教育基地。

件2146件，事中、事后核查率和纪检处理率均为100%。加强廉政教育，组织干部参观三明市、省国税局、福州市国税局廉政教育基地，开展惩防体系在线测试和预防职务知识竞赛，提升干部反腐倡廉意识。开展廉政谈话，强化监督责任，市国税局同县（区）国税局主要负责人谈话12人次，领导干部任前廉政谈话68人次，诫勉谈话14人次。实行“一案双查”制度，对国家税务总局“8·22”案件涉案企业实行一案双查，通报批评3人，调离执法岗位2人，责令4人作出书面检查，对11人开展诫勉谈话，对21人进行批评教育，对11人进行必要的谈话提醒。

▲2015年5月7日，国家税务总局办公厅副主任兼绩效办主任付树林（右二）在福建省国税局副局长陈慕斌（右三）陪同下，到三明市国税局调研绩效管理。

【绩效管理】 完善树状绩效管理模式，开展“我为绩效添光彩”创先争优和“最美绩效人”评选活动，在全市国税系统凝聚起“学有方向、赶有目标、行有楷模”的绩效文化。在省国税局绩效管理系统的基础上，自主研发绩效管理辅助平台，拓展自动统计、进度监控、台账管理、预警提醒等辅助功能，提升绩效管理工作质效，受到省国税局局长林京华的表扬，并在全国税务系统绩效管理工作视频会上作经验发言。开展督查督办，以重点工作和重要会议精神落实情况为内容，开展2次全系统督查，成立3个督查组，分片区对全市12个单位进行督查，在全系统通报督查情况、提出整改意见并跟踪整改情况。新华社内参报道该局创新绩效管理工作，副省长郑晓松批示赞同推广该局绩效管理方式。2015年，该局在全省国税系统绩效考核中，名列全省第二名；在市政府绩效管理考评中，位列中央省属驻三明市单位绩效指标得分第一名，被评为优秀等次。

【文化建设】 围绕“服务文明、业务精明、纪律严明”的三明国税精神，发挥新兴媒体传播平台优势，在三明国税微信公众号上开辟“青葱税月”“图说故事”“绩效风云”等栏目，推动精神文明创建，树立良好的国税风貌。继续打造“点、线、面、网”相结合的立体廉政文化平台，创建“半亩方塘”微信公众号，推送图片、视频、文章等廉政内容285篇，点击阅读达2万余次。国家税务总局简报刊登该局廉政微信公众平台做法，国家税务总局纪检组组长冯惠敏对“半亩方塘·廉如水”廉政文化品牌作出表扬性批示。永安市国税局连续4届被评为全国文明单位，梅列区国税局被列入全国文明单位培育对象。应对“5·19特大洪灾”，以宁化、清流抗灾救灾事迹为内容的《税徽经风历雨更闪亮》被人民网采用，并得到省国税局局长林京华批示。

▲2015年5月28日，三明市国税局局长林锡明在全国税务系统绩效管理工作视频会议上发言。

【干部培训】 在全系统倡议“全员阅读、书香国税”活动，制定党组中心组（扩大）学习计划，市国税局一把手给干部上党课，聘请党校教授上专题辅导讲座。学习习近平总书记系列讲话、2015年“两会”等精神。由市国税局机关党办和工会牵头，征求干部意见，将所需购买的书籍以科室为单位上报市国税局机关党办统一购买，形成干部爱学、想学的学习热潮。以支部为单位，定期由支部组织本支部党员学习，在学习中不断进行交流，并写出学习心得。确定2015年调研课题，分解到相关科室，组织下基层进行调研，在调研中学习。开展纳税服务规范、税务稽查业务、税收征管规范、国际税收管理业务等培训班，培训300余人次，入选国家税务总局人才库10人，入选省国税局人才库120多人。

【“三严三实”专题教育活动】 制定下发专题教育方案，党组中心组组织专题学习5次，领导上专题党课6次，组织专题学习研讨3次，编发专题教育简报16期，省国税局采用5条；召开干部和纳税人座谈会广泛征求意见和建议，走访纳税人165人次，走访基层税务机关135人次，走访党政机关95人次，初步梳理出有关“不严不实”意见3个方面39项，全部列入边学边改清单，制定相应的整改措施，明确整改时限。

行政后勤

【财务收支管理】 加强对出国费用、车辆费用、接待费的控制，2015年，全市国税系统业务招待费支出下降29.11%。深化国库集中支付改革，推广公务卡结算，2015年度共办理公务卡支出报销1176笔，金额286.16万元。

【基本建设】 全市国税系统基建项目16个，总投资11603万元。其中新建项目4个（梅列区国税局、三元区国税局项目已停建），批复建筑面积23090平方米，总投资6970万元，累计支出2875万元；修缮项目11个，总投资3843万元，累计支出1990万元；装修项目1个，总投资790万元，累计支出790万元。16个基建项目中，梅列区国税局、三元区国税局、尤溪县国税局3个单位的资金已收回，沙县国税局的2个项目未开工；正在建设的项目4个，分别为宁化县国税局、清流县国税局各1个和永安市国税局2个；已竣工验收尚未完成竣工财务决算编报的项目5个，分别为三明市国税局2个和尤溪县国税局、大田县国税局、明溪县国税局各1个，以上5个项目已上报福建省国税局委托中介机构审计；已完成决算项目2个，分别为三元区国税局和泰宁县国税局。

【政府采购】 全市各级政府采购部门先后组织大、小项目采购26批次，采购金额165.03万元，节约资金129.88万元，资金节约率44.04%；其中市国税局机关采购112.43万元，节约资金100.17万元，资金节约率47.11%。

【固定资产管理】 全市国税系统共计上缴处置及出租出借收入231.05万元，其中资产处置收入0.17万元，出租出借收入230.88万元。

（供稿：郑晶亮）

税收概况

【组织税收收入】 莆田市国税税收总收入完成104.13亿元，增收1.72亿元，同比增长1.68%，扣除海关代征后国税部门组织的税收收入完成90.51亿元，增收5.11亿元，同比增长6%，收入总量首次突破90亿元大关。分级次看：中央级收入完成64.88亿元，增收4.4亿元，同比增长7.28%；地方级收入完成25.63亿元，增收0.70亿元，同比增长2.84%。

【税收弹性系数】 莆田市地区生产总值（GDP）实现1655.16亿元，比上年同期增长10.5%，莆田国税组织收入完成90.51亿元（不含海关代征），比上年同期增长6%，税收弹性系数为0.57。

【分征收单位税收完成情况】 莆田市国税局有6个征收单位，其中有5个征收单位税收收入增幅均呈增长态势，大企业税收管理局收入总量首破10亿元大关，达10.77亿元，增收1.71亿元，收入增幅高达18.9%，居各增收单位增幅之首；秀屿区国税局收入总量最大，达21.72亿元，增收0.78亿元，同比增长3.7%，其次是荔城区国税局总量19.82亿元，增收0.41亿元，同比增长2.1%；涵江区国税局总量18.12亿元，增收0.98亿元，同比增长5.8%；仙游县国税局总量12.46亿元，增收1.43亿元，同比增长13%；城厢区国税局总量7.62亿元，减收0.21亿元，同比下降2.7%。

表18　　莆田市国税局税收收入分征收单位统计（2015年）

单位：万元

单位	一、税收收入（不含海关代征）	国内增值税	国内消费税	企业所得税	个人所得税	车辆购置税	海关代征	出口退税
莆田市合计	905113	551069	52879	253422	4	47739	135364	-354100
荔城区	198207	121511	1035	36390	0	39271		-72787

续表

单位	一、税收收入（不含海关代征）	国内增值税	国内消费税	企业所得税	个人所得税	车辆购置税	海关代征	出口退税
仙游县	124556	89186	26	31026	1	4317		-41255
城厢区	76230	52064	101	24065				-22762
涵江区	181170	107010	21176	49110		3874		-40266
秀屿区	217185	145160	29	71719		277		-51301
湄洲岛	107765	36138	30512	41112	3		135364	
进出口税收管理科								-125729

【分税种税收完成情况】 国内增值税和国内消费税增长较快，国内增值税入库55.1亿元，增收8.63亿元，同比增长18.6%，其中，改征增值税入库2.36亿元，增收0.4亿元，同比增长20.23%；国内消费税入库5.3亿元，增收1.43亿元，同比增长37.2%；企业所得税和车辆购置税呈现减收态势，企业所得税入库25.34亿元，减收4.29亿元，同比下降14.5%；车辆购置税入库4.77亿元，减收0. 67亿元，同比下降12.3%。

表19　　三明市国税局税收收入分税种分入库级次统计（2015年）

单位：万元

项　目	合计	中央级	地方级			
			小计	省级	地市级	县级
总　计	687165	430107	257058	10757	30880	215422
一、税收收入合计	1040477	784092	256385	10084	30880	215422
1. 增值税收入	685754	530283	155471		19086	136385
（1）国内增值税	551069	395599	155471		19086	136385
（2）进口货物增值税	134684	134684				
2. 消费税收入	53559	53559				
（1）国内消费税	52879	52879				
（2）进口消费品消费税	680	680				
3. 企业所得税	253422	152509	100913	10082	11794	79037
4. 个人所得税	4	2	1	1		
二、出口退税合计	-354100	-354100				
1. 出口货物退增值税	-175100	-175100				
2. 改征增值税出口退税						

续表

项目	合计	中央级	地方级			
			小计	省级	地市级	县级
3. 免抵调减增值税	-179000	-179000				
4. 免抵调减改征增值税						
5. 出口消费品退消费税	0	0				
三、非税收入合计	789	116	673	673		
1. 文化事业建设费收入	677	4	673	673		
2. 税务部门罚没收入	112	112				
3. 废弃电器电子产品处理基金收入						
4. 其他非税收入						

【分产业税收完成情况】 税收收入增长主要依赖第二产业增长，第三产业税收出现下降。2015年，第二产业税收入库61.76亿元（不含海关代征），占莆田国税收入比重68.23%，增收7.37亿元，同比增长13.6%，其中：建筑业税收入库1.15亿元，增收0.2亿元，同比增长11.1%；工业企业税收入库60.61亿元，增收7.26亿元，同比增长13.6%，涉及的重点行业主要有酒、饮料和精制茶制造业税收入库8.67亿元，增收0.9亿元，同比增长11.3%；皮革、毛皮、习毛及其制品和制鞋业税收入库17.62亿元，增收4.3亿元，同比增长31.2%；电力、热力、燃气及水生产和供应业税收入库13.63亿元，减收0.45亿元，同比下降3.2%。第三产业税收入库28.67亿元，占莆田国税收入比重31.68%，减收2.3亿元，同比下降7.43%，涉及的重点行业主要有批发和零售业税收入库14.45亿元，增收0.15亿元，同比增长1.1%；交通运输、仓储和邮政业税收入库0.9亿元，减收0.01亿元，同比下降1.12%；金融业税收入库3.37亿元，增收0.96亿元，同比增长4%；房地产业税收入库2.79亿元，减收2.24亿元，同比下降44.7%。

表20　　莆田市国税局税收收入分税种分行业统计（2015年）

单位：万元

项目	税收收入合计	国内增值税	国内消费税	企业所得税	个人所得税	车辆购置税	海关代征	出口退税
合计	1040477	551069	52879	253422	4	47739	135364	-72787
一、第一产业	703	124		564		15		-41255
二、第二产业	753022	445703	22170	149243		542	135364	-22762
（一）采矿业	1702	1688		12		2		-40266
1. 煤炭开采和洗选业								-51301

续表

项 目	税收收入合计	国内增值税	国内消费税	企业所得税	个人所得税	车辆购置税	海关代征	出口退税
2. 石油和天然气开采业								
3. 黑色金属矿采选业								–125729
4. 有色金属矿采选业								
5. 非金属矿采选业	1692	1680		12				
6. 其他采矿业	10	8				2		
（二）制造业	603429	353793	22170	91693		409	135364	
1. 农副食品加工业	11033	10009		1020		4		
2. 食品制造业	4910	4213		690		7		
3. 酒、饮料和精制茶制造业	86654	33847	21161	31646				
4. 烟草制品业								
5. 纺织业	11885	10837		1041		7		
6. 纺织服装、服饰业	10725	9678		1036		11		
7. 皮革、毛皮、羽毛及其制品和制鞋业	176224	156053		20027		144		
8. 木材加工和木竹藤棕草制品业	3560	3371		187		2		
9. 家具制造业	7532	6587		932		13		
10. 造纸和纸制品业	7245	6105		1126		14		
11. 印刷和记录媒介复制业	1236	1135		101				
12. 文教、工美、体育和娱乐用品制造业	5457	4957	2	492		6		
13. 石油加工、炼焦和核燃料加工业	2	2						
14. 化学原料和化学制品制造业	15818	11726	1007	3083		2		
15. 医药制造业	1182	771		402		9		
16. 化学纤维制造业	517	16		501				
17. 橡胶和塑料制品业	71972	53810		18131		31		
18. 非金属矿物制品业	10573	8284		2289				
19. 黑色金属冶炼和压延加工业	2420	2051		369				
20. 有色金属冶炼和压延加工业	793	741		52				
21. 金属制品业	10268	6360		3899		9		
22. 通用设备制造业	5872	5119		753				
23. 专用设备制造业	4429	3101		1325		3		

续表

项　目	税收收入合计	国内增值税	国内消费税	企业所得税	个人所得税	车辆购置税	海关代征	出口退税
24. 汽车制造业	4299	3232		1058		9		
25. 铁路、船舶、航空航天和其他运输设备制造业	1369	1319		50				
26. 电气机械和器材制造业	4664	4240		422		2		
27. 计算机、通信和其他电子设备制造业	5353	4587		752		14		
28. 仪表仪器制造业	383	350		33				
29. 其他制造业	137054	1292		276		122	135364	
（三）电力、热力、燃气及水的生产和供应业	136317	89925		46384		8		
1. 电力、热力生产和供应业	70671	51819		18852				
2. 燃气生产和供应业	64745	37343		27394		8		
3. 水的生产和供应业	901	763		138				
（四）建筑业	11574	297		11154		123		
1. 房屋建筑业	3620	30		3568		22		
2. 土木工程建筑业	3788	39		3737		12		
3. 建筑安装业	1415	40		1322		53		
4. 建筑装饰和其他建筑业	2751	188		2527		36		
三、第三产业	286752	105242	30709	103615	4	47182		
（一）批发和零售业	144517	80385	30652	33046		434		
1. 批发业	125465	63978	30456	30933		98		
2. 零售业	19052	16407	196	2113		336		
（二）交通运输、仓储和邮政业	8902	6938		1205		759		
1. 交通运输业								
2. 仓储业	303	236				4		
3. 邮政业	272	214						
（三）住宿和餐饮业	422	31				1		
1. 住宿业	1	1						
2. 餐饮业	421	30				1		
（四）信息传输、软件和信息技术服务业	11680	6905				250		
1. 电信、广播电视和卫星传输服务	11047	6536				6		

续表

项　目	税收收入合计	国内增值税	国内消费税	企业所得税	个人所得税	车辆购置税	海关代征	出口退税
2. 互联网和相关服务	7	6				1		
3. 软件和信息技术服务业	626	363				243		
(五)金融业	33698	725	57			41		
1. 货币金融服务	31643	517	57			8		
2. 资本市场服务	1984	204						
3. 保险业	20	1				14		
4. 其他金融业	51	3				19		
(六)房地产业	27936	55				147		
1. 房地产开发经营	23768	7						
2. 物业管理	29	1						
3. 房地产中介服务	1	1						
4. 自有房地产经营活动								
5. 其他房地产业	4138	46				147		
(七)租赁和商务服务业	6742	5309				90		
1. 租赁业	1501	1415				53		
2. 商务服务业	5241	3894				37		
(八)科学研究和技术服务业	3051	2409				5		
(九)居民服务、修理和其他服务业	2544	719				324		
(十)教育	371					165		
(十一)卫生和社会工作	164					67		
(十二)文化、体育和娱乐业	624	595				11		
(十三)公共管理、社会保障和社会组织	1225	1148				77		
(十四)其他行业	44876	23			4	44811		

【重点税源税收情况】 监控年纳税额在300万元以上的重点税源企业共有308户，税收收入合计入库54.28亿元，占全市税收收入比重60%，同比增长6.4%，增收3.28亿元，占全部增收额比重64.2%。其中，年纳税额在千万元以上的重点税源企业共有77户，税收收入合计入库50.5亿元，占全市税收收入比重55.8%，增收2.76亿元，同比增长5.8%。

【出口退税情况】 全市累计办理出口退税35.41亿元，增加9.35亿元，同比增长35.9%。其中：实现免抵调库17.9亿元，增调7.6亿元，同比增长73.8%；办理直接出口退税17.51亿元，增退1.75亿，同比增长11.1%。此外，海关代征税收累计入库13.5亿元，减收3.54亿元，下降20.7%。

征收管理

【税务登记情况】 全市税务登记户数66731户，其中企业25933户，个体工商户40798户，增值税一般纳税人7675户。

【纳税申报与税款征收情况】 纳税申报户数581480户，其中上门申报户数28493户，电子申报户数552987户，入库税款总额54.7亿元。

【行业建模】 全市工业企业一般纳税人3239户，全年共完成67个行业139个模型的搭建工作，纳入监控企业户数达2882户，纳入行业模型监控的工业企业一般纳税人户数比例为88.97%，行业建模增减率与2014年同期92.14%相比，下降3.17%，在全省各设区市局中位居前列。

【纳税评估】 全市应评估户数242户，全年共评估242户，评估正常企业户数104户，评估有问题企业户数138户，补税户数占评估户数的57%。2015年评估税款CTAIS评估入库数2891万元，税款2574万元，滞纳金317万元， 各项指标居全省前列。

【普通发票管理和使用情况】 全市共审核审批印制普通发票共计13278100份，其中企业冠名印制普通发票11155100份，税务机关印制2123000份，包括机打票5768000份，手工票3000000份，定额票7210100份。

【“三证合一”制度】 落实“一照一码”制度，实现自动赋码。2015年1月，实现“一窗受理、一表登记、同步审批、三证合一”的登记模式；6月，在原有“三证合一”办理平台的基础上，联合推出 “一照一码”制度，在市场主体准入登记中将营业执照、组织机构代码证、税务登记证“三证合一”后，向申请者颁发载有统一社会信用代码的“一照一码”营业执照，从而实现自动赋予纳税人税务登记码，共有3837户纳税人通过“一照一码”自动取得了税务登记号。

税种管理

【“营改增”情况】 全市共有6107户纳税人经确认后纳入“营改增”试点范围，累计入库增值税2.35亿元，其中：一般纳税人1.86亿元，占比79.15%；小规模纳税人0.49亿元，占比20.85%。全市试点纳税人共实现减税1.89亿元，减税面达93.95%，小规模纳税人全部实现减税，减税幅度100%。非试点纳税人因“营改增”取得省、内外试点纳税人开具的增值税专用发票，增加进项抵扣0.36亿元，两项合计减税2.25亿元。全年新增试点纳税人2213户，增长56.83%，其中鉴证咨询、文化创意新增户数949户和415户，分别占全市“营改增”新增户数的42.88%和18.75%。

【增值税优惠政策落实】 全市小微企业累计申报39.14万户次，共减免增值税13973.86万元，受惠面达100%。其中，个体工商户和其他个人累计申报35.38万户次，减免增值税11744.77万元；企业和非企业性单位累计申报3.76万户次，减免增值税2229.09万元。全市管辖资源综合利用企业14 户，办理即征即退2384.27万元，免征增值税1927.64万元。全年共审批福利企业增值税即征即退26户235户次，退税2703.59万元。

【增值税管理】 全市利用升级版发票数据分析发现并推送风险企业151家，通过核查评估存在问题户数86户，涉及失控专票企业3户，发票24份；共查补税款815.46万元，调减留抵税额11.85万元，滞纳金53.64万元。规范农产品加工企业增值税征收管理，对已纳入的液体乳及乳制品、酒及酒精、植物油、水产品加工产品、食用菌加工产品和皮革加工产品等六个行业的23户纳税人进行年度清算，进项税额应转出258万元；落实茶叶加工产品和棉花加工产品等行业新纳入6户企业核定扣除的后续工作，期初共转出库存农产品以及库存半成品、产成品耗用的农产品增值税进项税额25.39万元。

【消费税管理】 国家先后出台实施轮胎、酒精、摩托车、成品油、卷烟、电池、涂料等产品消费税政策调整，做好纳税人纳税申报辅导工作，关注政策实施后征管工作面临的新情况、新问题，开展政策实施后的效应分析与评估，对可能出现的涉税风险事项，做好防范应对工作，确保消费税政策调整落实到位。全年入库消费税5.29亿元，同比增长37.24%。

【企业所得税管理】 全市国税系统管征的企业所得税纳税人18209户，其中：查账征收17451户，核定征收企业758户。2015年全市累计入库企业所得税253422万元，完成年度计划210000万元的120.68%，占全市国税收入905113万元的28.00%。

【企业所得税优惠政策】 全市共有6471户小微企业享受所得税优惠，实际受惠面达100%，减免所得税2666.94 万元；共为6602户企业减免所得税2.37亿元。

【车辆购置税】 受理新增车辆63362辆（其中汽车36264辆），同比增长3.63%，车辆购置税收入47791.72万元，同比减少12.26%。其中，享受税收免税车辆484辆（其中城市公交企业购置公共汽电车辆276辆），同比增长27.03%，免税税额1979.74万元，同比增长74.51%；2015年10月1日起施行1.6升及以下排量乘用车车辆购置税减半征收政策以来，共计办理减征车辆6179辆，减征税额2860万元。

【出口退税管理】 全市共有出口退税企业687户（外贸221户，生产466户），其中年内新增出口企业45户（外贸27户，生产18户）。全市出口企业申报单证齐全产品出口额328896万美元，较2014年同期332005万美元，减少3109万美元，同比下降0.94%；全市办理出口退税354100万元，其中，出口货物退增值税175100万元，较2014年同期157607万元，增加17493万元，同比增长11.10%，其中：118户外贸企业申报出口额125231万美元，同比增长5.95%，办理退税109559万元，同比增长16.77%；197户生产企业申报出口额203665万美元，同比下降4.74%，办理退税65541万元，同比增长2.76%。全年办理免抵调库179000万元，同比增长73.79%。

【国际税收管理】 强化关联申报及审核，全市关联申报企业6279户，比2014年的892户增加5387户，增幅603.92%；加强对关联企业特别是34户规模以上生产性出口企业所得税申报情况的监控分析，调增所得税3277.3万元，超额完成省国税局考核目标500万元的555.46%。辅导7户企业做好同期资料准备工作，掌握企业经济活动及定价原则等涉税情况。利用国际税收平台规范非居民对外支付备案管理，全年共受理对外支付合同备案191笔，涉税金额达740710.50万元，受理对外支付项目备案105笔，全年非居民税收入库9231.04万元，其中：开展非居民税收风险管理，利用第三方信息，强化对辖区内股权转让、股息分配、对外支付特许权使用费等项目的风险排查，采取风险评估和风险应对，共计查补税款1839.36万元。全年反避税上报国家税务总局立案1户，结案1户，查补税款4517.97万元，并对反避税调整已结案企业进行后续跟踪管理。加强对“走出去”企业税收管理与服务，注重信息建设，加大宣传力度，主动靠前服务，强化风险监控，全市共有6户“走出去”企业，累计投资折合人民币16229.33万元，帮助1户企业取得境外子公司分回利润3121.31万元，境外所得抵免税款515.02万元，在境内申报补缴纳税265.31万元，排除税收风险。

【反避税情况】 通过国际联合反避税信息中心（JITSIC组织）向美国税务局发出专项情报请求2份，针对案件调查中发现的疑点与美国税务局沟通交流，收到国际情报回复1份，获取辖区内2户鞋业企业境外产品的再销售价格，应用于该2户企业反避税案件调查工作，该案例获得国家税务总局领导的高度评价，并通过国家税务总局审批立案。全市反避税上报国家税务总局立案1户，结案1户，查补税款4517.97万元，其中企业所得税2213.21万元，增值税2304.76万元。

【国际合作交流情况】 采用电子邮件与电话等手段，加强与国际联合反避税信息中心（JITSIC组织）的联系，跟踪掌握国际反避税动态，重要案件获得国家税务总局的专项情报支持。2015年，共向美、日两国发出自动情报交换15份；向美国发出专项情报请求2份，收到国际专项情报回复1份，获取辖区内2户鞋业企业境外产品的再销售价格，应用于该2户企业反避税案件调查工作。

【非居民税收管理情况】 全市国税系统非居民税收入库9231.04万元，其中：企业所得税入库7919万元，增值税入库1312.04万元。其中，开展非居民税收风险管理，强化对辖区内股权转让、股息分配、对外支付特许权使用费等项目的风险排查，采取风险评估和风险应对，共计查补税款1839.36万元。规范协定待遇审批，核实非居民企业居民身份及运营管理实质，共有11户次企业享受税收协定待遇，减免企业所得税2542.48万元。

【大企业税收管理】 入库大企业税收203554.4万元，增收15396.7万元，同比增长8.2%。对中海油等六户集团企业进行税收风险管理评估，共计查补税款及滞纳金210.37万元。

【个体税收】 全市个体户40798户，累计入库税收36867万元，比2014年的18371万元增加18496万元，增长100.7%。落实“为民、惠民、利民”政策，进一步扶持弱势群体和个体经济发展，全年累计免征个体工商户税款近12614多万元。

税收法治

【执法责任制】 通过执法考核系统以及各种方式，共追究执法过错责任357人次，其中：批评教育124人次，责令书面检查19人次，通报批评1人次，经济惩戒213人次，8570.00元。

【执法检查】 分别对6个县（区）国税局开展税收执法督察和执法监察，共发现问题331户次，主要涉及组织收入、出口退（免）税管理、发票管理、稽查案件证据收集、行政处罚裁量管理、执法文书制作等方面的问题。

【复议应诉】 全年共收到行政复议申请5件，受理4件，告知转上级局处理1件。依法驳回行政复议申请1件，维持原具体行政行为2件，申请人撤回复议申请终止复议1件。

【行政许可】 4月与8月，分别组织开展对市县（区）两级国税机关税务行政审批项目的清理工作，对照国务院、国家税务总局有关取消行政审批项目的文件规定，对各自职权范围内的行政审批项目进行全面梳理，并将清理后的审批项目清单在市局门户网站向社会公布，接受社会监督。通过两次清理，市国税局机关的审批（审核）项目减少到7项，县区国税局的审批（审核）项目减少到25项。

纳税服务

【12366纳税服务热线】 落实12366纳税服务热线转办单全程管理、及时回复、限时办结机制，落实岗位责任制。市国税局12366纳税服务热线共接收服务总量109个，其中：涉税检举106条、服务投诉1条、办税咨询3条，回复及时率和纳税人满意率均达100%，发挥12366纳税服务热线在维权方面的优势。

【门户网站】 全市“综合服务平台”共答疑解惑各类业务问题2263个。

【纳税咨询辅导】 落实纳税咨询规范，对外公开咨询电话，在工作时间内提供涉税咨询服务，不能即时答复的涉税问题，通过转办、督办等方式在规定时限内回复；不能按期回复的，将在回复期限内向咨询人说明。健全服务机制，在各办税服务厅内设立咨询台，明确纳税服务大厅值班长前台咨询岗位的职责，提供面对面咨询，同时，对外公布各单位的咨询电话，实时接受纳税人的业务咨询。拓宽咨询渠道，强化服务质效，公开纳税服务大厅联系方式，利用纳税服务电话、税企邮箱、群发短信平台、12366纳税服务热线等载体，为纳税人提供面询、电询、函询、网询渠道，进一步优化纳税咨询服务。

▲2015年3月16日，莆田市国税局开展“政策进海岛”宣传活动。

【办税大厅建设】 规范办税服务厅办事流程。全市每个办税服务厅均设立办税服务区、咨询辅导区、自助办税区、填单示范区、公告宣传区和等候休息区6个区域，明确办税服务厅各窗口、岗位的职责功能，加强各岗位之间以及办税服务厅与其他部门之间的业务衔接，落实办税公开、工作纪律、安全保卫、环境卫生、网络安全、办税服务厅值班等制度办法，做到对内明确职责，完善制度，对外规范管理，优化流程，保障工作协调高效运转，并对环境建设、服务态度、办税服务、咨询服务提出统一要求，将办税服务厅建成为一个集办税服务、税法宣传、咨询辅导、基础管理、权益保护以及征纳沟通等多种服务于一体的实体化综合服务管理场所。推进网上办税大厅建设，全面提升网上办税服务质效，持续增加和完善网上办税功能和内容。1月，推行网上审批系统，对网上审批数据接收人员进行维护，并组织全员进行综合纳税服务平台系统操作培训。

【个性化服务】 8月5日，市国税局、市地税局与建设银行莆田分行联合签订“税易贷”业务合作协议，联合推出针对纳税信用A级和B级小微企业的贷款服务，只要小微企业近两年按时足额纳税、无不良纳税记录、经营运转正常、上一年度缴纳税款在5万元以上、纳税信用等级B级以上，无需任何抵押和担保程序，携带相关资料到莆田建行便可办理

“税易贷”业务。莆田建行将根据贷款企业的综合情况提供相应贷款额度（贷款最高额度为200万元）。同时在贷款期间，税务部门将监督该企业缴税情况，定期向银行提供企业缴税信用情况。全面运行纳税服务规范管理系统，是年，共办理业务391636件，其中，办理首问登记391636次，一次性告知104次，缺件登记1次，免填单12827次，打印受理单11次，打印税前提醒4809次，受理纳税咨询4330次，受理纳税人投诉1次。推行网上审批系统，全市共受理30笔网上申请事项，并按时给予办结，其中税务登记11笔，变更登记5笔，其他变更登记3笔，存款账户账号报告5笔，票种核定1笔，资格类认定5笔。在全市开通“闽税通”手机APP，在办税服务厅设立展板，宣传APP软件功能、使用以及扫描指定的二维码下载APP图标，以方便纳税人扫描下载。通过纳税人学堂讲解并演示软件使用，积极推广“闽税通”手机APP；日常办税时，在办税大厅推广软件使用，引导广大纳税人下载试用。

【投诉与反馈】 通过12366纳税服务热线和受理来信的途径，共处理涉税举报109起，处理对办税服务的投诉1起，权益保护类106起，政策咨询3起，对当事人进行批评教育，纳税人满意率达到100%。

【涉税事项办理】 市政府审批中心国税窗口办理的涉税事项主要有：税务登记业务共9104户。其中新办单位纳税人2917户；个体经营纳税人4094户，临时经营纳税人47户。涉及税务登记证内容变更的1596户；未涉及税务登记证内容变更的360户。

税收检查

【概述】 全市国税系统稽查查补税收收入6770万元，其中：税款5436万元、滞纳金746万元、罚款588万元，入库6029万元，入库率89.05%。稽查机构实施检查16户，有问题户数16户，选案准确率100%，审结20户（包括以前年度结转4户、本年度结案16户），结案率100%。按查补税款金额统计，查补税款100万元以下的7户，100万～500万元以下的8户，500万～1000万元以下的3户，1000万～5000万元以下的2户；按违法性质统计，偷税案件2户，不进行纳税申报案件3户，发票违法案件5户，其他案件10户；按企业类型统计，内资企业14户，港澳台商投资企业3户，外商投资企业2户，个体经营1户。

【专项检查】 开展对房地产及建筑安装企业、办理出口退（免）税企业、黄金交易企业等的税收专项检查工作。全市共开展自查企业1678户，自查有问题999户，自查入库税款3194.57万元，其中：房地产及建筑安装企业772.78万元、办理出口退（免）税企业1061.78万元、黄金交易企业0.35万元、其他各地自行开展检查项目自查补税1359.66万元。检查下户企业23户，已查结13户，有问题13户，共计查补收入9510.77万元，其中：增值税1025.72万元、企业所得税7700.39万元、滞纳金283.19万元、罚款501.47万元，入库税款9500.94万元，入库率99.89%。

【大案要案】 全市国税稽查部门共查结13件100万元以上的大要案件，其中：房地产及建安行业专案5件、批发零售行业专案3件、金融行业专案3件、木材加工行业专案1件、鞋革行业专案1件，查补税款11340万元，罚款504万元，滞纳金662万元，共计12506万元。

【案件协查】 全年共发出委托协查函件29件，有疑问的增值税专用发票215份，涉及金额7047.96万元，税额1198.15万元。收到委托协查回函发票215份，其中：回复为“正常”的6份、“有问题”的19份、“无法核实”的190份，委托协查选票准确率8.84%。通过协查系统共收到受托协查函件27件，涉及增值税专用发票422份，涉及金额2961.43万元，税额477.86万元，已回复422份，其中：“有问题”发票79份（其中，“已证实虚开”的有41份），“正常”141份，“无法核实”161份，查补税额71.12万元，按时回复率100%。完成税务总局交办的3户企业的协查工作。

【案件举报】 全市共受理税收违法检举案件34件（含省国税局转办2件），其中：已查处31件，转地税局2件，到期应结案31件，已结案31件，到期结案率100%，查补入库合计12.68万元，其中：税款10.39万元、罚款0.39万元、滞纳金1.9万元。

【稽查管理】 全市国税系统实行一级稽查二级管理的模式，市国家税务局所在的城区国家税务局稽查职责由市国税局稽查局统一履行，保留仙游县国税局稽查局。全市稽查人员38人，其中男31人，女7人；党员34人，占89.47%；研究生4人、大学本、专科以上学历34人，占100%；35以下4人，35～45岁13人，45岁以上21人；拥有律师资格证书的2人；全市稽查机构配备汽车4辆，复印机5台，传真机3台，摄像机1架，扫描仪8台，计算机44台，其中便携式计算机28台。

信息化建设

【网络机房建设】 投入71800元资金用于网络机房建设，其中：3700元购置网络设备1台；10600元购置机柜一台；39500元进行机房监控报警系统及配电柜改造；18000元实施网络机房精密空调维保。

【计算机等硬件配备】 投入1726510元用于计算机等硬件配备，其中：投入225065元购置PC服务器2台；投入1177280元购置台式计算机370台；投入200780元购置45台便携式计算机；投入101440元购置82台打印机；投入21945元购置移动存储设备55台。

【数据安全】 数据安全方面按照国家税务总局、省国税局统一部署，安装“360桌面防护体系”、入侵检测系统以及安全审计系统等。

【运行维护】 全市共提请后台数据维护200条，通过市国税局审批并上报省国税局的维护请求的156条，其中，属于前台操作差错的57条，占上报省局差错率的36.5%。其他的各项运行维护工作按照要求

▲2015年12月1日，莆田市国税局、地税局召开金税三期推广工作联席会议。

▲2015年12月7日，福建省国税局总会计师林国镜（正中）莅临莆田指导电子税务局开发和金税三期工程工作。

有条不紊的开展。

【金税三期工程】 全市增值税发票系统升级版共推行10393户，推行率达100%：一般纳税人4763户，其中存量户4145户，新增户618户；小规模纳税人5630户，其中存量户3074户（含机动车企业66户），新增户2556户。实现零差错和零投诉。

【软件开发使用】 先后组织开发《绩效管理辅助系统》《内控信息化监控评价系统》等信息系统，并通过全省软件评审验收，均已在省国税系统推广使用。承担福建省电子税务局试点开发工作，进行前期的研究，主要包含系统架构分析、框架设计以及界面和功能的设计开发等工作。

机构队伍

【机构设置】 莆田市国税局机关下设办公室、法规科、货物劳务科、所得税科、收入核算科、征管科、纳税服务科、财务科、人教科、监察室、国际科、出口退税科、机关党委办公室、离退休干部科、信息中心、服务中心、培训中心等17个部门；下辖仙游县国税局、荔城区国税局、城厢区国税局、涵江区国税局、秀屿区国税局和湄洲岛国税局（大企业税收管理局）、市国税局稽查局等2个直属单位。仙游县国税局下设办公室、人教科、监察室、收入核算科、财务科、法规科、税政科、征管科、信息中心、纳税服务科等10个部门，下辖税源管理第一分局、第二分局、第三分局、第四分局、第五分局5个分局和稽查局1个直属单位；荔城区国税局、城厢区国税局、涵江区国税局、秀屿区国税局等4个区局分别下设办公室、人教科、监察室、收入核算科、财务科、税政科、征管科、信息中心、纳税服务科等9个部门，分别下辖第一分局、第二分局、第三分局、第四分局等4个分局；大企业税收管理局下设办公室、收入核算科、税政科、征管科、纳税服务科、税源管理一科、税源管理二科等7个部门；市国税局稽查局下设综合科、综合选案科、检查一科、检查二科、检查三科、案件审理科、案件执行科等7个部门。各县（区）国税局第一分局负责除第二分局之外的一般纳税人企业，侧重于税源监控与分析；第二分局负责免抵退税企业和非增值税企业的管理服务，以税收风险管理为导向，侧重于对有关业务的核实；第三分局负责小规模纳税人（含个体户）的管理与服务，侧重于税收执法巡查；第四分局负责行业建模和执行纳税评估任务；仙游县国税局专设税源管理五分局负责古典家具行业的税收管理。

【编制人员】 全市国税系统总编制628人，其中：行政编制557人，事业编制71人（详见表15）。全市国税系统实有人员620人，其中：公务员576人，事业干部14人，工人30人。大专以上文凭599人，占总人数的97%。

【人员招录】 全市国税系统新招录1名军转干部、8名公务员。

【竞岗交流】 对退休前一年的干部，经考核共提拔晋升主任科员9名。

【教育培训】 共举办各类培训班15期，累计培训人员640多人次。

【离退休干部工作】 全市国税系统共有离退休人员117人，其中离休干部1人、“5·12”退休干部2人；党员89人；平均年龄69.51岁；80岁以上离退休干部37人，占离退休总数的31.36%。10月23日，组织老干部前往仙游度尾抽水蓄能电站和海峡艺雕城参观游览，感受家乡日新月异的变化。10月，市国税局机关门球队参加全省国税系统离退休干部门球赛以6战6胜小分胜出的微弱优势险胜省局队成功卫冕冠军。12月6日，市国税局机关门球队获得2015年度市直机关门球联谊赛银奖。

表21 莆田市国税系统编制情况（2015年）

单 位	编制数	行政编制	事业编制
市国税局机关	100	70	30
仙游县国税局	128	123	5
荔城区国税局	92	86	6
城厢区国税局	71	66	5
涵江区国税局	97	92	5
秀屿区国税局	65	59	6
湄洲岛国税局（大企业税收管理局）	43	34	9
市国税局稽查局	32	27	5
合计	628	557	71

▲2015年2月10日，莆田市国税局召开老干部春节座谈会。

【纪检监察】 全市国税系统以学习贯彻《中国共产党廉洁自律准则》和《中国共产党纪律处分条例》为契机，以落实“两个责任”为抓手，深化源头预防，推进阳光税权和内控机制建设，强化监督制约，加强作风建设，把纪律和规矩挺在前面，坚定不移地推进党风廉政建设。创新规范国税人员操办婚丧喜庆事项监督信息专报，得到省国税局领导的批示表扬，省国税局监察室转发普通国税局的经验做法，供全省借鉴；5篇廉政类信息和专题文章被省国税局采用或转报国家税务总局。开发“全省内控促廉管理监控评价系统”，受到国家税务总局纪检组长冯惠敏、税务总局监察局和省国税局的肯定，并在全省推广运用。纪检监察工作绩效管理获评全省国税系统纪检监察系列并列第一名。

【廉政教育】 组织学习习近平总书记系列重要讲话精神、中央八项规定精神、上级相关文件和新出台的《中国共产党廉洁自律准则》和《中国共产党纪律处分条例》，重温《党章》，组织学习国家税务总局编印的《以案说法——税务人员职务犯罪案例选编》《违反中央八项规定精神和税收违法案件“一案双查”案例剖析》和《税务廉政基础知识每日一题》等读本，组织干部观看《永远的焦裕禄》《阳光下的黑幕》等专题片，引导广大干部加强自我学习教育，自觉培养廉洁从税的道德操守，筑牢拒腐防变的思想防线。举办全市国税系统纪检监察干部暨基层分局长培训班，纪检监察干部培训面达100%；组织新调整的干部到市廉政教育基地参观，接受警示教育；与市检察院联合开展 “九个一”的“廉政教育月”活动；举行《廉洁自律准则》和《纪律处分条例》网络全员考试。做好廉政教育平台的更新维护工作，全年对“书以育廉”“典以传廉”栏目更新52项；推进“一局一品”廉政文化建设，在市局“马克思主义学习园地”专门开辟“廉政文化学习园地”，购置廉政图书，展示省、市、县（区）国税局和检察院编印的廉政文化作品；在荔城区国税局创建廉政教育基地示范点，内容包括教育引廉、制度保廉、监督控廉、改革清廉、风险控廉、文化润廉、案例警示、自创作品等；组织参加中纪委监察部网站“清廉中国”新闻摄影、公益广告、漫画征集活动，共选送2件作品，并做好廉政文化作品征集工作，共向省国税局上报作品6类28项。

【制度建设情况】 修订《关于进一步加强国税人员操办婚丧喜庆等事项监督管理的通知》，加强领导干部个人事项报告和国税人员操办婚丧喜庆等事项的监督管理，全市系统共有324名副主任科员（含）以上干部报告了个人有关事项，25人次按规定报告、报备了操办婚丧喜庆事项，未发现借机敛财或大操大办的行为。

【税务执法监察情况】 全市国税系统对执法监察子系统中发现的96条疑点信息进行立项，核查完成96件，归档96件，立项数为全年开展执法监察立项的100%。7月20日—31日，对全市系统6个基层执行单位2014年度和2015年1—6月接待费管理及相关税收执法情况开展交叉监督检查和重点检查，并进行通报。

【案件查处情况】 收到群众来信来访件12件（含重复件4件），其他线索3件。共处置线索11件，直接核实处置10件，谈话函询处置1件，信访核查率达100%；办结8件，转立案3件9人次，结案3件，对省国税局转办的6件（含重复件3件）信访件，均在规定时限内开展核查并上报结果；按时落实处理“12345市长热线”民生投诉53件、电话投诉6件，回复率、及时回复率和满意率均为100%。4月，城厢区国税局2个干部因涉嫌违法被检察机关立案侦查，莆田市国税局纪检监察部门迅速启动排查，依纪依规对9名干部给予党纪政纪处分。

【巡视督察与审计】 学习贯彻《中国共产党巡视工作条例》，成立中共莆田市国家税务局党组巡视工作领导小组。注重培养巡视人才，推荐1名年轻干部入选省国税局巡视人才库的选拔，选派业务骨干参加省国税局巡视工作。10月，省国税局巡视组对涵江区国税局整改检查情况进行回访，已整改到位。12月23日—24日，市国税局对荔城区国税局进行整改落实检查情况进行回访，已基本整改到位。10月28日—31日，省国税局巡视组对荔城区国税局2012年以来车辆购置税管征情况进行专项巡视。11月2日—6日，市国税局巡视组对仙游县国税局领导班子及其成员开展巡视，重点检查法规执行、民政福利企业、车辆购置税、组织收入、干部选拔、贯彻中央八项规定和党风廉政建设等方面，尝试开展网上民主测评，按照巡视程序，遵守巡视工作纪律，通报问题。

【扶贫帮困情况】 倡导“服务人民、奉献社会”的价值取向，主动承担社会责任，热心参与公益事业。组织干部职工开展关爱老人、关爱农民工、关爱残疾人、关爱未成年人志愿服务活动，为他们解决生活难题、心理抚慰、学习成长等各方面提供力所能及的帮助和服务。开展无偿献血、春运志愿服务、扶贫助弱、生态文明建设等志愿服务活动，组织干部职工参与到志愿服务活动中。2015年，通过结对子、城乡共建等活动为贫困学生、老弱病残、孤寡老人、贫困家庭等累计捐款达38.53万元，国税干部的爱心行动受到社会各界的赞誉。

【文体活动情况】 抓好“莆田国税文化建设基地网站”建设，通过网站反映全市国税系统文化动态，做到及时更新、不断完善，持续为国税干部提供精神食粮。组织观看福建国税大讲堂，收看国家行政学院汪玉凯教授作《习近平的治国使命与国家治理现代化》专题讲座、清华大学范玉顺教授作《信息化与大数据时代》专题讲座，拓宽干部视野。在市国税局三楼“马克思主义学习园地”增设荣誉室，公布全市国税系统1994年以来所获得的集体荣誉和个人荣誉相关信息，集中展示全国先进工作者苏文英，全国税务系统先进工作者林明亮、刘金英、李国清等4位先进典型的先进事迹。向省国税局推荐3位干部参加“福建省十大先进工作者”评选活动。

【文明创建情况】 启动第八届文明行业创建活动。市国税局成立第八届“服务大发展、建设新福建”活动领导小组，制订莆田市国税系统第八届文明行业创建竞赛活动规划和《莆田市国税系统第八届创文明行业竞赛活动责任书》，确定仙游县国税局纳税服务科、荔城区国税局纳税服务科、城厢区国税局纳税服务科、秀屿区国税局纳税服务科等4个窗口为省级示范点。做好第十三届省级文明单位申报创建工作，全市国税系统6个单位都申报了第十三届省级文明单位，其中，涵江区国税局被列入第五届全国文明单位候选对象。荔城区国税局纳税服务科、秀屿区国税局纳税服务科积极做好新一届省级青年文明号考评工作，并进行“全国青年文明号”网络报备，提升青年文明号创建档次。仙游

▲2015年3月10日，莆田市国税局干部参加义务植树活动。

▲2015年7月23日，福建省国税局副局长陈慕斌（右三）莅临莆田督查督办“三严三实”专题教育情况。

县国税局被授予“全国巾帼文明岗”，荔城区国税局纳税服务科、城厢区国税局纳税服务科通过了“全国巾帼文明岗”复核。

【思想建设情况】 市国税局党组印发《关于贯彻落实〈全国税务系统思想政治工作办法〉的实施意见》，坚持每月一次集中学习和党支部学习制度，学习习近平总书记系列重要讲话特别是习近平总书记视察福建重要讲话精神，学习党的十八届四中、五中全会精神，学习全国“两会”和中央、省、市经济工作会议精神，把党员、干部的思想和行动统一到为国聚财、服务发展的中心任务上来。开展党员“政治生日”祝贺活动，设计送出印有“三严三实”要求和入党誓词的“党员政治生日贺卡”，学习曾德梅、林海波、魏亚建等莆田先进典型，录制一期“依法治税促发展，为国聚财尽职守”国税主题道德讲堂并在莆田电视台播出。组织全体党员订阅使用“共产党员”微信公众号，通过互联网拓宽学习内容和视野。

【组织建设情况】 贯彻民主集中制，召开“三严三实”专题民主生活会，落实“三会一课”、领导干部过双重组织生活、民主评议党员、党性定期分析等制度，按时收缴党费，收集建立活动台账资料，基层党组织党内生活开展到位。完成市国税局机关第一党支部、第二党支部、稽查局党支部和湄洲岛国税局党支部四个党支部的换届选举，产生新一届支部委员会。市局机关党委书记、副书记和各党支部书记分别参加了省国税局和市直机关党工委举办的基层党组织书记培训班。市国税局党组印发《中共莆田市国家税务局党组关于贯彻落实从严从实加强税务干部管理工作的意见》，切实加强干部管理工作。

【党风廉政建设】 5月，开展“三严三实”专题教育工作，市国税局党组书记、局长黄亮明为市国税局机关全体干部职工上“认真践行‘三严三实’，全面推进莆田国税事业发展”专题党课，其他党组成员也分别为分管部门的干部职工上专题党课。5—10月，市国税局党组中心组利用6个月时间围绕“严以修身，加强党性修养，坚定理想信念，把牢思想和行动的‘总开关’”“严以律己，严守党的政治纪律和政治规矩，自觉做政治上的‘明白人’”“严以用权，真抓实干，实实在在谋事创业做人，树立忠诚、干净、担当的新形象”等三个专题开展学习研讨，组织副处级以上领导干部在学习会上进行研讨交流发言，畅谈感悟、出谋献策。各党支部利用“三会一课”与党组中心组同步开展“三严三实”专题学习。市国税局通过知识测试、撰写心得体会、观看优秀共产党员先进事迹宣传片等多种形式巩固提升学习效果，在办公网页开设专题教育专栏，在党员活动室设立6版专题教育宣传栏，编发专题教育简报19期。市国税局党组成员带领分管的科室人员，到基层单位和企业走访调研、座谈、听取意见，查摆干部队伍和税收工作中存在的“不严不实”问题，确定边学边改项目15个，以从严从实的作风落实整改到位，出台强化税收征管、规范税收执法、优化纳税服务、强化内部管理措施等一系列新制度、新举措，推进税收工作科学发展。

【工青妇活动】 市国税局机关工会致力于“职工之家”建设，落实职工“五必访”，做好“职工医疗互助金”上缴工作，开展“一日助”活动，传递组织的关怀和温暖。市国税局机关妇委会注重加强家庭文明新风传播，组织妇女干部参与“母亲健康1+1”捐助活动，做好“最美家庭”申报参评工作，同时开展“春蕾计划”“情暖兴化，关爱到家”活动，全年结对帮扶4位贫困女童。市国税局机关青工委做好青年税工思想引领工作，组织青年干部到钟山镇麦斜岩革命遗址和枫亭蔡襄廉政教育基地参观学习，举办“读书、感悟、做书香青年”征文活动，开展春运志愿服务、“衣旧美丽中国行”等公益行动，促进提升青年的责任意识和奉献精神，市国税局机关有3位青年分别获得市直机关青年五四奖章、优秀共青团员和优秀团干等表彰。

行政后勤

【财务监督】 对2个单位进行财务资金审计，共审计出管理不规范问题32个，管理不规范资金25.60万元。

【基本建设】 对完工的3个基建项目（莆田市荔城区国家税务局综合业务用房、莆田市城厢区国家税务局综合业务用房和莆田市仙游县国家税务局鲤城分局综合办公用房），按规定要求已全部完成基建竣工结算审核、基建财务决算审核及审批，并结转固定资产。

【政府采购】 全市各级政府采购部门先后组织大、小项目采购73批次，采购金额229.03万元，节约资金137.33万元，资金节约率37.48%；其中市国税局机关采购9批次，采购金额96.57万元，节约资金54.43万元，资金节约率36.05%。

【资产管理】 全市国税系统上缴处置及出租出借收入154.71万元，其中资产处置收入60万元，出租出借收入94.71万元，保证本单位内的国有资产收入及时足额上缴。市国税局机关完成固定资产年度盘点清查工作并张贴标签，机关非计算机类固定资产数量共24058项，账面总价值为56317073.07元。报废账上损坏无法使用的固定资产68项，金额共计264696.28元。

【后勤制度建设】 修订《莆田市国家税务局机关公务接待管理办法》，进一步规范公务接待的标准。修订《莆田市国家税务局机关车辆管理制度》，规范管车、派车、用车等程序要求。

【接待管理情况】 执行中央八项规定，执行机关公务接待管理办法，全年公务招待费用同比减少支出31609元。

【综治创安工作】 市国税局机关被莆田市委市政府评为一类先进平安单位，实现综治平安建设先进单位“十连冠”。

（供稿：张明焕）

南平市国家税务局

税收概况

【组织税收收入】 共组织各项税收收入465861万元，增收13291万元，同比增长2.94%。扣除海关代征后国税部门组织的税收收入共461082万元，增收13293万元，同比增长2.97%。分级次看，中央级税收收入完成319579万元，增收4939万元，同比增长1.57%；地方级税收收入完成141503万元，增收8349万元，同比增长6.27%。

【税收弹性系数】 南平市GDP为1339.51亿元，增长9.1%；当年，全市国税收入增长2.97%，税收弹性系数为0.33。

【分地区税收完成情况】 全市税款总量超过5亿元的征收单位有2个，即延平区国税局和开发区国税局，共入库税款229685万元，增加13492万元，同比增长6.24%，占全市国税总收入的比重为49.82%。税款总量3亿～5亿元的征收单位有3个，2亿～3亿元的有3个，1亿～2亿元的有2个，1亿元以下的有1个。

表22　　南平市国税局税收收入分征收单位统计（2015年）

单位：万元

单　　位	年度计划（含调库、车辆购置税）	实际入库税款	上年同期	同比±额	同比±（%）	完成计划（%）
合计	461000	461082	447788.88	13293.12	2.97	100.02
延平区	108800	114088.45	105638.93	8449.52	8.00	104.86
开发区	113850	115596.67	110554.16	5042.51	4.56	101.53
邵武市	47000	47100.74	48484.3	–1383.56	–2.85	100.21

续表

单　　位	年度计划（含调库、车辆购置税）	实际入库税款	上年同期	同比±额	同比±（%）	完成计划（%）
顺昌县	23150	23150.93	22158.49	992.44	4.48	100.00
建瓯市	35500	35501.49	39847.74	–4346.25	–10.91	100.00
建阳市	36000	38649.4	34102.44	4546.96	13.33	107.36
浦城县	25500	25539.63	27402.58	–1862.95	–6.80	100.16
武夷山市	24600	24857.12	23346.84	1510.28	6.47	101.05
光泽县	12500	13757.72	12037.16	1720.56	14.29	110.06
松溪县	8300	8318.46	8146.83	171.63	2.11	100.22
政和县	14500	14522.25	16069.41	–1547.16	–9.63	100.15

【分税种税收完成情况】 增值税入库税款220270万元，占全市国税总收入的比重为47.77%；企业所得税入库税款156594万元，占全市国税总收入的比重为33.96%；车辆购置税、消费税分别入库税款25232万元、23983万元，占全市国税总收入的比重分别为5.47%、5.20%；免抵调库35000万元，占全市国税总收入的比重为7.59%。

表23　　南平市国税局税收收入分税种分入库级次统计（2015年）

单位：万元

项　目	累计入库			
	税　额	上年同期	同比±额	同比±（%）
税收总收入	461082	447791	13291	2.94
一、税收直接收入	426082	408788.88	17293.12	4.23
（一）增值税	220270.3	239006.62	–18736.32	–7.84
（二）消费税	23982.69	13334.1	10648.59	79.86
（三）企业所得税	156594	127632.53	28961.47	22.69
(四) 利息税	2.87	3.55	–0.68	–19.15
(五) 车辆购置税	25232.14	28801.14	–3569	–12.39
二、免抵调库	35000	39000	–4000	–10.26

【分产业税收完成情况】 南平市第二产业入库税收前五位的行业是：电气机械和器材制造业入库税款73955万元，增收6002万元，同比增长8.8%；电力、热力生产和供应业入库税款51241万元，增收3320万元，同比增长6.9%；木材加工和木竹藤棕草制品业入库税款27051万元，增加1308万元，同比增长5.1%；化学原料和化学制品制造业入库税款21706万元，减收1655万元，同比下降7.1%；食品制造业入库税款13840万元，减收2225，同比下降13.8%。第三产业入库税款前五位的行业是：商业入库税款93979万元，增收4259万元，同比增长4.7%；金融业入库税款27989万元，增收2937万元，同比增长11.7%；房地产业入库税款19615万元，增收2480万元，同比增长14.5%；交通运输业入库税款10920万元，增收2153万元，同比增长24.6%；电信、广播电视和卫星传输服务入库税款9136万元，增收756万元，同比增长9%。

表24　　南平市国税局税收收入分税种分行业统计（2015年）

单位：万元

项　　目	入库税款	上年同期	同比±额	同比±（%）
（一）增值税	220270.3	239006.6	-18736.3	-7.8
1. 电力、热力生产和供应业	42194	41728	466	1.1
2. 商业	47032	56028	-8996	-16.1
3. 电气机械和器材制造业	26993	36127	-9134	-25.3
4. 木材加工和木、竹、藤、棕、草制品业	25140	23227	1913	8.2
5. 化学原料和化学制品制造业	17701	20064	-2363	-11.8
6. 道路运输业	8966	7503	1463	19.5
7. 非金属矿物制品业	6381	10213	-3832	-37.5
8. 酒、饮料和精制茶制造业	6065	6182	-117	-1.9
9. 纺织业	5430	5780	-350	-6.1
10. 电信、广播电视和卫星传输服务	5142	4148	994	24.0
11. 有色金属冶炼和压延加工业	5343	7852	-2509	-32.0
12. 非金属矿采选业	4187	4140	47	1.1
（二）消费税	23983	13334	10649	79.9
1. 商业	22809	11815	10994	93.1
2. 酒、饮料和精制茶制造业	943	1168	-225	-19.3
（三）企业所得税	156594	148113	8481	5.7
1. 电气机械和器材制造业	46962	46788	174	0.4

续表

项　　目	入库税款	上年同期	同比±额	同比±（%）
2. 商业	23703	20793	2910	14.0
3. 货币金融服务	26278	24420	1858	7.6
4. 房地产业	19523	22425	–2902	–12.9
5. 电力、热力生产和供应业	8315	4791	3524	73.6
6. 电信、广播电视和卫星传输服务	3984	4227	–243	–5.7
7. 化学原料和化学制品制造业	3975	3976	–1	0.0
8. 食品制造业	3166	3246	–80	–2.5
9. 有色金属矿采选业	2200	3262	–1062	–32.6

【重点税源税收情况】 南平市92户重点税源企业共入库税款237991万元，占全市国税总收入的比重为51.6%，增收12929万元，同比增长5.74%，重点税源增收额占全部增收额的97.26%。

税收法治

【依法行政】 推进行政审批制度改革，对税务行政审批事项目录清单进行全面梳理，确认南平市国税局本级行政审批事项共4大项、7小项，向省国税局报备，并制发公告向社会公开目录清单。完善税务行政审批流程，压缩办结时限，全年共办理行政审批事项（行政许可）231件，均在承诺时限内办结。加强取消和下放行政审批项目的后续管理，结合年度税收执法督察，对各县（市、区）国税局开展行政审批事项改革落实情况专项督查。开发区国税局、光泽县国税局被省国税局评为“福建省税务系统法治税务示范基地”。

【重大案件审理】 完善重大税务案件审理工作机制。自行开发“重大税务案件审理系统”，具备重大税务案件在系统内提请、流转、受理审批、书面审理、会议审理录入、审理意见书起草和审批等多项功能，在全省率先以信息化、电子化手段开展重大税务案件审理工作。2015年，南平国税系统共审理重大税务案件17件，重案审理率为17.71 %，其中，维持拟处理意见的16件；南平市国税局审理重大税务案件2件，均按照国家税务总局《重大税务案件审理办法》进行书面审理。

【税收执法责任制】 南平市国税局以及下辖各县级国税局均指定专人负责“税收执法信息系统”预警数据的监控工作，每月22日前按规定进行申辩调整。对全市税收执法准确率执行每月定期通报制度，对多发、集中的执法过错行为进行分析，专门制定防范措施。加大执法过错责任追究力度，全年共对551人（次）进行执法过错责任追究。2015年，全省税收执法管理信息系统考核中，南平市国税局调整前执法准确率为99.94%，调整后执法准确率为99.97%，位居全省设区市国税局第一名。

【执法督察】 对建阳区国税局、松溪县国税局、政和县国税局3个单位开展税收执法督察和执法监察的重点检查，共发现问题

316个，涉及纳税人284户（次），执法过错数284个，违规税款数27.5万元，其中：少征税款17.6万元，多征税款9.9万元。执法督察结果已整改问题数310个，追究责任284人（次），补税款17.6万元，退税款9.9万元，加收滞纳金0.6万元。

▲2015年12月23日，南平市国税局“金三”团队积极备战金税三期工程推广工作。

【协税护税】　争取地方党政支持，贯彻落实《福建省税收保障办法》。11月，南平市政府出台《南平市人民政府关于贯彻落实〈福建省税收保障办法〉的实施意见》，至此，南平市及所辖10个县（市、区）政府全部出台地方性税收保障办法配套实施意见。实施意见涵盖法院部门协助清理欠税、公安协助税收案件处理、住建部门协助查询建造成本等10多个方面的税收协助，对工商、公安、医保中心、电力、住建等14类部门同国税部门的涉税信息交换工作做出明确规定。

征收管理

【征管改革】　完成增值税发票新系统推行工作，共推行增量纳税人7937户，存量纳税人2452户。推进消费税改革，完成卷烟批发环节消费税调整、蓄电池和涂料消费税开征、成品油消费税改革等任务，6—12月，全市共入库卷烟批发环节消费税17669.31万元，增加10617.88万元，同比增长150.57%。完成所得税新申报表的推广应用工作，开展全市师资培训、各县级国税局巡回培训、全员视频培训，逐个县（市、区）开展实战性填报演练。推进“三证合一、一照一码”登记制度改革，共办理 “一照一码”纳税人2432户，受理纳税申报1046户，累计入库税款871.55万元。完成金税三期工程上线前四批系统初始化数据采集和静态数据清理工作，共确认和重新采集数据5.7万条，清理异常数据26万条。

【征管模式】　在确保基础事务管理集约化和税源管理专业化的前提下，结合“营改增”后税源变化和征管资源状况，对原有征管运行模式进行适当微调，共有7个专业事务管理分局进行了职能调整，转而从事基础事务管理，加强了基础事务的管理力量。县级国税局充实业务骨干到风险分析监控中心，加强风险识别和推送工作。

【信息管税】　建成服务全市的“行业税收风险服务平台”，为风险管理提供技术支撑。分析纳税人税收风险，编制风险分析报告，向纳税人推送风险警示，全年开展风险提醒854户（次），纳税人自查补税4508万元。

与交警车辆管理部门建立车辆信息互换制度，按季度将车辆涉税信息与交警部门车辆上牌信息进行交换比对。

【大企业管理】 建立大企业微信服务平台。召开大企业联席座谈会，听取大企业对税收工作的意见和建议，对其提出的涉税困难给予协调解决。探索应用契约式管理工具，与南平市地方税务局协作，同烟草公司南平市分公司签署《税收遵从合作协议书》。制定《涉税诉求快速响应管理办法》。深化国地税合作，拓展联合服务内容，共同签订《南平市国地税税收协作备忘录》。按要求开展国家税务总局定点联系企业税收风险管理工作。

【国地税合作】 各县（市、区）国税局、地税局签署委托代征税款协议，国税部门为地税委托代征个人所得税及城市维护建设税、教育费附加、地方教育费附加等地方税费。成功开发代征单位国地税开票共享软件，解决代征单位票种分开开具的问题，提高工作效率，全年共为地税部门代征税款3602万元。协同管理非正常户，对国税、地税双方都认定为非正常户的纳税人，共同采取停止供应发票等措施。协同开展定期定额户的定额核定工作。共享涉税信息，地税部门定期向国税部门传递房地产企业营业税申报收入信息，国税部门定期向地税部门传递税务登记、增值税申报收入信息。

【漏征漏管户清理】 全市共对7664户纳税人开展了检查清理，督促办理税务登记1977户，调整定额67户，补税51.56万元。

税种管理

【增值税管理】 实施农产品增值税进项税额核定扣除政策，11月，茶产业税收自2014年1月下滑后，单月入库增值税再次超过千万元；全年新增年纳税5万元以上的茶企12户，一般纳税人茶企税负提高1.07个百分点，入库税款5388万元 ，增长0.23%，扭转茶产业税收下滑趋势。就长期存在的农村电网维护费提取争议，向省国税局汇报，呼吁调整提取政策，将提取对象从原来的农村供电所的供电区域转变为城乡居民用电，全年全市少提农村电网维护费20500万元，增加税收2979万元。

【“营改增”试点】 搭建“‘营改增’人才库”，对进入人才库的人员通过网络培训、知识竞赛、实战演练等多种途径进行培训、锻炼。提前对将要扩围的四个行业的运行模式、业务流程特点和会计核算等专业知识进行学习。加强师资培养，南平市国税局在2月和7月先后举办两期“营改增”师资培训班。市、县两级联动开展扩围行业调研，走访35户重点企业，听取企业对营改增的工作建议和意见。

【企业所得税管理】 一是完成2014年度企业所得税汇算清缴工作。2014年度全市企业所得税登记户16888户，开业户数15261户，实际参加汇算清缴户15261户，汇算面100 %，汇算清缴实际应纳所得税额8.93亿元，实际已预缴的所得税额7.16亿元，预缴率达80.18%，汇算清缴差错率0%。二是开发“所得税监控分析平台”，对小微企业优惠政策落实情况进行实时监控，提醒企业享受减免税额311.08万元，对38户不符合条件的企业进行调整，查补所得税款共计25.38万元。与南平市科技局、经信委、地税等部门建立工作联系机制，定期召开工作联席会议，相互通报工作情况；定期传递更新高新技术企业名单，年度审核情况等信息，加强涉税信息的交换。推进高新技术企业、研发费用加计扣除等优惠政策的落实，并对优惠政策落实情况开展自查。三是开展财政性资金专项评估，与财政、水利、国土部门建立信息共享机制，完善后续管理。入库税款456.34万元，滞纳金15.53万元，入库率100%，调增应纳税所得额1691.25万元。四是落实所得税优惠政策。2015年，全市享受小型微利企业优惠政策企业3828户，减免所得税2284.55万元，优惠政策落实面达100%。全市享受固定资产加速折旧优惠政策的企业有58户，加速折旧优惠额538.12万元，减免所得税134.53万元。

▲2015年3月5日，南平开发区国税局入库全省最大一笔非居民所得税3.24亿元。

【出口退（免）税管理】 执行《全国税务机关出口退（免）税管理工作规范（1.0版）》，规范退税流程，优化退税服务。各县（市、区）国税局全面实行“窗口受理、内部流转、限时办结、窗口出件”的办税模式，做到审核、审批、退税“三及时”。允许外贸企业单个月份内多次申报出口退税。增加退库次数，由原来的每月一次增加到每月至少两次。出口货物函调本地区内复函时限从20个工作日缩短至10个工作日内。继续推行“一对一”重点帮扶工作机制，为38户重点出口企业提供个性化税收服务。4月1日，全面下放生产企业出口退（免）税审批权限至县级国税局，4—12月，全市162户生产型出口企业在当地国税部门办理出口退税共计20998万元。落实分类评定，全市调整一类企业14户，二类企业176户，三类企业224户，四类企业5户，所有分类企业均已按照《分类管理办法》公告要求在市局门户网站进行公示。严格函调管理，全市共发出调查函74份，已收到回函70份。收到核实函141份，已按时回函130份，无逾期回函情况。强化预警分析，对64户出口企业开展风险评估，共计补缴入库税款285.34万元。2015年，全市312户出口企业申报出口货物9.88亿美元，增加4723万美元，增长5.06%。累计办理出口退（免）税8.195亿元（人民币，下同），增加1950万元，同比增长2.43%，其中：办理出口退税4.695亿元，增加5950万元，同比增长14.51%，2015年全市办理免抵调库3.5亿元，减少4000万元，同比下降10.25%。

【国际税收管理】 加强非居民税收管理，全年共入库非居民企业所得税3.62亿元，增加1.97亿元，增幅为120%，拉动税收增长7.8个百分点。其中，于3月入库全省单笔数额最大的非居民所得税，税额3.244亿元。加强税收协定管理，全市审批及备案非居民享受税收协定待遇2户，减免税款455.9万元。做好“走出去”企业服务与管理工作。

【车辆购置税管理】 全市征收车辆共

计64551辆，增4781辆，车辆购置税入库金额25910.4万元，征税金额下降2878.89万元，降幅为10.99%，其中，落实1.6升及以下排量的车辆购置税减免政策优惠税款1416.91万元。

纳税服务

【落实优惠政策】 2015年，南平国税系统累计实现各类免、抵、退税款15.19亿元，比增10.6%，占全市国税税收总收入的33%。其中，“营改增”试点纳税人与原增值税一般纳税人合计减负1.66亿元。为小微经济体减免增值税1.22亿元，兑现所得税优惠1781万元，优惠面均达100%。全年办理出口退税4.695亿元，增加5950万元，同比增长14.51%。

表25　南平市国税局税收优惠情况（2015年）

单位：万元

免、抵、退领域	税收优惠金额
增值税转型	18771.85
“营改增”	16610.93
车辆购置税	1291.76
出口退税	46950.00
免抵调	35000.00
所得税	19500.00
资源综合利用	1887.75
残疾人	890.62
月销售额2万元以下的小微企业	10973.06
合　计	151875.97

【税信贷】 推出“税信贷”服务，解决融资难问题，共向银行部门推送小微企业482家，34家企业共获贷款2806万元。

【建言献策】 全年共有72条信息被市“两办”采用，7篇调研报告呈送市领导参阅。10月，市委办发函对南平市国税局重点信息报送工作给予通报表扬。

【“互联网+纳税服务”】 推广网上办税，推行手机APP办税软件“闽税通”，银税协议签订率、网上申报率、网络发票核销率、发票网上认证率均达到90%以上。创新发票验旧方式，用互联网实时读取、上传开票数据，解除了纳税人大量手工作业之苦。开办纳税人网络学堂，全年开课12次，培训506人（次）。

▲2015年12月4日，南平市国税局团员青年上街开展税法宣传。

【优化纳税服务流程】 落实《全国税收征管规范》和《全国税务机关纳税服务规范》，统一、固化工作标准。压缩办事流程，20项“即时办结”事项平均

▲全省纳税服务大比拼考试现场

办理时限缩短至7分钟，61项“即时办结”和“后续管理”事项平均办理时间缩短至20分钟以内，38项“先核（审）后办”事项，除延期申报、资格认定、退税申请等几项限时15日外，其余均3日内办结，缩短了纳税人的等待时间。丰富便民服务举措，推行急件挂号督办机制，设立纳税服务特殊应对岗，全年办理缺件备忘登记432户，提供预约服务5588次，延时服务1622次，免填单服务22.6万余次。

【维护纳税人权益】 施行查前告知、召开纳税人座谈会、辅导重点税源企业自查等阳光执法措施。纳税人咨询维权中心全年共受理各类诉求71件，办结率为100%。通过“任务管理与回访系统”回访纳税人979次，满意率100%。完善行政争议协调和化解机制，运用和解、调解手段解决税务行政争议。2015年，全市纳税人满意度调查显示：对国税工作“非常满意”的占69.16%，“基本满意”以上的达96.66%。

【纳税信用体系建设】 完成2014年度南平市纳税信用级别评价工作，参评户数共4676户，参评面89.2%。其中，A级纳税人278户，占5.96%；B级纳税人3613户，占77.3%；C级纳税人649户，占13.89%；D级纳税人134户，占2.87%。根据国家发改委和国家税务总局等部门联合发布的《关于对重大税收违法案件当事人实施联合惩戒措施合作备忘录》，对7户有重大税收违法的企业直接评定D级。落实守信激励措施，对A级纳税人在发票领用、出口退税办理、金融服务等方面给予优惠政策。

【规范涉税中介机构】 全市共有8家涉税中介机构，其中，2户为合伙企业，6户为有限责任公司；从业人员合计128人，其中，执业注册税务师53人，其他从业人员75人。根据《福建省国家税务局转发国家税务总局关于严禁违规插手涉税中介经营活动的通知》，开展两次清理自查工作，加强对涉税中介机构服务项目、机构、业务质量等监管和服务，引导中介机构依法诚信执业。

税收检查

【概述】 2015年，全市国税稽查部门共检查纳税人95户，发现问题95户，审结95户，选案准确率100%；查补税款7127万元，入库税款6986万元，查补入库率98%，占全市序时税收直接收入（扣除车购税、免抵调部分）的1.74%，增收1265万元，同比增长22.11%。市局稽查局本级共布置立案检查19户，查补税额合计2854.74万元，查补入库税款2701.29万元，增收1665万元，同比增长160.7%。

【专项检查和区域税收专项整治】 全市累计下达选案户数56户，发现有问题53户，结案56户，移送公安1户，查补各项收入9711.46万元，入库各项收入6695.54万元，入库率68.95%。从电信、建安、房地产行业选取5户企业开展区域税收专项整治，查补税款26.5万元。

【大案要案查办】 重点查办省国税局督办件2起、省国税局下达任务案件3起，共查补税款403万元，加收滞纳金21万元。完成国家税务总局和省国税局部署的重点税源企业检查，检查企业13户，共查补入库税款2069.55万元。

【重点税源交叉检查】 从全市重点税源企业及部分房地产企业中选取9户，进行交叉检查，共查补税款3196.65万元。成立2个检查组，分赴福州、三明参加省国税局组织的全省重点税源及房地产交叉检查，查补税款734万元。

【打击出口骗税】 全年共检查出口退（免）税企业55户，结案55户，查补各项收入4426.38万元，其中应追回已退税款1357万元，查补税款2304.28万元，罚款29.05万元，加收滞纳金277.84万元，不予退税24.67万元，弥补以前年度亏损433.54万元，入库各项收入3823.86万元，入库率86.39%。

【打击发票违法活动】 对全市99户房地产、商业零售和批发、其他制造业纳税人开展检查，查实违法企业99户，移送公安买卖假发票案4件，查处非法发票2279份，涉票金额7658021.57万元，查补各项收入2457.32万元，其中，税款2253.65万元，滞纳金138.14万元，罚款65.53万元。

【落实“黑名单”制度】 通过“重大税收违法案件信息系统”录入、审核和审批违法企业4户，并通过门户网站对外公布。召开联合惩戒专题会议，对重大税收违法案件当事人实施联合惩戒措施。与南平市地税局、南平市公安局经济犯罪侦查支队联合开展宣传，将6户“黑名单”企业在闽北电视媒体曝光。

【涉税举报和金税协查】 全市共受理、登记举报案件29件，到期应结案23件，已结21件（均含以前年度），结案率91.30%，查补税款100.24万元，罚款34.17万元。全年委托协查选票准确率达36.43%，超过上级局17%的考核要求；受托协查回复率100%。

机构队伍

【机构与编制】 南平市国税局按照行政区划设置，是主管南平市国家税收工作的行政机构，实行垂直领导管理体制，为正处级全职能局。下辖高新技术产业开发区国税局、延平区国税局、邵武市国税局、建瓯市国税局、建阳区国税局、武夷山市国税局、顺昌县国税局、浦城县国税局、光泽县国税局、松溪县国税局、政和县国税局等11个正科级全职能局。其中：松溪、政和两县国税地税机构未分设。2015年2月27日，省国税局印发《福建省国家税务局关于建阳撤市设区后税务机构更名的批复》，同意福建省建阳市国家税务局更名为福建省南平市建阳区国家税务局，同意福建省建阳市国家税务局稽查局更名为福建省南平市建阳区国家税务局稽查局，原福建省建阳市国家税务局各内设机构、所属事业单位、原福建省建阳市国家税务局稽查局各内设机构等机构名称作相应更改。全市国税系统共设有42个副科级基层税务分局。南平市国税局机关内设机构12个，级别为正科级，分别为办公室、政策法规科、货物和劳务税科、所得税科、收入核算科、纳税服务科（纳税服务中心）、征收管理科、财务管理科、人事教育科、监察室、大企业和国际税务管理科、进出口税收管理科；另设机关党委办公室、离退休干部科、税收风险分析监控中心，级别为正科级。南平市国税局设直属机构1个：稽查局，级别为副处级。南平市国税局设事业单位3个：信息中心、机关服务中心，级别为正科级；福建省国家税务局南平培训中心，级别为副处级。截至2015年12月31日，南平市国税系统在编干部职工992人，其中：公务员938人、事业干部11人、职工43人。其中女干部职工286人，中共党员685人，大专以上学历866人（其中博士研究生学历1人，硕士研究生学历及学士、硕士学位15人）。全市国税系统共有离退休人员303人（其中：离休7人，退休干部257人，退休工人39人），各类临时人员4338人。

【人员招录及调配】 根据省国税局招录计划，南平国税系统共招录公务员15名。干部职工调动24人，其中：调出南平国税系统6人，调入0人。办理干部职工退休20人。

【党的建设】 抓好中心组学习，制定实施2015年度《中心组学习意见》，开展12场专题学习。加强干部配备，保障工作经费，提高硬件配备，支持基层党支部建设。“全面推行‘税信贷’特色服务，破解小微企业融资难题”举措被评选为南平市2015年度“优化

▲2015年4月28日，共青团南平市国税局委员会在南平成立并合影。

发展环境十佳举措”。《构建“互联网+微平台”，创新基层党建新常态》创新课题，荣获南平市直机关党工委2015年机关党建创新项目二等奖，并在全市进行经验交流。以党建带团建，成立南平市国家税务局团委。

▲2015年9月10日，南平市国税系统气排球比赛在顺昌举行。

【队伍建设】 全市国税系统晋升正科级领导干部4人、县（市、区）国税局及市国税局稽查局中层正职6人。建设“南平国税精神家园平台”，挖掘先进典型12个。武夷山市国税局何红科被评为“福建国税十大先进工作者”。加强业务素质建设，共举办各类培训20期，受训1463人（次），累计学习5755人（天）。参加全省国税系统纳税服务规范技能大比拼，笔试总分获得全省第二名，并有9人进入全省排名前30。建成网络学习平台，举办三期网络培训班，组织全市业务技能考试，开启“互联网+学习”的干部学习教育新模式，干部职工开展自学达到40878个课时。重视骨干队伍建设，选拔全市业务骨干，建成各类税收业务人才库，选派30名业务骨干参加税务总局高端培训，全年新增省级各类人才库人员55人。制定《南平市国税系统人才建设工作意见》，启动南平国税系统人才培养“领航计划”和新人培养“启航计划”。完善工作激励机制。

【文明创建】 全市国税系统共有7个县级国税局通过当地人大的综合考评，被授予“人民满意单位”称号；有10个单位获新一届“省级文明单位”称号；2015年12月，南平市国税局被省文明委确定为“全国文明单位培育对象”；南平市国税局机关连续十年被市委、市政府授予“综治和平安建设先进单位”称号；建瓯市国税局办税服务厅被省委宣传部命名为“学雷锋活动示范点”。

【离退休干部工作】 建立离退休干部活动中心，活动场所面积近782平方米，投入23.61万元经费用于基础设施的维护、更新。2015年4月，组织机关离退休干部前往武夷新区参观；6月，在光泽县召开全市国税系统离退休干部工作会议；9月22日—24日，分别在武夷山市国税局、建瓯市国税局两地举办全市国税系统离退休干部片区活动。

【服务社会】 持续开展无偿献血、卫生清理、税收法制宣传、交通劝导、爱心捐赠、绿色环保志愿服务、社区贫困家庭慰问、爱心义卖、结对帮扶、挂村扶贫等公益慈善活动。为延平区恒达社区、进贤社区、昼锦社区、挂钩帮扶村武夷山市岚谷乡后山村困难群众，以

▲2015年4月15日，南平市国税局捐助“3·25”延平赤门火灾受灾群众物品。

仁爱老人院开展关爱老人系列服务活动。南平国税系统干部职工累计参加社会公益活动263人（次），各类爱心、慈善捐款超过10.9万元。

及延平区赤门乡苦竹洋村火灾受灾群众，募集发放爱心善款22198.1元，拨付挂村帮扶资金6.3万元，文化扶贫款项1.9万元，向南平市慈善总会捐赠助学款5000余元。南平国税志愿者卫生小分队定期到四鹤公交站亭、昼锦社区开展卫生清理志愿服务；文艺小分队定期到南平

【理想信念教育】 搭建思想建设网络平台，在市局主页上开辟“南平国税机关党建网”。全体党员干部添加关注了“共产党员”公共微信号。建立机关支部微信群，传递正能量。采取讲党课、办专题讲座、开展中心组学习、参观廉政教育基地、举办“学党史、懂国情、强党性”知识抢答、主题征文等多种形式，加强理想信念教育。

【“三严三实”专题教育】 按照国家税务总局、省国税局部署，成立党建工作领导小组，制定实施方案。开设学习教育专栏，先后

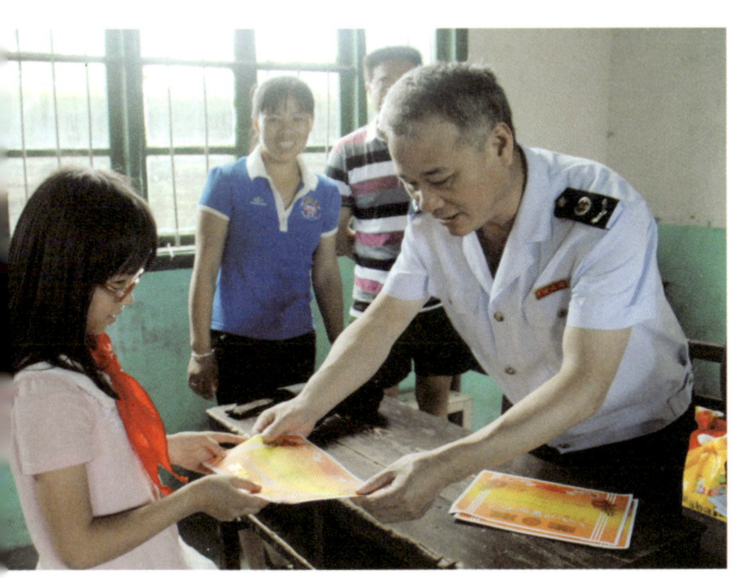

▲2015年6月1日，武夷山市国税局慰问挂点村五夫镇溪尾村小学。

▲2015年8月13日，南平国税青年志愿者到仁爱敬老院开展“孝老爱亲”志愿活动。

▲2015年8月15日，南平市国税局举办朱子文化讲座。

组织开展讲党课、专家讲座、知识竞赛、网络平台学习、征文、专题学习研讨等各类活动15场次，发放学习资料322本，编印专题简报26期，受教育人数累计达1086人次。

【党风廉政建设责任制】 推动党风廉政建设主体责任的落实，层层签订廉政责任书，全员签署廉政承诺书。印发《党风廉政建设任务责任分解意见》。南平市国税局班子成员带队开展党风廉政建设年度考核。完善纪检组长工作分工，确保深化“三转”、聚焦主业。制定下发《规范国税干部婚丧喜庆事宜管理办法》，全年共收到事前报告14件。

【惩防体系建设】 加强权力运行监督制约，对南平市国税局机关4位新任正科级领导和2名正科级领导干部进行廉政谈话。加强对新提任和公示期的廉政监督，出具各类廉政鉴定19份。对建阳、松溪、政和3个县级国税局开展重点税收执法督察和执法监察。配合省国税局完成2户企业的“一案双查”工作。狠抓内控机制建设，按月分析通报系统产生的风险事件、预警情况及核查结果，按规定时限落实核查责任。全年共通过内控促廉管理信息系统生成风险事件2205件，核查率和纪检处理率均为100%。全市国税执法监察子系统疑点数据107条，全部按规定处理完毕。

【行风效能建设】 贯彻落实中央八项规定精神，纠正“四风”问题，做好办公用房清理腾退以及清理整顿“回头看”专项工作，对存在的问题逐一对照自查，彻底整改。

行政后勤

【绩效管理】 坚持组织绩效与个人绩效“双轮驱动”，在日常工作中抓绩效，以绩效管理为总抓手改进工作，形成覆盖市、县两级单位和所有干部的绩效管理工作格局。加强宣传教育和价值理念灌输，破除畏难、抵触情绪。建立绩效激励、情况通报及问题跟踪等机制，树立“力争优秀、奖勤罚懒”的导向。紧盯各阶段考核成绩，对照减分项倒查工作短板， 对重点、难点指标进行逐个突破。通过工作痕迹晾晒和差异化考核，激发干事创业的热情。在准确考核的基础上，推动结果运用，激励干部职工开展管理和服务创新。2015年，南平市国税局在南平市绩效管理先进单位评比中获一等奖，被市委、市政府评为“2015年度绩效管理先进单位”。

【安全稳定】 加强信访件管理，所有信访件均按照规定登记，经集体研究后进行处置，全年共收到信访件9件，全部经过集体排查研究，并按照五类标准规范进行处置，核查率和办结率均为100%。执行机要文件保密制度，全年未出现失、泄密事故。抓好公务用车安全管理，落实公务用车使用审批、登记制度和节假日车辆管理制度。开展平安国税建设，消防、保卫、安全等均实现“零”事故。

【资产管理】 对全市国税系统房产管理情况和房产状况，如房屋现状及结构、使用情况、房屋类型、建筑面积、土地面积，尤其是权属情况开展清查登记，建设全市国税系统房产图文电子档案，2015年，共清查125户房产资料，完成3325个电子文件的采集。加强基建管理，对南平市国税局办公用房、延平区国税大楼、浦城国税办公用房、武夷山市国税办公房及附属楼的修缮开展立项申请。做好基本建设自查、审计、整改落实工作。对邵武、浦城进行单项指导，配合国家税务总局、省国税局对邵武市国税局基本建设项目开展审计，未发现有违反基本建设管理规定的行为。做好公务用车专项管理 ，实行用车申请、审批、登记制度，集中管理，统一调度，全市国税系统编制数138部，现有车辆137部，各单位均不存在超编制配备车辆等问题。

【会议费、培训费管理】 全市国税系统会议费年初预算150万元，支出39.71万元，占预算26.47%；培训费年初预算369.69万元，支出262.17万元，占预算70.92%。

【政府采购】 全市国税系统采购预算安排1236.49万元，安排采购计划455.09万元，采购计划占采购预算的36.8%。实施采购批次76次，采购金额294.79万元，节约资金160.3万元，资金节约率为35.22%，按计划完成年度采购任务，计划执行率为100%。

（供稿：侯树仁）

税收概况

【组织税收收入】 全年完成各项税收收入155.91亿元，减收4.82亿元，同比下降3.0%；扣除海关收入后，国税部门完成税收收入153.35亿元，减收3.95亿元，下降2.51%，其中：中央级完成131.45亿元，地方级完成21.90亿元。

【税收弹性系数】 全市实现地区生产总值（GDP）1738.45亿元、增长8.9%，全年全市国税组织收入153.35亿元、下降2.51%，税收弹性系数–28.2%。

【分地区税收完成情况】 全市8个征收单位收入情况呈现两极分化状况，收入超5亿元的新罗区国税局、龙岩经济技术开发国税局、永定区国税局、上杭县国税局等4个单位税收收入占全部税收收入91.74%；规模较低的漳平市国税局、连城县国税局、长汀县国税局、武平县国税局，税收收入占全市税收总收入8.26%。扣除烟厂税收后，税收收入较高的4个征收单位占全市非烟税收收入78%。

表26　龙岩市国税局各征收单位税收收入完成情况（2015年）

单位：亿元

单　位	考核计划	入库税额	增减税额	增减比例（%）	完成比例（%）
全 市	1620000	1533514	–39471	–2.51	94.66
新罗区国税局	1203000	1179690	11570	0.99	98.06
其中：龙岩卷烟厂	912000	953839	56323	6.28	104.59
永定区国税局	86000	64375	–19301	–23.07	74.85
上杭县国税局	60000	54612	–1775	–3.15	91.02
武平县国税局	46600	35354	–10218	–22.42	75.87

续表

单　位	考核计划	入库税额	增减税额	增减比例（%）	完成比例（%）
长汀县国税局	36000	28230	-9815	-25.8	78.42
连城县国税局	25000	22483	-1954	-8	89.93
漳平市国税局	51800	40672	-8409	-17.13	78.52
龙岩经济技术开发区国税局	111600	108097	428	0.4	96.86

注：本表中税收收入不含海关代征，含免抵调库及车辆购置税。

【分税种税收情况】 在国税征收的四大主体税种中，税收入库数规模依次是消费税、增值税、企业所得税、车辆购置税，分别入库78.08亿元、56.43亿元、15.67亿元、3.16亿元，占比分别为：51%、37%、10%、2%，增减百分比为+8.31%、-8.19%、-20.22%、-22.76%。

表27　　龙岩市国税局税收收入分税种完成情况（2015年）

单位：亿元

单　位	考核计划	累计入库	增减税额	增减比例（%）	完成比例（%）
税收收入合计	1620000	1533514	-39471	-2.51	94.66
增值税	630000	564329	-50330	-8.19	89.58
消费税	765000	780843	59904	8.31	102.07
企业所得税	185000	156748	-39735	-20.22	84.73
车辆购置税	40000	31592	-9308	-22.76	78.98
注：免抵调库		15000	1000	7.14	

【主要行业税源】 制造业、批发零售业、采矿业、电力供应、金融、软件信息服务、建筑业等行业，依次入库116.3亿元、11.7亿元、10.06亿元、5.98亿元、4.04亿元、1.07亿元、0.88亿元。制造业作为主行业，占总税收收入的75.8%，其中：烟厂税收95.38亿元，占制造业税收的82%，非烟制造业税收20.92亿元，仅占18%。非烟税收中以煤炭、金属、水泥等资源型行业为主，在13个税收收入超亿元的行业中，煤炭、水泥、有色金属等资源型行业占6个席位。

【重点税源税收情况】 全市入库税收500万元以上重点税源128户，入库税收135.78亿元，占全市税收收入的88.44%；重点税源企业入库税收增收0.79亿元，增长0.58%。

表28　　龙岩市国税局税收收入超亿元行业统计（2015年）

单位：亿元

项　目	税收收入合计	增减额	增减（%）	分税种		
				增值税	消费税	企业所得税
第二产业	1328359	-29139	-2.15	474810	756767	71178
（一）采矿业	100697	-36525	-26.62	99354	0	1332
1. 煤炭	60372	-22609	-27.25	60901		-529
2.黑色金属矿	10534	-9164	-46.52	10311		223
3.有色金属矿	21015	-4375	-17.23	20616		389
（二）制造业	1163062	13003	1.13	321722	756767	58991
1. 烟草制品业	955685	57155	6.36	171866	755922	27897
2. 纺织服装	11677	-733	-5.91	7708		3969
3. 水泥	45280	-27756	-38.00	35418		9862
4. 专用设备	65771	20920	46.64	37069		3141
（三）电力	59839	-4574	-7.10	53690	0	6148
第三产业	229497	-18536	-7.47	89244	24077	84629
（一）批发和零售业	117039	-3985	-3.29	67239	24066	25718
（二）交通运输	8850	2686	43.58	7010	0	1825
（三）信息	10772	2018	23.05	5735	0	5021
（四）金融业	40430	-2652	-6.16	248	11	40166
（五）房地产业	7908	-4968	-38.58	2	0	7903

征收管理

【征管改革】　5月1日，推行《全国税收征管规范（1.0版）》。落实国务院提出的“简化手续、缩短时限，鼓励探索实行工商营业执照、组织机构代码、税务登记证‘三证合一’登记制度”，根据省政府要求，6月1日，推广“一照一码”制度改革试点。6月10日，市国税局局长黄培强陪同市政府市长池秋娜、副市长张斯良前往市行政服务中心，察看“一照一码”登记制度改革流程情况，并汇报“一照一码”业务税务部门推行情况。池秋娜为企业颁发现场打印的“一照一码”新证照。截至年底，办理“一照一码”新证照2151户。

【税务登记】　截至年底，全市税务登记户数63477户，包括企业23302户、个体工商户40175户，其中增值税一般纳税人7090户。

【主要征管措施】 开展税收征管基础风险排查，印发《关于开展漏征漏管户清理工作的通知》，全市清理漏征漏管户2203户，补税159.5万元；印发《关于进一步加强欠税管理工作的通知》，对加强欠税管理工作提出具体要求，年初欠税余额11822万元，截至12月底欠税余额19577万元，欠税变动率65.59%。欠税变动率与2014年同期相比大幅下降；建立国地税合作机制，年初，市国税局、市地税局按季轮流牵头召集国税、地税联席会议；加强委托代征税款合作，全市国税系统代征地税部门地方税费2571.61万元，地税系统代征国税部门税款329.03万元。

【第三方信息采集与利用】 落实《福建省税收保障办法》，采集地税、电力、医保、财政、工商和铁路、高速公路建设等部门30多万条第三方涉税数据，其中：2013—2014年非自然人拆迁补偿款数据161条，2013—2014年民爆物资销售数据499条，2013—2014年度农村商业银行法人股股权交易数据75条，2013—2015年1—6月医保刷卡数据946条，2013—2014年地税申报征收数据186351条，工商注册登记数据143806条。通过第三方涉税信息与市国税局征管数据比对，发现税收风险点，推送132户评估任务，评估税款2378万元。

【税收风险应对】 旨在防范、控制和化解税收风险，规范税收风险管理行为，实现市级风险应对任务统一扎口推送，达到“评估一项税收业务，完善一项税收业务流程，评估一个行业，规范一个行业涉税行为”的目的。自行发起对纳税人发票使用异常、农村商业银行法人股权交易、拆迁补偿款申报异常、工业企业电力投入产出比异常、煤炭行业产出异常、医药零售行业医保刷卡比例异常、所得税收入与增值税销售额比对异常、增值税长期税负偏低及增值税即征即退等专项风险应对工作。全年，完成省国税局下发的145户风险评估任务、自行推送540户风险评估任务，评估补税1.03亿元，占非烟收入的1.78%。

【精品案例推选】 结合税收风险应对任务，制定奖惩措施，要求各县（市、区）国税局，对风险提示，在下户评估前做好案头准备工作，并规范下户评估程序，按照纳税评估流程操作，深挖疑点确保成果。11月，推荐2篇优秀评估案例参加省国税局风控管理精品案例演示会交流，其中1篇案例被评为省国税局精品案例。

【精品行业模型创建】 组织新罗区国税局、龙岩经济技术开发区国税局探索精品行业模型创建工作，抽调2名业务骨干成立建模小组，在市国税局集中办公，具体负责。通过确定创建环境保护专用设备制造业模型、采集数据、确定指标参数和评估方法、评估案例验证等步骤，督促企业完成自查，已完成3户重点评估户，入库增值税税款72.8万元，企业所得税税款6.08万元，加收滞纳金6.5万元。

【专项试点工作】 选取武平县国税局开展工业企业增值税纳税人单户“双控”预警管理专项试点工作。全年推送风险应对户36户，入库增值税税款149.45万元，冲减留抵税金345.53万元。

税种管理

【增值税管理】 1月1日，“增值税发票系统”升级版上线运行，3月，分类型分批次铺开。全市有各类纳税人10053户，纳入升级版系统（一般纳税人5604户、小规模纳税人4449户）。“增值税发票系统”升级版将税务数字证书系统与原有税控及稽核等系统整合升级完善，通过数字安全认证方式加密开具发票，并实时采集全票面信息，为数据分析利用提供支撑，治理虚假发票，实现发票管理

新突破。4月1日，一般纳税人由认定制改为登记制，全市共有增值税一般纳税人7046户。6月，根据省国税局关于促进残疾人就业税收优惠政策执行情况检查方案，开展促进残疾人就业税收优惠政策执行情况检查工作。开展道路货物运输业风险应对工作，评估补入税款、滞纳金及调减亏损195.15万元。落实优惠政策。符合小微企业增值税税收优惠纳税人（含零申报户）累计申报443884户次，申报免税销售收入425563万元，免征增值税12766.6万元，受益面100%；办理32户民政福利企业即征即退事宜，退税 3460.13 万元；办理资源综合利用企业增值税即征即退5482.06万元（其中，按原政策办理13 户资源综合利用企业即征即退事宜，退税 3546.82万元；7月起，国家税务总局调整资源综合利用税收优惠政策，按新政策办理 18 户资源综合利用企业即征即退事宜，退税1935.24 万元）。9月，化肥产品恢复征收增值税。加强税收优惠数据统计，建立和落实重点税收优惠按月统计上报制度。“营改增”扩围。建筑安装、房地产、金融、生活服务业等营业税纳税人，将全部纳入“营改增”试点范围。7月起，组织新一轮试点纳税人税源调查，宣传“营改增”新政策，举办9 期试点纳税人增值税基础知识培训班，企业端受训人员583人。截至年底，全市共有营改增试点纳税人5550户（一般纳税人687户，小规模纳税人4863户），其中：交通运输业590户，现代服务业4960户，比2015年初净增1574户，比“营改增”初期的1238户净增4312户，增长348.3%。全年入库“营改增”增值税款20432万元，增收1380万元，增长7.24%。2012年11月“营改增”试点改革以来，试点纳税人缴纳增值税53105.37万元，实现减税2.52亿元；非试点原增值税一般纳税人增加进项抵扣3.27亿元。

【消费税管理】 贯彻国家成品油消费税政策调整、电池、涂料消费税及卷烟批发环节消费税政策，其中，成品油消费税政策自2014年11月29日起历经3次调整，电池、涂料消费税政策自3月1日起执行，卷烟批发环节消费税政策自5月1日起调整。其中，福建省烟草公司龙岩市公司2015年6—11月申报期申报销售收入130350.62万元，增收20.5万元，增长0.02%；入库消费税15224.81万元，增收9006.26万元，增长144.83%。落实生物柴油、对施工状态下挥发性有机物（Volatile Organic Compounds，VOC）含量低于420克/升（含）的涂料等免征消费税政策措施，继续落实好消费税税源分析和消费税信息数据采取工作。

【车辆购置税管理】 2月1日，新《车辆购置税征收管理办法》开始实施。2月14日，《闽西日报》在生活专刊刊载《车辆购置税征收实施新规》，以记者访谈形式宣传解读新办法。全市入库车辆购置税税款31592万元，减收9308万元，下降22.76%。10月，国家出台对购置1.6升及以下排量乘用车减按5%的税率征收车辆购置税的政策，当月就有符合减征条件车辆减征车辆购置税税款665.94万元。

【企业所得税管理】 全市国税管征企业所得税纳税人15744户，其中：查账征收企业13372户，比上年9010增加4362户，增长48.41%；核定征收企业2372户，比上年的2897户减少525户，下降18.12%。全市入库企业所得税税款15.68亿元，减收3.97亿元，同比减幅20.20%，占全市国税税收总收入的10.22%。主要管理措施：督促核定征收企业建账建证。结合企业实际情况，督促辅导核定征收企业建账，改善经营管理，积极向查账征收方式过渡。全年，核定征收户3123户，占所得税管征户的20.64%；企业所得税汇算清缴。做好2014年度企业所得税汇算清缴工作，制定实施方案，强化目标考核和工作督导，结合新系统汇算清缴数据审核功能，查错纠错，加强人工审核，注重逻辑分析，提高汇缴质量。全市参加汇算清缴企业12535户，其中查账征收9758户，核定征收2777户，汇算面100%，汇算清缴应补企业所得税额2.11亿元；高风险事项管理试点工作。印发《关于开展企业所得税重点税源及高风险事项管理工作的通知》，推送三类高风险管理事项，评估或稽查企业134户，完成128户，调增应纳税所得额9814万元，补缴企业所得税税款1092万元，加收滞纳金7.2万元。

【落实企业所得税优惠政策】 小微企业优惠政策。全市13139户符合条件小型微利企业，其中盈利企业4866户，实际享受优惠企业4866户，政策受惠面100%，为企业减免企业所得税税款2511.55万元，户均减免税额0.52万元。高新技术企业优惠政策。32户企业享受高新技术减免，累计减免税额2292万元。固定资产加速折旧优惠。37户企业享受固定资产加速折旧税收优惠，纳税调整额382.26万元，加速折旧优惠额1005.65万元。

【出口退税管理】 开展出口退（免）税企业分类管理评定。生产企业，评定一类企业1户、二类企业125户、三类187户、四类17户，合计330户；全市外贸企业，评定二类企业5户、三类117户、四类17户，合计139户。利用办税服务厅、“龙岩国税出口企业QQ群”、门户网站等平台，宣传各项退税新政策。每周至少办理一次出口退税，对本地生产企业开辟绿色通道，做到当月申报、当月审核、当月退税。4月1日起，生产企业免抵退税审批权下放到县（市、区）国税局，加快退税速度。市国税局领导带队到龙净环保、龙工国际贸易、通用贸易、漳平木村、赛特新材等企业开展调研，宣传、解读各项退税政策，并提供自助出口退（免）税预审和查询计算机设备，方便出口企业退（免）税申报和查询函调情况，提升企业税法遵从度。全年，办理出口退（免）税4.57亿元，减少1.43亿元，同比下降23.85%。其中：办理外贸企业退税2.63亿元，减少1.03亿元，下降28.18%；办理生产企业退税1.94亿元，减少4005万元，下降17.09%。

【国际税收管理】 非居民税收管理。加强非居民税收申报、税源管理和征收管理，对非居民企业取得来源于中国境内股息、红利等权益性投资收益和利息、租金、特许权使用费所得、转让财产所得以及其他所得应当缴纳的企业所得税，实行源泉扣缴。是年，组织非居民企业税收收入2360万元，同比增长6.2%。把好“售付汇”凭证备案开具关，开具《境内机构服务贸易对外支付税务备案表》35份。反避税工作。按反避税工作制度和业务规程，摸底、调查外商投资企业和外国企业情况，结合2014年外商投资企业和外国企业年度汇算清缴数据，对关联企业进行比对筛选，确定境外有关联交易企业5户。拓宽内部信息资料收集途径，通过国家税务总局下发数据库光盘资料查询，从股权、资本弱化等方面分析研究，按《特别纳税调整实施办法（试行）》要求，做好企业转让定价、预约定价安排、成本分摊协议、受控外国企业、资本弱化以及一般反避税等特别纳税调整事项管理，重点做好股权转让和资本弱化工作。股息、红利非居民税收专项检查后续管理。跟踪管理监督2户企业，征收股息、红利企业所得税收入527.5万元，增加497万元，增长94.22%。服务“走出去”企业。通过第三方信息获取“走出去”企业名单，建立“走出去”企业信息管理平台，跟踪核实辖区内“走出去”企业对外投资（统计对外投资金额）经营、享受税收协定待遇、境外税收争端、受控外国企业等情况，为居民境外投资经营活动享受税收协定各项待遇提供帮助，并建立“走出去”企业税务登记和境外投资备案制度。

【大企业税收】 各县（市、区）国税局税政部门指派一名干部负责定点联系企业税收管理，各基层税务分局配备专人具体负责，对各定点联系企业进行内控机制调查、涉税诉求收集与解决，针对企业生产经营特点，对大企业实施个性化服务。加强大企业税收风险管理补缴税款统计及追缴工作，追缴税款286.06万元，加收滞纳金99.95万元。

税收法治

【行政审批制度改革】 保留行政许可项目和其他权力事项19项，属市国税局终审项目6项、县（市、区）国税局15项，审批件比上年同期减少60.67%。加强规范性文件管理。做好规范性文件审查，向市政府牵头制定的规范性文件提出修改建议28份；开展税收规范性文件清理，修改和废止失效文件20份。提高重案审理质量。以落实《重大税务案件审理办法》为抓手，划定审理受案标准，推行《证据目录清单制度》，重点督察文书规范，确保案件证据完整、定性准确、处理恰当。

【重大案件审理】 完成重大案件审理34件，其中维持市国税局稽查局处理意见13件，改变处理意见10件。应对法律救济。依法受理答复4户纳税人复议申请。创新重大案件审理的执法案卷评查工作，落实《行政处罚案例指导制度》。各县（市、区）国税局抽查重大案件案卷44户，评出优秀案卷34户，发现并纠正6个方面33项执法案卷问题。评出税务行政执法优秀案卷34个，通过案例发挥示范引领作用，推动规范执法。

【政策执行反馈】 各县（市、区）国税局上报政策执行反馈材料106篇，向省国税局荐稿41篇和提供专题调研材料9篇。

【法治示范基地试点】 把依法行政纳入议事日程，开展法治税务示范基地创建试点，永定区国税局、龙岩经济技术开发区国税局通过省国税局达标验收。

【税收执法督察】 各县（市、区）国税局自查，市国税局重点对龙岩经济技术开发区国税局、永定区国税局、连城县国税局进行督察，纠正执法过错行为106个，追补各税25.3万元，罚款0.3万元。开展疑点信息核查。核查502条，发现问题并及时整改334条，追补入库税款14.08万元，加收滞纳金1.18万元。税收执法责任制落实。全年追究执法过错责任人404人次，税收执法正确率99.98%。

【法制宣传】 4月1日，联合市地税局在龙岩人民会堂召开“新常态、新税风”新闻发布会，拉开2015年全国税收宣传月活动序幕。市国税局局长黄培强出席发布会，介绍龙岩市国税系统适应新常态开展“便民办税春风行动”，转变职能，改进作风，服务税户、服务发展新举措；5月15日，联合市地税局、市公安局在中心城市街心花园广场开展“5·15”打击经济犯罪宣传日活动；5月22日，围绕“服务发展、和谐征纳”主题，市国税局召开税企座谈会，宣传税收新政策，听取企业意见建议，邀请龙马环卫、春驰水泥等16家企业代表参加；12月4日，联合市地税局在龙岩中心城市街心花园广场，开展国家宪法日暨全国法制日普法宣传活动。

【课题调研】 市国税局报送的三篇调研论文，被市委、市政府政策研究室主办的《龙岩发展研究》采用，并获2015年龙岩市优秀调研成果奖。其中：《创新税收征管服务的思考与对策——以新罗区为例》获特别奖，童小岑执笔；《税收优惠政策促进小微企业创新发展探析》获二等奖，傅林清执笔；《新常态下支持农民工返乡创业的税收措施》获三等奖，傅林清执笔；市国税局报送的《发挥税收优惠政策应有作用的分析与思考》《税收优惠政策促

▲2015年4月1日，上杭县国税局在古田会议旧址举行税收宣传月启动仪式。

进小微企业创新发展探析》《浅谈调动工作人员积极性做好离退休干部工作的若干思考》入选《2015年中国税官论税制改革》大型论文集。

纳税服务

【概述】 围绕“服务科学发展、共建和谐税收”税收工作主题，以纳税人正当需求为导向，以提高纳税人满意度和税法遵从度为目的。以“规范”为主题开展“便民办税春风行动”，针对国家税务总局分批推出的税收业务工作规范、税收执法权力清单、税务行政审批制度改革、税收优惠政策落实、涉税业务区域协作、大企业税收服务、“走出去”企业税收服务、提高服务效率、完善多元办税、深化国地税合作、清理规范收费等4类11项行动要求，牵头制定《关于深入开展“便民办税春风行动”的意见》，并逐条细化具体措施。按《全国税务机关纳税服务规范》提供优质服务，实现“书同文，车同轨”，克服各地办税“战国时代”。

【设备配置】 用于纳税服务电脑216台、打印机154台、扫描仪39台、POS机43台、自助办税终端3台、排队叫号和评价系统11台、视音频监控系统11台、LED电子显示屏9个、触摸屏10台、复印机5台。

【门户网站】 在市国税局门户网站解答各类业务问题101条（均为事务性问题）。

【12366纳税服务热线】 响应纳税人需求，办理工单任务105条，促进服务和管理衔接。

【纳税人学堂】 坚持“始于纳税人需求、基于纳税人满意、终于纳税人遵从”服务理念，以满足纳税人需求为宗旨，坚持“免费

举办、自愿参加、课程实用、教学相长”的原则，以“便民办税春风行动”为抓手，实施《福建省国税系统纳税人学堂管理办法（试行）》，深化分类纳税服务。8个县（市、区）国税局均建立实体纳税人学堂，授课28次，培训2676人次。其中：永定区国税局依托微信平台开展3次网络教学，培训270人次。全市现有兼职教师31人，无专职教师。收集纳税人意见建议77条，采纳54条。各地纳税人学堂每次培训前均在门户网站、办税服务厅发布公告，培训内容包括新办企业税收业务知识、小微企业优惠政策、增值税发票系统升级、网上办税、企业所得税汇算清缴、“营改增”纳税人培训等知识。开办纳税人学堂，为税企沟通提供新平台，使企业及时了解税收政策，掌握最新税收资讯，规范涉税行为。

【便民办税春风行动】 围绕“新常态、新税风”主题，出台“便民办税春风行动”措施：一是“增值税发票系统”升级。根据《全面推行增值税发票系统升级版实施方案》，以“全面覆盖、分步实施、规范管理、强化监督”为原则，通过对存量增值税一般纳税人和小规模纳税人使用发票分类分期分批纳入升级版，实现“税控开票、实时抄报、取消认证”等功能，方便纳税人。本年，推行升级版系统5826户，占应推行户的64.05%，其中：一般纳税人5068户（存量纳税人4893户，增量纳税人175户），占应推行户的95.94%；小规模纳税人745户（存量纳税人287户，增量纳税人458户），占应推行户的19.25%。收集整理基层和纳税人反映问题，按职责分工研究处理或主动与相关成员单位会商处理。通过办税大厅LED电子显示屏、税企QQ群、微信和短信平台发布相关政策、问题解答、通知通告等内容，方便广大纳税人把握升级版推行后注意事项、过渡办法等知识。二是小微企业税收优惠政策宣传。利用各类媒介、载体宣传小微企业所得税优惠新政。简化小型微利企业享受所得税优惠政策备案手续。将落实小微企业优惠政策列入绩效考评指标，加强免征小微企业等税收优惠监控。开展小微企业税收优惠、弱势群体就业创业等税收优惠政策执行专项检查工作，及时发现小微企业优惠政策执行存在的问题和建议，以查促改。三是开展服务“大回访”活动。举办新政策宣讲解读会，深入企业辅导，帮助企业正确理解和执行政策，减少涉税争议。采取发放调查问卷、召开座谈会等形式，回访办案程序、处罚依据、涉税移送等情况，维护纳税人合法权益。全年，电话回访纳税人228户，其中：非常满意148户，不满意1户，无法回访72户，不接受回访7户。四是税企互动。召开税企座谈会，邀请部分企业法人和财务人员参加。在市政府门户网站举行“税收优惠助小微企业发展”在线访谈活动，与纳税人互动，解答纳税服务类咨询。

【纳税服务规范宣传】 为促进《全国税务机关纳税服务规范》落地，营造“学规范、懂规范、用规范”氛围，提升服务技能，组织人员参加全省国税系统纳税服务规范技能大比拼活动。将《全国税务机关纳税服务规范》技能大比拼活动纳入绩效考核项目。组织学员到漳平市台缘山庄集中培训《全国税务机关纳税服务规范》，强化上机操作，提升干部纳服规范掌握和运用能力。全年，全市组织集中学习培训29场次，培训2065人次。4月，市国税局获全省纳税服务规范技能大比拼活动总分第一名（其中：笔试平均分85.04，上机操作平均分74.23），笔试成绩龙岩10人进入全省前30名名单。武平县国税局肖御烨同志进入全省前10名名单。市国税局获省国税局通报表扬，并获10万元奖励。

【纳税信用等级评价】 市国税局、地税局联合开展信用等级评价，评出A级纳税人208户，B级纳税人4310户，C级纳税人1309户，D

级纳税人208户。

【银税互动——税易贷业务】 一是以小型和微型企业为主要服务对象，金融机构根据税务部门提供的纳税信用评价结果，对纳税信用级别为A级和B级且缴纳税款正常的小微企业，提供免收贷款承诺费、免收资金管理费、贷款快速审批、贷款循环使用等服务。二是为提高社会对纳税信用认同度，营造依法诚信纳税良好氛围，市国税局支持商业银行为纳税信用评价为A级、B级的小微企业提供信用贷款。4月30日，市国税局与中国建设银行龙岩分行签订“银税互动——税易贷”业务合作协议，开发“税易贷”金融产品；12月4日，市国税局与市地税局、中国邮政邮储银行龙岩分行签订“银税互动——税贷通”业务合作协议，开发“税贷通”金融产品。享受银税互动信用贷款企业27户，贷款金额5280.5万元，帮助解决就业人数1036人次。

【纳税人满意度调查】 6—7月，市国税局委托市邮政函件局开展纳税人满意度调查。本次调查纳税人户数，占全市8个县（市、区）国税局纳税人总户数的5%，共2749户，从CTAIS后台数据库中随机抽取，企业类型涵盖一般纳税人、小规模纳税人、个体户。调查指标主要有办税服务厅、涉税审批、网上办税服务、国税局工作总体水平、税法宣传、小微企业税收优惠、取消多项进户执法项目情况、纳税服务和税收管理意见和需求等8项内容。本次调查向8个县（市、区）发出问卷调查信函2749份，收到回函2559份，退信190份，有效回函率93.09%。调查结果显示，纳税人对全市国税系统提供的纳税服务感到“非常满意”占44.79%，“满意”占45.02%，“基本满意”占8.96%，“不满意”占0.74%，“不了解”占0.49%。全市纳税人满意度分值86.61分。从全市情况看，纳税人满意度最高是“国税局取消多项进户执法项目情况”，最低是“网上办税服务及各种办税软件”，其他依次为：税法宣传、小微企业税收优惠、办税服务厅、涉税审批。8个县（市、区）国税局排名前3名的单

▲2015年4月30日，龙岩市国税局与中国建设银行股份有限公司龙岩分行签订“银税互动——税易贷”业务合作协议。

位是漳平市国税局、长汀县国税局、永定区国税局。

【投诉与反馈】 受理纳税服务投诉11件，办结11件，办结率100%，其中：办税服务9件，服务态度1件，服务质效1件。

税收检查

【概述】 全市稽查查补税收入库7280.47万元，其中：税款6165.55万元，罚款367.34万元，滞纳金747.58万元。入库率98.21%，占同期国税税收总额的1.36%（不含烟厂税收、车购税及免抵退税款）。其中：稽查机构实施检查77户，有问题75户，选案准确率97.40%，按查补税款金额统计，查补税款100万元以下的76户，100万～1000万元以下8户，1000万～5000万元以下3户；按违法性质统计，偷税案件15户，骗税案件1户，虚开增值税专用发票案件1户，其他案件70户；按企业类型统计，内资企业68户，港澳台商投资企业6户，中外合资经营企业3户，外商投资企业 2户，个体工商户5户。

【专项检查】 开展房地产及建筑安装业、办理出口退（免）税企业、资本交易企业、黄金交易企业、盈利性教育培训机构、电信业等行业税收专项检查工作。重点检查71户，查结58户，其中有问题60户，查补收入4722.11万元，不予退税金额100.74万元，调减亏损企业申报亏损额510.54万元，其中：税款4034.34万元、罚款453.93万元、滞纳金233.84万元。

【大案要案】 全市国税稽查部门查结11件100万元以上大要案，其中：涉及煤炭行业专项检查1件，出口企业专项检查4件，房地产行业专项检查1件，纺织行业专项检查1件，其他4 件；查补税款8052.18万元，罚款688.91万元，滞纳金170.29 万元，共计 8911.38万元。对偷税、虚开专票、骗取出口退税等涉税案件，达到司法移送标准移送公安机关案件24件，案值9330.42万元。

【案件协查】 发出委托协查函件137件，涉及发票862份，收到回复发票835份，其中：证实虚开发票323份，有问题发票18份，无法核实发票232份，正常发票262份，选票准确率56.55%，高于选票准确率17%的指标考核任务，位居全省前列；通过协查系统收到受托协查函件35件，涉及发票569份，按期回复发票569份，按期完成协查回复率100%的指标。

【案件举报】 受理税收违法检举案件28件，查处28件，其中，应结案28件，已结案26件，查补合计 145.76万元，其中税款75.01 万元，罚款66.02万元，滞纳金 4.75万元。

【稽查管理】 实行中心城区一级稽查管理模式，市国税局所在的新罗区国税局、龙岩经济技术开发区国税局稽查职能由市国税局稽查局履行。全市稽查人员81人，其中：男65人，女16人；党员61人，占75.3%；大学专科以上学历79人，占97.53%；35岁以下11人，35至45岁12人，45岁以上58人；全市稽查机构配备汽车11辆，复印机8台，传真机3台，照相机7架，扫描仪1台，计算机108台，其中便携式计算机33台。

税收信息化

【计算机等硬件配备】 投入325.65万元用于信息化建设与应用，其中：新购台式机340台，便携机32台，自助办税终端机17台，扫描仪28台，打印机84台，一体机5台。

【软件开发与推广应用】 一是税收改革技术保障工作。按照省国税局部署，升级改造防伪税控系统、发票管理系统，保障各信息系统升级到位，为纳税人提供网上涉税服务。实行增值税专用发票网上开票，同步取消网上抄报税或上门抄报税，解决进项发票认证扫描问题，并配合企业进行数字证书发行工作，完成《出口退税管理系统》软件升级换代工作。二是数据质量考核工作。根据省国税局对各地市区国税局数据质量考核指标要求，坚持每月初通过数据质量监控平台，考核通报全市税收电子数据质量。指定专人在规定日期考核，分析考核结果，指导基层提高数据质量。数据质量逐月提高，平均值从低于49分提升到49.5分以上。二是办税厅公共管理服务系统建设。在全市办税大厅视频监控系统、评价叫号系统建设的基础上，配合省国税局在全省开展《办税服务厅公共管理服务系统》建设，满足“实时动态监控”“实时音视频监控”“历史监控情况”“预警信息及突发情况”和“办税服务厅综合情况对比分析”等功能需要。11月，升级软件上线试运行，实现“服务标准全省统一、窗口资源科学配置、办税服务实时监督、考核评价公正高效、突发事件应急处理”的纳税服务工作管理目标。四是网络改造升级。组织县（市、区）国税局防火墙子项目验收工作，6月，全市8个县级申报厅网速从10M提升到20M，新罗区国税局达到28M，以适应税收信息化工作发展，为“金税三期优化版系统”上线作准备，以及“营改增”扩围后，将出现纳税人户数增加、代开发票量需求剧增等现象，以此解决申报大厅排队压力加大等问题。

【网络与信息安全】 一是网络监控管理。各级信息技术部门，安排专人负责违规外联日常监控工作，及时核实与处置，避免事态扩大；细化和完善税务专网计算机信息安全管理规定，加强对系统安装、使用、维修、回收等环节的管理，避免违规外联现象的产生。二是日常管理。开展内网安全自查自纠，对安全移动（U）盘使用、系统密码设置、内外网物理隔离等项目自查自纠。要求每位干部遵守信息安全规定，注重电脑操作系统密码安全，不用私人邮箱处理公务，杜绝违规外联行为。三是增强信息安全意识。组织收看首届税务系统网络安全宣传周视频会议，通过收看国家税务总局领导讲话和院士专家网络安全讲座，了解当前网络安全形势，认清所处的网络安全环境，知晓典型网络安全事件，规范基本网络安全操作，养成良好的安全行为习惯。市国税局机关办公主页设置“税务工作人员信息安全行为规范”栏目，将首届全国税务系统网络安全宣传周活动展板内容，挂载到机关主页宣传，普及网络安全常识，树立网络安全人人有责意识。四是办公电脑病毒查杀。每月全市开展一次办公电脑病毒查杀工作，通过网络版瑞星防病毒系统，排查多发计算机病毒类型和多发感染病毒计算机，并将排名前20的计算机在市国税局机关主页通报，引起各级重视。

【系统运行维护】 全年维护数据91277条，其中提请后台数据维护400条，通过市国税局审批并报省国税局维护260条，省国税局运维小组处理233条，前台修改91053条；通过CTAIS数据质量监控系统提示处理问题数据1981条，其中一般问题1910条（占处理问题总数96.4%），严重错误71条。

机构队伍

【机构设置】 龙岩市国税局下辖8个县（市、区）国税局：新罗区国家税务局、龙岩经济技术开发区国家税务局、永定区国家税务局、上杭县国家税务局、武平县国家税务局、长汀县国家税务局、连城县国家税务局、漳平市国家税务局；1个直属机构：龙岩市国税局稽查局。龙岩市国税局机关设置17个职能科室。

表29　龙岩市国税系统机构设置一览表（2015年）

序号	单位名称	下设机构名称
1	市国税局机关	办公室，政策法规科，货物和劳务税科，所得税科，收入核算科，征收管理科，纳税服务科（纳税服务中心），财务管理科，人事教育科，监察室，大企业和国际税务管理科，进出口税收管理科，机关党委办公室，离退休干部科，信息中心，机关服务中心，培训中心
2	市国税局稽查局	综合科，综合选案科，检查一科，检查二科，案件审理科，案件执行科，举报中心
3	新罗区国税局	办公室，政策法规科，税政科，收入核算科，纳税服务科（办税服务厅），征管科技科，人事教育科，监察室，税源管理一科（分局），税源管理二科（分局），税源管理三科（分局），税源管理四科（分局），税源管理五科（分局），税源管理六科（分局），税源管理七科（分局）
4	龙岩经济技术开发区国税局	办公室，政策法规科，收入核算科，纳税服务科（办税服务厅），征管科技科，政工科，税源管理一科（分局），税源管理二科（分局），税源管理三科（分局）
5	永定区国税局	办公室，政策法规科，税政科，收入核算科，纳税服务科（办税服务厅），征管科技科，人事教育科，监察室，稽查局，税源管理一科（分局），税源管理二科（分局），税源管理三科（分局），税源管理四科（分局），税源管理五科（分局），税源管理六科（分局）
6	上杭县国税局	办公室，政策法规科，税政科，收入核算科，纳税服务科（办税服务厅），征管科技科，人事教育科，监察室，稽查局，税源管理一科（分局），税源管理二科（分局），税源管理三科（分局），税源管理四科（分局），税源管理五科（分局），税源管理六科（分局）
7	武平县国税局	办公室，政策法规科，税政科，收入核算科，纳税服务科（办税服务厅），征管科技科，人事教育科，监察室，稽查局，税源管理一科（分局），税源管理二科（分局），税源管理三科（分局），税源管理四科（分局），税源管理五科（分局），税源管理六科（分局）
8	长汀县国税局	办公室，政策法规科，税政科，收入核算科，纳税服务科（办税服务厅），征管科技科，人事教育科，监察室，稽查局，税源管理一科（分局），税源管理二科（分局），税源管理三科（分局），税源管理四科（分局），税源管理五科（分局），税源管理六科（分局）
9	连城县国税局	办公室，政策法规科，税政科，收入核算科，纳税服务科（办税服务厅），征管科技科，人事教育科，监察室，稽查局，税源管理一科（分局），税源管理二科（分局），税源管理三科（分局），税源管理四科（分局），税源管理五科（分局），税源管理六科（分局）
10	漳平市国税局	办公室，政策法规科，税政科，收入核算科，纳税服务科（办税服务厅），征管科技科，人事教育科，监察室，稽查局，税源管理一科（分局），税源管理二科（分局），税源管理三科（分局），税源管理四科（分局），税源管理五科（分局），税源管理六科（分局）

截至年底，全市国税系统总编制933人，其中：行政编制852人，事业编制81人。全市国税系统实有人员900人，其中：公务员855人，事业干部8人，职工37人。

表30　龙岩市国税系统机构编制一览表（2015年）

单位：人

单　位	编制数	行政编制	事业编制
龙岩市国税局机关	110	80	30
龙岩市国税局稽查局	25	21	4
新罗区国税局	170	164	6
龙岩经济技术开发区国税局	53	44	9
永定区国税局	105	100	5
上杭县国税局	101	96	5
武平县国税局	84	79	5
长汀县国税局	91	85	6
连城县国税局	89	83	6
漳平市国税局	105	100	5
合　计	933	852	81

表31　龙岩市国税系统干部职工学历结构一览表（2015年）

学历	本科以上		专　科		中　专		高中以下		在职在岗总数
结构	人数	占总数比（%）	人数	占总数比（%）	人数	占总数比（%）	人数	占总数比（%）	
	512	56.88	340	37.78	25	2.78	23	2.56	900

表32　龙岩市国税系统公务员结构一览表（2015年）

级别	县处级		正科级		副科级		科　员		在职在岗总数
结构	人数	占总数比（%）	人数	占总数比（%）	人数	占总数比（%）	人数	占总数比（%）	
	10	1.16	45	5.26	340	39.77	443	51.81	855

表33　　龙岩市国税系统干部职工年龄结构一览表（2015年）

年龄	30岁以下		31～40岁		41～50岁		51岁以上		在职在岗总数
结构	人数	占总数比（%）	人数	占总数比（%）	人数	占总数比（%）	人数	占总数比（%）	
	80	8.89	94	10.44	392	43.56	334	37.11	900

【领导班子建设】　市国税局8名处级领导干部参加国家税务总局举办的处级干部业务培训班学习。市国税局班子成员中，有 2 名领导获省国税局嘉奖。

【人员招录】　全市国税系统新招录 17名公务员。

【竞岗交流】　根据《党政领导干部选拔任用工作条例》和省国税局党组有关规定，采取考察任用方式选拔2名正科级领导；从市国税局机关副科长（主任）中选拔2名副科级干部，充实县（市、区）国税局班子。

【党风廉政责任制】　围绕“监督执纪问责”，履行党风廉政建设监督责任，推进全市国税系统党风廉政建设和反腐败工作。结合“责任落实年”活动，抓住“定责、履责、问责”重点，促进“两个责任”（主体责任、监督责任）落实。年初，召开党风廉政建设工作会，制订《2015年党风廉政建设责任书》，形成一级抓一级、层层签责任书抓落实的格局。印发《2015年党风廉政建设任务责任分解意见》通知，促进主体责任落实。将党风廉政建设主体责任落实情况，纳入绩效管理考核指标，实现动态监督。在各类培训班上开设廉政教育课，增强各单位履行“一岗双责”意识。开展以领导班子和领导干部落实党风廉政建设责任制情况为内容的述职述廉考核会，通过述职、测评等形式，了解各单位主体责任落实情况。组织党风廉政建设主体责任、监督责任在线测试。

【党风廉政教育】　结合“三严三实”专题教育，把党章党规列为学习重点，制订学习计划。6月18日，市国税局党组书记、局长黄培强以《讲规矩、守纪律，践行“三严三实”》为主题，为市国税局机关干部职工上党课，增强遵章守纪意识。6月29日，听取古田会议纪念馆馆长曾汉辉作《古田会议——党和军队建设史上的里程碑》专题报告。12月30日，邀请市委党校林炳玉教授解读《中国共产党廉洁自律准则》（以下简称《准则》）《中国共产党纪律处分条例》（以下简称《条例》），使广大党员干部领会《准则》《条例》立意内涵，提高党员干部廉洁从政意识。组织8位县（市、区）国税局纪检组长参加省国税局举办的“履行监督责任”专题培训。组织全市国税系统干部参加《建立健全惩治和预防腐败体系2013—2017年工作规划》实施办法在线互动学习测试，促进干部廉洁自律。举办“扬正气、树清风”主题演讲比赛，弘扬清风正气，传播税收正能量。参与中纪委、监察部官网举办的第二届“清廉中国”新闻摄影、公益广告、漫画征集活动和“纪检监察干部日志·记录”征集活动。以专题辅导形式召开党风廉政分析会，邀请省委党校、省行政学院副巡视员、法学教授顾越利讲解党的十八届四中全会和中央纪委十八届四次、五次全会精神。邀请中央党校教授、龙岩市副市长李俊伟为全市国税干部作“践行三严三实，保持品行高洁”专题辅导。10月13日—27日，中纪委、监察部网站“中国传统中的家规”栏目，连续推出3期主题分别为“振纲立纪　兴家报国”“训以治家　八德育人”“家训如种子，随客家人行走天下生根发芽”的“福建龙岩客家家训”专题片。市国税局协助龙岩市纪委、监察局做好宣传报道工作，在市国税局纪检组长林敏的指导下，驻村干部傅林清撰写的《土楼清风润心田》《家训清香沐后人》《悠悠家训驻心中》等三篇采访札记，发表在中纪委、监察部官方网站上。11月18日，国家税务总局党组成员、纪检组长冯惠敏在市国税局层报的《关于挖掘传统文化 打造廉政教育新风尚的报告》上作出批示：将廉政文化与地域文化相结合，创新廉政教育新格局。既弘扬民族的、历史的文化精髓，又注入新时期新要求、新内容，教育意义深远，值得系统学习、借鉴。

【党风廉政监督】 加大中央八项规定精神执行监督检查，落实国家税务总局实施办法、监督办法及省国税局制定的具体措施，坚持零申报制度，由市国税局局长、纪检组长“双签字背书”。转发各地违反中央八项规定通报，保持防范和惩治不正之风高压态势。突出重要时间节点廉政教育，加大重点节假日廉洁自律检查，执行中央出台各项禁令。加大作风纪律巡查力度，即时通报巡查情况。发出各项巡查通报22期。开展专项监督，把专项监督检查作为落实党风廉政建设主体责任和监督责任，反对“四风”重要举措，全面开展自查自纠，针对问题限期整改。针对各县（市、区）国税局自查自纠情况，市国税局按照重点抽查面不低于40%要求，抽取龙岩经济技术开发区国税局、永定区国税局、连城县国税局、漳平县国税局为重点抽查单位，开展重点检查。针对重点检查发现问题，市国税局党组责成相关县（市、区）国税局制订整改措施，明确责任单位、责任人，限时整改到位。加强对领导干部监督，制订《关于加强领导干部婚丧喜庆等事项报告的通知》，明确干部操办婚丧喜庆等事项报告要求，加强监督。有6人次按规定申报相关事项报告，均遵守制度。组织学习省国税局修订的《福建省国家税务局领导干部廉政谈话提醒制度》，对各县（市、区）国税局班子成员开展集体廉政谈话提醒，对提任正科级干部开展任前廉政提醒谈话。

【内控机制建设】 派员参加省国税局在晋江市召开的内控机制信息化系统运行维护会议。运用“互联网+”理念，推进内控促廉管理信息系统完善。市国税局按月通报运行情况，定期分析研究内控系统运行存在问题，促进廉政风险防控功能完善，提升内控整体效能。从制度、素质、纪律入手，落实龙岩市委《关于在全市党员干部中纠正不良习气树立清风正气的意见》精神。以制度纠歪风。完善规章制度，制订《龙岩市国家税务局关于贯彻落实市委意见的通知》《龙岩市国税系统2015年度绩效管理考核指标》《龙岩市国税系统个人绩效管理办法及其实施细则》，将树立清风正气列入绩效考核范围，对各单位和干部个人绩效进行全面、详细考核。规范婚丧喜庆操办事项，规定不得宴请税务干部与纳税人，并实行事前、事后报告制度。以素质树正气。结合“三严三实”专题教育，举办各类培训班，提升干部工作能力。以纪律促清风。加大纪律执行力度，对违反纪律规定者，真抓真管真处理。对1名违反考试纪律规定干部进行行政处分，通报个别办税服务厅管理不规范行为。

【税收执法监察】 印发《关于开展2015年全市税收执法督察和执法监察工作的通知》，将“党风廉政建设主体责任落实情况、监督责任落实情况，执法管理信息系统、执法监察子系统使用情况，以及执行干部操办婚丧喜庆报告制度情况”列为执法监察重点工作内容，对龙岩经济技术开发区国税局、永定区国税局和连城县国税局开展执法监察重点检查，对存在的问题责令限期整改。

【信访管理】 对2014年1月1日—2015年7月31日中央八项规定精神信访件办理情况和领导干部婚丧喜庆报告制度执行情况进行全面自查，未发现违规问题，形成自查报告报省国税局。实行问题线索集体排查制度，对各类信访案件，均由纪检组长牵头，纪检监察部门集体讨论、研究，并按照中央纪委确定的拟立案、初核、谈话函询、暂存、了结等标准处置和管理，确保线索核实和办案工作开展。加大信访举报案件查处核实。本年，市国税局收到来信来访9件（上级交办），其中：4件初核，5件函询谈话，并了结。

【党的建设】 坚持党建工作与税收工作一起谋划、一起部署、一起考核，把机关党建工作摆上重要议事日程，做到情况清、目标明、措施实、要求严，围绕“四个引领”抓党建，推进机关党建创新发展。从思想引领、素质引领、创新引领、载体引领入手，为市国税局机关党员干部上专题党课，组织学习《中共龙岩市委印发〈关于在全体党员干部中纠正不良风气树立清风正气的意见〉的通知》精神，通报第一季度机关各党支部党建工作情况，征求对机关党建工作的意见建议；举办基层党支部书记培训班，对全市国税系统42名党务工作者进行辅导培训；召开县（市、区）国税局党组书记抓基层党建工作述职评议大会，推进党建工作。承担国家税务总局、龙岩市机关党建重点课题调研任务，探索机关党建创新做法。其中，市国税局报送的《创建“五好”支部 落实“九项”活动》交流材料，在国家税务总局税务党建网站刊发；驻村干部傅林清同志执笔的《以机关党建工作助推闽西跨越发展税收措施的落实》在中共国家税务总局党校、国家税务总局干部学院主办的《税官论坛》（2015年第5期）刊发。市国税局机关举办“扬正气，树清风”主题演讲比赛，传播正能量，树立清风正气氛围；市国税局与新罗区国税局、龙岩经济技术开发区国税局联合举办摄影知识暨税收新闻摄影技巧培训班，通过分级递进式理论培训及实战演练，培养干部职工美学素养；开展“邻里守望、情暖闽

▲上杭县国税局税收宣传文艺演出

西”主题志愿活动。组织机关党员干部前往黉门前社区，开展志愿服务活动，到福建佳丽丝家纺有限公司慰问困难职工汤春红，送去1500元慰问金和慰问品，让特困职工感受社会大家庭的温暖。

【“三严三实”专题教育】 6月3日，龙岩市国税局召开党组会议，谋划“三严三实”专题教育。成立党建工作领导小组，由党组书记任组长，下设领导小组办公室，由机关党委办公室作为牵头部门，在市国税局党组领导下开展专题教育工作。制定专题教育实施方案，落实工作责任，强化宣传引导，坚持统筹兼顾，把开展“三严三实”专题教育与税收中心工作、服务发展大局有机结合起来，做到“两手抓、两不误、双推进。”以“新古田会议”召开为契机，将专题教育融入党员干部经常性学习教育之中。在开展“三严三实”专题教育期间，市国税局10位处级以上领导干部，通过“自己找”，查摆出10个“不严不实”问题；通过召开座谈会、发放征求意见表等“群众提”方式，向各县（市、区）国税局基层干部、纳税人、党政部门征求意见建议48条。经集体讨论梳理整理成12条（均已整改）。市国税局制订或修订税收政策执行情况反馈制度、绩效管理办法、网站管理办法、固定资产管理办法等税收征管和后勤管理等8个制度或办法，相关制度得到完善。

【干部培训教育】 按照“干什么、学什么、缺什么、补什么”的培训原则，从税务管理、干部队伍、素质现状出发，确定培训内容，提高干部培训针对性、实效性。本年，市国税局举办各类教育培训18期，培训干部职工1558人次。其中：举办“营改增”等专门业务培训15期；结合巡视、执法督察和绩效考核等发现问题，分5个专题举办3场视频培训，提高全员依法行政意识和履职能力。鼓励和推荐干部参加省国税局、市国税局机关干部遴选，调动基层干部工作积极性。

【外请专家授课】 1月21日，邀请省委党校法学教授顾越利授课。6月29日，邀请古田会议纪念馆馆长曾汉辉作《古田会议——党和军队建设史上的里程碑》专题讲座。6月30日—7月3日，市国税局在漳平市永福镇举办全市国税系统税务稽查暨法规业务培训班。邀请国家税务总局（扬州）税务干部学院袁森庚教授、市中级人民法院行政庭庭长林静、省国税局稽查局主任科员卢周玮授课。7月17日，邀请中央党校教授、龙岩市副市长李俊伟作《践行“三严三实”保持品行高洁》专题讲座。8月31日，邀请国家税务总局（扬州）税务干部学院周敏教授作《确立与坚守：税务文化建设的价值理性与工具理性》文化建设专题讲座。11月15日，邀请中共龙岩市委讲师团冯岳教授作党的十八届五中全会精神专题辅导。

【先进典型人物】 5月，龙岩行政服务中心国税窗口协税员陈钻，被共青团中央授予2014年度“全国优秀共青团员”称号。在本届全国获此称号的197人中，其为全国税务系统唯一一人，亦是龙岩市唯一一人。7月2日，到市国税局调研的新任省国税局党组书记、局长林京华接见了她并与其合影留念。

【全国无偿献血奉献奖获得者】 连城县国税局办公室主任张烈，自1999年开始义务献血，坚持16年，累计献血量7200毫升，超过1个成年男子的血液总量。本年3月，被中华人民共和国国家卫生和计划生育委员会、中国红十字会总会、中国人民解放军总后勤部卫生部联合授予“2012—2013年度全国无偿献血奉献奖银奖”。漳平市国税局税源管理三分局局长陈晓锋，自2001年开始义务献血，累计献血15次、献血量5300毫升。本年3月，被中华人民共和国国家卫生和计划生育委员会、中国红十字会总会、中国人民解放军总后勤部卫生部联

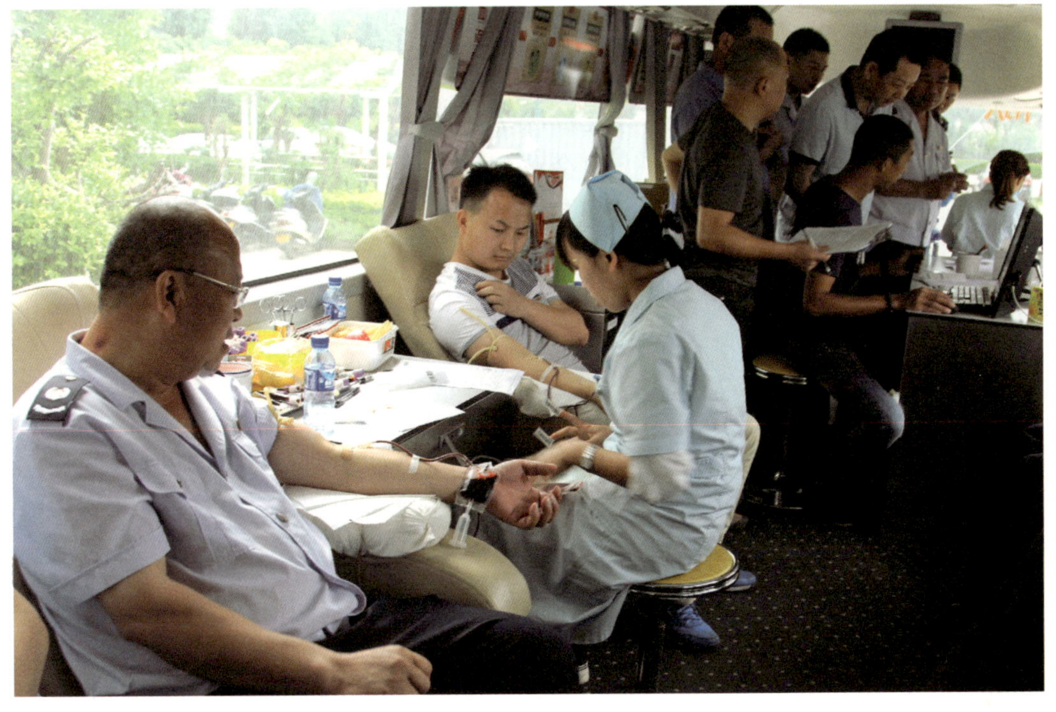

▲龙岩市国税局机关干部参加无偿献血活动现场

合授予“2012—2013年度全国无偿献血奉献奖铜奖”。

【“红土清风”书画笔会】 5月21日—22日，市国税局举办福建省国税系统“红土清风”书画笔会。笔会围绕“勤政廉政、文明风尚、敬业履职、公正执法”主题，现场创作书法、绘画等作品百余幅。邀请顾志珊、林宗绥、郑章贤等15 位本省国税系统书画名家，以及章云侠等10多位本市国税系统书画爱好者参加。期间，市国税局召开国税文化建设座谈会，组织书画名家参观设立在上杭县国税局古田税源管理分局的福建省国税系统红色廉政文化教育基地、“共和国税收摇篮”陈列展等活动。

【挂钩帮扶工作】 市国税局下派干部傅林清在上杭县珊瑚乡上珊瑚村任党支部第一书记，先后向省财政厅、省住建厅、市国土局和市国税局等部门，争取项目资金600万元，并统筹安排各类帮扶资金使用。

【离退休干部工作】 一是落实老干部政治待遇。在重阳节、元旦、春节前夕，分别召开老干部座谈会，向离退休干部通报各阶段组织收入、征管改革、服务发展、队伍建设等方面情况，听取老干部对税收工作的意见建议，倾听合理诉求。为离退休干部订阅《福建老年报》《闽西日报》等报刊。市国税局机关、漳平市国税局和新罗区国税局成立离退休干部党支部，为老干部过好组织生活提供平台。二是落实老干部生活待遇。按月及时向离退休干部发放离退休工资，落实率100%；按政策实报实销离休干部、“5·12”退休干部医疗费；调整老干部精神文明建设奖、提租补贴标准。上杭县国税局为离退休干部增发精神文明建设奖6.15万元、提租补贴6.02万元。三是开展离退休干部工作调研，上报调研文章9篇，其中：以市国税局课题组名义撰写的《新常态下激发老干部为税收事业增添“正能量”实践探索与思考》刊发在《海西税务》杂志上（2015年第12期），并被省国税局离退处推荐到国家税务总局参评。四是组织老干部活动。“七一”前夕，组织老干部前往“古田会议”旧址参观；重阳节前夕，组织老干部前往永定区湖雷镇上南村参观福建省第一个农村党支部——中共永定支部旧址以及永定暴动陈列馆（位于永定区金砂乡）；围绕“培育敬老家风，建设和睦家庭”敬老月活动主题，组织开展尊老敬老活动；组建离退休干部门球队，参加本年10月中旬省国税局在松溪县举行的全省国税系统离退休干部门球比赛，获第六名；10月29日—30日，市国税局在武平县国税局召开全市国税系统离退休干部工作座谈会，离退休干部代表共70人参加会议。武平县国税局、漳平市国税局交流做好离退休干部工作经验，与会离退休老干部就如何做好老干工作提出意见建议。全市共有老干部190人。

表34　　龙岩市国税系统离退休干部职工情况一览表（2015年）

单位：人

单位	离休	副厅级	“5·12”人员	退休	退职	工人	合计	60岁以下	60~69岁	70~79岁	80岁以上
市国税局机关	1	1	1	17		2	22	2	12	3	5
龙岩经济技术开发区国税局				2		1	3	2	1		
新罗区国税局	1		1	34	1	1	38	10	8	11	9
漳平市国税局			2	21			23	4	5	6	8
上杭县国税局	2			11	1	1	15	1	3	2	9
永定区国税局	5			13	1	4	23	3	3	7	10
连城县国税局			2	18		3	23	2	9	6	6
长汀县国税局			4	21			25	3	6	5	11
武平县国税局	1		1	14		2	18	2	5	4	7
合　计	10	1	11	151	3	14	190	29	52	44	65

行政后勤

【税务经费保障】　争取地方政府奖励和省国税局税务经费补助，解决基层经费困难。以国家税务总局统筹盘活国税系统存量资金为契机，组织各县（市、区）国税局开展2015年基本经费收入、支出、经费缺口等项目测算，全市有7个单位得到省国税局经费补助771万元（其中：连城县国税局、长汀县国税局、漳平市国税局争取省国税局经费补助240万元）；长汀县“5·19”和连城县“7·22”特大洪灾发生后，向上反映灾情损失情况，得到省国税局救灾经费补助143万元。

【资金使用管理】　加大预算执行问责力度，分一季度、半年、三季度三次通报考核情况；针对“三代”（代扣、代收、代征）手续费历史遗留问题，争取省国税局支持，向财政部驻福建省财政监察专员办事处汇报。新罗区国税局、永定区国税局、漳平市国税局支付“三代”税款手续费1183.33万元；加强预算执行监督，确保资金安全运行。全市财政拨款预算执行率84.7%，超预算进度11%。其中：基本支出预算执行率93.95%、项目支出预算执行率58.18%。

【专项财务审计】 8月10日—14日，对永定区国税局、连城县国税局、龙岩经济技术开发区国税局开展2014年度“三公”经费、会议费、专项资金、专项财务审计，并作出3份审计报告。本次查出主要问题115个，均为管理不规范问题，涉及不规范资金88.6万元。提出审计建议16条，均按期完成整改。

【清理腾退办公用房】 根据省国税局《关于开展国家税务局系统清理腾退办公用房、公务用车使用和基本建设管理检查的紧急通知》精神，市国税局成立工作领导小组，清理、腾退、调换和改造办公用房。全市所辖9个预算单位，共清理腾退办公用房面积2233平方米。全市办公用房面积均符合规定标准，不存在先腾后占问题。

【“三公”经费和会议费管理】 按照中央八项规定精神，落实公务接待规定，控制公务车辆费用支出，严禁超标准配备、更新公务用车。市国税局机关会议费支出35万元，减少11万元，下降31%。

【资产管理】 落实国税系统行政单位和事业单位国有资产管理办法，做好国有资产处置、配置、使用、划转调拨审核、批复工作。完成市国税局机关长期未清理资产报废工作。完成连城县国税局、漳平市国税局、长汀县国税局、武平县国税局上报计算机及相关设备报废请示及批复工作。在摸清资产家底基础上，分析闲置资产状况，规范闲置资产管理，提出利用和处置闲置资产工作思路和实施方案。完成全系统房屋“两证”清理督查工作，通报清理督查情况。摸清全市国税系统房屋“两证”办理情况，对闲置未用房产明确房产责任人，规范出租出借房产，并提出相关意见建议。整合、盘活新罗区国税局地面闲置资产，组织开展房产置换准备工作。

【基本建设管理】 上杭县国税局、长汀县国税局申请综合办公楼维修项目立项，获省国税局批复，其中：上杭县国税局维修立项资金560万元，长汀县国税局维修立项资金412万元。

【连城“7·22”灾情】 7月22日，受低压环流影响，连城县遭受突发性特大暴雨袭击，局部地区最大降雨量达355毫米，部分地区降雨频率为百年一遇，创连城县有气象记录以来历史极值。造成全县17个乡（镇）不同程度受灾，其中城区和文亨、朋口、北团、新泉、庙前、宣和、曲溪等乡（镇）受灾严重。连城县国税局办公楼，原庙前、朋口、莒溪、北团等基层税务分局及职工宿舍楼不同程度受损，直接经济损失507.33万元（其中干部职工经济损失170.33万元）。福建连城兰花股份有限公司等31户企业，财产损失12.3亿元，影响税收减收2000万元左右。灾情发生后，市国税局、连城县国税局启动应急预案，做好人员、财产安全保障工作，并落实重大事项报告制度，即时向上级汇报抢险救灾工作情况。省国税局副局长陈慕斌分别于7月22日、23日在市国税局上报的《连城县国税局受灾情况报告》上作出批示：“请龙岩市局关注辖区灾情，确保人身财产安全，加强值班制度。灾情统计随报。”“请龙岩局灾后勘实并报省局及财务处。请办公室把此情速报林局长。龙岩局应对及时，反应迅速，继续保持。”7月25日，龙岩经济技术开发区国税局领导放弃双休日，率税收志愿者赴连城县揭乐乡灾区，清理路障、垃圾，并向灾区捐赠5万元及价值2万余元的救灾物资，帮助灾区重建家园。发出《关于向连城灾区捐款的倡议书》，干部职工捐款6450元。

【绩效管理】 4月，市国税局按照绩效管理“紧、严、细、实”要求，制定《绩效奖惩办法》《绩效管理职责》，印发16种绩效管理运行表格单书，引导绩效管理各类角色找准工作方向。开展调研、组建绩效交流团、召开经验交流会等活动，鼓励基层局探索基础积分、加分激励和减分追责并行的“三维评价”个人绩效管理模式。推行个人绩效管理模式，实现各项工作由“要我做”到“我要做”转变，剖解个人绩效“扣分难”等问题。具体做法：一是基础积分。将月份工作计划、岗位职责分工、组织绩效指标和部门重点工作，纳入个人绩效基础指标体系，平衡每位干部基础工作量，形成“责任清单”。实行百分制，设置80分基础分值，干部完成基础指标即可得基本分，不能完成或完成质量未达到要求者，扣减相应分值。二是加分激励。设置“工作强度加分”，对新增重点性、临时性和创新性等工作实行“加分制”，考评人以“派工作单”形式下发工作任务，并根据工作量、难易程度、责任主次等项目，确定1～5分加分分值。加分不设封顶，体现多劳多得理念。三是减分追责。对评分人随意加分、虚填分数以及被考评人虚列加分工作、虚高工作强度、跑分要分等情形，按“减分问责”处理。由绩效办扣减相关责任人10%的个人绩效分。如出现“轮流坐庄”或较多人员得分相同情况的，一律退回重新评分，并责成评分人向分管科室领导作出说明。9月15日，省国税局副局长陈慕斌在市国税局报送的个人绩效管理呈阅件上批示：“龙岩局积极探索个人绩效促组织绩效，科学发展跨越发展取得成效，请挂网供各地借鉴。”国家税务总局《绩效动态》（2015年第25期）刊载市国税局个人绩效经验做法。11月10日，陈慕斌副局长批示：“2015年龙岩局抓早抓实抓应用，成绩显著，继续努力。挂网供各地借鉴。”

【政务信息】 市国税局采编发布政务信息498条，被省国税局采用124条，其中：《龙岩市小微企业税费减免政策落实情况、存在问题及建议》《大学生创业现状、存在困难问题及建议》《福建省“三证合一、一照一码”顺利实施企业满意度高但改革后续六大问题需进一步研究完善》等3篇调研信息被国务院办公厅采用。林雨、童小岑、陈华工等3位同志被省国税局评为“2015年度全省国税系统信息工作先进个人”，《福建省“三证合一、一照一码”顺利实施企业满意度高 但改革后续六大问题需进一步研究完善》被省国税局评为“年度十佳政务信息”。市国税局被市政府办公室评为“2015年度全市政府系统信息工作先进单位”，林邦航同志获“2015年度全市政府系统信息工作先进个人”称号。

【安全稳定】 落实安全责任制，印发国家法定节假日、恶劣天气、党中央国务院重要会议期间安全保卫和维稳等有关事项通知，对节假日安全情况实行零报告制度；加强公务用车安全管理，落实公务用车使用审批、登记制度和节假日车辆管理制度；执行机要文件保密制度，全年没有发生差错和失、泄密事故；落实《信访条例》等相关法规制度，群众来信来访逐件核查、件件反馈。本年信访件办结率100%。

（供稿：傅林清）

宁德市国家税务局

税收概况

【组织税收收入】 全市国税总收入完成71.24亿元，增收12.19亿元，同比增长20.6%。扣除海关代征后国税部门组织的税收收入完成56.13亿元，占省局年初计划54.5亿元的103%，增收4.85亿元，同比增长9.5%。分级次看，中央级税收收入完成39.63亿元，增收3.34亿元，同比增长9.2%；地方级税收收入完成16.5亿元，增收1.51亿元，同比增长10.1%。

【收入特点】 全市国税收入规模首次突破55亿元大关，增幅居全省八市一区第三位，与全市GDP同步增长。从总体情况看，上半年增长慢于下半年8.1个百分点，分别增长5.4%和13.5%；一至四季度分别增长17.9%、-4.6%、6.9%和19%。分月看，各月累计增幅较为平稳，但单月增幅波动较大，其中增幅最大的2月和降幅最大的6月份相

▲宁德市委书记廖小军（左一）、市长隋军（左三）等领导参观东侨开发区国税局办税大厅。

差了近60个百分点。

【税收弹性系数】 实现地区生产总值1487.65亿元，同比增长8.6%；宁德国税系统组织税收收入增长9.5%，税收弹性系数为1.1，税收与经济同步协调增长。

【分征收单位税收情况】 从增长情况看，十个征收单位四增六减，按增幅从高到低依次为：东侨（45.9%）、福鼎（10.3%）、蕉城（10.1%）、周宁（2.7%）、福安（-2.9%）、屏南（-6.4%）、霞浦（-8.3%）、柘荣（-8.9%）、寿宁（-11.4%）、古田（-13.8%）。从贡献情况看，东侨、福安、福鼎和蕉城等4个收入大局合计入库税款44.86亿元，占税收收入总额的79.9%，增收5.87亿元，占税收增收总额的120.9%。从完成进度看，除东侨和福鼎完成年初计划外，其余8个县级国税局均能完成调整后计划。

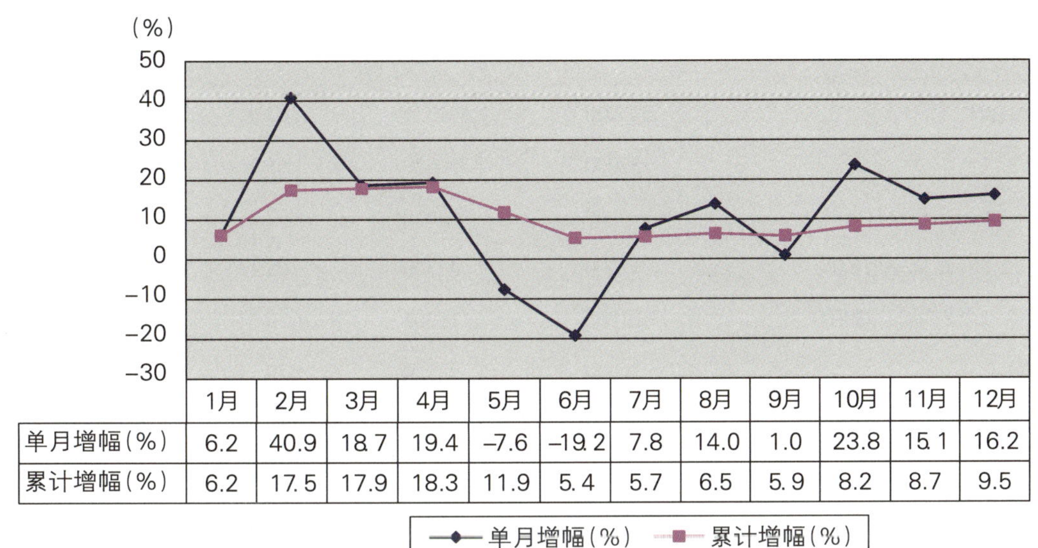

	1月	2月	3月	4月	5月	6月	7月	8月	9月	10月	11月	12月
单月增幅(%)	6.2	40.9	18.7	19.4	-7.6	-19.2	7.8	14.0	1.0	23.8	15.1	16.2
累计增幅(%)	6.2	17.5	17.9	18.3	11.9	5.4	5.7	6.5	5.9	8.2	8.7	9.5

图1　宁德市税收收入分月份增长情况（2015年）

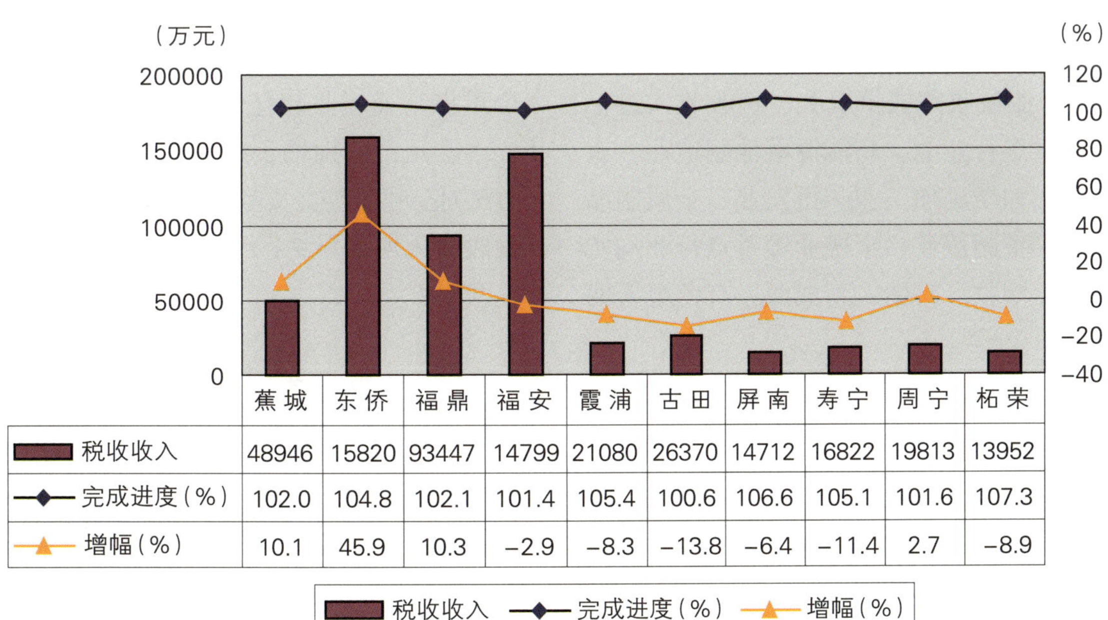

	蕉城	东侨	福鼎	福安	霞浦	古田	屏南	寿宁	周宁	柘荣
税收收入	48946	15820	93447	14799	21080	26370	14712	16822	19813	13952
完成进度(%)	102.0	104.8	102.1	101.4	105.4	100.6	106.6	105.1	101.6	107.3
增幅(%)	10.1	45.9	10.3	-2.9	-8.3	-13.8	-6.4	-11.4	2.7	-8.9

图2　宁德市税收收入分县（市）完成情况（2015年）

【分税种税收完成情况】 国内增值税入库35.05亿元，增收2.19亿元，同比增长6.7%，增收贡献率达45.2%，拉动税收增长4.3个百分点。企业所得税入库16.37亿元，增收2.1亿元，同比增长14.7%，增收贡献率43.2%，拉动税收增长4.1个百分点。消费税入库2.82亿元，增收1.23亿元，同比增长77.1%，增幅居各税种之首。受2015年10月起排量1.6升以下车辆购置税减半征收影响，车辆购置税全年入库1.88亿元，减收6689万元，同比下降26.2%。

表35　　宁德市国税局税收收入分税种完成情况（2015年）

单位：万元

税　种	年度计划	累计完成数			
		税　额	占年度计划（%）	比上年同期增减	
				税　额	增减（%）
税收收入合计	545000	561335	103.0	48522	9.5
1. 增值税	357000	350520	98.2	21944	6.7
其中：（1）增值税直接收入	310000	303020	97.7	13444	4.6
（2）免抵调增增值税	47000	47500	101.1	8500	21.8
附：“营改增”增值税	21000	15906	75.7	1657	11.6
2. 消费税	16600	28230	170.1	12291	77.1
3. 企业所得税	146300	163738	111.9	20976	14.7
其中：（1）内资企业	135300	141669	104.7	13121	10.2
（2）外资企业	11000	22069	200.6	7855	55.3
4. 利息所得个人所得税					
5. 车辆购置税	25100	18848	75.1	−6689	−26.2

【分产业税收完成情况】 税收收入过亿元的13个重点行业中，新能源电池制造业、有色金属冶炼和压延加工业、批发业、金属制品业、通用设备制造业、金融业等重点行业均实现不同程度增收。其中：新能源、有色金属两个重点行业增收超亿元，分别增收4.47亿元和1.23亿元，分别增长218.5%和41.9%，合计增收5.7亿元，增收贡献率达117.4%，拉动全市税收收入增长11.2个百分点。

表36　　宁德市国税局税收收入分行业完成情况（2015年）

单位：万元

序号	项　　目	税收收入	增减额	增减（%）	增收贡献率（%）	增长拉动率（%）
	合　计	533021	57798	12.20	119.1	11.3
1	电力、热力生产和供应业	138604	−6100	−4.2	−12.6	−1.2

续表

序号	项　　目	税收收入	增减额	增减（%）	增收贡献率（%）	增长拉动率（%）
2	批发业	70218	8355	13.5	17.2	1.6
3	新能源电池制造业	65119	44673	218.5	92.1	8.7
4	有色金属冶炼和压延加工业	41591	12278	41.9	25.3	2.4
5	金融业	25155	1718	7.3	3.5	0.3
6	电气机械和器材制造业	24902	575	2.4	1.2	0.1
7	黑色金属冶炼和压延加工业	20948	626	3.1	1.3	0.1
8	零售业	15847	-2347	-12.9	-4.8	-0.5
9	通用设备制造业	12657	2582	25.6	5.3	0.5
10	农副食品加工业	12465	-2352	-15.9	-4.8	-0.5
11	电信业	11118	590	5.6	1.2	0.1
12	金属制品业	10429	3655	54.0	7.5	0.7
13	非金属矿物制品业	10191	-957	-8.6	-2.0	-0.2
14	橡胶和塑料制品业	9946	-1898	-16.0	-3.9	-0.4
15	房地产业	9498	-2853	-23.1	-5.9	-0.6
16	商务服务业	6888	3630	111.4	7.5	0.7
17	医药制造业	6005	781	14.9	1.6	0.2
18	食品制造业	5148	632	14.0	1.3	0.1
19	酒、饮料和精制茶制造业	5021	-15	-0.3	0.0	0.0
20	化学原料和化学制品制造业	3932	-182	-4.4	-0.4	0.0
21	道路运输业	3694	-19	-0.5	0.0	0.0
22	土木工程建筑业	3116	1137	57.5	2.3	0.2
23	木材加工和木竹藤棕草制品业	2937	63	2.2	0.1	0.0
24	船舶制造业	2577	-3811	-59.7	-7.9	-0.7
25	皮革业	2522	-212	-7.8	-0.4	0.0
26	专业技术服务业	1797	53	3.1	0.1	0.0
27	非金属矿采选业	1687	-330	-16.3	-0.7	-0.1
28	其他服务业	1552	285	22.5	0.6	0.1
29	房屋建筑业	1549	29	1.9	0.1	0.0
30	仪器仪表制造业	1381	530	62.3	1.1	0.1
31	汽车制造业	1192	-298	-20.0	-0.6	-0.1
32	纺织服装、服饰业	1168	133	12.9	0.3	0.0
33	农业	1139	707	163.8	1.5	0.1
34	有色金属矿采选业	1025	-3861	-79.0	-8.0	-0.8

【重点税源税收情况】 465户纳税百万元以上重点企业共入库税款45.81亿元（含免抵调），占税收收入总额的81.6%，增收4.73亿元，同比增长11.5%，占税收增收总额的97.5%，增幅超过全市平均税收增幅2个百分点。其中：宁德时代新能源科技股份有限公司、福建省烟草公司宁德市公司、福建宁德核电有限公司、宁德新能源科技有限公司、福建鼎信镍业有限公司、福建鼎信实业有限公司等6户重点企业增收超5000万元，合计入库税款19.6亿元，增收8.59亿元，税收贡献率和增收贡献率分别达34.9%和177.1%，拉动税收收入增长16.8个百分点。

表37　　宁德市国税局重点税源税收收入完成情况（2015年）

单位：万元

序号	纳税人名称	本期	上年同期	增减额	增减（%）
	入库前十位				
1	福建省烟草公司宁德市公司	52422	37255	15167	40.7
2	福建宁德核电有限公司	38377	25055	13321	53.2
3	福建大唐国际宁德发电有限责任公司	37019	47863	-10844	-22.7
4	宁德时代新能源科技股份有限公司	35495	358	35137	9813.2
5	宁德新能源科技有限公司	29623	20088	9536	47.5
6	福建鼎信实业有限公司	22661	16798	5863	34.9
7	福建鼎信镍业有限公司	17417	10504	6913	65.8
8	国网福建省电力有限公司宁德供电公司	12454	11732	722	6.2
9	闽东水电开发有限公司	8633	7857	775	9.9
10	福建鼎信科技有限公司	5843	3902	1941	49.8
	小　计	259945	181412	78532	43.3
	增收前十位				
1	宁德时代新能源科技股份有限公司	35495	358	35137	9813.2
2	福建省烟草公司宁德市公司	52422	37255	15167	40.7
3	福建宁德核电有限公司	38377	25055	13321	53.2
4	宁德新能源科技有限公司	29623	20088	9536	47.5
5	福建鼎信镍业有限公司	17417	10504	6913	65.8
6	福建鼎信实业有限公司	22661	16798	5863	34.9
7	福建鼎信设备制造有限公司	3749	898	2851	317.4
8	福建鼎信科技有限公司	5843	3902	1941	49.8
9	闽东赛岐经济开发区福华轧钢有限公司	4908	3202	1706	53.3
10	福建钦龙食品有限公司	2502	1215	1287	105.9
	小　计	212998	119276	93722	78.6

【出口退（免）税情况】 办理出口退（免）税24.75亿元，增加7.25亿元，同比增长41.4%，其中：直接出口退税20亿元，增加6.4亿元，同比增长47.1%；免抵调库4.75亿元，增加8500万元，同比增长21.8%。

征收管理

【税务登记】 截至年底，宁德市国税局税务登记户数74766户，其中企业户数37087户，个体工商户37679 户，一般纳税人9156户。

【征管基础建设】 围绕“征管流程标准化、征管方式集约化、征管手段信息化和征管组织绩优化”的目标，以试行税收征管规范为抓手，以风险管理为导向，以信息化为支撑，开展业务探索，推进税收现代化建设。落实税收征管规范，成立领导小组，制定实施方案，搭建“市局统一领导，部门共管齐抓，征管组织协调，各级各负其责，全员广泛参与”的工作机制，推进《全国税收征管规范（1.0版）》落实。加强税收征管基础建设，完善问题反馈机制，提升征管部门综合统筹协调能力。健全纳税人自主申报制度，建立事前税务风险管理机制，制定纳税人风险信息发布制度，促事后评查为事前遵从。推进信息化建设，强化网络与信息系统数据安全性，着力提高系统运行的可靠性、稳定性，做好金税三期工程上线准备和推行工作。进一步理顺征管职责，加强衔接配合，完善现行征管模式，提升税收征管质量。

【税收风险管理】 创新行业税收管理，完善行业税源监控模型，继续建立若干个行业税收管理办法，指引行业规范管理；创新基础管理，完善下户评估、稽查、核查等工作中的基础信息核实采集机制，完善向网络申报纳税人推送基础信息核对反馈机制。完善风险管理运行架构和应对手段，推动政府牵头搭建部门涉税信息交换平台。继续落实《宁德市国税局纳税评估绩效考核办法》，加强纳税评估绩效考核，加大其在绩效管理中的分值比重，构建绩效评价双向的风险管理平台，提升纳税评估质效，全年下达9期评估任务，共查补入库税款8211.5万元，占同期税收直接收入的1.6%；辅导纳税人自查补税9571.50万元，占同期税收直接收入的1.86%；其中地方金融企业（农村信用社）风险应对案例获得省国税局好评。

【发票管理】 加强增值税专用发票、增值税普通发票、农产品收购发票“三票”管理。做好增值税发票系统升级版推行工作，采取成立领导小组、建立工作机构、充实岗位人员、强宣传辅导、内外集中培训、核实推行范围、统一推行计划、分类分批集中实施、明确发票衔接与转换、细化升级流程、加强服务监管、拓展数据分析思路、制订应急预案、落实重大事项报告、推行工作监督、两级三层实时监控等16项措施，确保增值税发票系统升级版顺利推行。8月，提前完成存量一般纳税人和存量小规模纳税人总计10589户的推行任务。其中，共推行存量一般纳税人5621户、存量小规模纳税人2197户、新认定一般纳税人685户、新认定小规模纳税人2086户，总计10589户。加强抵扣凭证审核检查系统不符票和认证系统认证失控票监督管理，按旬提取不符票和失控票数据，下发各单位开展审查核实，防范税收风险和税务执法风险。建立增值税发票的电子底账，治理虚假发票和堵塞偷骗税。

【减免税管理】 共办理出口退税24.75亿元，增加7.25亿元，同比增长41.4%，其中，直接出口退税20亿元，增加6.4亿元，同比增长47.1%；免抵调库4.75亿元，增加8550万元，同比增长21.8%。加快退税申报、审核以及退税办理进度，5月1日，取消报送纸质报关单，

推行出口退税远程预审，缩短工作流程，帮助企业缓解流动资金压力。落实生产企业审批权下放工作，确保退税审批下放工作稳妥、无误交接。落实《全国税务机关出口退（免）税管理工作规范1.0版》，按照“工作规范”中的10个岗位要求和制约机制，对出口退税管理岗位进行重新定岗定人定责，制定市国税局落实“工作规范”岗位设置一览表，保证出口退（免）税工作正常运行。加强出口退税函调工作的管理，确立“均衡部署、按日跟踪、按周通报”的工作原则，建立函调核实工作台账；做好函调监控工作，每周定期发布回函到期提醒信息，出口货物税收函调按期回函率达到100%。利用第三方数据开展出口退税预警评估工作，防范和打击骗取出口退税违法行为。

【税收信息化】 做好相关设备的软件、硬件等维护运行工作，不断提高信息化日常管理水平。做好“CTAIS2.0系统”维护工作，做好系统补丁升级工作，清理“CTAIS2.0系统”中的垃圾数据和保障“CTAIS2.0系统”的正常运转。做好计算机网络与信息安全保障工作，所有的桌面终端都安装桌面安全防护系统和反病毒软件，注册率达100%，并定期对计算机设备进行跟踪、检查、查杀病毒，加强对各类信息安全事件的监测预警，发现和处理安全隐患。

税种管理

【增值税管理】 加强增值税一般纳税人管理， 关注一般纳税人资格认定由审批制改为登记制，加强新增一般纳税人认定后续管理。建立增值税一般纳税人“一窗式”申报比对异常处理提示、跟踪、反馈制度，防范税收风险。1月1日，对全市茶业加工企业一般纳税人增值税“双向预警”管理，即按不同茶叶品种核定投入产出率和进销差价预警值，实现数量和价格双向预警监控。做好“营改增”工作，全市应申报“营改增”纳税人5793户，比2014年增加1628户，增长39.1%，其中：一般纳税人575户，比2014年增加152户；小规模纳税人5218户，比2014年增加1476户。“营改增”企业入库增值税1.59亿元，增收1645万元，同比增长11.5%。落实小微企业增值税优惠政策，为小微企业减免增值税1.21亿元。

【企业所得税管理】 抓好所得税汇算清缴工作，推广使用企业所得税新申报表，针对企业所得税政策多、变化快、申报难度大的特点，除通过常规的网络、报纸以及县国税局相关业务部门专门组织的业务培训等媒介外，各税源管理科还通过组织业务骨干，加班加点，对基础相对薄弱的企业相关工作人员进行一对一的约谈式辅导，帮助纳税人掌握企业所得税程汇算政策、管理制度、工作流程以及申报表的填报。推进税源分类管理，加强预警指标控管和考核，夯实企业所得税征管基础；完善税收优惠基础台账，分别建立过渡期税收优惠、高新技术、研发费加计扣除等8个类别的税收优惠管理台账，全面贯彻落实小型微利企业税收优惠，减免小微企业所得税2243.43万元，优惠面达100%。

【消费税管理】 入库消费税3216万元，完成年度计划的170.1%，同比增收12291万元，增长77.1%。加强消费税管理，落实好消费税分税目改革工作。消费税分税目改革涉及宁德市的主要是烟草批发企业以及电池、涂料生产企业。除烟草行业外，共有8户生产电池纳税人，16户生产涂料纳税人。采取措施认真细致做好相关改革工作，确保消费税分税目改革顺利到位。

【车辆购置税管理】 加强对政策与实务操作培训，规范车辆购置税管理。2015年，征收车辆购置税18848万元，同比减收6689万元，下降26.2%。

【大企业和国际税收管理】 对45户国家税务总局定点联系企业在宁德市的100户成员单位，完成其每月申报资料数据采集上报的工作。对省国税局定点联系企业在宁德市的2户成员单位，加强对其的日常纳税辅导及税收监控等工作。加强大企业和国际税收管理，应对大企业涉税诉求，提高大企业税收遵从度。完善与地税、外经贸局、工商局等有关部门定期联系制度，实现信息全面共享，以此加强非居民企业股权转让所得税管理，防范利用低价、平价和间接转让手段逃避税行为。以非居民税源监管为重点，强化非居民企业股权转让信息的搜集、分析、应对，防止税收流失。强化关联企业申报工作，加强反避税跟踪管理，根据日常申报资料，筛选出利润率偏低的企业进行纳税调整辅导。

税收法治

【依法行政】 加强依法行政工作，按照简政放权、规范管理的原则，落实行政审批改革和权力清单制度，厘清税收执法权力事项和权力依据，做到清理、公开发布，推进权力公开透明运行，实现清单之外再无权力，接受社会和群众的监督。探索推进工商营业执照、组织机构代码证和税务登记证“一照一码”改革工作，6月1日，在全市范围实行登记办理“一照一码”，在东侨区国税局发出全市首张“一照一码”证件，实现“一照一号”模式。

【规范税收执法】 树立规范执法就是最佳服务的理念，进一步规范进户执法工作，对进户执法事项实行统筹安排，建立国税、地税稽查联席制度，加强双方配合协作，既提高双方稽查效率，又解决对纳税人“多头执法”“重复检查”的问题；执行《福建省税务行政处罚裁量权基准适用规则》和《福建省税务行政处罚裁量权基准》，加强执法考核和责任追究，确保行政处罚程序合法、事实清楚、公平公正；探索推进“法治税务示范基地”建设，做好“六五普法”工作，妥善处理各类税务复议和诉讼案件，防范执法风险。

纳税服务

【加强办税厅建设】 落实涉税事项“一窗通办”“全市通办”“免填单”“缺件备忘”等服务，拓展ARM自助办税设备应用，在东侨区国税局、蕉城区国税局、福安市国税

▲2015年6月29日—30日，宁德市多家主流媒体对宁德国税开展“三转一加强”活动情况进行联合采访。

局、福鼎市国税局等地使用ARM自助办税设备，进一步方便纳税人。落实好办税服务及管理制度，执行首问责任制、一次性告知、导税服务、全程服务、预约服务等服务制度。持续推进办税服务厅规范化建设，按照统一要求建设“办税厅服务管理监控系统”，进一步提升办税服务效能及管理水平。积极探索“互联网+税务”模式，进一步提高网上办税利用率，全市企业网上申报率达到92%。

【“便民办税春风行动”】 弘扬“马上就办、办就办好”的精神，制定《宁德市国家税务局关于深入开展“便民办税春风行动”的意见》，分批推出税收业务工作规范、税收执法权力清单、税务行政审批制度改革、税收优惠政策落实、建立纳税人学堂、大企业税收

▲2015年6月23日，宁德市国税局、地税局与宁德市邮政储蓄银行共同签订“税贷通合作协议”。

服务、“走出去”企业税收服务、提高服务效率、完善多元办税、深化国地税合作、清理规范收费等4大类11项33条具体措施，进一步方便纳税人。

【落实纳税服务规范】 全面推行纳税服务规范，在2014年10月份全面推行《全国县级税务机关纳税服务规范（1.0版）》的基础上，探索和总结经验做法，不断完善提升，按上级统一部署，2015年3月，实施《全国税务机关纳税服务规范（2.1版）》，7月，升级到规范2.2版，按照“流程更优、环节更简、耗时更短、效果更佳”的要求，在贯彻依法治税、深化简政放权、缩减审批事项、下放部分审批权限等方面实现升级改进，为纳税人提供优质、便捷、高效、统一的办税服务，以“最大限度规范税务人行为，最大限度方便纳税人办税”。

【咨询辅导服务】 整合咨询服务资源，构建12366纳税服务热线、门户网站、办税厅咨询岗“三位一体”的专业咨询服务格局，为纳税人提供统一的咨询服务；拓展办税宣传服务渠道，利用宁德国税网、国税微信、税企QQ群、办税大厅LED电子显示屏、电子触摸屏及12366纳税服务热线等媒质，宣传税收政策和涉税流程，方便纳税人了解有关事项。开展纳税人分类培训、辅导，完善实体纳税人学堂建设，利用实体及网上纳税人学堂，加强对纳税人的分类培训及辅导，并针对纳税人的特点及业务需求，提供涉税业务个性化服务。全年通过实体纳税人学堂共举办67期纳税人培训，共为纳税人提供免费培训6210人次。

【纳税人信用等级评定】 按照国家税务总局《纳税信用管理办法》，3月，国税、地税联合开展2014年度纳税人信用等级评定工作，4月，完成全市纳税人信用等级评定工作，其中信用为A级的共有96户，并按照守信激励，失信惩戒的原则，对不同信用级别的纳税人实施分类管理。

【开展“银税互动”】 联合地税部门

与邮储银行宁德市分行签署"税贷通"合作协议、与建设银行宁德市分行签署"税易贷"合作协议，各县（市、区）国税局拓展税银互动业务，与当地金融部门合作，共同搭建"银税互动"平台，共享纳税人信用情况信息，为小微企业融资贷款服务。全市有121家中小企业通过"税贷通"和"税易贷"等渠道共获得8413万元贷款。

▲2015年8月13日，宁德市国税局、地税局与宁德市建设银行共同签订小微企业"银税互动——税易贷合作协议"。

【保护纳税人权益】 加强纳税人需求的动态管理，成立"一把手"为组长、相关部门负责人为成员的"加强纳税人满意度调查工作领导小组"，明确职责，齐抓共管，共同落实好纳税服务、税收征管、政策落实等方面工作，整体推动纳税人满意度的提升。落实《纳税服务投诉管理办法》及《宁德市国家税务局纳税人维权服务管理办法（试行）》，发挥纳税人维权服务中心的作用，畅通投诉受理渠道，及时受理、调查、处理、反馈纳税人维权事项，全年共办理纳税人维权事项87件（其中消费者投诉商家未开发票78件），处理满意率、及时率均达100%。

【税法宣传】 以"新常态、新税风"为主题，筹划和开展第24个全国税收宣传月活动，与《闽东日报》协作，加强日常税收宣传，宣传报道国税系统组织税收收入、落实税收政策、创新服务管理等情况，解读税收政策，营造优良的外部环境，树立良好的国税形象。与宁德师范学院附属小学协作，开展税法进校园灯谜竞猜活动，丰富校园税法宣传阵地，推动税法宣传进校园进课堂；开展税

▲2015年4月24日，宁德市国税局、东侨区国税局与宁德师范附属小学联合开展"我学税法我成长"活动。

法进工业园灯谜竞猜活动，解读税收政策，倾听企业诉求，提高纳税人满意度。开展“便民办税春风行动”主题采风活动。与市文联协作开展“便民办税春风行动”主题采风活动。突出宣传闽东最美税务人，讲述基层税务人的精彩故事，提升税务先进典型宣传，并将采风情况编印成册，传播闽东国税正能量。做好市人大代表政协委员建议（提案）的答复，认真做好政府办、发改委、经贸局等部门有关政策规定征求意见稿的回复工作。认真开展税务行政复议应诉案件情况分析，加强和改进税务行政复议应诉工作。

▲2015年12月4日，宁德市国税局、市地税局围绕“依法诚信纳税，共建和谐社会”活动主题，开展以宪法为核心，诚信纳税为重点的法治宣传教育活动。

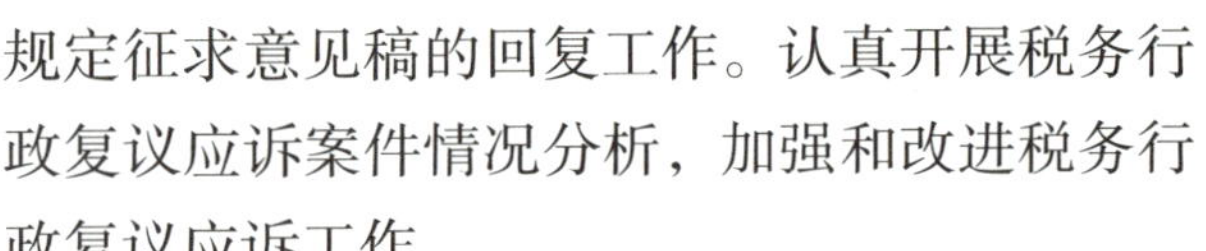

税收检查

【查处税收违法案件】 全市稽查直接查补入库税款7663万元，增收266万元，同比增长3.6%，占同期工商税收收入总额的1.55%，超过省国税局1.1%的考核要求，得到省国税局肯定。各县（市）国税局均达到1.1%的考核指标要求，其中福安市国税局、柘荣县国税局和寿宁县国税局位列前三。霞浦县国税局、古田县国税局、周宁县国税局和柘荣县国税局，在市国税局对县级国税局绩效考核中并列第一。

【专项检查及专项整治】 有针对性地对资本交易、电信业“营改增”、黄金交易企业、房地产及建筑安装业、营利性教育培训机构等项目进行专项检查再部署。组织精干力量组成检查组赴南平市对房地产企业开展交叉检查，取得成效，受到省国税局肯定；同时配合平潭、泉州检查组做好对宁德的交叉检查工作。全年共检查企业户数40户，查结29户，有问题户数28户，移送司法机关1户，共查补入库3692.72万元，其中增值税267.27万元，企业所得税3029.29万元，滞纳金361.64万元，罚款34.52万元。自查查补入库1.7万元。

【大案要案查处】 针对国家税务总局和公安部下发的38户涉案企业的相关信息，与市公安局联合下发《关于开展打击利用黄金交易虚开增值税专用发票违法犯罪专项行动的通知》，对工作目标、工作重点、工作要求和工作阶段要求进行部署。通过公安部门“资金查控平台”提供的资金流信息和“经侦情报工作平台——2015黄金票专项”的资金环路信息分析，双方联合到北京、天津、宁夏、深圳等地调查取证，摸清涉案企业的黄金发票、资金往来和货物流向，并结合深圳“海浪1号”案件，打开“黄金案”查处的突破口，立案查处4户，已追缴税款108.16万元。

【打击发票违法犯罪】 对金融保险、房地产、商业批发与零售、药品与医疗器械、餐饮娱乐、加工制造、中介机构等行业发票使用情况进行检查。全市共检查违法企业59户，发现违法取得发票557份，涉及金额2072.28万元，查补各项收入共计420.24万元，其中：税款340.13万元、罚款25.08万元、滞纳金55.03万元，超额完成省局年初下达的任务。

【协查系统运行】 协查系统共发出委托协查15起，委托方户数16户，发票份数113份，金额829.98万元，税额126.12万元。委托收到协查发票114份，属于正常票18份，有问题发票50份，无法核实发票46份，委托选票准确率为73%。收到属于有疑问的受托协查23起，受托方户次23户次，受托协查发票245份，金额2118.7万元，税额345.20万元，按期回复率为100%。收到属于已确定虚开的受托协查9起，受托方户次13户次，受托发票533份，金额8250.52万元，税额1402.59万元，按期回复率100%。

【举报案件管理】 执行《税务违法案件举报管理办法》各项规定，共受理税收违法检举案件18件，其中：省国税局交办税收违法检举案件7件；市国税局转办税收违法检举案件2件；福州市国税稽查局转办税收违法检举案件1件；市稽查局受理的税收违法检举案件7件；县（市）稽查局受理的税收违法检举案件1件。共查补税款38.72万元、滞纳金3.70万元、罚款19.36万元，合计61.78万元，已全部入库。

机构队伍

【机构设置】 市国税局机关设置14个内设科室、1个直属单位（稽查局，副处级单位）、3个事业单位（培训中心、机关服务中心、信息中心），下辖蕉城区国税局、东侨区国税局、福安市国税局、福鼎市国税局、霞浦县国税局、古田县国税局、屏南县国税局、寿宁县国税局、周宁县国税局、柘荣县国税局等10个县（市、区）国税局。所辖10个县（市、区）国税局共设置76个内设科室、41个直属单位。

【编制人员】 市国税系统共有行政编制931个（含4个国地税未分设县的地税编制147个），实有公务员906人，缺编25人；共有事业编制108个（含4个国地税未分设县的地税编制12个），实有事业编制人员10人，工人41人，缺编57人。

【班子建设】 把加强领导班子建设放在重中之重，坚持把加强和改进班子自身建设放在突出位置。依托党组会议、党组中心组（扩大）会议、局务会议加强政治理论学习，坚持用中国特色社会主义理论体系武装头脑，把党的执政理念转化为领导干部的从业意识和职业操守，全面提高领导班子的执政能力。加强民主集中制建设，落实党组议事规则，发挥班子的整体合力和集体领导作用。全面抓好县级国税局班子建设，从学习教育、履行职责、监督制约、维护团结、改进作风等方面提出明确要求，努力提高基层领导班子治税理政能力。强化管理监督，扎实推进巡视、年度考核、述职述廉等工作，促进领导干部规范用权和勤政廉政。做好干部选拔任用工作，共选拔任用副科级领导干部3人，调整正科级领导职务2人、副科级领导职务18人。

【人员招录】 新录用15名公务员，均按照职位设置分配至各县级国税局；正常退休11人，提前退休4人，辞退调出及其他减员8人。

【干部队伍建设】 实施人才兴税战略，共建立18个全市国税系统各类专业人才库。加强人才培养，对取得“三师”资格人才和全国领军人才给予一定的物质奖励，引导和激励干部职工成长成才，有2位同志获评为全国税务系统领军人才。进一步加大教育培训力度，组织开展好各类培训和岗位练兵，举办税收业务知识竞赛，营造“学业务、精业务、比业务”的氛围。加快培养急需和紧缺人才，全市共组织和参加各类培训班167期、培训9168人次，其中，市国税局机关共组织和参加各类培训班17期、培训869人次，提高干部队伍素质和履行岗位能力，营造崇学尚学、好学上进的氛围。

【思想政治工作】 加强和改进思想政治工作方式方法，推行和落实“五必谈”做法、“五必访”制度，为新常态下全面提高全局党员干部职工思想政治素质和推进税收工作现代化提供强大的思想保证。成立由党组书记、局长翁浩为组长，其他班子成员为副组长，各科室负责人为成员的齐抓共管的思想政治工作领导小组，下发《2015年全市国税系统思想政治工作要点》，完善工作制度和措施。建立全市国税系统思想政治工作联席会议制度，下发《宁德市国税系统思想政治工作联席会议制度》，规定每年至少召开1次联席会议，专题研究部署思想政治工作。组织开展思想政治工作研讨活动，收到调研文章23篇。10月，举办首次思想政治工作经验交流暨理论研讨会，进一步凝聚思想共识，构建和谐有为的国税团队。

【绩效管理】 从制度机制层面对组织机构、绩效计划指标、过程管理、绩效考评、结果应用等环节进行规范、明确，打造“工作项目化、项目指标化、指标责任化”的工作索链，设置“绩效管理有目标、目标执行有监控、执行情况有考评、考评结果有运用”的管理闭环，具体设置65项年度绩效目标任务指标，覆盖31项重点任务，并制定定期通报制度、机关自评制度和台账管理等各项制度，建立以“过程控制”为重点的绩效管理运转机制，推进绩效管理工作稳步有序运行，形成“全面覆盖、全员参与”的运行格局。同时，强化绩效考核结果运用，发挥考核的正向激励和负面鞭策作用，发挥绩效管理“指挥棒”的作用。

【落实党风廉政建设主体责任】 召开全市国税系统党风廉政建设工作会议，全面部署全年党风廉政建设和反腐败工作，层层签订党风廉政责任书；将年度任务分解成10大类32项，明确分工；制作落实主体责任工作台账和工作清单共5类24项，按序时进度推进工作任务；4月，市国税局党组成员带队，到10个基层单位检查“三个文件”的贯彻落实情况，听取基层单位对落实好“两个责任”的意见和建议，确保责任传导落到实处。坚持党风廉政建设责任制执行情况专题报告，按时组织局内各单位和下级党组汇报落实主体责任情况、听取纪检监察部门履行监督责任工作汇报；坚持党风廉政建设形势定期分析，总结交流工作重点、难点和队伍廉政状况；落实主要负责人述责述廉制度，全年组织领导干部述职述廉70人次；落实廉政谈话制度，强化责任意识，全年纪检组负责人同下级单位主要负责人谈话10人次，任前廉政谈话21人次，诫勉谈话12人次。党组书记与下级单位主要负责人进行廉政谈话10人次。

【强化监督制约】 对权力运行的重点领域和关键环节，进行管理监督，促进权力规范运行。按法定权限程序履行职责，公开市国税局行政审批事项3项、县级国税局行政审批事项14项；规范进户执法，共取消29项进户执法项目；对下属4个县级单位展开执法督察和执法监察重点检查，发现问题并追究责任计505人次，其中批评教育267人次，责令做出书面检查9人次，通报批评11人次，经济惩戒218人次、金额4340元；通过税收执法管理系统监察立项109项，并全部办结。组织学习《巡视工作条例》，共开展《条例》学习77场次，深化对巡视监督定位的认识。共对2个县级党组开展巡视检查，主要从班子建设和出口退税、车辆购置税、企业所得税核定征收、企业所得税签证报告、税务师事务所名脱暗不脱等关键环节着手进行检查，发现各类问题41项，提出整改建议18条。推进内控信息化升级版建设，全年共推送风险事件1006件，其中事前预警事件311件，事中监控事件21件，事后核查事件674件，转纪检监察部门2件，全市国税系统核查任务均按规定时限100%完成。监督各级领导干部执行《廉政准则》及其实施办法、税务系统领导干部廉洁从政“八不准”、个人有关事项报告、税务系统领导干部婚丧喜庆事项报告等制度规定，共受理《领导干部办理婚丧喜庆事宜报告表》15份，未发现违规操办情况。

【作风建设】 执行中央八项规定，厉行勤俭节约，反对铺张浪费，执行公务接待、公车管理，严控“三公”经费开支。注重节前教育，发通知、出禁令、早提醒，营造廉洁过节氛围。执行“月报告”“双签字背书”、重大问题24小时内报告等制度。组成督查组，对5个县级国税局进行重点抽查，进一步规范公务行为。全市共查处违反八项规定案件1件，辞退处理1人，诫勉谈话1人，批评教育3人，并予以通报曝光。开展全市范围的明察暗访，被察访单位10个，对发现存在的问题进行通报，各县级国税局自主开展明察暗访87次，通报存在问题8起，机关作风明显改进。

【查办违纪案件】 规范信访举报受理和问题线索处置，落实信访线索集体排查，加强问题线索核查，遵守办案程序和办案纪律，依纪依法安全办案，提高案件查办的质量和效率。加强对查办案件工作的督促检查，定期反馈和通报情况，督促下级纪检监察部门加大问题线索核实和案件查办工作力度，提高办案效率。2015年，共受理群众信访举报19件次，重复件6件次，其中，市国税局自收信访件9件（次），省国税局转办信访件10件（次）。对信访举报反映问题线索全部开展初核（12件）和函询（1件），目前已办结9件，4件正在核实。是年，共处理干部24人次，其中，给予记大过处分2人，记过处分1人，警告处分1人，给予党内严重警告2人，给予效能告诫 1人，进行诫勉谈话 12人次，给予批评教育5人次，同时对查处案件在全市范围内进行通报进行警示教育。

▲2015年8月5日，宁德市国税局与宁德市纪委监察局联合举办的“学党章、守纪律、讲规矩”知识竞赛决赛在宁德举行。

【党风廉政教育】 与市纪委联合举办“学党章、守纪律、讲规矩”知识竞赛，扩大国税系统在社会的影响力。通过机关主页廉政栏目、短信、微信平台、各类会议等方式在日常工作中和节假日等不同时点，将有关廉政规定、制度、和文件通报等传递给广大干部职工。通过利用省国税局廉政文化平台开展在线测试、市国税局党组书记上廉政教育课、邀请市检察院领导开展预防职务犯罪讲座、组织党员干部职工前往反腐倡廉教育基地接受廉政教育、组织干部观看廉政主题电影和检察机关原创微电影等多种方式引导干部职工切实筑牢廉政思想防线。推进廉政文化建设，完善市国税局在柘荣县国税局建立的“剪韵廉风”省级廉政教育展厅的建设，开展全市各单位楼宇文化建设。

【“三严三实”专题教育】 5月26日，启动“三严三实”专题教育，下发专题教育实施方案，明确具体的任务书、时间表和路线图，做到高站位谋划部署、高标准严格要求、高质量协调推进。成立宁德市国税局党建工作领导小组，下设两个领导小组办公室，确保组织领导到位、活动落实到位。市国税局党组书记主持集体学习8次，专题研讨三次，完成“严以修身、严以律己、严以用权”三个专题的学习研讨，并带头讲“三严三实”专题党课；其他党组成员也在所在党支部给党员干部讲“三严三实”专题党课，形成浓郁的学习氛围。同时，向党政机关、国税系统各级党组织发放征求意见函30封，利用网络平台征集意见建议126人次，召开机关干部代表座谈会、纳税人意见征集座谈会等多场座谈会，共征集意见45条，梳理归并为30条。市国税局党组召开专题会议，对征集到的意见建议进行会诊，提出努力方向，并将具体意见建议分解给机关各科室，由分管领导牵头负责，逐一进行整改落实。“三严三实”专题教育历时9个月，完成专题教育任务。

【党组织建设】 落实党建工作责任制，成立宁德市国税局党建工作领导小组，市国税局机关党建办公室设在市国税局机关党委办公室，基层党建办公室设在市国税局人事教育科，推进全市国税系统党的建设。加强基层党建工作，9月，在宁德市行政学院举办基层党组织书记培训，共有来自全市国税系统的54名基层党支部书记参加培训。强化各级党组织管党意识，落实基层党建工作“书记抓、抓书记”责任，12月15日，召开宁德市国税系统县级国税局党组书记抓基层党建工作述职评议大会，推动和深化党建工作。严格党内生活，落实“三会一课”、党员学习、民主评议党员等各项制度，加强对党员的纪律规矩教育，牢固树立纪律规矩意识，坚决贯彻上级的决策部署，确保政令畅通、令行禁止，努力营造风清气正的政治生态。

【扶贫帮困】 全市国税系统各类赞助捐款达32.5万元。市国税局机关参与地方组织的“扶贫帮困”活动，市国税局机关正科级以上干部每人挂钩扶贫帮困1户，共挂钩29户。同时，市国税局机关和各县级国税局均参与地方组织的挂点帮扶贫困村工作，在自身资金紧张的情况下帮助贫困村修建道路、图书馆等设施，帮助困难群众脱贫致富，扶持农村经济发展。此外，还参与阳光助学、救灾捐款、爱心捐助、爱心妈妈、义务献血等扶贫济困献爱心等活动。

【国税文化建设】 5月，下发《宁德市国家税务局关于举办税收业务知识竞赛的通知》。7月，各县（市、区）国税局代表队参加笔试，共有六支队伍进入9月的决赛，促进干部职工学业务、比技能的积极性，提高整个宁德市国税系统工作人员的业务水平。制定《宁德市国家税务局系列文体活动方案》，7—9月，召开全市国税系统运动会，福安市国税局、古田县国税局、周宁县国税局等单位参与承办篮球、羽毛球、棋牌等项目的竞赛。此外，组织举办国税讲坛，既邀请专家学者前来

▲2015年9月24日，宁德市国税局举办全市国税系统税收业务知识竞赛决赛。

授课，也让学有所获的干部走上讲台与大家分享自己的知识成果，为干部职工提供一个互相学习、互相交流的平台。注重人文关怀，切实帮助解决基层和干部群众反映的困难和问题，努力营造团结、和谐、温暖的国税大家庭，增进干部队伍的凝聚力和向心力。

【精神文明创建】 参与省国税局和当地文明委、工、青、妇等单位开展的先进集体、先进工作者、文明单位、青年文明号、巾帼文明岗等评选表彰活动。做好新一届文明单位、精神文明建设先进单位的创建工作。响应中国妇女十一大发出的“巾帼建新功、共祝中国梦”号召，开展各式各样的活动，与希望小学、残疾人康复中心、贫困村开展爱心帮扶活动，以实际行动展示着当代女税官的精神与风采，3月，东侨区国税局纳税服务科和柘荣县国税局纳税服务科被授予“全国巾帼文明岗”。开展“学雷锋树新风活动”，把纳税服务、学雷锋和志愿者服务结合起来，各单位建立健全志愿服务制度，组织志愿者服务队，持续组织开展志愿者服务活动，参加全市“红十字会”

▲2015年9月15日—16日，全市国税系统运动会象棋、围棋、桥牌项目比赛在古田县举办。

急救宣传活动、文明交通劝导、“关爱农民工快乐返乡”志愿服务等活动。持续开展“身边人、身边事”等先进人物学习宣传活动，把先进典型选树宣传作为推动干部思想进步的重要举措，把榜样树立在群众身边。10月，召开精神文明创建工作推荐会，讨论《宁德市国税系统基层建设工作方案》，市国税局与各县（市、区）国税局签订第八届文明行业创建工作责任状。

行政后勤

【综治平安】 执行《宁德市国税局值班工作制度》《宁德市国家税务局办公大楼消防安全管理制度》《宁德市国家税务局保密工作规则》《宁德市国税系统网络舆情应急处置工作预案》等一系列相关规定制度，做好保卫和值班工作，做好反恐防暴等工作。成立紧急事项应急小组，应对台风、火灾、建筑安全、网络安全、网络舆情等突发事件，坚持定期开展安全检查活动，对检查过程中发现的安全隐患整改到位。做好信访、上访等各类矛盾纠纷的排查和化解工作，对各种矛盾争议做到早介入、早协调、早处置，争取把矛盾解决在萌芽状态，促进社会的平安和谐。

【财务管理】 贯彻中央八项规定精神，落实有关财务管理制度，规范财务行为。加强经费收支管理，执行专项经费开支范围和标准，强化专项经费监督检查。贯彻税务总局《关于进一步加强政府采购指导意见》，改进和规范政府采购管理工作。健全财务管理内控机制，按照“以事定岗、以岗定责、岗责清晰、目标明确”的原则，控制财务风险点。

【后勤服务管理】 规范公务用车，采取车辆集中调度、凭单出车制度，通过科室用车预约、科学安排和加强管理等措施来提高车辆使用效率，防止公车私用。严格按《党政机关公务接待管理规定》和《税务机关国内公务接待管理办法》的规定，规范公务接待管理工作，反对铺张浪费。加强机关食堂管理，确保食品安全，满足干部职工就餐之需。加强固定资产管理，对所有的固定资产、设施设备进行分类、盘点，定期检查、定期保养，对部分损坏的设备进行维修，恢复使用功能；对完全损坏的设备进行盘点，按规定程序进入报废程序，确保财产完整安全。

（供稿：谢正伟）

平潭综合实验区国家税务局

税收概况

【组织税收收入】 2015年，组织入库各项税收收入55080万元，增收8370万元，同比增长17.92%，扣除海关代征后国税部门组织的税收收入完成53317万元，增收6607万元，增长14.14%。完成省国税局全年税收收入任务52000万元的102.53%，超序时进度2.53个百分点。分级次看，中央级税收收入完成32259万元，增收2742万元，同比增长9.29%；地方级税收收入完成22821万元，增收5628万元，同比增长32.7%。

【税收弹性系数】 全区实现地生产总值（GDP）191.11亿元，全年经济呈回暖态势，GDP增速达到12.2%。税收收入（不含海关代征）同比增长14.14%，税收弹性系数为1.16，表明税收与经济同向快速增长，税收增长速度快于经济增长速度。

【分地区税收完成情况】 第一、第二、第三税务分局税收收入入库分别为10390万元、26622万元、10066万元，完成年度计划数的79.92%、115.75%、111.84%。纳税服务科税收收入入库6239万元，完成年度计划数的89.13%（因 2014年4月平潭综合实验区国税局科室调整，三个管征分局均为新设机构，故无同比增减情况）。

【分税种税收完成情况】 增值税、企业所得税平稳增长，消费税、车辆购置税略有减少，呈现“二增二减” 态势。增值税入库22701万元，增收2284万元，同比增长11.19%；企业所得税入库25248万元，增收4965元，同比增长24.48%；车辆购置税入库5359万元，减收638万元，同比下降10.64%；消费税入库9万元，减收5万元，同比下降35.71%。

表38　　平潭综合实验区国税局税收收入分征收单位统计（2015年）

单位：万元

项　目	2015年税收入库		
	本期税额	年度计划	完成进度（%）
第一税务分局	10390	13000	79.92
第二税务分局	26622	23000	115.75
第三税务分局	10066	9000	111.84
纳税服务科	6239	7000	89.13
合计	53317	52000	102.53

表39　　平潭综合实验区国税局税收收入分税种分入库级次统计（2015年）

单位：万元

单　位		税收收入合计	直接税收收入				其中：免抵调库
			增值税	消费税	企业所得税	车辆购置税	
2015年		53317	22701	9	25248	5359	500
上年同期数		46710	20417	14	20283	5997	200
增减额		6607	2284	-5	4965	-638	300
增长（%）		14.14	11.19	-35.71	24.48	-10.64	150.00
其中：中央级	本年	30595	10078	9	15149	5359	474
	上年同期	29523	11342	14	12170	5997	65
	增减额	1072	-1264	-5	2979	-638	409
省级	本年	11	0	0	11	0	0
	上年同期	17	0	0	17	0	0
	增减额	-6	0	0	-6	0	0
县级	本年	22711	12623	0	10088	0	26
	上年同期	17170	9075	0	8096	0	135
	增减额	5541	3548	0	1992	0	-109

【分产业税收完成情况】 第三产业税收比重进一步提高，成拉动税收增长主因。第一、二、三次产业税收分别完成47万元、11356万元、41914万元，其中：第一产业同比增收5万元，增长11.19%；第二产业同比减收3508万元，下降12.6%；第三产业同比增收10110万元，增长31.79%。从行业税收看，软件和信息技术服务、交通运输、租赁和商务服务、建筑业等四大行业增收15912万元，分别增长3564.43%、417.83%、227.34%和96.29%，合计拉动全区税收增长29.84个百分点。非金属矿物制品、电力生产和供应、金融和房地产四个行业减收6813万元，分别下降39.48%、45.76%、16.39%和30.12%，拉低全区税收增长12.78个百分点。具体如下：四大行业税收增收情况。一是软件和信息技术服务业累计税收入库9271万元，增收9018万元，同比增长3564.43%；二是交通运输业累计税收入库6333万元，增收5110万元，同比增长417.83%；三是建筑业税收入库1111万元，增收545万元，同比增长96.29%；四是租赁和商务服务业税收累计入库1784万元，增收1239万元，同比增长227.34。行业税收减收情况。一是非金属矿物制品业税收入库1714万元，同比减收1118万元，下降39.48%；二是电力生产和供应业税收入库3031万元，减收2557万元，同比下降45.76%；三是房地产业税收入库4730万元，减收2039万元，同比下降30.12%；四是金融业税收入库5608万元，减收1099万元，同比下降16.39%。

表40　　平潭综合实验区国税局税收收入分征收单位统计（2015年）

单位：万元

项　目	累计入库		
	本期税额	上年同期	增减（%）
国税税收收入合计	53317	46710	14.14
一、第一产业	47	42	11.9
二、第二产业	11356	14864	-12.6
1. 非金属矿物制品业	1714	2832	-39.48
2. 电力生产和供应业	3031	5588	-45.76
3. 船舶和其他运输设备制造业	4739	4028	17.65
4. 计算机、通信和其他电子设备制造业	216	23	839.13
5. 建筑业	1111	566	96.29
6. 其他	545	1827	-70.17
三、第三产业	41914	31804	31.79
1. 批发和零售业	7676	7975	-3.75
2. 交通运输、仓储和邮政业	6363	3746	69.86
3. 信息传输、软件和信息技术服务业	9887	621	1492.11

续表

项 目	累计入库		
	本期税额	上年同期	增减（%）
4. 金融业	5608	6707	-16.39
5. 房地产业	4730	6769	-30.12
6. 租赁和商务服务业	1784	545	227.34
7. 其他：含车辆购置税	5866	5441	7.81
车辆购置税	5359	5996	-10.62

【重点税源税收情况】 平潭综合实验区国税局重点税源企业共39户（划定标准为2014年度税源达百万企业），入库税款24646万元，占税收收入的46.23%。上年同期入库税款28627万元（剔除稽查查补影响因素2432万元），减收3981万元，同比下降13.91%，减缓区国税局全年税收增长速度8.52个百分点。

征收管理

【征管改革】 立足现有的税源结构和人力资源状况，梳理区国税局升格后未理顺的问题，推行税收征管改革，融合实验区先行先试和自贸区创新管理优势，大胆创新，凸显特色。实行扁平化设置税源管理机构，由纳税服务科承担税源基础管理职责，三个分局全部从事纳税评估工作，实现风险应对工作的专业化管理。全省首家启用最新工作流程，在省国税局CTAIS2.0专家组的帮助下，于2月设置启用全省最新的工作流程，该流程融合了《全国纳税服务规范2.0》《全国税收征管工作规范1.0版》和最新版的《福建省国税局涉税业务规程》，兼顾平潭综合实验区国税局的特点，体现自贸区的管理创新。

【税务登记】 全区管征户数10654户，其中企业6548户，个体工商户3520户，一般纳税人902户。

【“三证合一”登记制度】 5月4日，平潭综合实验区国税局首发“统一社会信用代码”营业执照，完成了从“证照统发”到“一照三号”再到“一照一码”的转变，并实现3个工作小时内办结。加强与行政服务中心、工商部门、质监部门的沟通协作，做好异常代码处理对接和新证银行开户问题对接，主动向行政服务中心反馈企业开户中存在的问题并妥善解决。国税局、地税局在办税服务厅互设联办窗口，实现“业务联办一窗化”，依托QQ、微博、微信等网络新媒体为纳税人提供全程办税指引。推行小规模纳税人增值税“月改季”申报，节约征税和纳税成本，同时提高企业资金使用效率，减少税款占用时间。与区内多家银行签订“银税互动”合作协议，为A级纳税人和小微企业提供利率、贷款、资金管理等优惠政策，降低企业的融资成本，为诚信纳税守法创业的纳税企业和个人提供更多更好的服务与保障。

【税收征管规范】 5月1日，贯彻落实国家税务总局在全国范围内试行《全国税收征管规范（1.0版）》，采取“六一、六+、六新”方法稳步推进。一是保障一个创新，“征管规范+全岛一照一码”为新举措推广添砖加瓦；二是完善一个意见，“征管规范+减免税收管理”为新办法落实指明方向；三是强化一个合作，“征管规范+国地税合作”为新项目运转保驾护航；四是打造一个团队，“征管规范+专业咨询团队”为新服务推行提供保障；五是制定一个方案，“征管规范+免税市场”为新市场发展规避风险；六是办好一个培训，“征管规范+纳税人学堂”为新政策施行夯实基础。

【月改季申报】 7月1日，将全区按月申报缴纳增值税、消费税、文化事业建设费的小规模纳税人调整为按季申报（以下简称“月改季申报”），实现双向减负，奏响征纳和谐曲，月改季前，全区小规模纳税人（含定期定额户）占比超过90%。根据最新的小微企业政策，增值税小规模纳税人月销售额不超过3万元的免征增值税，以1个季度为纳税期限的季度销售额不超过9万元的免征增值税。“月改季申报”后，征纳双方工作量减少了67%。

【风险管理】 成立风控中心，配置2名专职人员，负责落实平潭综合实验区国税局风险管理工作领导小组工作部署，统筹全局风险管理工作。下设三个分局，专职从事风险应对工作。初步建立风控机制，强化指标分析，科学筛查确保评估对象精准，并采取分级应对提升税源管理水平。实现多部门联动风险识别、粗分析建立评估案源库、运用指标库开展精分析等。对辖区内600多户一般纳税人的税收风险情况粗分析，研究确定“增值税弹性系数分析”“所得税负担率、贡献率、变动率分析”“营动能力与控制分析”等21个指标分析方法，并由分控中心移送稽查局立案查处4户。截至12月31日，平潭综合实验区国税局应评估户数72户，已评估户数68户，未评估户数4户，有问题企业58户，其中4户企业已移送稽查；共计查补各类税款1440.2万元，已入库各类税款1440.2万元，占全年完成计划900万元的160.02%，此外，还核减增值税留抵税金37.29万元，冲减应退税金150.42万元，调整以前年度亏损4309.18万元，评估成果显著。

税种管理

【“营改增”试点】 制定预案，部门配合，明确责任分工，有序推进试点工作。举办“营改增”业务培训专场，对建筑安装、房地产、金融保险、生活类服务业进行专项调研，宣传“营改增”政策并收集意见建议。依托

▲2015年7月31日，平潭综合实验区国税局召开金融保险业“营改增”准备工作座谈会。

"营改增管理信息系统"，加强与风控部门协调配合，共筛选风险企业5户分批通过风控中心下达进行风险应对，已完成评估1户，补税30.2万元。7月31日，平潭综合实验区国税局召开金融保险业"营改增"准备工作座谈会。

【非居民税收管理】 建立国地税沟通协作机制，用"国地联合、税企互动"的形式开展国际税收业务培训。强化关联申报审核，加强反避税监控管理，首次调增关联企业股权转让税款354.72万元。全年共组织非居民企业税收收入1007.23万元，完成省国税局下达任务的200.01%。

【增值税管理】 按照《国家税务总局关于调整增值税一般纳税人管理有关事项的公告》规定做好审批制向登记制过渡。全年共认定（登记）一般纳税人307户，占一般纳税人总户数896户的34.30%，实现平稳过度。落实好增值税相关政策，建立统一的增值税发票税控系统工作，以制度加科技的手段管好"三票"（增值税专用发票、增值税普通发票、农产品收购发票），多渠道、多途径获取第三方涉税信息。做好增值税发票升级版相关工作，2015年共推行增值税发票升级版995户。

【消费税管理】 做好消费税涉税信息采集工作，加强对录入数据完整性和准确性的复核，防止数据采集差错，确保绩效考核取得实效。

【企业所得税管理】 应参加汇算清缴3444户，实际参加汇算清缴3444户，比上年增加1520户，汇算面100%；盈利企业519户，比上年增加101户，盈利面15.07%，比上年下降6.66%；亏损企业1689户，比上年增加996户，亏损面为49.04%，比上年36.02%上升13.02%；零申报企业1236户，比上年增加423户，零申报面35.89%。企业所得税实际应纳所得税额14804.03万元，上年实际应纳所得税额13552.12万元，增收1251.91万元，增幅9.24%；汇算清缴期间，纳税调整增加44977.08万元，纳税调整减少8025.28万元，纳税调整后所得43575.32万元，减免所得税合计611.89万元，预缴所得税额合计12989.98万元，预缴率达到87.75%，比上年下降3.96%；应补所得税额1814.05万元，比上年增加691万元。

【车辆购置税管理】 全面实施车辆购置税征管模式改革工作，将车辆购置税的征收管理工作从现有的办税大厅办理模式，转为以委托车辆经销商代办、网上申报、上门申报、自助申报的多元化申报方式，构建车辆购置税税源专业化管理新模式。车辆购置税入库5359万元，减收638万元，同比下降10.64%。

【落实优惠政策】 全区共有6户企业享受平潭区15%的所得税优惠政策，减税3534.42万元，其中，神州租车旗下的海科信息一家企业减税2823.32多万元。有2户企业享受平潭区内企业间货物交易免征增值税政策，免征增值税15万元。全区国税管征的小微企业共有4892户，其中盈利企业358户，占7.32%；零申报企业3191户，占65.27%；亏损企业1343户，占27.45%。从征收方式看，查账企业4869户，占99.53%；核定征收23户，占0.47%。共有358户企业享受小微企业所得税优惠，政策实际惠及面达100%，减免所得税187.5215万元。落实固定资产加速折旧新政策，有5户企业享受该项优惠，其中，4户企业享受5000元以下固定资产一次性扣除优惠，累计纳税调整额6.14万元，加速折旧优惠统计额0.86万元；1户计算机、通信和其他电子设备制造业企业，会计税法均采用加速折旧额，机器设备和其他固定资产原值99001.46万元，累计税收加速折旧额9388.5万元，加速折旧优惠统计额为3755.4万元。全局因固定资产加速折旧新政而加速扣除3762.4万元，按25%法定税率计算缓征税额940.6万元。

税收法治

【依法行政】 贯彻国务院《全面推进依法行政实施纲要》，提高税务机关制度建设质量，加强税收规范性文件制定和管理工作，着力提升税务机关依法行政的工作水平。2015年，清理1份现行有效的规范性文件《平潭综合实验区国家税务局关于公开行政审批事项的公告》并按规定报备。推进“法治税务示范基地”创建工作，进一步提升依法行政水平，营造公平、规范的纳税服务环境。

【执法督察】 成立税收执法督察领导小组，部署税收执法督察自查及重点检查工作。推进简政放权落实税务行政审批改革情况、税收优惠政策执行情况、严格税收执法情况、《重大税务案件审理办法》《税务稽查工作规程》《税收个案批复工作规程（试行）》执行情况及以创新支撑引领经济结构优化升级的税收政策、发票管理情况。

【执法追究】 持续推进税收执法责任制工作的落实，确保税收执法管理信息系统运行。2014年12月—2015年10月，通过自动考核共发现22条过错行为，累计经济惩戒金额465元，累计批评教育4人次，责令书面检查1人次。根据《福建省国家税务局关于开展2015年税收执法疑点核查工作的通知》的精神，组织人员对疑点数据进行复查，共接收省国税局下派7类107条疑点数据，其中疑点成立96条，疑点不成立11条。据该阶段整改数据，共计查补入库税款0.4万元，滞纳金303.68元。

【案件审理】 落实重大案件审理各项制度和程序，按照有关重大案件审理的规范，对重大案件坚持集体审理制度，在重大案件审理过程中加强对程序、证据的审理，明确稽查局提交审理案件的范围，提高对重大案件公平性、合理性的审查。共审理一般处罚54户次，处罚金额合计93230元；简易处罚551户次，处罚金额合计101170元。自5月1日新版行政处罚裁量权基准施行以来，共处罚案件26户，处罚金额34900元。对稽查局查处的弘裕仁（平潭）贸易有限公司、兴盛旺（平潭）贸易有限公司、金明胜（平潭）贸易有限公司三家公司虚开发票案（简称“1203”案）的证据材料进行初审，并会同平潭县人民检察院召开“1203”案联席会议。

纳税服务

【办税大厅建设】 购置24小时自助办税终端机、安装办税服务厅视频监控系统，提高办税工作效率，规范办税服务标准。学习《全国县级税务机关纳税服务规范（2.0版）》和《全国税收征管规范》，领会规范内容，全面掌握业务流程。在国税局、地税局“互设窗口”联合办税，受理税务登记、税务变更、纳税申报、税款征收、行政审批、发票领用及核销、发票代开、行政处罚等所有涉及国税局、地税局的业务，做到“一站式”窗口服务，实现纳税人在国税局、地税局办税“服务一个标准，办税一把尺子”。在办税大厅取号排队机内设置“绿色通道”，台商、“老、弱、病、残”纳税人以及“A级信用企业”可以优先取号优先办理。针对台湾小额贸易免税市场制定简繁体两种版本的《对台小额贸易免税市场涉税事项告知书》。建立先预审后办理制度，针对实际办公地点在岛外的外地企业实行电话预约服务。办税大厅在受理申请办理的涉税事

▲2015年4月1日，平潭综合实验区国税局、地税局联合举办第24个税收宣传月启动仪式。

项时，印发“温馨提示卡”，进行全程提醒服务。2015年，获得“全省国税系统纳税服务满意度”第三名。

【纳税咨询维权】 打造电话咨询、网站咨询和办税服务厅咨询“三位一体”的咨询服务格局，扩大咨询维权覆盖面。各业务科室统一税收咨询和维权口径，对于税收政策、税收优惠、服务措施等内容的政策解释工作，做到准确权威、更新及时、口径统一、指向明确，提高咨询维权精准度。通过拓展公告普及、座谈征求、学堂解读、导税辅导、专席咨询、专家会诊、咨委解惑、上级请示、法律援助等方式，提高咨询维权效果。

【税收宣传】 坚持“把握话语权，增强影响力，扩大覆盖面”的要求，进一步拓宽税企互动渠道，开通平潭国税微信、微博、税企互动QQ群等新媒体平台，为纳税人提供税法宣传、政策咨询、纳税辅导等个性化纳税服务。4月，国税局、地税局联合举办第24个税收宣传月启动仪式，现场分发宣传材料1000多份，接受现场群众咨询300多人次；联合承办“把握千年一遇·建设自贸试验区”大型税法政策解读会，邀请100多位税务专家、地方各部门代表、重点企业和台商企业代表解读实验区与自贸区叠加带来的双重政策红利。4月1日，区国税局、区地税局联合举办第24个税收宣传月启动仪式。4月29日，区国税局联合地税局和自贸办承办“把握千年一遇·建设自贸试验区”大型税收政策解读会。

▲2015年4月29日，平潭综合实验区国税局联合地税局和自贸办承办“把握千年一遇·建设自贸试验区”大型税收政策解读会。

税收检查

【概述】 稽查局直接查补收入3107万元，增加663万元，同比增长27.13%，查补税款创历史新高。全年稽查直接查补收入占税收收入的比例达5.92%，稽查查补占比率连续两年位居全省国税稽查系统第一名。在全省九个设区市率先牵头召开由区经发局等24个部门参加的贯彻落实联合惩戒重大税收违法案件当事人联席会议，并联合签署对重大税收违法案件当事人实施联合惩戒措施的《合作备忘录》，启动平潭综合实验区联合惩戒工作机制。落实税收“黑名单”制度，将两名自然人列入区国税局税收“黑名单”并在区国税局门户网站上公布。首次召开国税局、地税局稽查协作联席会议，建立稽查联席会议机制和联合办案制度，实现国税局、地税局稽查部门协作配合常态化。首次召开税收违法案件税检联合会审会，邀请检察院联合对重大税收违法案件进行联合会审，这是对降低税务行政执法风险进行的一次尝试。

【大案要案】 破获“12・03”虚开网络普通发票案件，虚开发票金额18447.85万元，抓获两名犯罪嫌疑人并移送司法机关，一审判决有期徒刑5年，罚金40万元。

【案件协查】 委托协查选票准确率80%，受托协查按期回复率100%，各项考核指标均位居全省前列。其中发出委托协查7件，全部为省国税局布置的“黄金票”涉案企业，发票共计18份，金额165.01万元，税额28.05万元，收到回复发票18份，其中正常发票2份，有问题发票8份，无法核实发票8份；收到受托协查2件。1件通过协查系统收到，涉及发票5份，金额486.33万元，税额82.68万元。经过稽核检查，5份发票属正常发票，全部按时回复。

【案件举报】 受理各类举报案件3件，查结案件3件（其中一件为2014年底受理案件，2015年查结），检查率和结案率均为100%。查补合计7.92万元，其中税款7.4万元，滞纳金0.52万元。

【稽查管理】 建立国税局、地税局稽查联席会议机制和联合办案制度，落实“一案双查”，执行《税收违法案件一案双查工作补充规定》，向纪检监察部门移送在检查中发现的税务机关、税务人员涉嫌违法违纪线索，配合纪检监察部门开展“一案双查”。

机构队伍

【机构设置】 区国税局级别为正处级，内设9个科室：人事教育科、监察室、办公室、税政科、征收管理科、政策法规科、纳税服务科（纳税服务中心）、收入核算科、进出口税收管理科。另设机关党委办公室、1个事业单位（信息中心）、1个直属单位（稽查局），及3个派出机构（第一、第二、第三税务分局）。

【人员编制】 全区国税系统在编干部为97人，其中，行政编制92人、事业编制2人、职工3人；本科及以上学历共计66人，占总人数的68%；具有硕士、博士以上学位4人，占总人数的4.12%，另有5位干部研究生在读。中共党员76人，占总人数的78.3%。

【干部任用】 制定区国税局正科级领导干部、主任科员、副科级领导干部选拔工作方案，通过资格审查、民主推荐、组织考察等环节，共选拔任用22位干部。

【教育培训】 制定《平潭综合实验区国家税务局学历学位教育管理意见》《平潭综合实验区国家税务局关于进一步加强干部

教育培训管理的意见》等文件，举办《自贸区知识培训》《全员更新知识培训》等。目前干部中本科66人、硕士3人、博士1人，另有5位干部研究生在读。有2位干部被省国税局选为全省国税系统兼职师资人员、16位干部入选综合人才库、1位干部入选国家税务总局领军人才，参加全省纳税服务规范笔试考试取得第一名的成绩。6月17日—25日，区国税局举办两期干部知识更新培训班。

▲2015年6月17日—25日，平潭综合实验区国税局举办两期干部知识更新培训班。

【精神文明建设】 4月14日，召开文明创建动员大会，总结创建经验，理清创建思路，开阔创建视野，部署下阶段工作，制定《平潭综合实验区国税系统2015—2017年度创建文明单位工作规划》及《平潭综合实验区国税系统2015年度创建文明单位工作计划》。通过设立“平凡中的闪光点”登记簿，发现并记录干职日常生活工作中的好人好事。每季评出5～7名先进个人，利用宣传栏、办公网等平台进行宣传报道，营造“比、学、赶、帮、超”的氛围。已举办25期“平凡中的闪光点”先进人物评选活动，已评出先进人物160余人次，评出“平凡中的闪光点”先进人物21人次。以“五个一”为活动基本内容，即：每人办一本借书证、每季推荐一本好书、每季完成一篇学习心得、搭建一个网络交流平台、每季开展一场读书心得交流会。在区国税局内网开设“读书感悟专栏”，重点针对“我眼里的平潭开放开发”为主题的读书学习交流会，上台交流人员达15人次，评选季度优秀学习心得10篇。

▲2015年4月14日，平潭综合实验区国税局召开文明创建动员大会。

【离退休干部工作】 落实离退休人员、提前离岗人员的政治、生活待遇，进行家访和组织慰问活动，了解离退休人员、提前离岗人员的身体、生活和学习情况，帮助解决他们生活中的实际困难。开展有益身心健康的文化、体育、娱乐活动，丰富精神文化生活。组织离退休人员、提前离岗人员学习、传达文件，参加有关活动，发挥他们的余热。为老干部订阅相关报刊、杂志；邀请原班子成员参加全区国税工作会议；在重大节日慰问老干部，按时、足额发放老干部春节过节费等。

【党建工作】 通过大会选举，产生区国税局第一届机关委员会和机关纪律检查委员会、机关党委书记、纪委书记，并确定委员的具体分工。成立机关5个党支部，10个党小组，完善基层党的组织建设，为党建工作的开展奠定组织基础。开展“巩固深化拓展”活动，坚持以“三严三实”为标尺，对照“两方案一计划”（整改方案、专项整治方案和制度建设计划），结合全省国税系统作风建设“巩固深化拓展”主题活动，从巩固党的群众教育实践活动成果入手，围绕四大工作目标促落实，开展“回头看”、组织检查“两个落实”、开展“三查三找”、推进“四化”建设，常态长效地抓好作风建设，始终保持“永远在路上”的精神状态。新修订和完善43项规章制度，区国税局领导班子46项整改任务和区局领导班子成员85项整改任务已全部整改到位。开展“三严三实”专题教育，区国税局领导共为党员上党课5次，举办3个专题学习研讨会，编写专题教育简报30期，撰写心得体会157篇，制作“宣传专栏”展板3期，开展专题道德讲堂1期。通过走访办税大厅、区行政服务中心和党政机关等部门，征集各类意见建议46条，通过整理归类成10个方面的“不严不实”意见建议，列入专题教育边学边改项目清单，提出整改措施，明确整改时限。截至12月底，10项边学边改项目全部完成，建立和完善制度10项，出台强化内部管理措施8条、出台优化纳税服务措施7项。制定区国税局《党组中心组2015年理论学习计划》，坚持月有安排、学有记录，确保学习制度落实到位；制定并完善多项基本制度，促进党建工作与业务工作更好结合；开展基层党组织带头人培训、参加省国税局组织的基层党组织书记培训和实验区组织的党务知识培训班，进一步增强党务干部履职能力水平；组织开展领导班子专题民主生活会、支部组织生活会和民主评议党员，开展查摆问题、剖析问题根源、明确努力方向，通过开展批评和民主评议，达到红脸出汗、触动思想、增进团结、促进工作的目的。被福建省总工会授予“福建省五一劳动奖状”称号。在春节、“七一”、重阳节等节日，组织党员

▲2015年2月13日，平潭综合实验区国税局纪检组长黄辉煌（左）代表区国税局党组慰问部分党员。

▲2015年6月4日，平潭综合实验区国税局邀请平潭检察院副检察长谢举辉（右一）为全体干部职工作预防职务犯罪讲座。

到老党员、困难党员家中进行走访慰问；组织开展“优秀共产党员”评先评优活动，授予何霖等7名同志为优秀共产党员；组织党员干部前往平潭自贸片区台湾创业园、吉钓码头和国家海洋局海岛研究中心等地参观考察；联合地税局举办“我们的节日·迎中秋庆国庆”球类体育项目友谊赛，促进国地税之间的交流与合作。

【廉政建设】 一是廉政教育。开展“两节”等敏感节点的廉政提醒和廉政教育，签订廉政承诺书，发放家庭助廉倡议书，开通廉政微信，组织观看廉政视频，在全省系统率先开通微信廉政教育平台，做到“一天一教育，一周一警示”，把廉政教育延伸到八小时之外。坚持和完善党组中心组学习制度，集中学习制度、廉政谈心制度等，每季度召开党风廉政分析会，6月4日，召开检税联席会，区国税局党组书记和平潭县检察院领导给全体干部上2堂廉政教育课，举办1期纪检监察干部业务培训班，在福建省税务学校举办的干部更新知识培训班开设2期廉政教育课程，使反腐倡廉教育常态化。派员参加省国税局举办的全省国税系统纪检监察培训班和纪检监察业务培训班，举办区国税局纪检监察干部业务培训班，2015年，区国税局1人入选省国税局纪检监察专业人才库。省国税局纪检组长曾光辉在区国税局报送的《平潭国税廉政微信教育平台显“威力”》信息上批示，作为廉政教育的工作经验在全省范围内推广。二是党风廉政建设责任制。制定“两个责任”的清单和台账，明确党组、党组第一责任人和班子成员主体责任83项，纪检组长和监察部门监督责任22项，在“两个责任”清单的基础上，建立履行主体责任和监督责任的台账，序时录入台账进行动态跟踪管理。召开2次职能部门联席会议，通报分析内控机制信息化建设情况。区国税局纪检组与班子成员进行集体廉政提醒，对19名新任科级干部开展集体廉政谈话和任前廉政考试，履行监督责任。三是落实惩防体系建设。3月10日，下发《平潭综合实验区国家税务局贯彻落实〈建立健全惩治和预防腐败体系2013—2017年工作规划〉的工作方案》，对惩治和预防腐败体系建设工作进行部署，从“扎根工程”“亮剑工程”“通电工程”“防护网工程”和“任务书工程”等五大工程计75小项进行具体的任务分解和责任分工，确定牵头单位、协办单位和完成时限。纪检监察部门强化组织协调，协助党组抓好任务落实，做到主体责任和监督责任并重，作风建设和纪律建设并重，严厉惩治和科学预防并重，强化监督和严格管理并重，筑牢反腐倡廉新常态。四是廉政文化建设。持续开展“廉政教育月”活动，组织观看廉政教育片，召开税检联席会，党组书记上廉政课，检察院领导上预防职务犯罪课，发送廉政微信短信，拍摄播放《反四风·树新风》廉政微视频，签订廉政承诺书，发放家庭助廉倡议书，通报全省国税系统违反中央八项规定精神案件，组织学习《准则》和《条例》，组织全体人员学习测试和科级干部任前考试。拓展“清风税苑”廉政微信平台功能，开展有奖竞答，连载“四风”典型案例。做好廉政文章投稿工作，区国税局纪检组长黄辉煌撰写《关于推进主体责任和监督责任有效落实的若干思考》文章在《海西税务》2015年第4期发表。做好廉政文化作品征集工作，向省国税局上传廉政微视频1篇、监察干部日志1篇、手记1篇和公益广告2篇，区国税局开展税收文艺创作征集活动，获得4个三等奖。五是廉政监督。学习贯彻党的十八届三中、四中、五中全会精神，组织学习《中国共产党廉洁自律准则》《中国共产党纪律处分条例》《中国共产党巡视工作条例》，把纪律规矩挺在前面，坚定不移地反对“四风”，重要时间节点下通知发短信，早部署早提醒，始终保持高压态势，狠抓“八项规定”精神的落地生根，实行“月报告”“零报告”“双签字背书”和重大问题24小时内报告等制度，监督检查清理办公用房、公务用车、公务接待、出国（境）管理、经费管理、津贴补贴发放等方面，全年“三公”经费节约6.94万元，清理腾退办公用房，集中保管因私出国（境）证件91本。不定期开展机关作风纪律巡查，抽查4部对外公开电话的接听情况，组织开展明查暗访。班子成员带队到企业开展大走访，召开实验区廉政监督员、人大代表、政协委员和党代表等四场座谈会，征求到7类意见，已下发各责任单位整改落实。强化行风效能评议。成立机关作风纪律和效能督导小组，建立办事公开制、服务承诺制、首问负责制、一次性告知制、限时办结制等制度，通过行风效能日常教育、明察与暗访相结合的方式，加强对作风纪律的常态化检查，进一步加强机关效能建设，保证政令畅通，改进工作作风，提高行政效能，促进依法行政。每个月对4部对外公开电话进行抽查，保障上班时间电话能及时接通，并且能使用规范服务用语。六是税务执法监察。对车辆购置税征退税开展专项巡视，对审批环节和电子档案管理中存在的问题责令限期整改。“内控促廉系统”共推送风险事件25件，预警事件66件，核查率100%；开展执法监察7户次，执法督察核查229条疑点数据，查补入库税款滞纳金5.8万元。纳入税收执法责任追究过错行为28条，过错追究5人次。行政管理上，加强对“三公”经费、基本建设、政府采购、重大事项决策和选人用人的监督，开展任职廉政谈话、廉政考试23人次，出具廉政意见46份，按规定报告婚丧喜庆事项5人次，处级领导干部按规定申报个人有关事项7人次。七是案件查处。坚持抓早抓小，扩大谈话、函询、诫勉范围，强化信访处置工作，加强问题线索归口管理，进一步完善线索的移交和集体排查制度，按照拟立案、初核、谈话函询、暂存、了结五类标准分类规范处置，对发现的一般性问题，及时约谈、函询、诫勉谈话。全年，没有发生受到纪委、司法机关立案查处的案件，没有发生违反八项规定精神被查处的事件，没有收到区稽查局移送的相关问题线索，没有需要开展一案双查的相关工作。

信息化建设

【金税工程运行】 1月，完成核心征管软件后台数据迁移、系统初始化设置，岗责体系建立，纳税户主管税务机关调整工作。6月，完成CTAIS数据返备的搭建工作。通过数据返备搭建任务回访系统、回迁一户式档案管理系统等。11月，启动金税三期推广工作，进行差异化分析、数据清理、数据准备、数据采集等工作。

【网络机房建设】 制定《机房管理制度》与修订《平潭综合实验区国家税务局网络与信息安全应急预案》。规范主、辅机房功能区域，对机房进行全面清理与打扫，对机房防火、防盗、防尘、电源、温控等设施进行全面检查和修缮。全年，购入交换机1台，购置添加服务器机柜与网络机柜，解决前期机房机柜内线缆不整洁，连接纵横交错、电源插接不规范等情况。

【硬件配备】 投入155200元购置PC台式计算机50台，投入76340元购置打印机31台，投入93940元购置笔记本电脑13台，投入1500元购置交换机1台。

【数据安全】 在每台办公用计算机上安装桌面安全管理系统，安装率达到100%。对全局内外网逐一排查，做好登记，对外网端口进行区别标识。并将各单位的病毒爆发情况纳入年度绩效考核；加强职工干部防范违规外联等网络安全意识。

【运行维护】 区国税局共提请并上报省国税局后台数据维护18条，其中车辆购置税系统5条，核心征管系统13条。车辆购置税系统中属于前台操作错误共1条，核心征管系统中属于前台操作错误的共6条。

行政后勤

【绩效管理】 全面推行“绩效管理3.0版”，绩效管理成绩名列全省国税系统第三，被评为优秀等次单位。在区政府绩效管理考评中成绩名列第一，被评为优秀等次单位。

【财务管理】 强化预算约束，控制和减少预算执行中的调整事项。建立结转结余资金清理机制，做好清理、消化工作。对2014年度以前三年财政存量资金清理消化549.34万元，资金盘活率达到99.95%。日常经费支出坚持按年度预算批复控制，严格经费“分级审批”制度，重大项目集体研究审批。强化监督制约，控制和降低行政运行成本，落实“三公”经费和会议费预算控制指标。公务接待费年开支低于省国税局下发的控制数，会议费年开支3.6万元，比2014年同期下降26.38%。开展办公用房清埋整改自查“回头看”工作。对所有办公用房逐间进行调查，摸清底数。办公用房在使用面积上符合标准、简单、整洁的要求，无超标使用现象。处置固定资产账面价值共计153.83万元。

【政府采购】 执行集中目录和分散采购限额标准，采取计划编制与政府采购预算编制同步进行，通过协议供货采购金额合计9.39万元；通过集中采购金额合计43.99万元。

（供稿：林恩兰）

统计资料

2016

福建国税年鉴

机构人员

福建省国家税务局厅级干部名单

姓 名	职 务	备 注
林京华	党组书记、局长	2015年4月17日任命
臧耀民	福建省十一届政协委员、提案委员会副主任	2015年4月17日起不再担任福建省国税局党组书记、局长职务
刘孟全	巡视员	2015年10月退休
邱大南	党组成员、副局长	
曾光辉	党组成员、纪检组组长	2015年4月调出
雷致青	党组成员、副局长	
陈慕斌	党组成员、副局长	
何大状	党组成员、纪检组组长	2015年9月18日调任
林茂椿	党组成员、副局长	2015年9月22日前任党组成员、总经济师
林国镜	党组成员、总会计师	
郑元芳	党组成员、总经济师（兼任福州市国税局党组书记、局长）	2015年9月30日任命
陈 艳	党组成员、总审计师	2015年10月30日任命
方新加	副巡视员	2015年10月退休
李增源	副巡视员	

福建省国家税务局机关厅级以下干部职工名单

姓　名	部　门	职　务	备　注
陈文雄	办公室	主　任	
郑玲秀	办公室	副主任	
黄　翎	办公室	副主任	
廖燕庆	办公室	副主任	
魏林春	办公室	副调研员	
姜闽兴	办公室	副调研员	
叶　明	办公室	主任科员	
李　滨	办公室	主任科员	
叶生成	办公室	主任科员（兼中国税务报福建记者站记者）	
吴　雷	办公室	主任科员	
张叶霖	办公室	主任科员	
廖海敢	办公室	主任科员	
兰延灼	办公室	主任科员	
黄小燕	办公室	主任科员	
王丽平	办公室	主任科员	
严安琪	办公室	主任科员	
林佳睿	办公室	主任科员	
陶　然	办公室	副主任科员	
谢自强	办公室	副主任科员	
张文连	办公室	副主任科员	
朱星星	办公室	副主任科员	
郑柳明	办公室	科　员	
陈　荣	政策法规处	处　长	

续表

姓　名	部　门	职　务	备　注
杨　林	政策法规处	副处长	
金文景	政策法规处	副调研员	
李　钟	政策法规处	副调研员	
倪周锦	政策法规处	主任科员	
郭秀琼	政策法规处	主任科员	
范作雄	政策法规处	主任科员	
陈　泓	政策法规处	主任科员	
邱鹏亮	货物和劳务税处	副处长	
庄建顺	货物和劳务税处	副处长	
林　玲	货物和劳务税处	主任科员	
陈世明	货物和劳务税处	主任科员	
孟立文	货物和劳务税处	主任科员	
潘　虹	货物和劳务税处	主任科员	
郑梦思	货物和劳务税处	副主任科员	
徐洪涛	货物和劳务税处	副主任科员	
翁　菁	货物和劳务税处	副主任科员	
张莹莹	货物和劳务税处	科　员	
林太桂	所得税处	处　长	
朱春发	所得税处	副处长	
刘先熙	所得税处	副处长	
黄黎娟	所得税处	主任科员	
高芝琴	所得税处	主任科员	
杨　强	所得税处	主任科员	
黄　泓	所得税处	主任科员	
詹　冰	所得税处	主任科员	
黄小丽	所得税处	主任科员	

续表

姓　名	部　门	职　务	备　注
黄晶晶	所得税处	副主任科员	
王合作	收入规划核算处	副处长	
苏守国	收入规划核算处	副处长	
翁锦晖	收入规划核算处	副处长	
李　红	收入规划核算处	主任科员	
施　希	收入规划核算处	主任科员	
郑兴俊	收入规划核算处	主任科员	
林　雪	收入规划核算处	主任科员	
薛东晖	收入规划核算处	主任科员	
李煌雁	收入规划核算处	副主任科员	
武林仙	收入规划核算处	主任科员	
朱文翀	纳税服务处	处长、主任	
姜　苏	纳税服务处	调研员、副处长	
潘玉玲	纳税服务处	副处长	
江俊强	纳税服务处	主任科员	
黄胜荣	纳税服务处	主任科员	
陈　默	纳税服务处	主任科员	
吴红萍	纳税服务处	主任科员	
刘伟太	纳税服务处	主任科员	
丁　莹	纳税服务处	主任科员	
谢文婷	纳税服务处	副主任科员	
阮诗雄	征管和科技发展处	处　长	
李国良	征管和科技发展处	副处长	
何荔春	征管和科技发展处	副处长	
林少校	征管和科技发展处	副调研员	
余　萍	征管和科技发展处	副调研员	

续表

姓　名	部　门	职　务	备　注
郦　峰	征管和科技发展处	主任科员	
邓宗善	征管和科技发展处	主任科员	
黄德兴	征管和科技发展处	主任科员	
张伟文	征管和科技发展处	主任科员	
刘　斌	征管和科技发展处	主任科员	
连惠阳	征管和科技发展处	主任科员	
杨　姝	征管和科技发展处	主任科员	
林本强	征管和科技发展处	副主任科员	
詹　婷	征管和科技发展处	副主任科员	
周元福	财务管理处	处　长	
安　辉	财务管理处	副处长兼采购中心主任	
王大华	财务管理处	副处长	
蔡　春	财务管理处	副处长	
黄显良	财务管理处	主任科员	
林　东	财务管理处	主任科员	
汤晓珍	财务管理处	主任科员	
林柳枝	财务管理处	主任科员	
何　毅	财务管理处	主任科员	
柯文林	财务管理处	副主任科员	
陈佳佳	财务管理处	副主任科员	
马　旻	财务管理处	副主任科员	
王双和	财务管理处	科　员	
陈义端	督察内审处	处　长	
林惠麟	督察内审处	副处长	
林兴旺	督察内审处	副处长	
唐祝钦	督察内审处	主任科员	

续表

姓　名	部　门	职　务	备　注
郑忠武	督察内审处	主任科员	
吴　勇	督察内审处	主任科员	
肖颖琦	督察内审处	主任科员	
周　芸	督察内审处	副主任科员	
魏润水	人事处	处　长	
倪秉莲	人事处	副处长	
王志荣	人事处	副处长	
曹　泳	人事处	主任科员	
刘孟雄	人事处	主任科员	
赵斯仪	人事处	主任科员	
林　昀	人事处	主任科员	
康培阳	人事处	副主任科员	
温笑露	人事处	副主任科员	
林善明	人事处	副主任科员	
林梦君	人事处	科　员	
蓝淑聪	人事处	科　员	
林　娟	巡视办	副主任	
邱清安	巡视办	副主任	
黄月明	巡视办	副调研员	
于建寅	巡视办	主任科员	
林宗绥	巡视办	主任科员	
郑少玲	巡视办	主任科员	
张道金	教育处	处　长	
郭晓岚	教育处	副处长	
卓仕阳	教育处	副处长	
林茂理	教育处	副调研员	

续表

姓 名	部 门	职 务	备 注
郑旭田	教育处	主任科员	
伍智利	教育处	主任科员	
李叶华	教育处	主任科员	
黄巧倩	教育处	副主任科员	
李 晖	监察室	主 任	
刘隆贵	监察室	副主任	
邱红卫	监察室	副主任	
李 雄	监察室	副调研员	
黄身应	监察室	主任科员	
王力萍	监察室	主任科员	
程晓君	监察室	主任科员	
耿吉敏	监察室	主任科员	
江 萍	监察室	副主任科员	
陈 霖	大企业税收管理处	处 长	
董昌芳	大企业税收管理处	调研员	
郭金荣	大企业税收管理处	主任科员	
林桂华	大企业税收管理处	主任科员	
陈建钦	大企业税收管理处	主任科员	
王丽华	大企业税收管理处	主任科员	
吴桀云	国际税务管理处	处 长	
郑 萍	国际税务管理处	副处长	
李孟军	国际税务管理处	主任科员	
潘晓耿	国际税务管理处	主任科员	
卢兆福	国际税务管理处	主任科员	
邹丽俐	国际税务管理处	副主任科员	
郑 静	国际税务管理处	科 员	

续表

姓 名	部 门	职 务	备 注
林孟奇	进出口税收管理处	处 长	
宋启英	进出口税收管理处	副处长	
黄 钢	进出口税收管理处	副处长	
潘奋农	进出口税收管理处	副调研员	
王碧娟	进出口税收管理处	主任科员	
杨雄富	进出口税收管理处	主任科员	
童远烽	进出口税收管理处	主任科员	
陈效武	进出口税收管理处	主任科员	
沈燕琴	进出口税收管理处	主任科员	
刘 琨	进出口税收管理处	副主任科员	
吴旭琳	进出口税收管理处	副主任科员	
李大敏	进出口税收管理处	副主任科员	
张森强	党 办	主任、副书记	
孙 园	党 办	副主任	
赖秀良	党 办	主任科员	
陈 佳	党 办	主任科员	
吴纯寿	离退休干部处	处 长	
林宜好	离退休干部处	主任科员	
林小鹓	离退休干部处	主任科员	
张梦桂	稽查局	局 长	
林家云	稽查局	副局长	
聂 霞	稽查局	副局长	
孙建榕	稽查局	副调研员	
高锦芬	稽查局	副调研员	
游在雄	稽查局	副调研员	
苏翔天	稽查局	主任科员	

续表

姓　名	部　门	职　务	备　注
董琰胜	稽查局	主任科员	
林晓明	稽查局	主任科员	
陈秋林	稽查局	主任科员	
陈　伟	稽查局	主任科员	
倪适雨	稽查局	主任科员	
吴建业	稽查局	主任科员	
李荔彤	稽查局	主任科员	
盛乐玲	稽查局	主任科员	
卢周玮	稽查局	主任科员	
蔡燕青	稽查局	主任科员	
白　芸	稽查局	副主任科员	
梁　凡	稽查局	副主任科员	
郑　申	稽查局	科　员	
王敏奇	信息中心	调研员、副主任	
王　烈	信息中心	副主任	
郑　立	信息中心	副主任	
张忠民	信息中心	主任科员	
杨　榕	信息中心	主任科员	
蔡明强	信息中心	主任科员	
潘　锐	信息中心	主任科员	
谢小雄	信息中心	主任科员	
杨晓娟	信息中心	主任科员	
陈　宁	信息中心	主任科员	
周　强	信息中心	主任科员	
魏智健	信息中心	主任科员	
张朝军	信息中心	主任科员	

续表

姓 名	部 门	职 务	备 注
李王伟	信息中心	主任科员	
柯小青	信息中心	主任科员	
鄢 宁	信息中心	主任科员	
严丽星	信息中心	主任科员	
林文雅	信息中心	主任科员	
钟玉斌	信息中心	主任科员	
魏冬生	信息中心	主任科员	
刘炜炜	信息中心	主任科员	
潘晓晖	信息中心	主任科员	
叶一帆	信息中心	副主任科员	
张 琳	信息中心	副主任科员	
华海峰	信息中心	副主任科员	
游 弋	信息中心	事业干部	
周 媛	信息中心	事业干部	
林文熹	信息中心	事业干部	
潘云珍	信息中心	事业干部	
林沁媛	信息中心	事业干部	
刘欢欢	信息中心	事业干部	
郑艳萍	信息中心	事业干部	
陆青虹	信息中心	事业干部	
王泽慧	信息中心	事业干部	
王昕琪	信息中心	事业干部	
林知国	机关服务中心	主 任	
张 健	机关服务中心	副主任	
林辉龙	机关服务中心	副主任	
李卫进	机关服务中心	副调研员	

续表

姓　名	部　门	职　务	备　注
何文辉	机关服务中心	主任科员	
刘清华	机关服务中心	主任科员	
林俊勇	机关服务中心	主任科员	
龚小利	机关服务中心	主任科员	
叶志锋	机关服务中心	主任科员	
许细俤	机关服务中心	主任科员	
郭金玉	机关服务中心	主任科员	
周　晖	机关服务中心	主任科员	
储向荣	机关服务中心	主任科员	
陈宗斌	机关服务中心	主任科员	
孙桂喜	机关服务中心	主任科员	
郑泽开	机关服务中心	主任科员	
曹　翔	机关服务中心	事业干部	
陈水官	机关服务中心	工　人	2015年9月退休
杨东海	机关服务中心	工　人	
张皓	机关服务中心	工　人	
王国权	机关服务中心	工　人	
赖秀源	机关服务中心	工　人	
顾志珊	税收科学研究所	所长（兼中国税务报社福建记者站站长）	
吴　强	税收科学研究所	主任科员	
王秀琴	税收科学研究所	主任科员	2015年10月退休
林建立	税收科学研究所	主任科员	
戴俐萍	税收科学研究所	主任科员	
陈久铭	注册税务师管理中心	调研员	
高　玮	注册税务师管理中心	主任科员	

续表

姓　名	部　门	职　务	备　注
杨美珍	税收科学研究所	副主任科员	
陈国新	福建省税务干部学校	调研员	
冯　明	福建省税务干部学校	副校长	
王　晨	福建省税务干部学校	主任科员	
吴国顺	福建省税务干部学校	主任科员	
魏彼同	福建省税务干部学校	主任科员	
蔡先强	福建省税务干部学校	主任科员	
陈　汶	福建省税务干部学校	工　人	

福建省各设区市国家税务局、平潭综合实验区国家税务局领导班子名单

姓　名	单位名称	职　　务
郑元芳	福州市国家税务局	福建省国税局党组成员、总经济师 兼任福州市国税局党组书记、局长
季台禹	福州市国家税务局	党组成员、副局长
朱义顺	福州市国家税务局	党组成员、副局长
叶守光	福州市国家税务局	党组成员、副局长
陈丽萍	福州市国家税务局	党组成员、纪检组长
卓　勇	福州市国家税务局	党组成员、副局长
辛秉荣	福州市国家税务局	党组成员、副局长（挂职）
张孔院	福州市国家税务局	党组成员、总会计师
李建乐	福州市国家税务局	党组成员、总经济师
沈家骏	漳州市国家税务局	党组书记、局长
傅　雄	漳州市国家税务局	党组成员、副局长
陈汉堤	漳州市国家税务局	党组成员、副局长
林绍君	漳州市国家税务局	党组成员、副局长
王跃进	漳州市国家税务局	党组成员、纪检组长
林镇权	漳州市国家税务局	党组成员、总经济师
叶剑华	漳州市国家税务局	党组成员、总会计师
林　滇	泉州市国家税务局	党组书记、局　长
朱国彬	泉州市国家税务局	党组成员、副局长
施维天	泉州市国家税务局	党组成员、副局长
王　彬	泉州市国家税务局	党组成员、副局长

续表

姓　名	单位名称	职　务
何卫东	泉州市国家税务局	党组成员、纪检组长
史风莲	泉州市国家税务局	党组成员、副局长（挂职）
黄育文	泉州市国家税务局	党组成员、总经济师
王庆福	泉州市国家税务局	党组成员、总会计师 （兼任晋江市国税局党组书记、局长）
黄亮明	莆田市国家税务局	党组书记、局　长
张青山	莆田市国家税务局	党组成员、副局长
陈国珍	莆田市国家税务局	党组成员、副局长
林庆森	莆田市国家税务局	党组成员、副局长
崔建兴	莆田市国家税务局	党组成员、副局长
林玉成	莆田市国家税务局	党组成员、副局长
刘春朗	莆田市国家税务局	党组成员、纪检组长
黄培强	龙岩市国家税务局	党组书记、局　长
陈占考	龙岩市国家税务局	党组副书记、副局长
廖进平	龙岩市国家税务局	党组成员、副局长
黄锋政	龙岩市国家税务局	党组成员、副局长
王汉洪	龙岩市国家税务局	党组成员、纪检组长
林　敏	龙岩市国家税务局	党组成员、副局长
黄富龄	龙岩市国家税务局	党组成员、总经济师
阮广茂	龙岩市国家税务局	党组成员、总会计师
林锡明	三明市国家税务局	党组书记、局　长
林秉俊	三明市国家税务局	党组成员、副局长
吕永明	三明市国家税务局	党组成员、副局长
廖尧天	三明市国家税务局	党组成员、副局长
吴剑锋	三明市国家税务局	党组成员、纪检组长

续表

姓 名	单位名称	职 务
黄显福	三明市国家税务局	党组成员、总会计师
王良辉	南平市国家税务局	党组书记、局 长
黄永明	南平市国家税务局	党组成员、副局长
吴永生	南平市国家税务局	党组成员、纪检组长
肖 文	南平市国家税务局	党组成员、副局长
季建国	南平市国家税务局	党组成员、副局长
林少校	南平市国家税务局	党组成员、副局长（挂职）
吴 俊	南平市国家税务局	党组成员、总经济师
翁 浩	宁德市国家税务局	党组书记、局 长
梁建华	宁德市国家税务局	党组副书记、副局长
钱自国	宁德市国家税务局	党组成员、副局长
黄 辉	宁德市国家税务局	党组成员、副局长
杨润生	宁德市国家税务局	党组成员、纪检组长
黄子文	宁德市国家税务局	党组成员、副局长
蔡翠芳	宁德市国家税务局	党组成员、总经济师
刘伟雄	宁德市国家税务局	党组成员、总会计师
苏 虎	平潭综合实验区国家税务局	党组书记、局 长
陈向东	平潭综合实验区国家税务局	党组成员、副局长
柯家雄	平潭综合实验区国家税务局	党组成员、副局长
王辰乐	平潭综合实验区国家税务局	党组成员、副局长
黄辉煌	平潭综合实验区国家税务局	党组成员、纪检组长
潘奋农	平潭综合实验区国家税务局	党组成员、副局长（挂职）

注：本表以2015年12月31日在职在岗情况填列。

福建省各设区市国家税务局
直属机构、县（市、区）国家税务局局长名单

单位名称	职务	姓名
福州市国家税务局稽查局	局长	徐孝坤
福州市国家税务局大企业税收管理局	局长	刘宜楷
福州市鼓楼区国家税务局	党组书记、局长	郭爱莲
福州市台江区国家税务局	党组书记、局长	张乃鹏
福州市仓山区国家税务局	党组书记、局长	江　华
福州市晋安区国家税务局	党组书记、局长	高　伟
福州经济技术开发区国家税务局	暂缺	
福州市琅岐经济区国家税务局	党组书记、局长	陈金灵
福建省福清市国家税务局	党组书记、局长	郑永开
福建省长乐市国家税务局	党组书记、局长	黄建锋
福建省闽侯县国家税务局	党组书记、局长	李积场
福建省闽清县国家税务局	党组书记、局长	吴忠东
福建省连江县国家税务局	党组书记、局长	江清友
福建省罗源县国家税务局	党组书记、局长	郑宝明
福建省永泰县国家税务局	党组书记、局长	黄游兴
福州高新技术产业开发区国家税务局	党组书记、局长	谢贤昇
漳州市国家税务局稽查局	局长	陈文章
福建省招商局漳州开发区国家税务局	党组书记、局长	赖建昌
福建省漳州台商投资区国家税务局	党组书记、局长	何连辉
福建省漳州高新技术产业开发区国家税务局	党组书记、局长	贾国光
漳州市芗城区国家税务局	暂缺	
漳州市龙文区国家税务局	党组书记、局长	孙镇南

续表

单位名称	职　务	姓　名
福建省龙海市国家税务局	党组书记、局长	兰义福
福建省漳浦县国家税务局	党组书记、局长	黄黎明
福建省云霄县国家税务局	党组书记、局长	林长青
福建省诏安县国家税务局	党组书记、局长	李来福
福建省东山县国家税务局	党组书记、局长	朱春木
福建省南靖县国家税务局	党组书记、局长	黄江峰
福建省平和县国家税务局	党组书记、局长	黄原发
福建省长泰县国家税务局	党组书记、局长	何少将
福建省华安县国家税务局	党组书记、局长	曾文基
泉州市国家税务局稽查局	局长	林保成
泉州市国家税务局大企业税收管理局	局长	王哲林
泉州市鲤城区国家税务局	党组书记、局长	陆苏英
泉州市丰泽区国家税务局	党组书记、局长	肖云南
泉州市洛江区国家税务局	党组书记、局长	苏庆辉
泉州市泉港区国家税务局	党组书记、局长	陈春林
泉州经济技术开发区国家税务局	党组书记、局长	王森林
福建省晋江市国家税务局	党组书记、局长	王庆福
福建省南安市国家税务局	党组书记、局长	陈秀凤
福建省石狮市国家税务局	党组书记、局长	谢铭峰
福建省惠安县国家税务局	党组书记、局长	吴亚龙
福建省安溪县国家税务局	党组书记、局长	黄雅莉
福建省永春县国家税务局	党组书记、局长	郑少达
福建省德化县国家税务局	党组书记、局长	黄炳昌
莆田市国家税务局稽查局	局长	吴志彬
莆田市国家税务局大企业税收管理局	局长	任金表
福建省仙游县国家税务局	党组书记、局长	黄文善

续表

单位名称	职　务	姓　名
莆田市荔城区国家税务局	党组书记、局长	陈振煌
莆田市城厢区国家税务局	党组书记、局长	陈玉标
莆田市涵江区国家税务局	党组书记、局长	刘　勇
莆田市秀屿区国家税务局	党组书记、局长	林惠文
龙岩市国家税务局稽查局	局长	陈木仁
龙岩市新罗区国家税务局	党组书记、局长	王良发
龙岩经济技术开发区国家税务局	党组书记、局长	邱伟煌
龙岩市永定区国家税务局	党组书记、局长	陈建发
福建省上杭县国家税务局	党组书记、局长	黄京容
福建省武平县国家税务局	党组书记、局长	叶　平
福建省长汀县国家税务局	党组书记、局长	周荣广
福建省连城县国家税务局	党组书记、局长	曾宪强
福建省漳平市国家税务局	党组书记、局长	林科辉
三明市国家税务局稽查局	局长	郑礼广
三明市梅列区国家税务局	党组书记、局长	王　真
三明市三元区国家税务局	党组书记、局长	詹长乐
福建省永安市国家税务局	党组书记、局长	管连汉
福建省宁化县国家税务局	党组书记、局长	李金斌
福建省大田县国家税务局	党组书记、局长	庄志宏
福建省清流县国家税务局	党组书记、局长	廖福潮
福建省明溪县国家税务局	党组书记、局长	巫明海
福建省尤溪县国家税务局	党组书记、局长	余忠友
福建省沙县国家税务局	党组书记、局长	罗土根
福建省将乐县国家税务局	党组书记、局长	罗朝昶
福建省泰宁县国家税务局	党组书记、局长	陈文昌
福建省建宁县国家税务局	党组书记、局长	罗朝焰

续表

单位名称	职　务	姓　名
南平市国家税务局稽查局	局长	林庆国
南平市高新技术产业开发区国家税务局	党组书记、局长	赖培泉
南平市延平区国家税务局	党组书记、局长	秦劲松
福建省邵武市国家税务局	党组书记、局长	陈永顺
南平市建阳区国家税务局	党组书记、局长	池良凯
福建省建瓯市国家税务局	党组书记、局长	黄源兴
福建省顺昌县国家税务局	党组书记、局长	陈高明
福建省武夷山市国家税务局	党组书记、局长	吴星华
福建省浦城县国家税务局	党组书记、局长	朱亦兵
福建省光泽县国家税务局	党组书记、局长	章恩飞
福建省松溪县国家税务局	党组书记、局长	王荣耀
福建省政和县国家税务局	党组书记、局长	黄小明
宁德市国家税务局稽查局	局长	阮思文
宁德市蕉城区国家税务局	党组书记、局长	林　健
宁德市闽东华侨经济开发区国家税务局	党组书记、局长	王振堂
福建省福鼎市国家税务局	暂缺（2015年9月22日起何荔春不再担任福鼎市国税局党组书记、局长）	
福建省福安市国家税务局	党组书记、局长	王燕韩
福建省霞浦县国家税务局	党组书记、局长	杨常青
福建省古田县国家税务局	党组书记、局长	林　骅
福建省屏南县国家税务局	党组书记、局长	林锦平
福建省寿宁县国家税务局	党组书记、局长	赵建平
福建省周宁县国家税务局	党组书记、局长	周建峰
福建省柘荣县国家税务局	党组书记、局长	陈继东
福建省平潭综合实验区国家税务局稽查局	局长	林增辉

注：本表以2015年12月31日在职在岗情况填列。

福建省国税系统

项目		总计	女	少数民族	学历						学位	
					研究生	大学本科	大学专科	中专	高中技校职高	初中及以下	博士	硕士
总计		11798	3988	121	298	5934	3554	495	1133	384	9	362
正式职工合计		8880	2396	114	293	5429	2761	130	222	45	9	357
干部	小计	8547	2369	112	293	5327	2640	116	161	10	9	357
	公务员	8420	2318	110	287	5214	2633	116	160	10	9	349
	事业干部	127	51	2	6	113	7		1			8
正式工人		333	27	2		102	121	14	61	35		
临时工	小计	2918	1592	7	5	505	793	365	911	339		5
	临时助征员											
	临时工	2918	1592	7	5	505	793	365	911	339		5

补充资料：离退休人员2301人，其中：离休人员61人、退休人员2220人、退职人员20人。

人员基本情况统计

政治情况				年龄										人员分布			
共产党员	共青团员	民主党派	无党派或群众	30岁以下	31至35岁	36至40岁	41至45岁	46至50岁	51至54岁	女	55至59岁	女	60岁以上	局机关	直属机构	派出机构	事业单位
654	451	54	4639	1738	677	1215	1898	2838	2523	511	909	2		4688	2012	1720	3378
382	212	54	2232	788	368	790	1394	2422	2346	457	772	2		4688	2012	1720	460
226	206	54	2061	788	332	700	1357	2381	2278	457	711	2		4688	2012	1720	127
135	197	54	2034	753	300	667	1338	2375	2276	457	711	2		4688	2012	1720	
91	9		27	35	32	33	19	6	2								127
156	6		171		36	90	37	41	68		61						333
272	239		2407	950	309	425	504	416	177	54	137						2918
272	239		2407	950	309	425	504	416	177	54	137						2918

福建省国税系统处级

序号	姓 名	任命职务	免去职务
1	林京华	福建省国家税务局党组书记、局长	
2	臧耀民		福建省国家税务局党组书记、局长
3	曾光辉		福建省国家税务局党组成员、纪检组组长
4	何大状	福建省国家税务局党组成员、纪检组组长	
5	林茂椿	福建省国家税务局副局长	福建省国家税务局总经济师
6	郑元芳	福建省国家税务局党组成员、总经济师	
7	陈　艳	福建省国家税务局党组成员、总审计师	
8	蔡　春	财务管理处副处长	财务管理处副调研员
9	邱清安	巡视工作办公室副主任	国际税务管理处副调研员
10	卓仕阳	教育处副处长	监察室副调研员

备注：退休免职未列入，挂职未列入。

以上干部任免情况

任免时间	任免文件
2015年4月17日	税总党组发〔2015〕45号、税总任〔2015〕79号、闽国税党组发〔2015〕29号、闽国税任〔2015〕11号
2015年4月17日	税总党组发〔2015〕45号、税总任〔2015〕79号、闽国税党组发〔2015〕29号、闽国税任〔2015〕11号
2015年4月22日	税总党组发〔2015〕64号、闽国税党组发〔2015〕34号
2015年9月18日	税总党组发〔2015〕154号、闽国税党组发〔2015〕69号
2015年9月22日	税总任〔2015〕277号、闽国税任〔2015〕30号
2015年9月30日	税总党组发〔2015〕154号、税总任〔2015〕277号、闽国税党组发〔2015〕69号、闽国税任〔2015〕30号
2015年10月30日	税总党组发〔2015〕167号、税总任〔2015〕292号、闽国税党组发〔2015〕73号、闽国税任〔2015〕31号
2015年4月9日	闽国税任〔2015〕6号
2015年9月22日	闽国税任〔2015〕25号
2015年9月22日	闽国税任〔2015〕25号

福建省国家税务局机关年度考核立功嘉奖名单

姓　名	授予单位	奖　项
陈慕斌	国家税务总局	嘉　奖
林茂椿	国家税务总局	嘉　奖
张叶霖	福建省国家税务局	三等功
陈　泓	福建省国家税务局	三等功
张莹莹	福建省国家税务局	三等功
杨雄富	福建省国家税务局	三等功
魏冬生	福建省国家税务局	三等功
叶一帆	福建省国家税务局	三等功
潘晓晖	福建省国家税务局	三等功
周　强	福建省国家税务局	三等功
叶志锋	福建省国家税务局	三等功
杨美珍	福建省国家税务局	三等功
陈文雄	福建省国家税务局	嘉　奖
陈　荣	福建省国家税务局	嘉　奖
阮诗雄	福建省国家税务局	嘉　奖
李　晖	福建省国家税务局	嘉　奖
林孟奇	福建省国家税务局	嘉　奖
吴桀云	福建省国家税务局	嘉　奖
王敏奇	福建省国家税务局	嘉　奖

续表

姓 名	授予单位	奖 项
郑玲秀	福建省国家税务局	嘉 奖
朱春发	福建省国家税务局	嘉 奖
王合作	福建省国家税务局	嘉 奖
何荔春	福建省国家税务局	嘉 奖
王志荣	福建省国家税务局	嘉 奖
王大华	福建省国家税务局	嘉 奖
张 健	福建省国家税务局	嘉 奖
廖海敢	福建省国家税务局	嘉 奖
林佳睿	福建省国家税务局	嘉 奖
陶 然	福建省国家税务局	嘉 奖
詹 冰	福建省国家税务局	嘉 奖
施 希	福建省国家税务局	嘉 奖
吴红萍	福建省国家税务局	嘉 奖
刘伟太	福建省国家税务局	嘉 奖
李 宁	福建省国家税务局	嘉 奖
周 媛	福建省国家税务局	嘉 奖
杨 妹	福建省国家税务局	嘉 奖
林本强	福建省国家税务局	嘉 奖
彭金曲	福建省国家税务局	嘉 奖
林 东	福建省国家税务局	嘉 奖
肖颖琦	福建省国家税务局	嘉 奖
赵斯仪	福建省国家税务局	嘉 奖

续表

姓　名	授予单位	奖　项
林　昀	福建省国家税务局	嘉　奖
郑少玲	福建省国家税务局	嘉　奖
李叶华	福建省国家税务局	嘉　奖
黄身应	福建省国家税务局	嘉　奖
林桂华	福建省国家税务局	嘉　奖
郑　静	福建省国家税务局	嘉　奖
陈效武	福建省国家税务局	嘉　奖
林小鹓	福建省国家税务局	嘉　奖
卢周玮	福建省国家税务局	嘉　奖
吴建业	福建省国家税务局	嘉　奖
倪适雨	福建省国家税务局	嘉　奖
郭金玉	福建省国家税务局	嘉　奖
曹　翔	福建省国家税务局	嘉　奖
王　晨	福建省国家税务局	嘉　奖
郑忠武	福建省国家税务局	嘉　奖
郑旭田	福建省国家税务局	嘉　奖
倪周锦	福建省国家税务局	嘉　奖
高芝琴	福建省国家税务局	嘉　奖

福建省各设区市、平潭综合实验区国家税务局领导班子成员年度考核立功嘉奖名单

姓　名	授予单位	奖　项
刘春朗	福建省国家税务局	三等功
朱义顺	福建省国家税务局	嘉　奖
陈丽萍	福建省国家税务局	嘉　奖
李建乐	福建省国家税务局	嘉　奖
辛秉荣	福建省国家税务局	嘉　奖
王跃进	福建省国家税务局	嘉　奖
林镇权	福建省国家税务局	嘉　奖
林　滇	福建省国家税务局	嘉　奖
朱国彬	福建省国家税务局	嘉　奖
史风莲	福建省国家税务局	嘉　奖
林工成	福建省国家税务局	嘉　奖
黄培强	福建省国家税务局	嘉　奖
陈占考	福建省国家税务局	嘉　奖
林锡明	福建省国家税务局	嘉　奖
吕永明	福建省国家税务局	嘉　奖
吴永生	福建省国家税务局	嘉　奖
林少校	福建省国家税务局	嘉　奖
梁建华	福建省国家税务局	嘉　奖
苏　虎	福建省国家税务局	嘉　奖
柯家雄	福建省国家税务局	嘉　奖

税收收入

福建省国税系统税收收入

单　　位	一、税收收入（不含海关代征）	国内增值税	国内消费税
合计	19194752	8906650	3319773
厦门市合计	4735542	2418354	580732
直属局	1458106	406455	567024
思明区	673111	368543	3384
湖里区	452266	308091	1237
火炬区	535086	362434	1
象屿区	60959	32513	
集美区	451654	321977	540
海沧区	463947	298613	5752
同安区	301013	228522	2247
翔安区	130262	91206	547
车购税分局	209138		
八市一区小计	14459210	6488296	2739041
福州市合计	4495686	1669515	113336
台江区	1466766	115849	1167
高新区	507100	158384	225
鼓楼区	597307	234051	1768
仓山区	200507	148074	415
晋安区	312798	147137	70727
开发区	310331	171822	326
福清市	363228	234277	331

分征收单位分税种统计（2015年）

单位：万元

企业所得税	个人所得税	车辆购置税	二、海关代征	三、出口退税
6163669	47	804613	4072271	-8403488
1504024	7	232425	1697814	-4122000
484620	7		1697814	240267
301184				1292153
142938				923306
172651				497040
28446				233576
127451		1686		383051
145698		13884		290173
63979		6265		234291
37057		1452		28144
		209138		
4659645	40	572188	2374457	-4281488
2497616	15	215204	625786	-1363850
1172558	5	177187		-8610
348491			60245	-119370
361487	1			-11740
52018				-63100
94929	5			-8900
138181	2		301598	-145900
111115		17505	263943	-266280

单　　位	一、税收收入（不含海关代征）	国内增值税	国内消费税
长乐市	175740	135359	33
闽侯县	286431	168455	34635
闽清县	80394	39101	5
连江县	116403	61570	2528
罗源县	46932	35583	1158
永泰县	24556	15101	18
琅岐经济区	7193	4752	
进出口税收管理处			
平潭综合实验区合计	53317	22701	9
漳州市合计	1139974	684032	68485
芗城区	292205	146336	56373
龙文区	85344	56334	4540
龙海市	182535	95364	458
漳浦县	89568	59080	6798
云霄县	30476	21936	126
诏安县	24349	17383	18
东山县	88005	77370	1
平和县	23444	17447	5
南靖县	31325	24697	56
长泰县	81809	60961	62
华安县	23928	20058	6
招商局漳州开发区	36062	18642	2
台商投资区	111765	68424	40
市局纳税服务中心	39159		
进出口税收管理科			

续表

企业所得税	个人所得税	车辆购置税	二、海关代征	三、出口退税
37498		2850		-49490
68575	1	14765		-120900
40845		443		-7000
51103		1202		-15340
9846		345		-3940
8529	1	907		-1780
2441				
				-541500
25248		5359	1763	-3500
340620	2	46835	259293	-620000
89495	1		107460	-38895
24470				-31994
86267		446		-29317
20903	1	2786		-43125
7884		530		-21149
6152		796		-20397
10235		399	151833	-102300
5213		779		-1053
5605		967		-30974
20146		640		-42917
3531		333		-630
17418				-20605
43301				-50025
		39159		
				-186619

单　　位	一、税收收入（不含海关代征）	国内增值税	国内消费税
泉州市合计	4850401	2077825	1648782
鲤城区	146553	93543	289
丰泽区	292202	104108	2684
洛江区	60557	41431	43
泉港区	1071687	331378	703832
开发区	122767	60126	16
晋江市	1052206	671034	297
南安市	290146	216126	196
石狮市	262988	156579	112
惠安县	1092466	163075	857653
安溪县	113916	68724	40
永春县	54571	40880	193
大企业局	243674	94207	83402
德化县	46668	36614	25
进出口科			
莆田市合计	905113	551069	52879
城厢区	76230	52064	101
涵江区	181170	107010	21176
荔城区	198207	121511	1035
秀屿区	217185	145160	29
仙游县	124556	89186	26
湄洲岛	107765	36138	30512
出口退税科			
龙岩市合计	1533516	564329	780844
新罗区	1179691	325229	779927

续表

企业所得税	个人所得税	车辆购置税	二、海关代征	三、出口退税
963241	12	160541	1137305	-1515300
52721				-43400
127572	2	57836	1137305	-36400
11591		7492		-40200
35283		1194		-2790
35660		26965		-39850
341768	1	39106		-247900
68651	3	5170		-90500
96247		10050		-46280
68740		2998		-53600
41207	2	3943		-28830
10740	1	2757		-25250
66063	2			
6998	1	3030		-14390
				-845910
253422	4	47739	135364	-354100
24065				-22762
49110		3874		-40266
36390		39271		-72787
71719		277		-51301
31026	1	4317		-41255
41112	3		135364	
				-125729
156749	2	31592	25561	-60688
74533	2		25561	-3239

单　　位	一、税收收入（不含海关代征）	国内增值税	国内消费税
永定区	64375	52150	826
漳平市	40672	28093	12
上杭县	54613	38723	45
武平县	35354	20879	3
长汀县	28230	16880	15
连城县	22483	13269	11
经济技术开发区	108098	69106	5
出口退税科			
三明市合计	458786	313036	22493
梅列区	162967	87709	19864
三元区	33031	25699	2427
永安市	78249	61344	46
宁化县	12021	7943	4
大田县	34560	28298	12
清流县	14825	12153	3
明溪县	16008	11798	2
尤溪县	33014	25960	68
沙县	29570	23105	51
将乐县	22087	15896	9
泰宁县	11175	7628	3
建宁县	11279	5503	4
进出口科			
南平市合计	461083	255270	23983
延平区	114087	57424	22890
开发区	115597	42088	1

续表

企业所得税	个人所得税	车辆购置税	二、海关代征	三、出口退税
10329		1070		−1754
10890		1677		−7082
13731		2114		−1337
12952		1520		−1430
9740		1595		−8095
7621		1582		−2343
16953		22034		−4198
				−31210
102418	2	20837	33509	−34600
42374	1	13019		−986
4905			33509	−2622
14823	1	2035		−3255
3197		877		−475
5399		851		−638
2186		483		−1542
3750		458		−3508
6182		804		−2465
5753		661		−1201
5629		553		−1450
2944		600		−226
5276		496		−23
				−16209
156594	3	25233	4782	−81950
33771	2			−27690
63937		9571	3921	−4811

单　　位	一、税收收入（不含海关代征）	国内增值税	国内消费税
邵武市	47101	32997	66
建阳市	38649	22640	335
建瓯市	35502	25408	486
武夷山市	24858	14984	31
顺昌县	23151	18187	8
浦城县	25539	18542	23
光泽县	13759	9712	100
松溪县	8318	4984	4
政和县	14522	8304	39
宁德市合计	561334	350519	28230
蕉城区	48943	28692	28
东侨区	158203	73566	27680
福鼎市	93447	78613	427
福安市	147993	89168	24
霞浦县	21079	15315	14
古田县	26370	18717	13
屏南县	14712	10440	31
寿宁县	16822	10775	3
周宁县	19813	13383	2
柘荣县	13952	11850	8
进出口税收管理科			

续表

企业所得税	个人所得税	车辆购置税	二、海关代征	三、出口退税
11355	1	2682		-5800
13020		2654		-5760
7322		2286		-8471
7110		2733	861	-4670
4206		750		-5735
4476		2498		-8809
3368		579		-4861
2843		487		-1333
5186		993		-4010
163737		18848	151094	-247500
20223				-38330
45102		11855	151094	-32019
12217		2190		-18881
56514		2287		-38662
4720		1030		-9423
7302		338		-6956
4014		227		-2282
5661		383		-483
6229		199		
1755		339		-194
				-100270

福建省国税系统（含厦门）入库税金分级次统计（2015年）

单位：万元

项目	合计	中央级	地方级			
			小计	省级	地市级	县级
一、税收收入合计	23267022	18309044	4957978	481977	1385286	3090715
1. 增值税收入	12890095	10150919	2739176		1038288	1700888
（1）国内增值税	8906650	6167474	2739176		1038288	1700888
（2）进口货物增值税	3983445	3983445				
2. 消费税收入	3408599	3408599				
（1）国内消费税	3319773	3319773				
（2）进口消费品消费税	88826	88826				
3. 企业所得税	6163669	3944886	2218783	481961	346995	1389827
4. 个人所得税	47	28	19	16	3	
5. 车辆购置税	804612	804612				
二、出口退税合计	-8403487	-8403487				
1. 出口货物退增值税	-6566794	-6566794				
2. 改征增值税出口退税	-8541	-8541				
3. 免抵调减增值税	-1793259	-1793259				
4. 免抵调减改征增值税	-34740	-34740				
5. 出口消费品退消费税	-153	-153				
三、非税收入合计	27536	6292	21244	15674	5570	
1. 文化事业建设费收入	21529	285	21244	15674	5570	
2. 税务部门罚没收入	3143	3143				
3. 废弃电器电子产品处理基金收入	2864	2864				
4. 其他非税收入						

福建省国税系统（不含厦门）入库税金分级次统计（2015年）

单位：万元

项　目	合　计	中央级	地　方　级			
			小计	省级	地市级	县级
一、税收收入合计	16833666	13240724	3592944	481976	763980	2346988
1. 增值税收入	8796575	6852448	1944127		503245	1440882
（1）国内增值税	6488297	4544170	1944127		503245	1440882
（2）进口货物增值税	2308278	2308278				
2. 消费税收入	2805219	2805219				
（1）国内消费税	2739040	2739040				
（2）进口消费品消费税	66179	66179				
3. 企业所得税	4659645	3010845	1648800	481960	260735	906106
4. 个人所得税	40	24	16	16		
5. 车辆购置税	572188	572188				
二、出口退税合计	−4281488	−4281488				
1. 出口货物退增值税	−3188166	−3188166				
2. 改征增值税出口退税	−282	−282				
3. 免抵调减增值税	−1083260	−1083260				
4. 免抵调减改征增值税	−9740	−9740				
5. 出口消费品退消费税	−40	−40				
三、非税收入合计	19772	4096	15676	15676		
1. 文化事业建设费收入	15853	177	15676	15676		
2. 税务部门罚没收入	2351	2351				
3. 废弃电器电子产品处理基金收入	1568	1568				
4. 其他非税收入						

福建省国税系统（含厦门）税收

项　目	合计	内			
		小计	国有企业	集体企业	股份合作企业
税收收入合计	23267022	13508073	3132090	64501	147782
1. 增值税收入	12890095	6638416	1569426	23655	4732
2. 消费税收入	3408599	2589910	1198811	13	25
3. 企业所得税	6163669	3956059	356246	38603	142322
4. 个人所得税	47				
5.车辆购置税	804612	323688	7607	2230	703

福建省国税系统（不含厦门）税收

项　目	合计	内			
		小计	国有企业	集体企业	股份合作企业
税收收入合计	16833666	10154103	2618853	60620	147624
1. 增值税收入	8796574	4830145	1190678	21650	4602
2. 消费税收入	2805220	2002375	1132236	7	19
3. 企业所得税	4659645	3211560	294075	38137	142322
4. 个人所得税	40				
5.车辆购置税	572187	110023	1864	826	681

收入分企业类型统计（2015年）

单位：万元

业				港澳台投资企业	外商投资企业	个体经营
联营企业	股份公司	私营企业	其他企业			
8533	8114885	1723979	316303	4014421	5143196	601332
6871	3630709	1361397	41626	2672232	3459364	120083
	1388614	2445	2	57107	760513	1069
514	3079702	328044	10628	1284553	923057	
						47
1148	15860	32093	264047	529	262	480133

收入分企业类型统计（2015年）

单位：万元

业				港澳台投资企业	外商投资企业	个体经营
联营企业	股份公司	私营企业	其他企业			
6920	5639683	1579055	101348	2587832	3516043	575688
5631	2332690	1240657	34237	1624862	2228314	113253
	867751	2360	2	50454	751377	1014
161	2423741	308008	5116	911990	536095	
						40
1128	15501	28030	61993	526	257	461381

福建省国税系统（含厦门）税收收入分行业分税种统计（2015年）

单位：万元

序号	项　目	税收收入合计	国内增值税	国内消费税	企业所得税	个人所得税	车辆购置税	海关代征
1	合　计	23267022	8906650	3319773	6163669	47	804612	4072271
2	一、第一产业	14486	6416		5226		2844	
3	二、第二产业	15197612	6666091	2931728	2216922		6594	3376277
4	（一）采矿业	200933	159449		7070		905	33509
5	1. 煤炭开采和洗选业	86269	86375		-327		221	
6	2. 石油和天然气开采业	318			0		318	
7	3. 黑色金属矿采选业	48266	14265		270		222	33509
8	4. 有色金属矿采选业	33008	28711		4255		42	
9	5. 非金属矿采选业	32279	29378		2864		37	
10	6. 其他采矿业	793	720		8		65	
11	（二）制造业	13571453	5586660	2931728	1705831		4466	3342768
12	1. 农副食品加工业	180119	151964		28024		131	
13	2. 食品制造业	164727	130950		33257		520	
14	3. 酒、饮料和精制茶制造业	264708	148248	48525	67934		1	
15	4. 烟草制品业	1627122	299880	1272488	54652		102	
16	5. 纺织业	239432	194253		44428		751	
17	6. 纺织服装、服饰业	539951	391627		144070		336	3918
18	7. 皮革、毛皮、羽毛及其制品和制鞋业	731240	569372		161404		464	
19	8. 木材加工和木竹藤棕草制品业	72043	62198	23	9772		50	
20	9. 家具制造业	73491	61640		11799		52	
21	10. 造纸和纸制品业	195863	119915		75804		144	
22	11. 印刷和记录媒介复制业	71551	51431		20101		19	

续表

序号	项目	税收收入合计	国内增值税	国内消费税	企业所得税	个人所得税	车辆购置税	海关代征
23	12. 文教、工美、体育和娱乐用品制造业	134862	107059	47	27721		35	
24	13. 石油加工、炼焦和核燃料加工业	1876828	309633	1565144	2036		15	
25	14. 化学原料和化学制品制造业	189584	140971	1885	46638		90	
26	15. 医药制造业	86599	67516		19050		33	
27	16. 化学纤维制造业	42108	32496		9580		32	
28	17. 橡胶和塑料制品业	331917	240054		91708		152	3
29	18. 非金属矿物制品业	435149	349711		85334		104	
30	19. 黑色金属冶炼和压延加工业	96242	86071		10165		6	
31	20. 有色金属冶炼和压延加工业	105878	63447		42408		23	
32	21. 金属制品业	220706	154438		66130		138	
33	22. 通用设备制造业	414686	223873		37909		101	152803
34	23. 专用设备制造业	357638	129779		49400		95	178364
35	24. 汽车制造业	578528	303925	42821	78921		58	152803
36	25. 铁路、船舶、航空航天和其他运输设备制造业	507962	183745	400	18201		9	305607
37	26. 电气机械和器材制造业	760479	403262	392	203974		48	152803
38	27. 计算机、通信和其他电子设备制造业	690837	464260		226533		44	
39	28. 仪表仪器制造业	52218	41713		10486		19	
40	29. 其他制造业	2528985	103229	3	28392		894	2396467
41	（三）电力、热力、燃气及水的生产和供应业	1307451	914020		392944		487	
42	1. 电力、热力生产和供应业	1182135	847068		334929		138	
43	2. 燃气生产和供应业	102839	50373		52244		222	

续表

序号	项　　目	税收收入合计	国内增值税	国内消费税	企业所得税	个人所得税	车辆购置税	海关代征
44	3. 水的生产和供应业	22477	16579		5771		127	
45	（四）建筑业	117775	5962		111077		736	
46	1. 房屋建筑业	46059	156		45624		279	
47	2. 土木工程建筑业	22263	1358		20756		149	
48	3. 建筑安装业	25580	2454		22984		142	
49	4. 建筑装饰和其他建筑业	23873	1994		21713		166	
50	三、第三产业	8054924	2234143	388045	3941521	47	795174	695994
51	（一）批发和零售业	3080865	1506231	387801	639106		4427	543300
52	1. 批发业	2617235	1131878	377091	562968		1998	543300
53	2. 零售业	463630	374353	10710	76138		2429	
54	（二）交通运输、仓储和邮政业	388851	252402		127127		9322	
55	1. 交通运输业	359847	235418		115196		9233	
56	2. 仓储业	15550	8363		7118		69	
57	3. 邮政业	13454	8621		4813		20	
58	（三）住宿和餐饮业	17172	913		16165		94	
59	1. 住宿业	10002	136		9834		32	
60	2. 餐饮业	7170	777		6331		62	
61	（四）信息传输、软件和信息技术服务业	473922	220231		229393		24298	
62	1. 电信、广播电视和卫星传输服务业	307066	129133		177835		98	
63	2. 互联网和相关服务	6572	4581		1969		22	
64	3. 软件和信息技术服务业	160284	86517		49589		24178	
65	（五）金融业	2110792	6433	226	2103637		496	
66	1. 货币金融服务	1781594	5833	226	1775438		97	
67	2. 资本市场服务	180292	312		179959		21	
68	3. 保险业	64624	66		64436		122	

续表

序号	项　　目	税收收入合计	国内增值税	国内消费税	企业所得税	个人所得税	车辆购置税	海关代征
69	4. 其他金融业	84282	222		83804		256	
70	（六）房地产业	687610	877		686223		510	
71	1. 房地产开发经营业	648070	294		647749		27	
72	2. 物业管理	10795	138		10657			
73	3. 房地产中介服务	3141	328		2813			
74	4. 自有房地产经营活动	5387	11		5376			
75	5. 其他房地产业	20217	106		19628		483	
76	（七）租赁和商务服务业	136321	94572		40607		1142	
77	1. 租赁业	22152	12768		8691		693	
78	2. 商务服务业	114169	81804		31916		449	
79	（八）科学研究和技术服务业	91678	69597		21874		207	
80	（九）居民服务、修理和其他服务业	87973	37381		47616		2976	
81	（十）教育	2960	273		2349		338	
82	（十一）卫生和社会工作	820	41		427		352	
83	（十二）文化、体育和娱乐业	21720	17052		4518		150	
84	（十三）公共管理、社会保障和社会组织	158979	2879		2245		1161	152694
85	（十四）其他行业	795261	25261	18	20234	47	749701	

福建省国税系统（不含厦门）税收收入分行业分税种统计（2015年）

单位：万元

序号	项　目	税收收入合计	国内增值税	国内消费税	企业所得税	个人所得税	车辆购置税	海关代征
1	合　计	16833666	6488296	2739041	4659645	40	572187	2374457
2	一、第一产业	13772	6416		5001		2355	
3	二、第二产业	11228350	5008695	2399184	1592209		6499	2221763
4	（一）采矿业	200700	159337		6971		883	33509
5	1. 煤炭开采和洗选业	86257	86375		-327		209	
6	2. 石油和天然气开采业	311					311	
7	3. 黑色金属矿采选业	48266	14265		270		222	33509
8	4. 有色金属矿采选业	33008	28711		4255		42	
9	5. 非金属矿采选业	32068	29266		2765		37	
10	6. 其他采矿业	790	720		8		62	
11	（二）制造业	9703938	3992325	2399184	1119770		4405	2188254
12	1. 农副食品加工业	171786	146181		25483		122	
13	2. 食品制造业	134811	104669		29646		496	
14	3. 酒、饮料和精制茶制造业	181954	93636	40171	48146		1	
15	4. 烟草制品业	962860	177635	755922	29201		102	
16	5. 纺织业	214089	175844		37494		751	
17	6. 纺织服装、服饰业	433955	319844		109857		336	3918
18	7. 皮革、毛皮、羽毛及其制品和制鞋业	721718	562651		158604		463	
19	8. 木材加工和木竹藤棕草制品业	70507	60781	3	9674		49	
20	9. 家具制造业	60278	52828		7398		52	
21	10. 造纸和纸制品业	170862	102249		68469		144	
22	11. 印刷和记录媒介复制业	57177	40199		16959		19	

续表

序号	项目	税收收入合计	国内增值税	国内消费税	企业所得税	个人所得税	车辆购置税	海关代征
23	12. 文教、工美、体育和娱乐用品制造业	112396	96002	46	16313		35	
24	13. 石油加工、炼焦和核燃料加工业	1875007	308394	1564564	2034		15	
25	14. 化学原料和化学制品制造业	170944	125939	1751	43171		83	
26	15. 医药制造业	58164	51033		7098		33	
27	16. 化学纤维制造业	34627	26027		8568		32	
28	17. 橡胶和塑料制品业	220306	171199		48957		147	3
29	18. 非金属矿物制品业	398944	325999		72841		104	
30	19. 黑色金属冶炼和压延加工业	95450	85239		10205		6	
31	20. 有色金属冶炼和压延加工业	77001	49132		27846		23	
32	21. 金属制品业	170278	123821		46322		135	
33	22. 通用设备制造业	119451	92778		26573		100	
34	23. 专用设备制造业	152742	93509		33577		95	25561
35	24. 汽车制造业	182986	110260	36326	36342		58	
36	25. 铁路、船舶、航空航天和其他运输设备制造业	40727	36622	400	3696		9	
37	26. 电气机械和器材制造业	317611	206634	1	110928		48	
38	27. 计算机、通信和其他电子设备制造业	206664	146438		60184		42	
39	28. 仪表仪器制造业	38219	32356		5844		19	
40	29. 其他制造业	2252424	74426		18340		886	2158772
41	（三）电力、热力、燃气及水的生产和供应业	1222811	851338		370986		487	
42	1. 电力、热力生产和供应业	1109548	790552		318858		138	
43	2. 燃气生产和供应业	95589	47831		47536		222	

续表

序号	项　　目	税收收入合计	国内增值税	国内消费税	企业所得税	个人所得税	车辆购置税	海关代征
44	3. 水的生产和供应业	17674	12955		4592		127	
45	（四）建筑业	100901	5695		94482		724	
46	1. 房屋建筑业	43837	155		43408		274	
47	2. 土木工程建筑业	15929	1332		14450		147	
48	3. 建筑安装业	23036	2354		20544		138	
49	4. 建筑装饰和其他建筑业	18099	1854		16080		165	
50	三、第三产业	5591544	1473185	339857	3062435	40	563333	152694
51	（一）批发和零售业	1730470	1012237	339631	374263		4339	
52	1. 批发业	1368917	714518	333163	319294		1942	
53	2. 零售业	361553	297719	6468	54969		2397	
54	（二）交通运输、仓储和邮政业	211081	150263		51801		9017	
55	1. 交通运输业	192544	137905		45705		8934	
56	2. 仓储业	7085	4951		2065		69	
57	3. 邮政业	11452	7407		4031		14	
58	（三）住宿和餐饮业	8717	888		7735		94	
59	1. 住宿业	4724	111		4581		32	
60	2. 餐饮业	3993	777		3154		62	
61	（四）信息传输、软件和信息技术服务业	369890	142426		203858		23606	
62	1. 电信、广播电视和卫星传输服务业	273457	104522		168837		98	
63	2. 互联网和相关服务	530	320		188		22	
64	3. 软件和信息技术服务业	95903	37584		34833		23486	
65	（五）金融业	1840047	5207	226	1834124		490	
66	1. 货币金融服务	1561420	4657	226	1556440		97	
67	2. 资本市场服务	159883	282		159580		21	
68	3. 保险业	50981	51		50811		119	

续表

序号	项　目	税收收入合计						
			国内增值税	国内消费税	企业所得税	个人所得税	车辆购置税	海关代征
69	4. 其他金融业	67763	217		67293		253	
70	（六）房地产业	509888	875		508505		508	
71	1. 房地产开发经营业	491509	294		491188		27	
72	2. 物业管理	7866	138		7728			
73	3. 房地产中介服务	1758	328		1430			
74	4. 自有房地产经营活动	29	11		18			
75	5. 其他房地产业	8726	104		8141		481	
76	（七）租赁和商务服务业	92004	64688		26571		745	
77	1. 租赁业	11533	7989		3230		314	
78	2. 商务服务业	80471	56699		23341		431	
79	（八）科学研究和技术服务业	69115	52269		16640		206	
80	（九）居民服务、修理和其他服务业	37830	21190		15876		764	
81	（十）教育	2339	272		1738		329	
82	（十一）卫生和社会工作	636	37		300		299	
83	（十二）文化、体育和娱乐业	15058	12703		2205		150	
84	（十三）公共管理、社会保障和社会组织	158900	2875		2176		1155	152694
85	（十四）其他行业	545569	7255		16643	40	521631	

福建省国税系统（含厦门）分项目减免税金统计（2015年）

单位：万元

项目	合计	减免税							其他
		小计	增值税	改征增值税	消费税	企业所得税	城市维护建设税	车辆购置税	
总计	3022727	2989415	789801	59386	181169	1906286	40054	72105	33312
一、改善民生	285472	276414	242360	6191		3153	12479	18422	9058
二、鼓励高新技术	337122	336714	68383	1460		267824	507		408
三、促进小微企业发展	148783	144274	126153	8968		13015	5106		4509
四、转制升级	14604	14109	13344				765		495
五、节能环保	178248	175298	54488	14	77644	23894	1959	17313	2950
六、促进区域发展	316	306	217	7		76	13		10
七、支持文化教育体育	34860	33473	28894	210		2818	1761		1387
八、支持金融资本市场	904109	903894	5362	1084		898264	268		215
九、支持三农	202764	196119	112107	144		75549	8463		6645
十、支持其他各项事业	916449	908814	138493	41308	103525	621693	8733	36370	7635

福建省国税系统（不含厦门）分项目减免税金统计（2015年）

单位：万元

项　目	合　计	减免税							其他
		小计	增值税		消费税	企业所得税	城市维护建设税	车辆购置税	
				改征增值税					
总　计	2238407	2214166	591000	27282	170754	1372197	27989	52226	24241
一、改善民生	234200	225820	212521	3867		2295	10810	194	8380
二、鼓励高新技术	163417	163343	45666	418		117582	95		74
三、促进小微企业发展	121310	117465	104196	6597		8922	4347		3845
四、转制升级	1316	1253	1249				4		63
五、节能环保	163580	160942	51986	7	67922	22450	1564	17020	2638
六、促进区域发展	104	103	26			76	1		1
七、支持文化教育体育	31022	29667	27407	208		539	1721		1355
八、支持金融资本市场	613218	613190	1643	1084		611513	34		28
九、支持三农	150355	146866	70432	144		72027	4407		3489
十、支持其他各项事业	759885	755517	75874	14957	102832	536793	5006	35012	4368